한국과 OECD 국가의 노사관계 비교평가

- 효율성과 형평성의 관점에서 -

김동원 외 4인

박영사

머 리 말

본서의 연구 주제는 ‘거시적 혹은 비교 노사관계 평가지표의 개발과 이에 근거한 비교 노사관계 평가’이다. 저자들이 이러한 연구를 추진한 데는 거시 환경 변화에 따른 새로운 수준에서의 노사관계 관리 필요성이 공공정책 상의 중요한 과제로 등장했다는 인식이 있었기 때문이다. 각국 고유의 사회시스템들은 경제적 세계화의 소용돌이에 휘말려 세계화에의 적응능력 정도에 따라 그 유용성을 평가받고 있다. 각국의 노사관계시스템들도 마찬가지여서 경제적 효율성과 사회적 형평성을 조정하는 전통적 역할이 글로벌라이제이션 환경에서 새로이 그 유효성을 시험받고 있는 형국이라고 할 수 있다. 이런 점 때문에 각국 노사관계의 ‘제도적 고유성’이나 ‘질적 특이성’만을 부각시키는 방식의 비교 노사관계 연구는 다소 방향을 전환할 필요가 있다는 것이 저자들의 공통된 입장이다. 경제적 세계화라는 환경이 비가역적인 것이라면 각국 노사관계는 세계화에의 적응을 함께 겪을 수밖에 없다. 이런 맥락에서는 각국의 고유성에만 착목하는 방식보다는 각국 노사관계를 함께 평가할 수 있는 공통의 틀과 기준을 마련하여 그 공통적인 추이와 차이를 함께 평가해가는 것이 여러 모로 정책적 유용성을 지닐 것이다.

노사관계 분야에서는 각 분석 수준별 노사관계를 평가하는 연구가 낯설지는 않다. 다만, 거시 수준 혹은 비교 노사관계 차원의 노사관계 평가에 대해서는 다소의 논란도 없지 않다. 이 논란의 중심에는 아무래도 노사관계론이 이론적 기반으로 삼고 있는 제도주의적 시각, 특히 각국 노사관계 제도 형성에 있어서의 ‘경로의존성’ 같은 개념이 존재한다. 이 때문에 국가 수준 노사관계는 고유의 정치·경제·사회·문화·역사적 특수성으로 인해 섣부른 계량적 평가에 대한 경계심이 존재하기도 한다. 논란의 다른 이유로는 지표 개발을 위한 이론적 모형의 구축이 가능하더라도 모형을 구성하는 변수들을 측정할 수 있는 비교 자료들의 수집이 여의치 않았다는 기술적인 점도 작용하고 있다.

그러나 그간 많은 상황의 변화가 있었다. 거시 노사관계에 대한 비교분석이 지속적으로 꾸준히 축적되고, 국제기구들을 매개로 각국의 각국 노사관계 관련 자료들에 대한 데이터베이스 구축이 활성화되었다. 무엇보다도 경제적 세계화로 인해 각국 노사관계의 상대적 효율성과 공정성의 비교에 대한 동기부여가 이루어진 점도 중요한 상황 변화라고 할 수 있다. 한국 또한 OECD 가입, 국제시장의 중요 행위자로의 발돋움, 정치경제적 민주화의 확장 등과 같은 조건 변화에 따라 거시 노사관계의 관리에 대한 관심이 증대해 왔다고 할 수 있다. 본서는 이러한 변화된 환경에 능동적으로 반응하여 이론적으로나 정책적으로 유의미한 작업을 했다고 자부한다. 한편, 본서는 이후의 연구 진전이나 정책적 활용을 위하여 참고할 수 있는 자료들을 충실히 소개하려고 노력하였다. 실무적, 학문적 차원에서 이루어져 온 기존의 거시 노사관계 평가지표들에 대한 소개를 충실히 하려고 노력했음은 물론, 한국 노사관계의 문제점과 개선방향에 대한 이해당사자들의 의견조사 결과도 소개하였다. 특히, 이번 연구의 기반 자료(backup data) 전체를 부록에 실어 정책가들이나 실무자들이 OECD 내에서 한국 노사관계의 위치와 장단점을 이해하기 쉽도록 안내하고자 하였다.

본서의 연구작업이 지닌 중요성은 적지 않다. 무엇보다도 국제적으로도 흔치 않은 거시 노사관계 평가지표에 대한 체계적인 연구라는 점에서 그러하다. 보완할 점이 여럿 있지만, 노사관계의 국제적 전개와 조정이 확대되는 조건에서 본서의 작업은 후속 연구들의 디딤돌 역할을 할 수 있을 것이다. 또한 변화된 환경에서 효율성과 공정성이 양립하는 21세기형의 새로운 노사관계로의 발전을 기하는 데 있어서도 좌표 구실을 할 수 있길 기대한다.

본서의 자료수집과 집필과정에서 많은 분들의 헌신적인 노력과 도움이 있었다. 직접 집필을 담당해 준 김윤호, 김영두, 김석연 등의 공동저자 이외에도 일본 와세다대학교의 스즈키 히로마사(鈴木宏昌) 교수, 미국 럿거스(Rutgers)대학교의 파울라 부스(Paula B. Voos) 교수 등은 저자들이 개발한 노사관계 평가지표에 대해 비판적인 검토를 해 주었고 한국 노사관계의 개선방향에 대한 발전적인 제안도 아끼지 않았다. 또한 한국경영자총협회의 최재황 기획홍보본부 이사, 한국노총의 노진귀 중앙연구원장, 민주노총의 김태현 전 정책기획실장, 고용노동부의 이주일 전 노사정책팀장, 그리고 한국노동연구원의 선임연구원인 방하남 박사 등은 노사관계 평가지표에 대해 소중한 검토와 제안을 해 주었다. 한편, 노사정 및 공익에 속한 40명의 전문가들은 우리나라 노사관계의 문제점과 개선방향에 대한 의견 제시를 통해 우리나라 노사관계가 지향해야 할 방향에 대한 좋은 제안을 아끼지 않았다. 이 밖에도 여러 명의 노사관계 전문가들이 노사관계 평가지표의 개발과정에서 생산적인 비판과 검토를 해 주었다. 이 모든 분들께 머리 숙여 깊은 감사를 드린다.

아울러 고용노동부의 지원에 대해서는 특별히 언급을 할 필요가 있겠다. 본서는 저자들이 2년에 걸쳐 공동으로 참여했던 고용노동부의 〈노사관계 평가기준 연구〉를 토대로 하여 쓰여졌기 때문이다. 또한 본서의 출간을 허락해 준 송봉근 한국기술교육대 노동행정연수원장(집필 당시 노동부 노사정책국장)에게도 이 자리를 빌어 심심한 사의를 표하는 바이다.

아무쪼록 본서가 우리나라의 노사관계가 놓여 있는 위치와 문제를 적절히 이해하고 긍정적인 발전 방향을 모색하는 데 작은 디딤돌 역할을 할 수 있기를 희망한다.

2012. 1

김동원 외 저자 일동

차　　례

제1장 서　　론

제2장 노사관계 평가 사례 검토

제3장 노사관계 평가지표 개발

제4장 한국과 OECD 국가의 노사관계 비교평가

제5장 추가분석

제6장 결 론

부 록

표 차례

그림 차례

CHAPTER 1

서 론

Chapter 01

서 론

1. 국가별 노사관계 평가의 학술적 의의

본서는 비교노사관계에 관한 실증연구를 담고 있다. 조금 더 자세히 언급하면 본서는 일정한 이론적 틀을 갖춘 노사관계 평가모형과 평가지표를 개발한 후, 이에 기반하여 OECD국가들의 노사관계 관련 자료들을 수집하고 양적으로 분석해서 노사관계의 국제적 흐름과 패턴의 추이를 평가하고자 하였다. 이 과정에서 OECD국가들의 노사관계의 특징을 한국의 그것과 비교하여 한국 노사관계의 발전 방향에 대한 시사점을 찾는 것도 중요한 목적으로 삼고 있다.

이러한 목적의 수행을 위해 본서는 상호 연결된 두 가지의 연구를 수행하였는데, 그 첫째는 국가 수준의 노사관계를 평가하기 위해 필요한 국가단위 노사관계 평가모델과 평가지표를 개발하는 것이고, 둘째는 개발된 지표에 근거하여 30개에 달하는 OECD국가들의 노사관계 현황 자료들을 수집, 분석하는 것이다. 첫 번째 작업과 관련하여 저자들은 노사관계론의 다양한 이론적 시각들과 국가단위 노사관계의 평가와 관련된 다수의 평가 사례 및 실증 연구들을 수집하였고, 지표의 경우 기존의 실증 분석에 사용된 지표들보다 훨씬 많은 36개의 평가지표들을 개발하게 되었다. 또한 두 번째의 평가 작업과 관련해서는 36개 평가지표의 값이 될 만한 30개국의 자료들을 3개의 시점(1993년, 1999년, 2005년)별로 모아 분석에 투입하였다.

이렇게 다소 방대한 연구를 진행한 이유는 국가단위 노사관계의 평가의 의의와 필요성에 대한 인식 때문이다. 그 첫 번째는 거시적 노사관계의 변화 흐름과 관련이 있다. 1980년대 이후 각국 노사관계의 환경은 걷잡을 수 없이 변화해 왔는데 그 중심에는 경제적 세계화라는 요인이 작동하고 있다. 경제적 세계화는 각국 내의 그리고 각국 간의 경제적 상호작용에 큰 변화를 초래함으로써 각국의 노사관계에도 동요와 변화를 강제하였다. 경제적 세계화 이전에는 각국 내에서 정치, 경제, 사회, 문화적 요인들 간의 역사적 상호작용이 제도로 응축된 노사관계 시스템이 비교적 안정적으로 작동해 왔다. 하지만 경제적 세계화로 인해 변화된 환경에 대처하는 과정에서 각국의 사용자와 정부들은 미시적 및 거시적 수준 모두에서 노사관계에 대한 전략과 정책을 크게 변경하였고, 초국적기업, 국제 거버넌스 기구들과 같은 국제적 행위자들도 부분적으로 영향을 미쳤다. 이러한 결과로 노사관계는 작업장과 기업 같은 미시적 수준뿐 아니라 국가 단위와 국제 단위 같은 거시적 수준에서도 큰 폭으로 변화를 보여 왔다.

이러한 변화를 국가 단위 안에서 조망해 보면 노사간 세력관계의 현저한 변화와 함께 유연한 작업조직(flexible work system), 단체교섭의 분권화, 노동관계 규제의 완화 등의 변화가 두드러지게 전개되고 있으며, 변화를 규율하기 위한 국가 차원의 조율기구들은 과거의 코포라티즘 기구들에 비해 다소 불안정하게 작동하고 있는 양상이다. 한편 조직된 노사관계 영역에서의 변화만큼 두드러진 변화가 미조직된 영역, 혹은 고용관계 전반에 걸쳐 전개되고 있는데, 이중 가장 두드러진 사항으로 전통적인 고용관계의 패턴과 규칙들이 파괴 혹은 불안정화되면서 다양하고 비전형적이며 제도적 보호에서 누락되는 고용계약 형태가 확산되고 있다는 점을 들 수 있다.

그런데, 이렇게 파상적으로 전개되는 변화에 대해 일정한 규범적 기준에 기반하여 적절한 조율의 모형과 방식을 제공하는 것은 '적절한 공공정책 아이디어의 제공'이라는 실천성을 학문의 특징으로 간직해 온 노사관계론의 본연의 과제라고 할 수 있다.

최근 미시적 노사관계 분야에서의 연구의 관심은 효율성의 새로운 화두로 떠오른 '유연성' 추구의 부정적 효과를 억제하고 '유연성'과 양립 혹은 상호보완적인 효과를 낼 수 있는 '안정성'을 제도적으로 구축하는 데 모아

졌다. 의사소통과 참여, 고용안정과 고보상, 자율적 작업팀, 광범위한 교육훈련 등을 구성요소로 하는 고성과작업조직론(High Performance Work System)이나 사업장파트너십(workplace partnership) 등이 이러한 연구 과정에서 대두된 개념이라 할 수 있다. 노사관계 학자들은 이런 모델들이 사업장에 적용되어 사용자들이 불확실성과 유연성에 효과적으로 대응할 수 있음과 동시에 근로자들도 안정성을 향유하고 높은 동기부여 수준을 유지하여 높은 만족과 몰입을 경험할 수 있는 노사관계가 기업들에 정착하길 기대하고 있다.

한편, 거시적 노사관계 분야에서는 영미권을 제외한 선진산업국가들을 중심으로 60~70년대에 확산되었던 사회조합주의(social corporatism)적인 거시 노사관계 조율기구들에 대한 재검토와 함께 다변화된 고용관계에 대한 보호와 규제를 위한 법제도적 장치들에 대한 연구와 검토가 이루어졌다. 이와 아울러 국제노동기구(ILO), 경제협력개발기구(OECD), 유럽연합(EU) 등을 중심으로 국제적 차원에서의 노사관계 조율 노력이 검토되고, 다국적기업의 노사관리 행태에 대한 조사와 연구도 이루어졌다. 거시적 측면의 연구에서도 중요 관심사 중 하나는 경제적 세계화에의 효과적 적응과 노사관계의 안정성을 양립시킬 수 있는 노사관계시스템을 구축하고 관리하는 것에 모아진다. 다양한 네오코포라티즘 논의(Cameron, 1984; Hicks & Kenworthy, 1998)나 자본주의 다양성 논의(Hall & Soskice, 2001), 유연안전성(flexicurity) 논의(Bredgaard, T., F. Larsen and P. K. Madsen, 2006) 등도 모두 이와 연관을 맺고 있다.

그런데, 이러한 거시적 노사관계에서의 연구들은 현재 환경에서 지속가능하고 바람직한 노사관계시스템을 정의하는 데 있어서 구성요소와 영향요인, 결과물에 대한 규정에 있어서 합의를 이루지 못하고 있다. 이는 미시적 분야에서 고성과조직론을 중심으로 변수들에 대한 검토와 합의 수준이 높아지고 있는 점과 비교된다. 반면, 자의적으로 정의된 노사관계 시스템과 그 구성요소에 관한 규정들이 각국 노사관계의 특징을 검토하고 참조하는 데에 활용되고 있다고 볼 수 있다. 이러한 실용주의적 경향의 불가피한 결과는 자의적으로 선택된 규범적 지향과 변수들에 관한 자료분석의 결과에 따라 거시 노사관계에 대한 정책방향이 규정될 가능성이 커진다는 점이다. 본서의 문제의식은 바로 이 점에 착안하고 있다. 경제적 세계화의 심화로 인해 국가간 사회시스템과 제도적 체제의 비교나 이에 기반하여 특정한 사회적 실천의 함의를 얻으려는 경향성은 더욱 활발해질 것이며 노사관계 분야에서도 이러한 흐름은 막을 수 없다. 그러나 논의가 다소 수렴하는 경향을 지닌 미시적 분야에서와 달리 거시적 노사관계 분야에서는 각국 노사관계를 비교할 수 있는 뚜렷한 이론적 모형이나 비교의 적절한 착안점 내지 관점에 대한 합의가 이루어지지 않은 채, 실용주의적이고 자의적인 노사관계의 모형이나 지표들이 국가 단위의 노사관계를 비교하고 평가하는 데 활용되고 있는 실정이다. 따라서 현재 시점에서는 동의 수준을 높일 수 있는 적절한 이론적 모형과 변수 내지 지표들을 구축함으로써 이를 비교연구와 정책적 참조에 활용하도록 유도하는 것이 거시 노사관계 분야의 이론적 발전이나 적절한 공공정책적 실천을 유도하는 데 있어서도 유의미한 일이 된다고 판단된다.

국가 단위의 노사관계에 대한 적절한 비교 평가의 필요성에도 불구하고 그 모델과 지표 등의 평가기준의 개발이 지체된 데에는 관찰 대상으로서의 거시 수준 노사관계의 측정과 평가가 기업 수준 노사관계에 비해 쉽지 않다는 점을 중요한 이유로 지적할 수 있다. 첫째, 거시 수준 노사관계에서의 상호작용은 더 복잡하고, 비교평가의 대상이 되는 각국 노사관계들은 각국의 정치·경제·사회·문화·역사적 특수성(institutional embededness)으로 인해 그 질적 고유성이 강조되어 왔으며, 심지어 섣부른 계량적 평가의 위험성이 경계되어 오기도 했다. 둘째, 비교평가를 위한 이론적 모형의 구축이 가능할지라도 각각의 모형을 구성하는 변수들을 측정할 수 있는 비교 자료들의 수집이 여의치 않았다는 점도 중요한 이유가 된다. 셋째, 각국 내에서 노사관계 관리의 필요성은 상존했지만 국가간 비교평가의 기준이 필요할 만큼 국제적 혹은 외적 동기가 충분히 주어지지 않았다는 점도 지적될 수 있을 것이다.

하지만, 최근 들어 이러한 지체 요인들에 상당한 변화가 발생하였다.

경제의 세계화로 인해 각국 노사관계의 상대적 효율성과 공정성 관리의 필요성이 증대하였고, 비교노사관계 분야에서 코포라티즘 논의를 기반으로 거시 노사관계의 계량적 분석이 축적되었으며, 국제기구들을 매개로 각국의 거시 노사관계 관련 자료들의 수집과 데이터베이스 구축이 활성화되었기 때문이다. 최근 들어 국제노동기구(ILO), 유럽연합(EU), 경제협력개발기구(OECD) 등에서 각국 거시 노사관계 비교지표들이 이루어지고 있는 데는 이러한 필요 충분 조건들에 대한 일정한 충족이 작용하고 있다(Kenworthy, 2003; Kuruvilla, 2004; OECD, 2004; Weils, 2004).

이 연구의 중요 과업 중 하나인 평가지표의 개발 역시 이러한 조건들의 개선에 힘입고 있다. 그러나 기존의 국제적 노력들도 아직까지는 이론적 모형이나 방법론, 구체적인 지표 구성과 측정에 이르기까지 시험 단계를 벗어나지 못하고 있고, 국내에서는 그러한 시도조차 거의 없었다는 점 때문에 참조 틀의 미비로 인한 문제점이 이 연구에도 배어 있을 가능성은 배제할 수 없을 것이다. 이 연구가 미국, 일본 등의 저명한 학자들과의 공동작업을 통해 목적을 달성하려고 했던 주된 이유도 바로 이러한 문제점을 완화하기 위해서라고 볼 수 있다.

2. 국가별 노사관계 평가의 정책적 의의

본서에서 이루어진 연구는 학문적인 측면뿐 아니라 정책당국의 입장에서도 그 의의를 적극적으로 평가할 여지가 있다. 그 이유에 대해서는 다음의 몇 가지를 제시할 수 있다.

첫째, 정책 당국의 평가와 관리의 대상으로서 거시 수준의 노사관계는 단순히 기업 수준 노사관계 및 그 상호작용의 총합으로 간주될 수 없기 때문이다. 거시적 수준의 노사관계는 기업 수준의 그것과는 다른 행위자, 상호작용 구조, 환경 등을 지닌다. 물론 기업 수준 노사관계의 변화 양상이 거시적 노사관계에도 중요한 영향을 주지만, 거시적 노사관계 또한 기업 수준 노사관계에 중요한 영향을 준다. 예를 들어 기업 수준의 노사관계 평가에서 대립성 문제가 중요한 초점이 되어 왔지만, 그 근저에서 작동하고 있는 노동시장의 불안정성, 정치 영역에서의 근로자 대변의 취약성, 노동조합 정상조직들의 목표와 가치 등과 같은 거시적 요인들을 함께 고려하지 않으면 대립성에 대한 이해는 표피적 수준에 머물 수밖에 없다. 따라서 기업이나 사업장 단위의 노사관계 평가기준들을 개발, 활용하는 것과는 별도로 거시 수준 변수들의 작용과 변화 양상을 체계적으로 평가하고 모니터할 수 있게 도와주는 평가기준들의 개발과 평가 결과들의 시사점에 입각한 정책 운용의 필요성이 제기될 수 있다.

둘째, 국내 노사관계에서도 산업과 전체 경제 수준에서의 상호작용 밀도가 계속 높아져 이 수준에서의 상호작용 양상과 그 결과에 대한 체계적이고 지속적인 평가와 관리가 더욱 필요해졌기 때문이다. 이러한 변화는 특히 노사정위원회 등으로 대표되는 3자주의 정책협의의 활성화와 최근의 초기업적인 노동조합 및 노사관계의 확산 등을 중요한 계기로 하고 있다. 초기업 내지 거시 수준 노사관계의 활성화는 기업 수준 노사관계에도 새로운 영향을 고취할 수 있기 때문에, 정책 당국 입장에서는 그 전개 양상과 변화 관리를 위한 체계적인 대처 노력을 더 기울여야 한다.

셋째, 최근 들어 경제의 세계화를 계기로 각국 노사관계의 비교 평가 움직임이 활성화되어 이에 대한 정책당국의 대응이 필요해졌기 때문이다. 여기에는 두 가지의 상반된 양상들이 존재하는데, 첫 번째는 정책당국들이 국가경쟁력의 유지와 개선을 위한 사회경제체계 및 그 하위체계들의 '제도적 비교우위'(Hall & Soskice, 2001)를 유지하고자 하는 정책적 관리 노력을 강화하는 과정에서 생산되는 비교이고, 또다른 양상은 경제의 세계화가 각국 노사관계의 안정성과 공정성 차원에 미치는 교란 효과를 평가하고 관리하기 위한 움직임을 들 수 있다. 이른바 '세계화의 사회적 차원'(social dimension of globalization), '노사관계의 질'(quality of industrial relations), '양질의 고용'(decent work) 등의 개념화에 근거하여 ILO와 EU 등의 국제기구들을 중심으로 이루어지고 있는 평가기준 개발 및 관리 움직임이 여기에 해당된다. 이러한 상반된 움직임들은 각국 정책당국들이 거시 수준 노사관계의 효율성과 공정성을 균형있게 그리고 안정적으로 유지, 관리할 필요성이 증대하였음을 보여주며, 또한 그 정책 실행 도구로서 객관타당성을 갖춘 거시 노사관계 평가기준의 개발과 활용의 필요성이 증대하고 있음을 보여준다고 할 수 있다.

3. 연구의 특징

본서는 동일한 연구진에 의해 2년여에 걸쳐 수행된 연구 결과들을 종합하여 담고 있다. 여러 시행착오를 거치면서 저자들은 이 연구의 한계를 절감하고 있다. 반면 이 연구가 담고 있는 특장도 무시할 수는 없다. 이를 요약해 보면 다음과 같다.

첫째, 이 연구는 시스템 시각, 행위중심적 시각, 코포라티즘 이론, 그리고 윤리적 시각 등과 같은 다양한 이론적 시각들을 검토하여 국가 단위 노사관계의 이론적 모형을 구축하고자 노력했으며, 이에 준거한 평가지표들을 개발하여 제시하였다.

둘째, 이론적 모형과 평가지표의 타당성과 신뢰성에 대해서는 기존의 분석 문헌들에 대한 검토뿐 아니라 국내외의 노사관계 학자와 전문가들을 통한 검토를 통해 이를 확보하고자 노력하였다. 셋째, 분석대상을 OECD 30개국으로 하고, 총 36개의 지표에 대한 각국별 자료수집 결과에 입각하여 횡단적 분석뿐 아니라 종단적 분석까지 수행하였다. 이러한 분석은 기존의 거시 노사관계 분석 결과와 비교해도 방대한 것이다.

결과적으로 이 연구는 기존의 이론적 근거, 지표, 자료 등에서 자의적이거나 부족한 측면들을 보완하고, 특히 해외의 저명한 학자들과의 공동작업을 통해 타당성을 보완하는 작업을 거침으로써 대내외적으로 객관성과 수용성을 제고하고자 노력하였다. 이런 특징들로 말미암아 국제적으로 초기 단계에 머물러 있는 비교노사관계 평가지표 개발 노력을 한 단계 성숙시킬 수 있다는 의의도 지닐 수 있다고 할 수 있다.

CHAPTER 2

노사관계 평가 사례 검토

Chapter 02

노사관계 평가 사례 검토

이 장에서는 노사관계 평가지표를 구축하기 위한 사전 작업으로 이전에 국가 단위의 노사관계를 평가한 사례를 소개하도록 한다. 소개할 사례들은 총 6개인데, 이를 다시 국가경쟁력 지표의 구성 부분으로서 노사관계를 평가한 경우와 노동권의 시각에서 노사관계 지표를 구성하여 평가한 경우로 구분할 수 있다.

먼저 국가경쟁력 평가의 일환으로써 노사관계를 평가한 사례로 국제경영개발원(International Institute for Management Development, 이하 IMD)[1)]의 세계경쟁력보고서(World Competitiveness Report), 세계경제포럼(World Economic Forum, 이하 WEF)[2)]의 글로벌경쟁력보고서(The Global Competitiveness Report), 그리고 지식경제부 산하 산업정책연구원(Institute for Iindustrial Policy Studies), 이하 IPS)의 IPS 국가경쟁력보고서(National Competitiveness Report) 등을 들 수 있다. 이 세 사례들은 모두 국가경쟁력의 구성요인의 하나로 노동시장 및 노사관계를 평가하는 지표를 구성하여 매년 그 평가결과를 공표해 왔다는 특징을 갖는다. 또한 노사관계를 평가하는 데 있어서 다소 경영자의 시각에 치우치는 측면도 있다.

다음으로 노동권의 시각에서 노사관계를 평가한 사례로 국제노동기구

1) 국제경영개발원(IMD)은 1990년 스위스 로잔에서 설립된 비영리 특수경영대학원으로 MBA 및 경영자 교육 프로그램을 제공하고 있다.
2) 세계경제포럼(WEF)(1987)은 제네바대학의 경영학교수인 Klaus Schwab이 1971년에 설립한 유럽경영포럼을 모태로 한 비영리재단이다. 세계경제포럼(WEF)의 구성원은 국제적으로 활동하는 1,000개 기업들이며, 주요 활동으로는 다보스포럼(Davos Forum) 등의 국제회의, 글로벌경쟁력보고서(Global Competitiveness Report) 등의 조사보고서 발간, 글로벌건강캠페인(Global Health Initiative) 같은 질병퇴치운동 등이 있다.

(ILO)의 고용의 질(Decent Work or Quality of Work) 평가지표, Kuruvilla et al.(2002)의 노동조합 영향력 평가지표, Kucera et al.(2004)의 노동권 침해 평가지표 등을 들 수 있다. 이 세 사례들은 앞의 경쟁력 지표들보다는 노사관계 영역이 차지하는 비중이 더 크다는 특징을 가진다. 하지만, 경쟁력 지표들과는 상반되게 근로자의 권리 내지는 노동조합의 시각에서 노사관계 지표를 구성했다는 점이 특징이다.

1. 국제경영개발원(IMD) 국가별 경쟁력 지표

이 절에서는 국가경쟁력의 시각에서 노사관계 관련 지표들을 구축하여 국제적 비교 결과를 공표해 온 대표적인 사례인 국제경영개발원(IMD)의 '국가별 경쟁력 지표'와 그 안에 포함된 노사관계 관련 지표들에 대해 검토한다.

1) 개　요

국제경영개발원(IMD)은 1989년부터 매년 'IMD 세계경쟁력연감(Global Competitiveness Yearbook)'을 발표해 왔다. 이 연감은 국제경영개발원(IMD)에서 개발한 지표들에 대한 각국별 점수를 매겨서 이를 합산하여 국가별 경쟁력 순위를 매기고 있다.

'IMD 세계경쟁력연감(Global Competitiveness Yearbook)'은 1989~1995년간에는 세계경제포럼(WEF)의 세계경쟁력보고서와 공동으로 작성되어 왔으나, 양자 간에 국가경쟁력에 대한 개념과 방법론상의 이견으로 인해 1996년부터 별도의 보고서를 작성해오고 있다. 2003년 이전에는 평가대상국 전체를 기준으로 순위를 평가했으나, 2003년부터는 평가대상국을 인구 2천만 명 이상의 국가와 지역(1그룹), 그리고 2천만 명 미만인 국가와 지역(2그룹)으로 나누어 평가하기 시작했다. 그러나 최종보고서에는 지표별로 전체 국가별 순위가 제시되어 있다.

IMD 보고서의 국가경쟁력 개념은 '기업의 경쟁력을 높이는 국가의 총체적인 능력'으로 정의되어 있으며, 이는 기업이 다른 나라의 기업들과 세계시장에서 경쟁할 때 효율적인 사회구조, 제도 및 정책을 제공함으로써 경쟁에서 이길 수 있게 하는 국가의 총체적인 능력을 의미한다. 이런 정의는 부의 창출이 기본적으로 기업수준에서 발생한다는 것을 가정한 것으로 볼 수 있다. 따라서 IMD의 국가경쟁력 지표는 이러한 정의를 따라 기업경쟁력에 영향을 주는 경제적, 비경제적 요인 모두를 포함하여 구성되어 있다. 국가경쟁력 지표의 최상위 범주라고 할 수 있는 요소들은 이른바 '경쟁력을 유지하기 위한 10개의 황금률'(Golden Rules of Competitiveness)로 구체화되어 있는데, 아래 〈표 2-1〉에 제시되어 있는 내용을 보면 임금수준과 생산성, 그리고 임금격차 축소와 중산층 강화를 통한 사회통합성의 유지 등 일정하게 효율성과 형평성을 고려하고 있다. 하지만 뒤에서 살펴볼 각 지표들의 구체적인 내용을 보면 기본적으로 기업 경쟁력을 뒷받침하기 위한 효율성을 강조하는 측면이 두드러진다고 할 수 있다.

표 2-1 경쟁력 유지를 위한 10개의 황금률

1	안정적이고 예측가능한 법적 환경의 창출
2	유연한 경제구조의 작용
3	전통적이고 기술적인 인프라에 대한 투자
4	민간저축과 국내투자의 촉진
5	국제시장에 적극성과 해외직접투자의 매력도 제고
6	정부와 행정에서의 질과 속도, 투명성 확보
7	임금수준과 생산성, 조세간 관계유지
8	임금격차축소와 중산층 강화를 통한 사회통합성의 유지
9	교육(특히 중등교육 수준)과 노동자에 대한 평생학습 훈련에 대한 집중적 투자
10	시민들이 요구하는 가치체계를 유지하면서, 실질적 부의 창출을 확보하기 위한 근접성(proximity)과 범세계성(globality) 경제 사이의 균형

자료원: IMD competitiveness yearbook.

2) 조사방법상 특징

IMD의 국가경쟁력 지표는 국가의 전반적인 환경이 기업의 경쟁력을 결정한다는 것을 전제로 하여, 각국의 환경이 얼마나 기업 경쟁력 제고에 유리하도록 조성되어 있는가를 측정하는 것을 주된 목적으로 한다. 지표는 국가 환경을 4개의 경쟁력 범주(경제성과, 정부효율성, 기업효율성, 인프라)로 나누고, 이들 범주를 다시 5개의 하위 범주로 구분해 총 20개의 하위범주로 구성된다. 이 20개 범주에는 총 300개 이상(2007년에는 332개)의 세부지표가 포함되는데, 20개의 범주는 세부지표의 수에 관계없이 가중치가 모두 5%로 동일하게 설정된다. 평가항목 중 2/3는 국제기구나 각국 정부의 통계자료에 기초하는 경성데이터이며, 1/3은 각국의 최고경영진 및 중간관리자를 대상으로 설문조사를 실시하는 연성데이터로 이루어져 있다. 경성데이터와 연성데이터의 비중은 각 범주별로 일정하지 않게 설계되어 있다. 연성데이터는 국가경쟁력 결정에서 중요한 역할을 하지만, 달리 수량화할 방법을 찾기 어려운 부분을 수량화하기 위해 전체 조사대상국의 기업 경영인과 외국기업 경영인 4,000여 명을 GDP 비율에 따라 배분된 표본을 대상으로 실시하는 설문조사로 구성된다. 자료의 수집은 전 세계의 협력기관의 협조를 통해 수집하고, 연성데이터를 수집하기 위한 설문조사에 대한 안내도 이들 기관을 통해서 실시한다. 전체 평가항목 중 1/3에 해당하는 항목이 설문조사 형식으로 이루어지는데, 평가대상국 전체에 대한 지식을 갖춘 응답자를 찾기 어려워 해당국과 관련된 부분만 응답하도록 하는 방식으로 조사를 진행한다. 최근 5년 동안의 응답자 현황은 〈표 2-2〉에 제시되어 있는데, 국가별 응답자 현황을 공개하지 않아 한국에서의 정확한 응답자수를 확인하기는 어렵다.[3] 그러나 WEF가 실시하는 서베이의 한국 표본수가 100명에서 190명인 것으로 볼 때 IMD의 응답자수도 이 범위를 넘어서지는 않을

3) 각국별 설문지 배포 자체는 대략 300부 정도인 것으로 알려지고 있으며, 응답자 수는 WEF에서 실시하는 설문조사의 응답자보다 많지는 않을 것으로 추정된다. 그러나 한국의 응답자 현황은 정확히 파악할 수 없다. 각국별 응답자는 협력기관에서 배포하는 설문 응답자와 IMD 홈페이지에 직접 접속해 응답하는 응답자를 더해야 하는데, 온라인상으로 응답하는 경우는 협력기관에서 파악하기 어렵다.

표 2-2 연도별 서베이 응답자 현황

연 도	국 가 수	응답자수	비 고
2001	49개국	3,678명	
2002	49개국	3,532명	평균 72명
2003	59개국	4,256명	
2004	60개국	4,166명	
2005	60개국	4,000명	

자료원: IMD competitiveness yearbook.

것으로 추정된다.

IMD는 이 지표를 통해서 얻어진 각국의 경쟁력 관련 지수들(경성데이터)과 경영자들에 대한 의견조사(연성데이터) 결과를 취합하여 만들어진 양적 자료들을 통계 처리하여 각국의 경쟁력 순위를 정하고 있다. 경성데이터에 대해서는 가중치를 1로 주고, 연성데이터는 0.66을 준다. 이러한 가중치의 근거는 분명하지 않지만 연성데이터의 경우 가변성과 편의가 발생할 가능성을 줄이기 위한 것이라고 설명하고 있다. 몇몇 세부지표는 참고자료로만 활용되며, 총 경쟁력 순위를 산정할 때는 사용되지 않는다.

한편 IMD는 국가경쟁력 순위를 평가할 때 표준화 방법을 사용한다. 원자료를 표준화하여 그 값을 기준으로 개별항목의 순위를 산정한 다음 각 부분 순위 또한 표준화된 값을 합계해 구한다. 이런 순서로 8개 부문 값을 각국별로 더해 정렬하면 최종 국가경쟁력 순위가 도출되는 것이다. 이런 방법을 사용하는 이유는 중분류, 대분류 순위를 결정하는 데 활용하기 쉽도록 하기 위한 것이다. 결국 각 항목의 표준화된 값이 전체 경쟁력 순위를 결정하는 가장 기초적인 데이터로 활용되는데, 만약 한두 항목에서 낮은 점수를 기록할 경우 전체 경쟁력 순위에도 상당한 영향을 미치게 된다. 따라서 IMD에서도 비슷한 환경을 가진 국가의 순위가 다르게 나타날 수 있다는 점을 환기시키고 있다. 한편 IMD는 평가방법과 관련해 자주 제기되는 의문에 대한 답변이라는 형식을 빌어 추가로 설명하고 있다.

표 2-3 IMD 평가방법과 관련한 추가사항

구분	내용
분석대상	기업 경쟁력을 유지할 수 있는 환경을 제공하는 국가의 능력을 분석하고 순위를 정한다. 이는 기업에 대해 보다 많은 가치창출과 자국 국민들에 대해 보다 많은 번영을 유지하는 환경을 창출하고 유지하기 위한 국가의 능력을 형성하는 요인과 정책을 분석하는 것이다. 기업은 국가환경에 크게 영향을 받기 때문에 한 국가는 다른 국가보다 기업 경쟁력을 촉진시킬 수 있는 환경을 제공함으로써 경쟁력을 지원할 수 있다. 이러한 환경을 분석하고 순위를 정하는 것이다.
순위 범주의 구분	전체 대상국가에 대한 총순위와 함께 인구규모, 1인당 GDP, 지역(유럽, 중동-아프리카, 아시아-태평양, 아메리카)별 순위를 제공한다.
인구규모 구분	경제규모가 인구규모와 밀접한 관련이 있고, 인구가 많은 국가는 소규모 국가와 다른 경쟁력 모델을 보여주기 때문이다. 2000만 명을 기준으로 구분해 별도의 순위를 제공한다.
활용하는 정보와 데이터	연성데이터는 경성데이터를 보완하기 위한 것이다. 그러나 경성데이터가 과거의 모습을 반영하는 것이라면, 연성데이터는 보다 최근의 그리고 현실에 가까운 모습을 보여준다.
하위지표의 세부지표의 수가 다른 이유	각 범주의 특징을 평가하는 측면은 매우 다양하고 다르기 때문이다. 320개 이상의 지표가 사용되기 때문에 특정 하나의 지표가 미치는 영향은 제한된다.
서베이는 믿을 만한가	4천명 이상의 경영자를 대상으로 조사한다. 이들은 해당국가의 부문별 경영진을 대표한다고 보아도 된다. 조사 대상국가 전체에 대한 전반적인 지식을 가진 사람을 구하기 어렵기 때문에 해당 국가의 경영자만 응답하도록 한다. 그러나 최대한 객관성을 유지하기 위해 해당국에서 활동하는 국내외 경영자를 고르게 포함시켰다.
서베이의 주관성이나 편의발생가능성	응답자의 주관성은 경영자의 국제경험에 의해 극복될 수 있을 것이다. 경성데이터에 비해 유동적일 수는 있으나 특정 국가, 그룹에 치우치지 않는 충분한 표본을 확보하려고 하고 있다. 그럼에도 불구하고 특정 국가로부터의 응답이 문화적, 사회적 가치나 전통적 유산에 의해 영향을 받을 수는 있겠으나, 이러한 현상을 고치려고 하는 시도가 더 안 좋은 결과를 낳을 수 있다는 점도 고려할 필요가 있다.

자료원: IMD competitiveness yearbook.

3) 지표상의 특징

IMD 국가경쟁력 지표의 가장 두드러진 특징은 우선 이 지표의 '국가경쟁력' 정의에서 비롯된다. IMD의 국가경쟁력에 대한 정의는 "기업 경쟁력을 지원하기 위해 필요한 경영 환경을 개선하는 정부 및 사회의 능력"이라는 견지에서 구성된다. 이 같은 정의 방식은 IMD가 경쟁력의 유일한 원

표 2-4 국가경쟁력 측정기준

범 주	평가기준	하위지표
경제적 성과	국내 경제의 거시경제적 평가	
	국내경제	규모, 성장, 부, 예측
	국제무역	
	국제투자	투자, 재무
	고 용	
	물 가	
정부행정 효율성	정부 정책이 경쟁력을 유도하는 정도	
	공공재정(public finance)	
	재정정책(fiscal policy)	
	제도적 틀	중앙은행, 국가 효율성
	기업관련 입법	개방성, 경쟁과 규제, 노동규제
	사회적 프레임워크(societal framework)	
기업 효율성	기업 활동 수행의 혁신성, 수익성, 책임성 정도	
	생산성과 효율성	
	노동시장	비용, 관계, 숙련 활용성
	재 무	은행 효율성, 주식시장효율성, 재무관리
	경영관행	
	태도 및 가치	
인프라	기본적, 기술적, 과학적, 인적 자원들이 사업의 요구를 충족시키는 정도	
	기본 인프라	
	기술 인프라	
	과학 인프라	
	건강과 환경	
	교 육	

자료원: IMD competitiveness yearbook.

천을 기업에서 찾는 데서 비롯되고 있다고 볼 수 있다. 이는 기존의 세계경제포럼(WEF)의 국가경쟁력 개념이 "한 나라가 국민 개인의 GDP 생산성 증가율을 지속적으로 높게 유지할 수 있는 능력"으로 정의되었던 것과 구별되는데, 전자가 기업경쟁력에 초점을 두고 있다면, 후자는 경제성장에 초점을 맞추고 있다고 볼 수 있다.4)

국가경쟁력을 구성하는 범주들은 〈표 2-4〉에서 볼 수 있는 것처럼 거시경제성과, 정부효율성, 기업효율성, 인프라 등 4가지이며, 각 범주는 다시 5가지의 평가기준(criteria)으로 구성된다. 5가지의 평가기준은 경우에 따라 다시 하위 평가기준으로 나뉘는 경우가 있으며, 이들 기준(criteria)들은 다시 계량화된 측정이 가능한 총 332개(2007년)의 세부 지표들로 쪼개어진다.

4개 범주의 기업효율성 부문의 5개 기준 중 노동시장이 포함되어 있으며, 노동시장은 총 21개의 지표를 가지고 있고, 이중에는 노사관계와 노동쟁의 등의 노사관계 관련 지표들이 포함되어 있다. 노사관계는 고용주들에 대한 설문조사(survey)를 통해 측정되며, 노동쟁의는 3개년의 천명당 노동손실 일수를 평균한 수치로 측정되고 있다.

4) 노동시장 및 노사관계 관련 지표

IMD의 노사관계 관련 지표는 4대 평가 범주 중 하나인 기업효율성 범주에 속하는 평가기준인 '노동시장' 분야에 포함되어 있다. 노동시장 관련 세부 평가지표는 총 31개로 이중 경성데이터는 20개이고, 서베이 데이터가 11개이다.

이를 구체적으로 살펴보면 경제활동참가율이나 노동생산성, 총생산성, 생산성 증가율, 고용증가율, 노동시간 등은 높을수록 순위가 높아진다. 그러나 보수수준, 제조업부문단위노동비용 증가율이 낮을수록 순위가 높게 산정된다거나 파트타임 비율이 높을수록, 노동규제가 유연할수록, 외국인

4) 이러한 정의상의 차이가 양자의 분리를 야기한 중요한 이유로 추정된다.

노동력 고용 가능성이 높을수록 순위가 높게 산정되는 것은 다분히 기업 측면에서의 유연성과 효율성을 위주로 고려한 것이라 할 수 있다.

표 2-5 노동시장과 노사관계 평가지표

지 표	설 명	데 이 터
경제활동참가율	총인구 중 노동력의 비율이 높을수록 순위 높음	경 성
경제활동참가 증가율	총인구 중 경제활동 참가 증가율이 높을수록 순위 높음	경 성
고용증가율	고용증가율 추정치가 높을수록 순위 높음	경 성
공공부문 고용	전체 고용인원 중 고용비중이 낮을수록 순위 높음	경 성
노동생산성	피용자 1인당 시간당 GDP(높을수록 순위 높음)	경 성
노동시간	연간 평균 노동시간이 길수록 순위 높음	경 성
노동쟁의	연간 1000명당 노동손실일수(낮을수록 순위 높음)	경 성
보수수준	제조업 노동자의 시간당 보수(부가급여 포함)(낮을수록 순위 높음)	경 성
성별 소득비중	남성 소득 대비 여성 소득 비중이 높을수록 순위 높음	경 성
실 업 률	노동력 중 비율이 낮을수록 순위 높음	경 성
여성노동력	전체 노동력 중 여성 노동력 비율이 많을수록 순위 높음	경 성
외국인 노동력	총 노동력 중 외국인 노동력의 비중이 높을수록 순위 높음	경 성
인플레율	인플레 증가율이 낮을수록 순위 높음(참고자료)	경 성
장기실업률	노동력 중 비율이 낮을수록 순위 높음	경 성
제조업부문 단위노동비용	전년대비 변화율로 낮을수록 순위 높음	경 성
청년실업	24세미만 실업이 총실업에서 차지하는 비중이 낮을수록 순위 높음	경 성
총생산성	피용자 1인당 GDP(높을수록 순위 높음)	경 성
총생산성증가	피용자 1인당 실질 GDP 증가율(높을수록 순위 높음)	경 성
취업률	전체 인구 중 취업자수가 많을수록 순위 높음	경 성

파트타임고용	총고용 중 파트타임 고용비중이 높을수록 순위 높음	경 성
기업가치	기업가치가 종업원의 가치를 충분히 고려할수록 순위 높음	서베이
노동규제	노동규제(고용/해고관행, 최저임금)가 유연할수록/기업활동을 저해하지 않을수록 순위 높음	서베이
노동자 동기부여	종업원이 기업목표를 자신의 목표와 동일시하는 정도(동일시할수록 순위 높음)	서베이
노사관계	노사관계가 적대적인가 아니면 생산적인가(생산적일수록 순위 높음)	서베이
보건, 안전, 환경	경영자가 보건, 안전, 환경에 대한 관심이 높을수록 순위 높음	서베이
숙련노동력	숙련노동자를 활용하기 쉬울수록 순위 높음	서베이
실업관련법안	실업관련법안이 취업의사를 촉진하는 정도가 높을수록 순위 높음	서베이
유자격 기술자	유자격 기술자(qualified engineers)가 충분할수록 순위 높음	서베이
이민법안	이민법이 외국인 노동자 고용을 저해하지 않을수록 순위 높음	서베이
종업원 훈련	기업에서 종업원 훈련을 우선시하는 정도가 높을수록 순위 높음	서베이
차 별	인종, 성, 가정적 배경이 사회에서 불리하게 작용하지 않을수록 순위 높음	서베이

자료원: IMD competitiveness yearbook.

5) 한국의 국가경쟁력 추이

(1) 한국의 국가경쟁력 순위

IMD 보고서가 제출하고 있는 한국의 국가경쟁력 순위를 보면 2001년과 2002년에는 29위를 유지하다가 2003년과 2004년에는 각각 37위, 35위로 다시 하락했다. 2005년에는 다시 29위를 기록하고 있다. 최근 5년 동안 한국의 경쟁력 추이를 평가범주별로 살펴보면 〈표 2-6〉과 같다.

표 2-6 4개 범주별 한국의 국가경쟁력 순위

	2001	2002	2003	2004	2005	2006
대상국가	49개국	49개국	59개국	60개국	60개국	55개국
전체순위	29	29	37	35	29	29

자료원: IMD competitiveness yearbook, 각년도.

(2) 노동시장과 노사관계 부문의 경쟁력 순위

노동시장과 노사관계 부문에서의 경쟁력 순위를 보면 대체로 경성데이터보다는 서베이를 통한 데이터로 산정되는 항목에서 순위가 낮은 경향을 보이고 있다. 노사관계의 대립성을 보는 항목인 노동쟁의와 적대적－생산적 노사관계 지표를 보면, 경성데이터에 의한 노동쟁의 순위는 중하위 수준인데 비해 서베이데이터에 의한 노사관계 적대성은 최하위를 보이고 있다. 이는 서베이 응답자가 기업의 경영인이나 관리자들로만 구성되어 있기 때문인 것으로 판단할 수 있다.

표 2-7 노동시장과 노사관계 부문의 경쟁력 순위

	데이터	2001 (49개국)	2002 (49개국)	2003 (59개국)	2004 (60개국)	2005 (60개국)
경제활동참가율	경 성	27	27	L14		32
경제활동참가증가율	경 성	16	19	L13	16	16
고용증가율	경 성	9	15	L6	42	21
공공부문 고용	경 성	na	2	L1	6(참고)	2(참고)
노동생산성	경 성	30	30	L13	40	41(참고)
노동시간	경 성	12	13	L10	7	7
노동쟁의	경 성	39	38	L25	44	45
보수수준	경 성	26	23	L21	32	32
성별 소득비중	경 성	na	27	L14	32	38

실 업 률	경 성	14	11	L3	4	4
여성노동력	경 성	32	29	L14	40	40
외국인 노동력	경 성	na	26	L11	32(참고)	34(참고)
인플레율	경 성	14	29	L14	35	37(참고)
장기실업률	경 성	na	na	na	1(참고)	1(참고)
제조업 단위노동비용	경 성	7	12	L13	34	27
청년실업	경 성	12	13	L4	10	13
총생산성	경 성	28	28	L12	35	35
총생산성증가	경 성	37	14	L6	16	32
취 업 률	경 성	26	23	L12	25	23
파트타임고용	경 성	na	na	L12	29(참고)	37
기업가치	서베이	na	na	na	na	24
노동규제	서베이	32	35	L25	44	44
노동자 동기부여	서베이	32	19	L16	42	37
노사관계	서베이	46	47	L30	60	60
보건, 안전, 환경	서베이	30	25	L19	26	30
숙련노동력	서베이	25	22	L20	41	32
실업관련법안	서베이	27	11	L18	29	20
유자격 기술자	서베이	36	33	L25	52	45
이민법안	서베이	35	33	L25	49	53
종업원 훈련	서베이	27	16	L18	30	25
차 별	서베이	45	45	L28	57	54

자료원: IMD competitiveness yearbook, 각년도.

[주] 1. na는 해당연도 지표가 없는 항목

2. (참고)는 순위산정에는 포함되지 않고 참고지표로 사용

3. 2003년에는 전체 59개국을 인구 2000만 명을 기준으로 구분한 순위. 한국은 2000만 명 이상 국가로 분류되었고, 이들 국가들은 30개국임.

6) 평 가

IMD 지표는 국가경쟁력을 측정하는 비교지표로서 10여년 동안 조사가 수행되어 오는 과정에서 국제적인 신뢰성을 축적하고 있다고 볼 수 있다.

하지만, 이 지표는 몇 가지 중대한 약점을 지니고 있다.

첫 번째 약점은 국가경쟁력에 대한 기업 중심의 정의에서 기인하는데 이는 세계경제포럼 측과의 분리로 귀결된 것처럼 논란이 많은 사안이다. IMD 식으로 국가경쟁력을 정의할 경우 정부의 역할은 사실상 시장을 위한 제도적 인프라를 제공하는 것으로 축소되며, 국가가 수행하는 시장과 기업에 대한 사회적 규제와 사회적 통합 기능은 경쟁력에 반하는 기능으로 분류될 수 있다. 그러나 국가의 경쟁력은 기업에 대한 지원뿐 아니라, 기업의 노동인구에 대한 남용으로부터의 보호와 같은 규제적 행위로부터도 생길 수 있다. 국가경쟁력에 대한 이러한 정의로 인해 각 범주를 구성하는 지표들은 대체로 신고전파적 시장논리에 충실한 지표들이거나 미시적 효율성에 주안점을 둔 지표들로 구성되어 있다. 예를 들어 정부효율성에서 정부의 재정수지균형, 법인세율, 보호주의, 기업효율성에서 인당 신용카드 발행 숫자, 노동(보호)규제, 외국인고용 자유화 등 신고전주의 경제학의 시장 논리를 반영하는 지표들이 각 범주들에서 지배적이다.

두 번째 약점은 국가 수준에서 공식적으로 제공되지 않는 자료들을 경영자 서베이 결과로 대체하여 계량화하고 있다는 점이다. 물론 가중치 조정을 통해 이러한 약점을 완충하고는 있으나 서베이 대상으로 각국의 극히 소수의 경영자들만을 포함하고 있고, 질문들이 지표들에 대한 이들의 주관적 인식을 묻는 식으로 이루어졌기 때문에 이를 국가 수준의 지표로 인정하기는 힘들다고 할 수 있다.

세 번째, IMD의 국가경쟁력지표에서 노사관계의 경쟁력에 대한 평가지표는 기업경쟁력 범주 중 노동시장 부문에서도 극히 일부만을 차지하고 있다. 노동시장 부문의 평가지표는 총 31개이지만 이중 명시적으로 노사관계에 대한 평가지표라고 할 만한 것은 경성지표인 '노동쟁의에 따른 천인당 손실일수'와 연성지표인 '노사관계의 적대성/생산성 여부에 대한 사용자의 의견' 등 2개뿐이다. 따라서 노사관계 경쟁력에 대한 평가는 완결적인 노사관계 평가라고 보기 어렵다.

네 번째, 명시적인 노사관계 관련 지표인 '노사관계의 적대성/생산성 여부'에 대한 서베이 결과가 차지하는 비중이 가중치를 고려할 경우 노사관계 경쟁력 평가에서 40%를 차지하게 된다. 하지만 이 서베이의 응답자가 각국의 극소수의 기업 경영진에 국한되고 이들의 의견을 묻는 방식이기 때문에, 이 서베이의 성격은 경영자가 인식하는 노사관계 만족도에 대한 질문이라고 해야 적절할 것이다. 이로 인해 가중치를 부여한다고 하더라도 전체 측정 지표 자체가 2개뿐이기 때문에 주관적 인식에 대한 측정이 차지하는 비중이 노사관계 경쟁력 평가에서 지나치게 큰 비중을 차지하게 되는 문제점을 낳는다. 이러한 지적은 경성데이터에 기반한 노동쟁의 순위와 서베이 데이터에 기반한 노사관계의 적대성/생산성 인식이 상당 정도 불일치하고, 경성데이터와 서베이데이터간의 상관관계가 거의 확인되지 않는 분석결과에 의해 정당화될 수 있다(노동부, 2006).

2. 세계경제포럼(WEF)의 '성장경쟁력(Growth Competitiveness)' 비교지표

이 절에서는 국제경영개발원(IMD)의 '국가별 경쟁력 지표'와 함께 국가경쟁력의 시각에서 노사관계 관련 지표들을 구축하여 국제적 비교 결과를 공표해 온 또다른 대표적인 사례인 세계경제포럼(WEF)의 '성장경쟁력(Growth Competitiveness)' 비교지표와 그 안에 포함된 노사관계 관련 지표들에 대해 검토한다.

1) 개 요

세계경제포럼(WEF)의 세계경쟁력 보고서(The Global Competitiveness Report)는 본래 IMD와 공동으로 작성되어 왔으나 양자간 국가경쟁력에 대한 개념과 방법론상의 이견으로 인해 1996년부터 별도로 작성되고 있다. WEF는 국가경쟁력을 '한 국가의 생산성 수준과 그러한 생산성으로부터 확보할 수 있는 번영의 수준을 결정하는 요인, 정책, 제도의 총합'으로 규정하고 있다. 이러한 개념은 경쟁력 있는 국가가 중장기적으로 보다 빨리 성장할 것이라는 가정을 전제로 한다.

WEF가 평가하는 국가는 1996년 49개국에서 2003년 현재 100여개 국가로 증가하였다. 성장경쟁력 평가에서는 조사대상국을 기술능력에 따라 핵심 기술혁신 국가와 비핵심 국가로 나누고 이들 국가들에 대해 평가범주의 각 평가지표들의 가중치를 달리해 평가한다. 핵심 기술혁신 국가에는 100만 명당 15건 이상의 미국 특허를 가진 국가를 포함시키고 있다. WEF는 중장기적으로 지속가능한 경제성장의 잠재력을 평가하는 성장경쟁력과 높은 임금을 지불하고도 지속적인 투자를 유발하는 자본이득을 창출할 수 있는 기업경쟁력을 측정하는 이원적 평가체계를 가지고 있다.

1997년까지는 경쟁력지수(Competitiveness Index)를 통해 단일종합순위를 발표했으나 이후 몇 차례의 변화를 거쳐 2003년부터는 성장경쟁력지수(Growth Competitiveness Index)와 기업경쟁력지수(Business Competitiveness Index)를 함께 발표하고 있다. 성장경쟁력지수는 5년 정도의 기간 동안 기대되는 중장기 성장잠재력을 측정하기 위한 것으로 여기에는 기술, 공공기관·제도, 거시경제 환경 등 3개 항목이 포함되어 있으며, 기업경쟁력지수는 이 성장경쟁력 지수를 보완하기 위한 방법으로 기업운영과 전략의 정교성, 기업환경 등 2개 항목에 대한 평가를 기초로 산정한다. 이들 항목을 평가하기 위한 데이터는 2가지 종류가 있는데, 한 국가의 경제성과, 기술적 역량, 사회간접자본 등의 양적 변수(경성데이터)와 각국에서 기업활동을 하고 있는 최고경영진을 대상으로 서베이를 통해 확보하는 연성데이터로 구성되어 있다. 서베이 질문 항목은 자국의 경제상황에 대해 선도적인 경영진의 입장에서 중요하며 합리적이고 포괄적인 이해를 제공할 수 있는 항목을 선택하는데, 정량적 자료를 찾기 어려운 부분에 중점을 두고 있다.

2) 조사방법상의 특징

이 보고서의 경쟁력지수는 중장기적인 경제성장과 깊은 상관관계가 있는 경제지표의 지수를 말하며, 기업경쟁력지수는 경제성장경쟁력지수를 보완하는 것으로 사용된다. WEF는 경쟁력 지수를 산출하기 위해 한 국가의 경제성과, 기술역량, 사회간접자본 등을 평가하기 위한 경성데이터와 서베이를 통한 연성데이터를 사용한다. 연성데이터는 매년 Executive Opinion Survey를 통해 확보하는데 해당국가에서 기업활동을 하고 있는 최고경영진의 의견을 취합하는 것이다. 이러한 서베이는 기업활동을 하는 환경조건에 대한 인식을 파악하기 위한 것이다. 이 서베이의 조사대상자들은 50명의 종업원을 가진 소규모기업에서 2만 명 이상의 종업원을 가진 다국적기업에 이르기까지 분포되어 있으며, 다양한 산업과 국내 민간기업, 외국인소유기업, 정부투자(출연)기업이 포함된다. 구체적인 응답자 현황을 보면 아래의 〈표 2-8〉에 제시되어 있다. WEF 보고서는 응답자를 부문별, 기업규모, 기업의 유형으로 세분화해 제시하고 있다. 응답자 현황을 부문별로 구분해 기록한 것은 2004-5년 보고서부터이다. 기업규모와 기업유형은 2002-3 보고서부터 그 기준이 변경되었는데, 기업규모는 250명 미만 규모가 100명 이하 규모로, 250-500명 규모가 101-500명 규모로 변경되었다. 기업유형은 5개의 유형으로 구분했다가, 2002-3 보고서부터는 4개의 유형으로 구분해 제시하고 있다. 각 연도별 한국의 표본수는 최소 103명에서 최대 190명에 이르고 있다.

표 2-8 연도별 서베이 응답자 현황

		2001-2	2002-3	2003-4	2004-5	2005-6
표 본 수	국 가 수	75개국	80개국	102개국	104개국	117개국
	전 체	4,601명	4,735명	7,741명	8,729명	10,993명
	한 국	164명	103명	103명	132명	190명
부 문 별	농 업	구분 없음	구분 없음	구분 없음	2	1
	공 업				43	47

	서 비 스				36	48
	미 분 류				1	2
	무 응 답				18	2
기업규모	250명 미만	12	100명 이하			
			3	9	21	14
	250–500	11	101-500명			
			25	27	27	29
	501–5,000	65	62	50	44	41
	5,001–20,000	11	7	9	7	10
	20,000 이상	1	3	3	2	6
	무 응 답	0	0	2	0	1
기업유형	내수지향 국내기업	33	국내민간기업			
			71	70	73	78
	내수수출 혼합 국내기업	52	국내정부기관			
			5	3	5	4
	다국적기업산하기업	10	외국계기업			
			11	11	9	13
	정부산하기관	4	혼합기업			
			5	11	4	2
	정부기관	1	무응답			
			9	6	9	4

주: 내수지향 국내기업: 국내에 기반을 두고 주로 내수시장에서 판매하는 기업
내수수출 혼합 국내기업: 국내에 기반을 두고 내수와 수출을 병행하는 기업
다국적기업산하기업: 국내에서 활동하는 다국적기업의 사업부나 지점 등
정부산하기관: 정부출연기관 혹은 정부투자기관
국내민간기업: 국내민간부문 소유기업(지분 50% 이상)
국내정부기관: 정부소유기관(지분 50% 이상)
외국계기업: 외국계 지분이 50% 이상인 기업
혼합기업: 민간, 정부, 외국계 어느쪽도 지분을 50% 이상 소유하지 않은 기업

이 보고서는 성장경쟁력지수를 산정할 때 핵심 혁신국가와 비핵심국가를 구분하고 있는데, 기술, 공공제도, 거시경제 환경에 대해 각각 달리 가중치를 부여하고 있다. 이를 요약하면 〈표 2–9〉와 같다.

표 2-9 성장경쟁력 지수의 산정방법

<table>
<tr><th>분 야</th><th>핵심국가</th><th>비핵심국가</th><th colspan="2">하위지수 및 가중치</th></tr>
<tr><td>거시경제환경 분야</td><td>1/4</td><td>1/3</td><td colspan="2">1/2 경제안정성(5/7경성 + 2/7서베이) + 1/4 국가신용등급(경성) + 1/4정부지출(경성)</td></tr>
<tr><td>공공기관 분야</td><td>1/4</td><td>1/3</td><td colspan="2">1/2계약 및 법(서베이) + 1/2부패(서베이)</td></tr>
<tr><td rowspan="2">기술력 분야</td><td rowspan="2">1/2</td><td rowspan="2">1/3</td><td>핵심국가</td><td>비핵심국가</td></tr>
<tr><td>1/2혁신(서베이1/4, 경성3/4) + 1/2ICT (서베이1/3, 경성2/3)</td><td>1/8혁신 + 3/8기술이전 (2개문항결과평균) + 1/2ICT (서베이1/3, 경성2/3)</td></tr>
</table>

3) 지표상의 특성

(1) 지표의 구성

WEF는 국가경쟁력을 경제성장경쟁력의 3개 분야(거시경제환경, 공공기관, 기술력)와 기업경영경쟁력 2개 분야(기업경영전략 정교화, 국내기업 경영환경의 질) 등 5개 분야로 구분하고 이를 7개 분야 약 95개 항목으로 세분해 평가한다. 이중 경성자료가 15개 정도, 설문자료가 80여개 정도로 설문에 의한 평

표 2-10 국가경쟁력 측정기준

<table>
<tr><th>범 주</th><th>분 야</th><th>부문지표</th></tr>
<tr><td rowspan="7">경제성장경쟁력 순위</td><td rowspan="3">거시경제환경 분야</td><td>거시경제안정</td></tr>
<tr><td>정부낭비요소</td></tr>
<tr><td>국가신용등급</td></tr>
<tr><td rowspan="2">공공기관 분야</td><td>계약이행 및 법규준수</td></tr>
<tr><td>공공기관 부패</td></tr>
<tr><td rowspan="2">기술력 분야</td><td>혁 신</td></tr>
<tr><td>정보통신기술</td></tr>
<tr><td rowspan="2">기업경쟁력순위</td><td colspan="2">기업경영전략 정교화 분야</td></tr>
<tr><td colspan="2">국내기업 경영환경질 분야</td></tr>
</table>

가지표가 상당히 많은 편이다. 그러나 언론에 발표되는 국가별 경쟁력 순위는 경제성장 경쟁력지수로 간주된다. 이를 정리하면 〈표 2-10〉과 같다.

2004-2005 보고서부터는 기존의 성장경쟁력지수와 기업경쟁력지수와 함께 세계경쟁력지수가 새로이 제시되고 있다. 이는 기존의 성장경쟁력지수와 기업경쟁력지수를 통합하여 국가경쟁력의 거시적인 측면과 미시적인 측면을 모두 고려하는 모델이라고 설명하고 있다. 이러한 지수를 개발한 이유로는 거시적인 측면과 미시적인 측면을 분리할 경우 국가경쟁력을 올바로 이해할 수 없기 때문이라고 설명한다. 기업이 번창하는 데 필요한 역량은 공적 제도의 효율성, 교육시스템의 우수성, 그리고 국가의 전반적인 거시경제적 안정성에 의존하기 때문이다.

이 세계경쟁력지수는 경쟁력을 12개의 축으로 나누고, 이를 국가의 발전단계별로 달리 적용하는 것이 특징이다. 각국에서 수집된 경성데이터와 연성데이터를 12개의 축으로 구분하여 평가하는데, 이들 12개의 축은 다시 기초 필수조건, 효율성 촉진요인, 혁신 요인 등 세 개의 부문으로 나뉜다. 이를 요약하면 〈표 2-11〉과 같다.

표 2-11 국가경쟁력 측정 세부기준

범 주	분 야	부문지표
기초 필수조건	제 도	공공제도
		사적제도
	인 프 라	전체 인프라
		철도, 항만, 항공, 전력
	거시경제안정성	인 플 레
	안 전	개인 안전
	기초 인적자본	보 건
		기초교육
효율성 촉진요인	선진 인적자본	교육의 질
		교육시스템의 질
		직무교육(on-the-job training)

	제품시장 효율성	정부에 의한 교란요인
		경쟁(국내경쟁, 국제경쟁)
		소비자(수요 조건)
	노동시장 효율성	노동시장 유연성
		여성 참가정도
		인재(인센티브/노력)
	재무시장 효율성	효 율 성
		신 용
		FDI
	기술 준비성	
	개방성과 시장의 크기	국내시장 규모
		해외시장 규모
혁신요인	기업전략 정교화	네트워크와 지원 산업
		기업활동과 전략의 정교화
	혁 신	

한편 국가 경제의 발전단계는 소득이 2천 달러 미만이거나 1차 수출품 비중이 70% 이상인 국가를 1단계 국가로, 소득이 2천 달러－3천 달러 사이인 국가를 1단계에서 2단계로 이행중인 국가, 소득이 3천 달러－9천 달러인 국가를 2단계 국가로, 소득이 9천 달러－1만7천 달러 사이인 국가를 2단계에서 3단계로 이행중인 국가로, 소득이 1만7천 달러 이상인 국가를 3단계 국가로 구분하고 있다. 이러한 단계에 따라 생산요소가 차지하는 중요성이 달라지는데, 각 단계별로 요소 주도형 단계 → 효율성 주도형 단계 → 혁신주도형 단계로 구분된다. 보고서는 각 발전단계별로 12개의 축을 구분한 3개 범주의 가중치를 달리 적용하고 있다. 이를 요약하면 다음의 〈표 2－12〉와 같다.

표 2-12 국가의 발전단계별 측정요인 가중치

범 주	기초 필수조건	효율성 촉진요인	혁신과 정교화 요인
요소 주도형 단계	50%	40%	10%
효율성 주도형 단계	40%	50%	10%
혁신 주도형 단계	30%	40%	30%

(2) 노동시장 및 노사관계 평가 지표

2001－2002 보고서부터 2005－2006 보고서까지 사용된 지표는 〈표 2－13〉과 같다. 총 지표는 25개이며, 이들 지표는 매년 조금씩 수정되고 있다. 이중 경성 데이터는 3개이고, 나머지 22개가 서베이 데이터다. WEF 또한 성별 임금격차나 교육기회의 형평성 등 형평성을 고려하는 지표를 제시하고 있으나 전반적으로는 기업경쟁력과 효율성 측면에서의 노동시장 유연성 등을 강조하는 지표들이 많이 제시되고 있다.

표 2-13 노동시장 및 노사관계 평가지표

하위지표	내 용	데 이 터
고 용 률	전체 인구 중 고용된 비율이 높을수록 순위 높음	경 성
실 업 률	전체 노동력 중 공식적으로 기록된 실업률이 낮을수록 순위 높음	경 성
전년도 인플레	소비자 물가지수 증가율이 적을수록 순위 높음	경 성
거시경제안정	다음해 경기침체가 예상되는가 아니면 성장이 예상되는가, 성장예측이 높을수록 순위 높음	서베이
고용규칙	회사가 과도한 추가비용 없이 노동시간을 단축하거나 추가노동을 시킬 수 있을수록 순위 높음	서베이
과학자와 엔지니어의 활용성	과학자와 엔지니어의 활용이 용이할수록 순위 높음	서베이
교육기회의 형평성	부자와 가난한 가정의 아이 사이에 교육기회의 차별이 적을수록 순위 높음	서베이
노사관계 협력성	노사간 협력하는 정도가 높을수록 순위 높음	서베이

모성보호법이 여성 고용에 미치는 영향	모성보호법이 여성고용을 저해하는 정도가 높을수록 순위 낮음	서베이
민간부문 여성고용	민간부문 여성고용이 남성보다 덜 중요한, 아니면 동등한 직무에서 발생하는가/동등할수록 순위 높음	서베이
법적 최저임금의 강제성	법률에서 정한 최저임금 적용이 강제적일수록 순위 높음	서베이
보수와 생산성	보수가 생산성과 연동되는 정도가 강할수록 순위 높음	서베이
빈곤/불평등 축소에 관한 정부 효과성	빈곤과 소득불평등 감소에 관한 정부의 노력이 효과적일수록 순위 높음	서베이
생산성에 대한 노조의 기여	노조가 생산성 향상을 저해하는가 아니면 기여하는가/기여할수록 순위 높음	서베이
소수 그룹의 고용(경제활동 참가)	소수그룹 고용이 다른 그룹보다 덜 중요한 아니면 동등한 직무에서 발생하는가/동등한 직무에서 발생할수록 순위 높음	서베이
외국인 노동력고용의 용이성(서베이)	외국인 노동력 고용이 용이할수록 순위 높음	서베이
육아시설 이용성	정부가 제공하는 육아시설이 제한적인가 충분한가/충분할수록 순위 높음	서베이
육아휴직 법안	육아휴직관련 정부정책이 충분하고 직장복귀를 촉진할수록 순위 높음	서베이
의료혜택의 형평성	부자와 가난한 사람들이 의료혜택 기회의 차별이 적을수록 순위 높음	서베이
인센티브 보상의 정도	현금 보상이 봉급에 대해서만 이루어지는가 아니면 상여금, 스톡옵션 등 전체 보상에서의 비중이 높은가/다양한 형태의 보상 비중이 높을수록 순위 높음	서베이
임금 결정의 유연성	임금이 중앙집중 교섭에 의해 결정되는가 아니면 개별 기업에서 이루어지는가/개별기업에서 이루어질수록 순위 높음	서베이
작업장에서 여성의 임금 형평성	유사한 작업을 하는 여성의 임금이 남성보다 낮은가 아니면 남성과 비슷한가/남성과 비슷할수록 순위 높음	서베이
전문연구기관과 훈련서비스의 활용성	전문 연구기관과 훈련서비스가 세계적인 수준으로 이용 가능할수록 순위 높음	서베이
종업원 훈련 정도	인적자원에 대한 기업의 투자가 이루어지는 정도가 높을수록 순위 높음	서베이
채용과 해고 관행	노동자에 대한 해고와 채용이 규제되는가 아니면 사용자가 유연하게 결정하는가/사용자의 재량에 의한 유연성이 높을수록 순위 높음	서베이

4) 한국의 국가경쟁력 추이

(1) 한국의 국가경쟁력 추이

최근 5년 동안 한국의 국가경쟁력 순위를 보면 〈표 2-14〉와 같다. 2001년 23위, 2002년 21위, 2003년 18위로 지속적으로 상승하다가 2004년에 29위로 하락한 후 2005년에 다시 17위로 상승했다.

표 2-14 한국의 국가경쟁력 추이

	2001	2002	2003	2004	2005
대상국가	75개국	80개국	102개국	104개국	117개국
전체순위	23	21	18	29	17

(2) 노동시장 및 노사관계 경쟁력 순위

노동시장 및 노사관계와 관련된 항목에서의 경쟁력 순위는 〈표 2-15〉에 제출되어 있다. 노사관계 지표의 대표적인 항목은 노사간 협력 정도인데 전체적으로 최하위 수준을 기록하고 있다.

표 2-15 노동시장 및 노사관계 경쟁력 순위

		2001-2	2002-3	2003-4	2004-5	2005-6
대상국가		75개국	80개국	102개국	104개국	117개국
고 용 률	경 성	25	25	na	na	na
실 업 률	경 성	14	10	na	na	na
전년도 인플레	경 성	20	41	44	56	52
거시경제안정(서베이)	서베이	51	5	49	78	46
고용규칙	서베이	24	na	na	na	na
과학자와 엔지니어의 활용성	서베이	35	25	40	52	33
교육기회의 형평성	서베이	30	na	na	na	na

노사관계 협력성	서베이	72	55	93	103	81
모성보호법의 여성고용에 대한 영향	서베이	na	na	95	102	na
민간부문 여성고용	서베이	74	na	100	102	96
법적 최저임금의 강제성	서베이	51	na	na	na	na
보수와 생산성	서베이	34	28	35	34	24
생산성에 대한 노조의 기여	서베이	41	na	na	na	na
소수 그룹의 고용(경제활동 참가)	서베이	67	na	na	na	na
외국인 노동력고용의 용이성	서베이	na	na		99	89
육아시설 이용성	서베이	na	na		71	na
육아휴직 법안	서베이	na	na	97	na	na
의료혜택의 형평성	서베이	30	26	25	na	na
인센티브 보상의 정도	서베이	37	34	27	17	14
임금 결정의 유연성	서베이	na	35	54	38	42
작업장에서 여성의 임금 형평성	서베이	na	na	90	98	na
전문연구기관과 훈련서비스 활용성	서베이	na	na		26	na
정부의 빈곤/불평등 축소노력효과성	서베이	na	na	38/30*	55	39
종업원 훈련 정도	서베이	29	21	21	18	18
채용과 해고 관행	서베이	33	39	56	73	41

[주] 1. * 2003－2004보고서에서 정부의 빈곤/불평등 축소 노력 효과성은 빈곤축소와 소득불평등 축소가 별개의 지표로 구성되었다가 이후 하나의 지표로 통합되었음. 빈곤축소 노력 효과성은 38위, 소득불평등 해소 노력 효과성은 30위로 산정됨.
2. na는 해당항목이 제시되어 있지 않은 경우임.

5) 평　　가

WEF 지표 역시 IMD와 비슷하게 10여년 동안 조사가 수행되어 오는 과정에서 국제적인 신뢰성을 축적하고 있다고 볼 수 있다. 특히 WEF 지표는 조사대상이 100여개국에 이르고 있고, 국가경쟁력 개념에 있어서 기업경쟁력에 제한되지 않는 국가경쟁력 개념을 활용한다는 점에서 IMD 지표가 지닌 약점들을 일정하게 극복하고 있다. 하지만 WEF 지표 역시 IMD 지표와 유사한 중요한 약점들을 지니고 있다.

첫째, WEF 지표는 IMD 지표보다도 서베이 데이터에 의존하는 비중이 더 높다. 또한 서베이는 경영자들을 대상으로 하여 지표들에 대한 주관적 인식을 묻는 식으로 이루어졌기 때문에 이를 국가 수준의 객관적 지표로 인정하기는 힘들다. 최근 5년 동안의 평가 과정에서 한국의 순위가 2003년 18위에서 2004년 29위로 11단계나 급락한 것이 좋은 예이다. 국가경쟁력이 1년에 11단계나 떨어지는 경우는 매우 예외적인 것이다. 이는 설문조사 시기(3월－4월)가 대통령 탄핵시점으로 정치, 경제적 불확실성에 따른 기업인들의 불안심리가 평가에 크게 반영된 것으로 볼 수 있기 때문이다.

둘째, 노사관계 평가 지표는 '노사관계가 협력적인가', '생산성 향상에 노조가 기여하고 있는가'를 묻는 서베이 문항 2개로 구성되어 있다. 또 지수 산정을 결정짓는 설문조사 지표의 응답자가 극소수의 기업 경영진이기 때문에 노사관계 측면에 대한 객관적인 측정이라기보다는 해당국가에서 활동하는 경영진이 인식하는 만족도 수준으로 해석되는 것이 적당하다. 따라서 WEF 지표는 IMD 지표보다도 더 심각하게 노사관계에 대한 평가가 제한적이고 또한 주관성을 지니는 것으로 평가할 수밖에 없다.

3. 산업정책연구원(IPS) 국가경쟁력 연구보고서

산업정책연구원(IPS)은 지식경제부 산하의 연구기관으로 2001년부터 국제경쟁력연구원(IPS－NaC)과 함께 IPS 국가경쟁력연구보고서(National Competitiveness Research Report)를 발간해 왔다. 이 보고서는 국가의 크기와 경쟁력을 기준으로 국가군을 설정한 후, 각 그룹 내에서 경쟁력을 분석하고 적절한 국가전략을 모색하는 그룹 내 분석기법을 사용하여 국가경쟁력 순위를 산정하고 있다.

이 보고서는 DDD 모델을 사용해 국가경쟁력을 측정하고, 국가 그룹을 통해 개별국가의 국가경쟁력을 분석한 뒤 전략시뮬레이션을 통해 국가경쟁력 구조를 밝히고 마지막으로 최적 전략을 통해 국가경쟁력 향상 전략을 실행할 수 있는 구체적인 방안을 제시한다. 여기서 DDD 모델이란 국가경쟁력을 국내 및 국제 차원에서 물적 요소와 인적요소로 구분해 측정한다. 물적 요소에서는 생산요소조건, 경영여건, 관련 및 지원산업, 시장수요조건을 평가하고 인적 요소에서는 근로자, 정치가 및 행정관료, 기업가, 전문가의 경쟁력을 평가한다.

(1) 조사방법상 특징

이 보고서에서 사용하는 국가경쟁력 지수는 수집된 자료 중 참고자료 63개를 제외한 212개를 처리해 산출한다. 개별 자료는 상이한 단위를 가지고 있기 때문에 먼저 이들에 대한 표준화 작업을 실시한다. 다음 23개 중분류의 하위에 있는 세부 항목의 평균을 계산해 중분류의 국가경쟁력지수를 산출하고 이 중분류의 평균을 계산해 대분류 8개 항목의 국가경쟁력지수를 산출한다. 이렇게 산출한 대분류 8개 항목의 지수를 다시 평균내면 IPS 국가경쟁력연구보고서의 최종 국가경쟁력 지수가 도출된다. DDD 모델을 구성하는 8개의 요소는 국가경쟁력 향상에 모두 중요하기 때문에 IPS 국가경쟁력연구보고서의 국가경쟁력지수는 가중치 없이 산출하고 나중에 저비용 전략과 차별화전략을 구별할 때 가중치를 다르게 부여해 전략적 시사점을 도출한다.

이 보고서는 DDD 모델에 근거해 총 275개 항목에 관한 자료를 수록하고 있는데, 275개 항목 중 경성자료는 137개, 연성자료는 138개로 1 대 1의 비율이다. 경성자료의 경우 국제기구 및 정부기관 등에서 편찬한 최신의 공식통계자료를 활용해 수집하고 연성자료는 협력연구기관인 KOTRA의 해외무역관을 통해 일괄 수집한다. 즉, 서베이조사는 KOTRA의 해외무역관을 통해 실시하고 있는데, 서베이 응답자 현황에 관한 사항은 전혀 제시되어 있지 않다.[5)]

5) 확인해본 바에 의하면 응답자 현황은 공개하지 않는 것이 원칙이라고 한다.

한 국가의 경쟁력을 정확히 평가하기 위해서는 평가 대상국 내 전체 순위뿐만 아니라 경쟁산업이나 비교우위 등이 유사해 현실적으로 경쟁하고 있는 국가들을 하나의 그룹으로 묶어 해당 그룹 내에서 개별 국가의 경쟁 위치를 분석해야 한다고 한다. 보고서는 국가의 규모와 경쟁력을 통계적으로 분석해 국가그룹을 분류하고 있다. 국가의 규모는 인구와 국토면적을 통해 산출하는데, 이를 바탕으로 대, 중, 소 3개국으로 분류하고 국가의 경쟁력은 DDD 모델을 통해 산출된 지수에 따라 강, 중, 약 3개 국가군으로 구분한다.

(2) 지표의 구성

IPS 보고서는 범주를 크게 물적 요소와 인적 요소로 나누고 각 요소별로 하위범주를 세분하고 있다. 이중 근로자 범주에서 노동시장과 노사관계와 관련된 세부항목을 발견할 수 있다.

표 2-16 IPS 경쟁력 측정 세부지표(일부)

대분류		중분류	소분류
물적 요소	경영여건	전략 및 구조	기업의사결정, 구조조정
		기업문화	기업공유가치, 노사관계
	관련 및 지원산업	과학기술	과학자 및 기술자 수
	시장수요조건	시장의 크기	1인당 GDP, GDP 성장률
인적 요소	근로자	양적 규모	노동인구, 근로시간, 취업률, 투입-산출지수, 근로자 인건비
		질적 경쟁력	문맹률, 노동쟁의, 근로자의 동기부여, 노동시장 개방도
	정치가 및 행정관료	행정관료	노동규제, 실업정책
	전문가	개인역량	전문가의 핵심역량
		사회여건	전문가의 수, 보상시스템, 전문직 개방도

(3) 노동시장 및 노사관계 지표

노동시장 및 노사관계 지표는 총 30개로 구성되어 있는데 이중 경성 데이터는 10개이고 나머지 20개 지표는 경영자 서베이를 통해 자료가 확보되고 있어서 IMD나 WEF 지표와 같은 문제점을 노출하고 있다. 한편, 이중 엄밀한 의미에서 노사관계 관련 지표는 노사관계 협력성, 노동쟁의 수준, 노동조합 영향력, 노동쟁의에서 국가 역할 등 4개로 볼 수 있으며, 노동쟁의 수준을 제외한 3개 지표는 서베이를 통해 측정된다. 특기할 점은 조직률 등 노동조합 영향력이 높을수록 점수가 높도록 설계하고 있다는 점이다.

표 2-17 노동시장 및 노사관계 지표(2006년 66개국 대상)

하위지표	내 용	데이터
GDP 증가율	연간 GDP 증가율이 높을수록 순위 높음	경 성
1인당 GDP 증가율	1인당 연간 성장률이 높을수록 순위 높음	경 성
과학자 및 기술자 수	백만명당 과학자 및 기술자 수가 많을수록 순위 높음	경 성
과학기술연구소	세계 기준에 따른 과학기술연구소의 평가가 좋을수록 순위 높음	서베이
인적자원개발지수(HDI)	인적자원개발지수가 높을수록 순위 높음	경 성
직무기술과 개인역할	직무기술(description)과 개인역할이 분명할수록 순위 높음	서베이
보 상	보상이 연공보다 성과에 이루어질수록 순위 높음	서베이
공유가치	기업내 공유가치가 분명하고 잘 인식할수록 순위 높음	서베이
노사관계	노사관계가 협력적일수록 순위 높음	서베이
보건, 안전, 환경 관심	보건, 안전, 환경에 대한 관심을 적절히 언급할수록 순위 높음	서베이
고 용 률	1 – 실업률로 계산한 값이 클수록 순위 높음	경 성
주당 노동시간	주당 노동시간이 많을수록 순위 높음	경 성

제조업 노동자 보수	연간 제조업 노동자 보수가 낮을수록 순위 높음	경 성
임 금	국제기준에 따라 미숙련 노동자의 임금이 낮을수록 순위 높음	서베이
산출-투입 지수	제조업 GDP를 제조업 임금으로 나눈 값이 클수록 순위 높음	경 성
산출-투입 지수	GDP 증가율에서 임금증가율을 뺀 값이 클수록 순위 높음	경 성
생 산 성	세계 기준에 따라 미숙련 노동자의 생산성이 높을수록 순위 높음	서베이
노동쟁의	연간 1000명당 노동손실일수가 많을수록 순위 낮음	경 성
태도와 동기부여	미숙련노동자의 태도가 양호하며 동기부여가 잘되어 있을수록 순위 높음	서베이
교 육	미숙련 노동자가 교육을 잘 받을수록 순위 높음	서베이
노동시장 개방성	노동시장이 외국인 노동자에게 개방되어 있을수록 순위 높음	서베이
노동조합	노조가 잘 조직되어 있고 영향력이 높을수록 순위 높음	서베이
소득분배	소득분배가 공정할수록 순위 높음	서베이
노동쟁의에서의 정부역할	정부가 노사분쟁을 잘 중재할수록 순위 높음	서베이
노동규제	노동규제가 유연하고 기업활동을 위축시키지 않을수록 순위 높음	서베이
실업정책	실업보험이나 재훈련프로그램 등의 실업정책이 잘 제공될수록 순위 높음	서베이
이 민 법	이민법이 외국인 노동자를 고용함에 있어 유연할수록 순위 높음	서베이
전문가의 활용성	전문가(엔지니어, 디자이너, 학자, 변호사 등)의 수가 많을수록 순위 높음	서베이
전문관리자의 보수	전문관리자에 대한 보수가 적절할수록 순위 높음	서베이
전문가 보수	전문가에 대한 보수가 적절할수록 순위 높음	서베이

(4) 노동시장 및 노사관계의 한국 순위

노동시장 및 노사관계에서의 한국의 순위는 〈표 2-18〉과 같다. 66개국을 대상으로 산정한 순위 중 노사관계 협력성은 59위, 노동쟁의 46위, 정부의 노동쟁의 중재 44위를 기록하고 있다.

표 2-18 노동시장 및 노사관계의 한국순위

하위지표	내 용	2006년
GDP 증가율	연간 GDP 증가율이 높을수록 순위 높음	29
1인당 GDP 증가율	1인당 연간 성장률이 높을수록 순위 높음	25
과학자 및 기술자 수	백만명당 과학자 및 기술자 수가 많을수록 순위 높음	16
과학기술연구소	세계 기준에 따른 과학기술연구소의 평가가 좋을수록 순위 높음	44
인적자원개발지수(HDI)	인적자원개발지수가 높을수록 순위 높음	24
직무기술과 개인역할	직무기술(description)과 개인역할이 분명할수록 순위 높음	37
보 상	보상이 연공보다 성과에 이루어질수록 순위 높음	37
공유가치	기업내 공유가치가 분명하고 잘 인식할수록 순위 높음	33
노사관계	노사관계가 협력적일수록 순위 높음	59
보건, 안전, 환경 관심	보건, 안전, 환경에 대한 관심을 적절히 언급할수록 순위 높음	29
고 용 률	1-실업률로 계산한 값이 클수록 순위 높음	11
주당 노동시간	주당 노동시간이 많을수록 순위 높음	13
제조업 노동자 보수	연간 제조업 노동자 보수가 낮을수록 순위 높음	37
임 금	국제기준에 따라 미숙련 노동자의 임금이 낮을수록 순위 높음	55
산출-투입 지수	제조업 GDP를 제조업 임금으로 나눈 값이 클수록 순위 높음	50
산출-투입 지수	GDP 증가율에서 임금증가율을 뺀 값이 클수록 순위 높음	16
생 산 성	미숙련 노동자의 생산성이 높을수록 순위 높음	57

노동쟁의	연간 1000명당 노동손실일수가 많을수록 순위 낮음	46
태도와 동기부여	미숙련노동자 태도와 동기부여가 양호할수록 순위 높음	61
교 육	미숙련노동자가 교육을 잘 받을수록 순위 높음	3
노동시장 개방성	노동시장이 외국인 노동자에게 개발되어 있을수록 순위 높음	47
노동조합	노조가 잘 조직되어 있고 영향력이 높을수록 순위 높음	57
소득분배	소득분배가 공정할수록 순위 높음	34
쟁의에서 정부역할	정부가 노사분쟁을 잘 중재할수록 순위 높음	44
노동규제	규제가 유연하고 기업활동을 위축시키지 않을수록 순위 높음	46
실업정책	실업보험이나 재훈련프로그램 등이 잘 제공될수록 순위 높음	43
이 민 법	이민법이 외국인 노동자를 고용함에 있어 유연할수록 순위 높음	63
전문가의 활용성	전문가(엔지니어, 디자이너, 학자 등) 수가 많을수록 순위 높음	28
전문관리자의 보수	전문관리자에 대한 보수가 적절할수록 순위 높음	20
전문가 보수	전문가에 대한 보수가 적절할수록 순위 높음	18

4. 국제노동기구(ILO)의 고용의 질(decent work) 평가지표

이 절에서는 '국가경쟁력'의 시각에 서 있는 앞서의 세 가지 사례와는 달리 형평성의 시각에서 노사관계 관련 지표를 구성하여 국제적 비교를 하고 있는 대표적인 사례인 국제노동기구(ILO)의 고용의 질(decent work) 평가지표에 대해 소개한다.

1) 개 요

국제노동기구(ILO)는 1999년 "남녀노소에 관계없이 모든 사람들이 자유, 평등, 안전, 인권 등의 보편적 조건 하에서 보다 온전하고 생산적으로 일을 할 수 있는 기회를 촉진할 것"을 목표로 '고용의 질(decent work)' 지표를 개발하였다. 이 지표는 국제노동기구의 1998년 총회 결의에 기초한 것으로 회원국들에 보편적으로 적용할 수 있는 고용의 조건을 구체화하기 위해 개발된 것이다. 따라서 고용의 질 지표는 앞서 살펴본 IMD나 WEF의 국가경쟁력 지표와는 상반된 맥락에서 활용되는 규범적 지표라고 할 수 있다.

국제노동기구의 고용의 질 지표는 11가지 차원, 29개 세부지표로 구성되어 있다. 각 차원은 고용기회, 철폐되어야 할 노동, 적당한 수입과 생산적 노동, 적절한 노동시간, 고용안전성, 일과 가정의 양립, 고용평등, 안전한 작업환경, 사회보장, 사회적 대화, 경제사회적 맥락 등이며, 각 차원별로 1~6가지의 세부지표들이 개발되었다(아래 〈표 2-19〉 참조).

표 2-19 국제노동기구(ILO)의 노동의 질(decent work) 관련 지표

범 주	세부지표
고용기회	경제활동참가율 고용률 실업률 청년고용률 비농업부문 임금노동 비율
근절되어야 할 노동	학교에 다니지 않는 아동 비율 임금노동 또는 자영업 종사 아동 비율
적당한 수입과 생산적 노동	저임금 고용 비율 주요직종 평균 수입
적절한 노동시간	장시간 노동 비율 시간 관련 과소고용 비율
고용안정성	재직기간이 1년 미만인 임금노동자 비율 임시 임금노동자 비율
일과 가정의 양립	의무교육 연령 이하의 아동을 가진 여성들의 취업률
고용 평등	성별 직종 분화 경영 행정 직종에서 여성이 차지하는 비율
안전한 작업환경	치명적 부상 빈도

	근로감독관 비율 산업재해보험 적용을 받는 임금근로자 비율
사회보장	공공사회보장 지출(GDP 대비) 현금소득보전 지출(GDP 대비) 현금소득보전 수혜자 비율 현금 수혜자 비율(65세 이상) 연금가입자 비율(경제활동인구 대비) 평균연금액 비율(중간 또는 최소 수입 대비)
사회적 대화	노조가입률 단체협약 적용률 파업과 직장폐쇄 빈도
경제사회적 맥락	비공식 고용

자료원: ILO(1999).

그러나 고용의 질 지표는 1999년 최초로 공개된 이래 그 적실성과 통계 가능성을 놓고 다양한 논쟁을 낳으며 수정이 가하여졌다. 국제노동기구 측에서도 1999년의 지표를 공식적인 지위를 갖는 것으로 보기보다는 발전시켜나가야 할 근거를 제공한다는 측면에서 접근하고 있다. 실제 국제노동기구에서는 이후에 고용의 질 지표와 관련된 개념의 확립, 구체적인 지표 개발, 국제비교를 통한 실증연구를 축적해 왔다. 실증연구의 다수는 국제노동기구의 부속 연구지인 'International Labor Review'에 실렸으며,[6] 국내에서도 최근에 한국노동연구원에서 변용된 지표들에 근거한 실증연구보고서가 출간되었다(한국노동연구원, 2007). 1999년 지표 공개 이후 다양한 연구자들이 다양한 의견들을 제시해 왔는데, 다음의 〈표 2-20〉은 몇 가지 주요 연구들의 상이한 지표 구성을 예시해 준다. 국제노동기구의 지표와 가장 뚜렷한 차이를 보여주는 지표는 EU에서 개발된 고용의 질(Quality of Work and employment) 지표라고 할 수 있다. EU 지표에는 철폐되어야 할 노동, 적당한 수입과 생산적 노동, 적절한 노동시간, 사회보장, 사회경제적 맥락 등 ILO 지표에 존재하는 5가지 차원의 지표들이 빠져 있고 대신에 전반적

6) 국제노동기구(ILO)측의 고용의 질 지표에 대한 주요 연구들은 기관지인 'International Labor Review' 142 : 2(2003) 특집으로 실려 있으며, 이외에도 여러 연구들이 있다.

표 2-20 ILO 고용의 질 지표 및 다른 지표들의 구성 비교

ILO Decent Work	EU Quality of Work	Bonnet et al.(2003)	한국노동연구원(2007)
11개 범주	10개 범주	7개 범주	9개 범주
고용기회	a. 본질적 일자리의 질 b. 노동시장 접근가능성과 통합	노동시장안전성	고용기회
근절되어야 할 노동	–	–	–
적당한 수입과 생산적 노동	–	소득안전성	소득불평등
적절한 노동시간	–	–	근로조건1(근로시간)
고용안정성	유연성과 안전성	고용안전성	고용안정
일과 가정의 양립	작업조직 및 일과 생활의 균형	–	일과 가정의 균형
고용 평등	a. 양성평등 b. 다양성과 비차별	직무안전성(일부)	고용평등
안전한 작업환경	직장보건과 안전	작업장안전성(일부)	근로조건2(작업환경)
사회보장	–	–	사회보장
사회적 대화	사회적 대화와 노동자 참여	발언 및 대표 안전성	참여 및 발언
경제사회적 맥락	–	–	–
–	전반적 업무성과		
–	숙련, 평생교육, 경력개발	숙련형성안전성 직무안전성(일부)	능력개발

자료원: 방하남 외(2007)를 수정.

업무성과, 숙련개발 등이 포함되어 있다. 양 지표의 차이는 지표 개발의 목적과 적용대상의 차이에 따른 것이라 할 수 있는데, 국제노동기구의 지표가 개발도상국을 포함하여 모든 회원국들에게 보편적으로 적용되는 노동권의 차원에서 개발된 데 반해, 선진국들을 회원국으로 하는 EU의 지표는 EU 차원의 사회경제발전 프로젝트인 '지식기반경제로의 이행'을 위한 고용전략 하에서 개발된 것이라 할 수 있다.

한편, 국제노동기구 내의 연구라고 할 수 있는 Bonnet et al.(2003)의 연구는 안전성(security)이라는 개념 하에서 고용의 질을 평가할 수 있도록 지표를 구성하고 있으며, 구성범주 역시 국제노동기구의 1999년 지표와는 달리 7개로 축소되어 있다. 각 범주들은 고용기회(노동시장안전성), 부당해고로부터의 보호(고용안전성), 경력개발 기회(직무안전성), 산업안전 및 보건(작업장안전성), 교육훈련기회(숙련형성안전성), 소득보장(소득안전성), 발언 및 대변(발언 및 대변안전성) 등의 상태를 측정할 수 있게 하고 있다. 이 지표에서도 국제노동기구 1999년 지표 중 근절되어야 할 노동, 적절한 노동시간, 일과 가정의 양립, 사회경제적 맥락 등의 범주가 제외되어 있다.

마지막으로 국내에서도 한국노동연구원(2007)이 최근에 국제노동기구 1999년 지표를 비롯하여 기존에 논의된 지표들을 참조하여 독자적인 지표를 구성하고 실증적 비교연구를 수행한 바 있다. 이 연구는 다른 연구들에 비해서는 국제노동기구 1999년 지표와 유사한 점이 가장 많지만, 국제노동기구 지표 중 '철폐되어야 할 노동'은 제외되어 있는 대신 다른 연구들에서 중요시되는 능력개발에 대한 지표를 추가시키고 있다(한국노동연구원, 2007).

2) 조사방법상의 특징

앞서 언급했듯이 고용의 질 지표는 1999년 공개 이후 국제노동기구에 소속된 연구자와 개별 연구자들의 추가적인 연구들을 낳았으며, 이를 통해 각 차원별로 지표를 엄밀화하고 확충하는 연구들과 지표들에 근거한 실증적 평가 연구들을 낳았다. 따라서 각 연구별로 차원이나 지표 구성에 차이가 있다. 여기에서는 이후 앞서 살펴본 지표 중 Bonnet et al.(2003)과 한국노동연구원(2007)의 제안을 중심으로 그 특징을 살펴보도록 한다.

조사방법에 있어서 Bonnet et al.(2003)과 한국노동연구원(2007)은 공유하는 점이 많다. 우선 두 연구는 지표의 측정을 위한 자료를 국제노동기구에서 구축하고 있는 사회경제적 안전성(Socio-Economic Security: SES) 데이터베이스(이하 SES-DB)에서 구하고 있다는 공통점이 있다. 이 데이터베이스는 국제노동기구 사회안전국(Social Security Department) 주관 하에 실시된 서베이를 통해 모은 약 450개의 변수들에 대한 양적, 질적 자료를 모은 것으로, 관련 서베이는 1990년, 1999년, 2002년, 2004년 등 네 시기에게 걸쳐 실시되었다. SES 서베이는 거의 대부분 각국의 통계치를 묻는 질문으로 구성되어 있으며, 응답한 통계치에 대해서는 자료의 출처, 조사유형, 자료유형 등을 함께 묻고 있다. 따라서 SES－DB는 IMD나 WEF 지표가 갖고 있는 과도한 연성자료 이용에 따른 측정결과의 주관성 내지 낮은 신뢰성 문제를 극복하게 해 주는 기반을 제공해 주고 있다. 하지만, 각국별 자료 중 누락된 부분이 적지 않다는 점은 문제로 지적될 수 있다.

한편 측정에 있어서는 다음과 같은 방법을 따르고 있다. 첫째, 먼저 UNDP Human Development Index에서 사용한 정규화 과정을 거쳐 특정 국가의 지표를 계산한 후 각 차원별로 조정계수를 사용하여 점수를 조정한다. 둘째, Bonnet et al.(2003)의 경우 정규화와 조정을 거친 각국별 지표별 점수들에 따라 나라들을 선두그룹(pacesetter), 상위그룹(pragmatists), 중위그룹(satisfiers), 하위그룹(much－to－be－done) 등의 4집단으로 분류하고 있다. 셋째, 지표들의 종합점수와 주요 거시지표들을 비교하는 방식으로 신뢰도를 검증하였다.

3) 지표상의 특성

(1) 지표의 구성

먼저 Bonnet et al.(2003)는 고용의 질을 측정하는 핵심 개념으로 안전성(security) 개념을 선택하고 있다. 이는 고용에 있어서의 기초적 안전망을 규명하려는 것으로 고용의 질 개념이 갖는 보편적이고 규범적인 방향성에 부합한다고 할 수 있다. 한편 지표 구성에 있어서도 몇 가지 뚜렷한 특징들이 존재한다. 먼저 이들은 지표들을 노동시장 안전성, 고용 안전성, 직무안전성, 작업장 안전성, 숙련형성 안전성, 소득 안전성, 발언/대표 안전성 등

표 2-21 Bonnet et al.(2003)의 "A Family of Decent Work Indexes"

	투입(16개 지표)	과정(20개 지표)	산출(28개 지표)
노동시장 안전성	① 고용정책협약(1964) 비준 여부 ② 완전고용을 추구하는 공식위원회 출범 여부	① 공공고용서비스기구 존재시 1점 ② 지난 10년간 GDP 연평균성장률이 경제기회의 척도역할을 하는 경우 ③ 표준척도는 실업률	① 지난 10년간 연간고용변화율 ② 남성 대비 여성 실업률 비율 ③ 노동인구 중 총고용 비율 ④ 여성인구 중 여성 고용률 ⑤ 수익창출활동 중 임금고용 부문
고용 안전성	① 고용종료협약(No.158)(1982) 비준 여부(17% 수준)	① 단체협약에 의해 보호되는 근로자 비중 ② 독립적 근로감독관들의 존재	① 근로자 중 안정고용에 해당되는 비중 ② 근로자중 공공부문에 취업해 있는 비중 ③ 조정팩터로 더미변수 적용, 휴직시 상당 수준 무급인 경우는 0.5, 아니면 1.
직무 안전성	① equal remuneration, discrimination, the workers with family responsibilities, vocational rehabilitation and employment 등 4개 협약 비준 여부 ② 여성고용차별 금지법 존재 여부 ③ 유급출산휴가 제공 법률 존재 여부 ④ 장애인 차별금지법 존재 여부	① 전체 식자율 ② 남성 대비 여성 식자율 비중 ③ 전체 고등교육자 중 여성의 비율 ④ 법적 출산휴가 기간일수 ⑤ 출산수당 수준	① 총고용 중 전문직 비율 ② 총남성근로자 전문직 비중 대비 여성근로자 전문직 비중 ③ 육아휴가의 부모간의 이동, 대체의 법적 근거가 있는 경우 1점
작업장 안전성	① 관련 ILO 협약 비준 여부 ② 직업안전과 위생, 장애인 근로자 보호, 출산 및 유급휴가 관련 국가법 존재 여부	① 근로자 보상과 노동관리 부문의 정부지출 비율(GDP 대비) ② 직업안전/위생 관련 노사정위원회의 존재 ③ 이전 평균 수입비율로써 업무관련 사고발생시 상해 또는 징병급부의 법적 수준	① 상해율=상해지수/전체종업원 ② 연평균 유급휴가일수 ③ 병가/상해시 보상이 보장된 경제활동인구 ④ 주당 정상 근무시간
숙련형성 안전성	① 관련 ILO규정(인적자원개발(No.142,1975), 최저연령(No.138,1973), 유급교육휴가(No.140,1974) 비준 여부 ② 법적 의무교육연수 ③ 사용주가 계속 직업훈련을 제공해야 한다는 법령의 유무	① GDP대비 교육훈련에 대한 공공지출 비중(15세 이하 인구 기준) ② 인당 교육비 지출 수준	① 경제활동인구의 학력(25~64세) ② 총학업기간의 중앙값 ③ 3차교육을 받은 인구 비율
소득 안전성	① 관련 ILO규정(사회보장(No.102, 1952), 최저임금결정(No. 131, 1970), 최저임금결정기구(No.26, 1928))의 비준 여부 ② 더미변수로 근로자, 비근로자, 고령 표본의 소득안정에 대한 헌신; 최저임금법, 실업급여, 공적연금에 대한 적극적 정책 등	① GDP 중 사회보장 지출 비중 ② 모든 종류의 사회보장체계 혜택 인구 비중	① 빈곤율 ② 구매력 기준의 인당 GDP ③ 지니계수 ④ 기대수명 ⑤ 실업급여를 받는 실업자 비중
발언/대표 안전성	① 농업노동자조직에 관한 협약(No.141, 1975) ② 노조유형에 국가법의 특별한 제재가 없으면 1점	① 노동/사회정책을 다루는 국가적 3자위원회 존재 여부(존재하면 1점) ② 노동자이익을 증진하는 비정부기구를 입법적으로 인정하면 1점 ③ 단체협약으로 보호되는 근로자 비율(2배 가중치)	① 노조조직률 ② 90년대 노조 변화: 5점척도 ③ 총근로자에서 임금근로자의 비중으로 예측 ④ the Civil Liberty Index ⑤ 90년, 99년 간의 CLI 변화

7개 범주로 구체화하고 있으며 각 범주별로 세부지표를 제공하고 있다. 둘째, 이들의 지표 설계에서 다른 연구와 구별되는 특징은 시스템 접근을 도입하여 세부지표들을 투입－과정－산출의 각 단계별로 제공하고 있다. 셋째, 다른 연구들과는 달리 지표들을 거시, 중위, 미시 등 각 수준별로 구체화하고 있다. 이러한 지표 구성에서 거시 지표들만 살펴보면 총 7개 범주에서 투입 16개, 과정 20개, 산출 28개 지표 등 64개 지표가 구성되어 있다.

한국노동연구원(2007)은 범주 구성에 있어서는 고용기회, 고용안정, 능력개발, 소득불평등, 근로조건, 고용평등, 일과 가정의 양립, 참여 및 발언, 사회보장 등 9개를 제시하고 있다. 그리고 각 범주별로 지표를 핵심지표와 확대지표로 구분하여 총 50개의 지표를 제시하고 있다.

표 2-22 한국노동연구원(2007)의 고용의 질 세부지표 구성

차 원	세부지표	비 고
고용기회	경제활동참가율 고용률 비농 임금고용 비율 실업률 청년실업률	핵심지표
	지난 10년간 연간 고용변화율	확대지표
	학교에 다니지 않는 아동 비율 임금노동이나 자영업 종사 아동 비율	기 타
고용안정	재직기간 1년 이하 근로자 비율 총고용 중 임시직 비율 총고용 중 공공부문 종사자 비율	핵심지표
	이직률/평균근속년수	확대지표
능력개발	총고용 중 전문직 종사자 비율 GDP 대비 공공교육지출비 경제활동인구 중 교육훈련 참가 인구비	핵심지표
	전문대 이상 학력자 비율 교육연수의 중윗값	확대지표
	식 자 율	기 타

영역	세부	지표	구분
소득불평등		중위소득 50% 이하 고용 비율(상대빈곤율) 표준생계비 이하 소득계층(절대빈곤율)	핵심지표
		빈곤율/지니계수	확대지표
근로조건	근로 시간	장시간근로 비율 시간 관련 과소고용 비율 주당 평균 근로시간	핵심지표
		연평균 유급휴가일수	확대지표
	작업 환경	산재발생률 산재강도율 근로자 10만명당 치명적 부상빈도	핵심지표
		인구 10만명당 근로감독관 비율	확대지표
고용 평등		비농고용 중 여성위주 직종의 고용 비율 관리직/고위직 내 여성고용 비율 55~64세 고령자의 고용률 갭 전체 피용자 대비 장애인 고용률, 실업률 격차	핵심지표
		시간당 소득 여성/남성비	확대지표
일과 가정의 양립		의무교육 연령 이하 아동을 가진 여성 취업률 자녀가 없는 개인의 고용률 - 6세 이하 아동을 가진 부모의 고용률(20~50세 성별 수치)	핵심지표
		평균소득 대비 출산수당 수준	확대지표
참여/발언		노조조직률 단체교섭 적용률 파업과 직장폐쇄 빈도	핵심지표
		1990년대 노조 조직률의 변화율	확대지표
사회보장		실업급여 수급률 산업재해 적용률 65세 이상 인구 중 연금수급자 비율	핵심지표
		빈곤층 중 현금소득보전 수급자 비율 경제활동인구 중 연금 가입자 비율 중위소득 혹은 월평균소득 대비 월평균 연금액 비중 GDP 대비 공공사회보장 지출액 비중 GDP 대비 공적 현금소득보전지출액 비중	확대지표

자료원: 한국노동연구원(2007), p. 40.

4) 한국의 고용의 질 수준 평가

먼저 Bonnet et al.(2003)의 연구에서는 앞서 살펴본 측정방법을 사용하여 119개국의 고용의 질에 대한 평가를 수행하였다. 아래 〈표 2-23〉에 그 결과가 나타나 있는데, 상위 5위는 스웨덴, 핀란드, 노르웨이, 덴마크, 네덜란드 등 서유럽의 소국들이 차지하였다. 이들은 전통적으로 높은 경제적 성과가 동반된 높은 사회보장과 경제적 평등 수준을 지니고 있던 나라들이다. 각국 순위 중 한국은 119개국 중 32위로 비교적 중상위집단(pragmatists)에 속하고 있다.

표 2-23 Socio-Economic Security DB를 이용한 고용의 질 국제비교

국가	투입변수	과정변수	성과변수	종합지수	종합순위	분류
알바니아	0.423	0.373	0.280	0.339	60	Much to be done
호주	0.535	0.771	0.794	0.724	17	Pragmatists
오스트리아	0.796	0.821	0.755	0.782	12	Pacesetters
벨기에	0.845	0.887	0.792	0.829	6	Pacesetters
캐나다	0.582	0.853	0.853	0.785	10	Pacesetters
중국	0.157	0.461	0.403	0.356	58	Much to be done
덴마크	0.812	0.930	0.949	0.910	4	Pacesetters
핀란드	0.870	0.992	0.962	0.947	2	Pacesetters
프랑스	1.000	0.914	0.698	0.829	7	Pacesetters
독일	0.871	0.785	0.759	0.793	9	Pacesetters
그리스	0.654	0.670	0.521	0.592	26	Pacesetters
헝가리	0.628	0.665	0.623	0.635	21	Pacesetters
아일랜드	0.741	0.818	0.784	0.782	11	Pacesetters
이탈리아	0.687	0.777	0.629	0.681	20	Pacesetters
일본	0.702	0.814	0.679	0.718	18	Pacesetters
한국	0.535	0.615	0.516	0.545	32	Pragmatists
룩셈부르크	0.801	0.869	0.791	0.813	8	Pacesetters
네덜란드	0.910	0.871	0.840	0.865	5	Pacesetters

뉴질랜드	0.353	0.632	0.735	0.614	24	Pragmatists
노르웨이	0.871	0.967	0.933	0.926	3	Pacesetters
포르투갈	0.955	0.751	0.623	0.738	14	Pacesetters
러 시 아	0.400	0.653	0.479	0.503	41	Conventionals
스 페 인	0.976	0.777	0.635	0.756	13	Pacesetters
스 웨 덴	0.909	1.000	1.000	0.977	1	Pacesetters
스 위 스	0.661	0.745	0.751	0.727	16	Pacesetters
우크라이나	0.569	0.612	0.457	0.524	35	Much to be done
영 국	0.681	0.673	0.795	0.736	15	Pacesetters
미 국	0.261	0.662	0.762	0.612	25	Pragmatists

자료원: Bonnet et al.(2003).

한편, 한국노동연구원(2007)의 연구에서는 Bonnet et al.(2003)과 동일한 자료원으로부터 1999년 데이터를 취하여 29개국의 측정값과 비교 순위를 계산하였다. 한국의 경우 2002년과 2004년 자료를 축적하지 않아서 불가피하게 1999년을 비교 기준연도로 삼고 있다.

평가결과에 따르면 한국은 비교대상 29개국 중 모든 범주에서 최하위에 가까운 순위를 나타내어 고용의 질이 매우 낮은 것으로 평가된다.

표 2-24 한국노동연구원(2007)의 지표 구성과 측정결과

차 원	세부지표	한국 순위
고용기회	경제활동참가율 고 용 률 비농 임금고용 비율 실 업 률 청년실업률	29개국 중 25위
고용안정	재직기간 1년 이하 근로자 비율 총고용중 임시직 비율 총고용중 공공부문 종사자 비율 평균근속년수	29개국 중 29위
능력개발	총고용중 전문직 종사자 비율 GDP 대비 공공교육지출비/총인구 중 5~24세 비중	29개국 중 25위

	25세 이상 인구 중 중등과정 이상 학력자 비중 25세 이상 인구의 교육연수 중위값	
소득불평등	중위소득 50% 이하 고용 비율(상대빈곤율) 표준생계비 이하 소득계층(절대빈곤율) 지니계수	29개국 중 15위
근로조건	총고용중 최대 노동시간 이상 일하는 근로자 비율 주당 평균 근로시간 연평균 유급휴가 일수 산재발생률(천인당) 산재사망률(10만인당)	29개국 중 29위
고용평등	총고용중 전문직, 기술직 비중에서 여성/남성비 남성 대비 여성 소득 비율	29개국 중 29위
일과 가정의 양립	6세 미만 자녀를 가진 여성의 고용률	15개국 중 15위
참여/발언	노조조직률 단체교섭 적용률	29개국 중 28위
사회보장	실업급여 수급률 산업재해 적용률 GDP 대비 사회보장지출	29개국 중 27위

자료원: 한국노동연구원(2007), pp. 57－75.

주: 비교대상 국가는 그리스, 노르웨이, 뉴질랜드, 네덜란드, 독일, 덴마크, 러시아, 룩셈부르크, 미국, 벨기에, 스웨덴, 스위스, 스페인, 아일랜드, 알바니아, 영국, 오스트리아, 우크라이나, 이탈리아, 캐나다, 포르투갈, 폴란드, 프랑스, 핀란드, 헝가리, 호주, 중국, 한국, 일본 등 29개국.

5) 평 가

고용의 질 평가지표는 1999년 국제노동기구에 의해 처음 공개된 이래 각국의 연구자들에 의해 논의가 계속됨으로써 각국 및 국제노동기구 차원에서 범주, 지표, 가용 자료원에 대한 보완이 지속적으로 이루어져 왔다.

고용의 질 평가지표는 IMD, WEF 지표와 마찬가지로 특정한 개념을 중심으로 자기완결성을 갖도록 지표가 구성되어 있다는 점에서는 높이 평가받을 수 있다. 다른 한편으로 이 평가지표가 앞서의 IMD나 WEF의 지표와 달리 경성데이터들을 중심으로 실증 평가가 이루어지고 있다는 점도 이

지표의 장점으로 지적될 수 있다. 한편 실증 연구들의 방법론은 IMD나 WEF의 그것과 크게 다른 점은 없다고 볼 수 있다.

반면, 이 평가지표 역시 여러 단점들을 보이고 있다. 첫째, 우선 가용 경성데이터들의 제한성을 들 수 있다. 대표적인 DB인 SES-DB의 경우 수집된 자료가 나라별로 적잖은 누락 상태를 보이고 있어서 일관된 분석을 어렵게 하고 있다.

둘째, IMD나 WEF 지표의 경우와 마찬가지로 노동의 질 평가지표 역시 엄밀한 의미에서 체계적인 노사관계 지표를 제공하고 있지 않다는 점을 지적할 수 있다. 명시적인 노사관계 관련 지표는 사회적 대화 관련 지표들이라 할 수 있는데 한국노동연구원(2007)의 경우 노조조직률, 단체협약적용률, 파업 및 직장폐쇄 빈도 정도를 포함하고 있다. 반면 나머지 지표들은 노사관계의 투입물이나 산출물과 직간접적으로 관련된 지표들이라고 할 수 있다. 이런 점에서는 발언/대변 안전성에 대해 투입-과정-산출 과정별로 지표를 제공하는 Bonnet et al.(2003)의 연구가 보다 풍부한 지표를 제공해 주고 있는데(총 10개), 이 경우에도 지표가 보편적 노동권 관점에 치우쳐 있기 때문에 활용 가능성에 약간의 제한이 발생할 수밖에 없다.

5. Kuruvilla et al.의 노동조합 영향력 지표

Kuruvilla et al.(2002)의 글은 원래 아시아 국가들의 노동조합 성장과 쇠퇴 현상, 그리고 전망을 비교 평가하기 위해 작성된 것이다. 이를 위해 노동조합의 성장과 쇠퇴를 노조 조직률만으로는 해석하기 어렵다는 점을 보여주기 위해 노조의 영향력을 집단교섭의 수준과 적용범위로 산정하여 비교함으로써 노조간 특성을 파악하기 위해 쓰인 것이다. 주된 연구대상은 중국, 인도, 일본, 한국, 싱가포르, 타이완, 필리핀 등 아시아 국가들을 대상으로 하고 있으며 다른 유럽국가를 포함해 총 26개국의 노동조합 영향력을 비교 검토하고 있다. 이들 지표는 각국별 순위를 파악하기 위한 것이라기보다는 노동조합의 성장과 쇠퇴를 각국별 노동조합의 교섭구조와 협약적용률을 기준으로 특성화하기 위한 것이다.

(1) 조사방법상의 특징

먼저 노동조합의 조직률은 전체 임금생활자 중 조합원이 차지하는 비중으로 나타나는데, 조직률의 증감이 노동조합의 성장과 쇠퇴를 측정하는 단일한 지표가 될 수 있는가에 대해서는 문제가 있다고 지적한다. 예를 들면 ① 아시아 국가에서 노동조합의 개념이 동질적이지 않으며 ② 노동조합은 국가마다 다르게 정의되고 ③ 어떻게 고용 임금이 계산되는지가 다르고 ④ 노동조합원 데이터 수집체계(국가서베이 데이터와 노동조합보고서 데이터)에서 신뢰성이 다르게 나타난다는 것이다. 따라서 이 연구에서는 아시아 국가에서 노동조합의 중요한 내용을 검토하는 데 부가적인 측정방법(노조의 영향력)을 사용한다.

노동조합의 영향력은 '사회경제적 영역에서의 영향력뿐만 아니라 구성원에게 나타나는 노동조합의 능력을 대표하는 정도'로 측정(협상의 수준, 집권화 정도, 근로자의 몰입, 협상의 범위를 고려)해야 하는데 관련된 모든 데이터의 습득이 어려워 교섭의 수준과 교섭의 범위 변수를 이용한다. 교섭 수준(집중화의 정도)은 (a) 교섭 수준을 구체화하고, (b) 교섭 수준이 어느 쪽이 더 지배적인가 정의하고 (c) 시간에 따른 교섭구조의 변화를 포함시킨다. 다음 협상범위는 장래 조합원이 될 수 있는 가능성으로 표현될 수 있는 노동조합 능력변수, 교섭범위는 많은 사람들이 어떻게 집단교섭에 동의하는지 노동조합의 효과를 직접적으로 측정할 수 있기 때문에 중요하다.

이러한 개념에 따라 현재의 교섭수준과 지배적인 교섭수준의 집중도에 따라 국가수준일 경우 5점, 국가수준과 부문수준이 동시에 존재할 경우 4점, 국가/부문/기업수준이 동시에 존재하면 3점, 기업수준일 경우 2점과 1점으로 환산한다. 단체협약 적용률은 ILO의 자료에 기초해 산정했다. 이렇게 해서 노동조합의 영향력은 단체교섭 범위 점수와 교섭구조의 점수를 곱해서 산출한 것으로 정의한다.

(2) 지표의 구성과 한국의 순위

여기서 비교되는 지표는 노동조합 영향력이다. 이는 단체협약 적용률과 교섭구조(수준)를 곱한 값으로 지수화되는데, 이렇게 해서 평가한 결과는 노동조합 조직률과 노동조합의 영향력이 반드시 일치하는 것은 아니라는 점을 보여준다.

그러나 전체적으로 아시아 국가의 노동조합은 일반적으로 서구유럽지역에 비교하여 낮은 점수를 보이고 있다. 이러한 내용의 의미는 일반적으로 아시아 국가의 분권화된 체계가 낮은 집단교섭 범위의 특성을 보이고, 아시아 노동조합이 유럽국가와 상대적으로 비교할 때 사회경제적 영향력을 가지고 있지 않음을 나타내는 것이라 할 수 있다.

표 2-25 노동조합의 영향력 순위

국 가	조직률	순위	국 가	협약적용	순위	국 가	교섭구조	국 가	노조영향력	순위
스웨덴	84.7	1	오스트리아	0.980	1	오스트리아	5	오스트리아	4.90	1
덴마크	74.3	2	핀란드	0.950	2	덴마크	5	핀란드	4.75	2
핀란드	74.3	3	독일	0.910	3	핀란드	5	스웨덴	4.35	3
중국	63.4	4	프랑스	0.907	4	노르웨이	5	노르웨이	3.73	4
노르웨이	57.0	5	벨기에	0.900	5	스웨덴	5	독일	3.64	5
벨기에	53.7	6	스웨덴	0.870	6	벨기에	4	벨기에	3.60	6
오스트리아	48.0	7	이탈리아	0.833	7	독일	4	덴마크	3.45	7
뉴질랜드	43.7	8	호주	0.827	8	네덜란드	4	스페인	3.07	8
이탈리아	42.3	9	스페인	0.767	9	포르투갈	4	네덜란드	3.04	9
포르투갈	41.7	10	네덜란드	0.760	10	스페인	4	포르투갈	2.93	10
호주	41.3	11	노르웨이	0.747	11	인도	3	프랑스	2.72	11
영국	41.0	12	포르투갈	0.733	12	프랑스	3	이탈리아	2.50	12
캐나다	36.7	13	덴마크	0.690	13	이탈리아	3	호주	1.65	13
독일	32.7	14	뉴질랜드	0.550	14	스위스	3	스위스	1.56	14

대 만	29.1	15	영 국	0.547	15	일 본	2	뉴질랜드	1.10	15
네덜란드	29.0	16	스 위 스	0.520	16	한 국	2	영 국	1.09	16
스 위 스	28.3	17	캐 나 다	0.370	17	싱가포르	2	캐 나 다	0.74	17
일 본	26.3	18	일 본	0.240	18	대 만	2	일 본	0.48	18
필 리 핀	24.3	19	미 국	0.207	19	호 주	2	미 국	0.41	19
싱가포르	19.8	20	싱가포르	0.188	20	캐 나 다	2	싱가포르	0.38	20
인 도	18.8	21	한 국	0.170	21	뉴질랜드	2	한 국	0.34	21
미 국	18.0	22	중 국	0.151	22	영 국	2	중 국	0.15	22
한 국	15.2	23	필 리 핀	0.037	23	미 국	2	대 만	0.07	23
스 페 인	13.7	24	대 만	0.034	24	중 국	1	인 도	0.06	24
말레이시아	12.6	25	말레이시아	0.026	25	말레이시아	1	필 리 핀	0.04	25
프 랑 스	12.3	26	인 도	0.020	26	필 리 핀	1	말레이시아	0.03	26

〈표 2-25〉에서 볼 수 있는 것처럼 대상국가 26개국 중 조직률과 협약적용, 노조영향력 항목을 기준으로 한국의 순위를 파악해보면 노조조직률은 23위, 협약적용률은 21위, 노조 영향력은 21위로 나타나고 있다. 이는 대상국으로 선정된 아시아 국가들 중 일본과 싱가포르를 제외하고 다른 아시아 국가들보다는 높은 수치이나 다른 유럽국가들에 비하면 매우 낮은 수치를 보이고 있는 것이다.

6. Kucera의 노동조합 권리 침해 지표

Kucera(2004)가 작성한 노동조합 권리 측정 지표는 노동조합 권리가 침해되는 정도에 관한 국가 수준의 지표를 개발하기 위한 것이다. 이러한 지표는 노동조합 권리에 관한 기존의 문서 원자료들이 기록하고 있는 침해 사실들을 코딩한 것에 기반해 만들어졌다. 이들 지표는 임금, 해외직접투자, 국제무역 등과 같은 경제적 성과의 계량경제 모델에서 사용되기 위한 것이다. 여기서 파악된 국가별 노동조합 권리의 침해 사례는 1993년부터

1997년 기간 동안 이루어진 것을 토대로 작성되었으며, 대상국가는 169개국이다. 여기서 말하는 권리침해는 ILO 조약 87호, 98호, 그리고 이들 조약과 관련된 법조항의 위반사항들을 뜻한다. 이러한 위반사항들을 파악하기 위해 사용한 자료들은 ICFTU의 노동조합권리 침해 연례조사보고서, 미 국무성의 인권 실태 국가 보고서, ILO 결사의 자유 위원회 보고서 등이다.

이 지표 또한 국가별 순위를 산정하기 위해 만든 것은 아니다. 다만 각국의 법체계와 실제 발생한 사건들을 통해 ILO에서 규정하고 있는 제반 기준에 비추어 노동조합의 권리가 어느 정도 보장되고 있는가를 파악하기 위한 목적을 가지고 있다.

(1) 조사방법상의 특징

이 지표는 노동조합 권리를 평가하기 위한 37개의 항목으로 이루어져 있고, 이들 항목은 결사의 자유/단체교섭과 관련된 자유, 노동조합을 설립하고 가입할 권리, 기타 노동조합 활동, 단체교섭의 권리, 파업의 권리와 수출가공지대 등 6개의 범주로 분류된다. 노동조합 권리 지표는 법률적 문제와 사실적 문제를 모두 다룬다. 그 이유는 노동조합의 권리가 2개의 주요한 원인 경로를 통해 해외직접투자와 국제무역에 미치는 영향을 평가하기 위해서이다. 여기서 2개의 경로는 노동생산성과 비교한 노동비용(부정적 영향), 노사관계 안정성과 사회적 안정성(긍정적 영향)이다. 다만 법률적 문제보다는 사실적 문제가 좀 더 강조된다.

국가별 가중치를 주기 위해 우선 각각의 항목에 대해 앞에서 살펴본 자료 중 어느 한 곳에서라도 문제가 되는 증거가 발견되면 1, 발견되지 않으면 0을 주고 국가별 더미변수를 만든다. 가중치는 1부터 1.25, 1.5, 1.75, 2를 주는데 사안의 심각성이 클수록 가중치가 높아진다. 이 두 값을 곱해서 계산된 각 항목의 점수를 모두 더하고, 가장 높은 값을 10으로 하고 점수를 0점부터 10점까지 환산해 계산하였다. 점수가 낮을수록 권리의 침해가 크다는 것을 의미한다.

하나의 자료에서 상반되는 증거가 발견되는 경우 이 항목은 제외된다.

그러나 자료들간에 상반되는 증거가 발견되는 경우에는 그것이 신뢰할 만하다고 판단될 경우 포함된다. 노동조합의 권리가 침해된 이후에 원상회복되었다 하더라도 이 경우는 위반된 것으로 코딩된다. 왜냐하면 위반 사실 자체가 노동자들이 자신의 힘에 대한 인식을 약화시킬 수 있고 임금인상을 위한 의지나 능력을 저해할 수 있다고 보기 때문이다.

(2) 지표의 구성

37개의 지표가 6개의 범주로 구분되어 구성되어 있다. 37개의 지표 중 1, 2, 3, 5, 10, 12번은 처벌을 나타내는 지표들로, 중복 계산된다. 예를 들면 파업을 이유로 한 해고는 36번(금지 행위)과 10번(금지된 행위로 인한 처벌) 항 양쪽에 다 계산된다. 각 평가지표는 상호 배타적이지 않기 때문에 특별한 언급이 없는 한 거의 모든 항목에 걸쳐 중복계산이 이루어진다.

비조합원에 대한 처벌과 위반사실들도 포함된다. 군인과 경찰을 제외하고 이들 노동자들이 노조조직화나 노조와 유사한 활동 혹은 노동자를 대변하는 행위를 부당하게 금지당한다면 포함된다. 특히 1, 2, 3, 5, 10, 12번과 관련될 경우, 15, 16, 29, 30, 34, 35번에서 배제된 부문/노동자에 대한 처벌과 위반이 포함된다. 이들 지표를 구체적으로 보면 〈표 2-26〉과 같다.

표 2-26 노동조합 권리 침해 지표

범 주	지 표
결사의 자유/단체교섭에 관한 시민의 자유(결사의 자유 2장에 언급된 노동조합 권리와 시민의 자유에 관한 내용)	1. 조합원 혹은 활동가의 살해나 실종
	2. 조합원과 활동가에 대한 다른 형태의 폭력
	3. 조합원과 활동가에 대한 체포, 구금, 투옥, 강제 추방
	4. 집회, 시위, 의사표현의 권리에 대한 개입
	5. 노조의 재산 압류 및 파손
노동조합이나 노동자 조직 설립과 가입에 대한 권리(ILO조약 87조 2항부터 7항에 규정된	6. 전반적인 금지조치들
	7. 사회 경제의 붕괴로 인한 전반적인 부재
	8. 사전 허가 요건

내용으로, 87조 10항에 따라 모든 독립적인 노동자의 조직을 포함하는 것으로 광범위하게 규정된 노동조합)	9. 조합에 가입하지 않는 것을 조건으로 하는 고용
	10. 조합원임을 이유로 한, 혹은 조합활동을 이유로 한 해고나 정직(정권)
	11. (노조지배를 목적으로 한) 사용자의 개입
	12. 행정 당국에 의한 노조 해체나 중지
	13. 노동자 위원회와 노동위원회만 허용되는 경우
	14. 국가의 후원을 받는 노동조합이나 하나의 노조만 허용되는 경우
	15. 직업/산업 부문을 노조 조합원에서 제외하는 것
	16. 기타 부문이나 노동자를 조합원에서 제외하는 것
	17. 기타 현존하는 구체적인 문제나 금지행위
	18. 노조 연합체나 총연합체를 설립하고 가입할 권리
	19. 평가 기준 18번(이전)과 관련된 사전 허가 요건
기타 노조활동	20. 자유로이 대표를 선출할 권리
	21. 규약과 규정을 제정할 권리
	22. 노조의 정치활동 참여에 관한 포괄적 금지
	23. 노조의 예산 통제권
단체교섭에 관한 권리(결사의 자유(1996) 14장에 규정된 내용)	24. 전반적 금지
	25. 단체협약에 관한 당국의 사전 승인(민간부문 종업원에 대해서만)
	26. 강제적 중재
	27. 당국의 개입과 간섭
	28. 민간부문(non-state) 사용자의 단체교섭 범위 제한
	29. 직업/산업 부문에 대한 단체교섭 권리의 배제
	30. 기타 부문이나 노동자에 대한 단체교섭 권리의 배제
	31. 기타 구체적인 문제점이나 금지 행위들
파업할 권리(결사의 자유(1996) 9장에 규정된 내용)	32. 전반적인 금지
	33. 당국의 사전 허가
	34. 직업/산업 부문에 대한 파업권의 배제
	35. 기타 부문이나 노동자에 대한 파업권의 배제
	36. 기타 구체적인 문제점이나 금지 행위들
수출가공지역	37. 수출가공지역에서 노동권 제한

(3) 노동조합 권리 침해의 한국순위

대상 국가 169개국 중 한국은 비가중점수에서는 평균 1.43점으로 129위를, 가중점수에서는 평균 2.93으로 118위를 기록하고 있다. 이러한 점은 ILO에서 권고하고 있는 조약기준이나 국제적 상황에 비추어 보았을 때에도 한국에서의 노동조합의 권리가 보장되고 있지 않다는 점을 말해 준다.

표 2-27 노동조합 권리 보장 국가별 순위(일부)

순 위	국 가	비가중점수	순 위	국 가	가중점수
116	미 국	2.86	116	온두라스	3.08
117	과테말라	2.86	117	카 메 룬	3.08
118	콩고공화국	2.38	**118**	**한 국**	**2.93**
119	코스타리카	2.38	119	콩고공화국	2.93
120	카 메 룬	2.38	120	에콰도르	2.78
121	온두라스	2.38	121	엘살바도르	2.78
122	엘살바도르	2.38	122	파키스탄	2.78
123	에콰도르	2.38	123	멕 시 코	2.63
124	아르헨티나	2.38	124	아르헨티나	2.56
125	필 리 핀	1.90	125	코스타리카	2.56
126	파라과이	1.90	126	과테말라	2.48
127	이디오피아	1.90	127	잠비아	2.48
128	멕 시 코	1.90	128	파라과이	2.33
129	**한 국**	**1.43**	129	이디오피아	2.33
130	페 루	1.43	130	말레이시아	2.18
131	파키스탄	1.43	131	페 루	2.03
132	방글라데시	1.43	132	나이지리아	2.03
133	나이지리아	1.43	133	필 리 핀	1.95
134	인도네시아	0.48	134	방글라데시	1.73
135	볼리비아	0.48	135	볼리비아	1.43
136	말레이시아	0.48	136	인도네시아	0.98

7. 소결: 각 지표의 비교검토와 시사점

1) 비교방식 개요

지금까지 살펴본 각종 지표를 구분해보면 크게 2가지 종류로 나누어 볼 수 있다. 첫 번째는 경쟁력 개념을 기준으로 국가별 순위를 산정하기 위한 지표들로, IMD, WEF, IPS 지표 등이 여기에 해당된다. 두 번째는 노동권에 초점을 둔 비교지표들로서 고용의 질 지표, 노동조합 영향력 지표, 노동조합 권리 침해에 대한 지표가 여기에 해당된다. 이처럼 노사관계의 영역을 다루면서도 어떠한 목적을 위해 지표를 개발하는가에 따라 노사관계의 다양한 측면 중 특정 한 부분을 지수화할 수도 있고, 상당히 많은 부분을 지수화할 수도 있다. 이는 노사관계가 노사를 기본으로 정부의 개입과 정책방향, 노사간의 상호작용, 이로 인한 결과 등 매우 다양하고 복잡한 과정을 포함할 수 있기 때문이다. 따라서 특정한 어느 부분만을 지수화하는 것은 노사관계 현상의 전체를 파악하는 데 오히려 걸림돌이 될 수도 있다. 한편, 이렇게 노사관계를 평가하는 데 있어서 입장에 따라서 정반대의 접근방법을 사용하는 사례로부터 다면적 접근이 필요하다는 시사점도 얻을 수 있다.

지금까지 살펴본 각종 지표의 특징을 간단하게 비교해보면 다음과 같다. 첫째, IMD, WEF, IPS 지표가 뚜렷하게 국가경쟁력 개념을 중심으로 하여 지표가 구성되어 있고, 주된 검토대상인 노동시장 지표 역시 국가경쟁력에의 적합성을 주요하게 고려하는 데 반해, Kuruvila et al.(2002)의 영향력 지표와 Kucera(2004)의 지표는 이러한 개념을 가지고 있지 않다. 그러나 고용의 질 지표는 지표들이 개념적 적합성을 중시하고 있다.

둘째, IMD, WEF, IPS 지표는 상당 수의 범주들에 대해 경영자들에 대해 의견을 묻는 방식을 취하고 있는 데 비해 고용의 질 지표, Kuruvila et al.(2002)의 노동조합 영향력 지표, Kucera(2004)의 지표들은 주로 경성데이터에 기반하여 자료를 제공하고 있다.

셋째, IMD, WEF, IPS, 고용의 질 지표들은 국가별 경쟁력에 기반해 순위를 산정하기 위한 목적으로 사용되는데 비해, Kuruvila et al.(2002)의 영향력 지표와 Kucera(2004)의 지표는 그 자체로 순위를 산정하고 있지는 않다. 다만 데이터에 근거해 해당지표들이 나타내는 경향이나 흐름을 파악할 수 있도록 하고 있다.

표 2-28 보고서의 주요 특징 비교

	IMD 보고서	WEF 보고서	Bonnet et al.(2003)	한국노동연구원 (2007)	IPS국가경쟁력보고서	Kuruvila et al.	Kucera
개발이유	국가경쟁력 측정	국가경쟁력 측정	노동의 질 (decent work) 측정	노동의 질 (decent work) 측정	경쟁우위 측정	노조성장과 쇠퇴, 전망 파악	ILO기준에 따른 노조권리의 정도 파악
경쟁력 개념	기업경쟁력을 확장하는 국가경쟁력	성장경쟁력	-	-	생산성향상을 통한 경쟁우위	없음	없음
순위산정 목적	○	○	○	○	○	×	×
이론적 배경	특정모델 없음	특정모델 없음	특정모델 없음	특정모델 없음	Porter의 다이아몬드 모델 및 확장모델	특정모델 없음	특정모델 없음
지표 구성	연성+경성 데이터	연성+경성 데이터	경성데이터	경성데이터	연성+경성 데이터	경성데이터	경성데이터
서베이 대상	경영자	경영자	각국 정부	각국 정부	경영자	서베이 없음	서베이 없음
노사관계 지표	노사관계 노동쟁의	노사관계	발언/대표	참여/발언	노사관계 노동쟁의 노조영향력 쟁의조정	노조영향력 (교섭구조 + 협약 적용률)	정부/사용자에 의한 노조권리 침해

2) 사례별 노사관계 비교지표의 한국순위

각 평가 사례별 노사관계 비교지표에서의 한국순위는 〈표 2-29〉에 제시되어 있다. 노사관계 전반에 대한 서베이 결과로 산정한 보고서는

표 2-29 평가 사례별 비교지표의 한국순위

		IMD 보고서 (2006)	WEF 보고서 (2006)	Bonnet et al. (2003)	한국노동 연구원 (1999년)	IPS국가 경쟁력 보고서	Kuruvila et al.	Kucera
대상국가		60개국	117개국	119개국	29개국	66개국	26개국	169개국
노사관계인식		60위	81위		-	59위	-	-
노동쟁의 실태		45위	-		-	46위	-	-
정부의 쟁의조정능력		-	-		-	44위	-	-
노조 영향력		-	-		-	57위	21위	-
참여/발언 (발언/대표)				32위	28위			
노조권리침해	비가중	-	-	-	-	-	-	129위
	가중							118위

IMD, WEF, IPS 보고서인데, IMD 보고서는 60개국 중 60위, WEF 보고서는 117개국 중 81위, IPS 보고서는 66개국 중 59위를 기록해 한국의 노사관계에 대한 인식이 매우 부정적임을 시사하고 있다.

한편, 고용의 질 지표에서 노사관계와 직접 관련된 참여/발언(발언/대표) 순위는 Bonnet et al.(2003)에서는 119개국 중 32위, 한국노동연구원(2007)의 연구에서는 29개국 중 28위로 저조하게 나타나고 있다. 이는 다른 조사에서도 마찬가지여서 Kuruvila et al.(2002)에서는 노조의 조직률, 교섭범위와 교섭구조를 통합해 지수화한 노조영향력 순위에서 26개국 중 21위로 하위권이며, IPS 보고서의 노조영향력 서베이 결과에 의한 순위도 57위로 하위권이다. Kucera(2004)의 해당국가의 노동조합 권리가 얼마나 침해되고 있는가를 지수화한 순위에서도 169개국 중 129위와 118위로 하위권에 머물러 있다.

이러한 순위들을 종합하면, 한국 노사관계의 특징은 전체적으로 노동조합의 영향력이 낮고, 노동조합 권리 침해 정도가 높으며, 노사관계의 협력성과 관련된 인식은 매우 부정적인 것으로 요약할 수 있다. 즉, 노동권 측면에서도 순위가 낮고 사용자들의 노사관계에 대한 주관적 인식에서도 순위가 낮다. 이는 결국 노사 양측이 현재의 노사관계나 상대방에 대해 높은 불만을 지니고 있을 가능성을 나타낸다.

CHAPTER 3

노사관계 평가 지표 개발

Chapter 03

노사관계 평가지표 개발[1)]

이 장에서는 노사관계의 평가모형과 기준, 그리고 세부지표들을 개발하여 제시한다. 이와 관련하여 이 연구는 다음과 같은 특징을 가진다. (1) 노사관계론의 다양한 이론적 시각을 검토한 후 이를 통합한 이론적 모형을 제시하고 있다. (2) 기존의 노사관계 평가 사례들이 '경쟁력' 혹은 '고용의 질' 등의 하위 개념과 지표로 노사관계를 고려한 것과는 달리 이 연구는 노사관계에만 집중된 평가기준 개발 시도이다. (3) 이해관계와 시각에 따라 동일한 영역이 상반되게 평가되는 노사관계의 양면성을 이론적 모형에 반영하고 있다.

1. 평가모형 개발을 위한 이론적 접근방식 검토

여기에서는 평가지표 구축의 전 단계인 평가모형을 개발하기 위해 시스템 접근을 비롯한 4가지 이론적 접근방식들을 검토하도록 한다.

1) 시스템 접근

전통적으로 주류 노사관계론은 노사관계를 하나의 시스템으로 고려해 왔다. 던롭(Dunlop, 1959)으로부터 출발한 이 시각은 일반시스템이론(General

1) 노사관계 평가지표 개발 과정에서는 본서의 공저자인 일본의 스즈키 히로마사 교수와 파울라 부스 교수가 참여하여 평가지표의 타당성과 객관성을 제고하는 데 기여하였다. 이들의 견해는 부록 1에 요약되어 있다.

System Theory)의 시각을 적용하여 노사관계를 전체 경제시스템의 하위 구성 시스템의 하나로 간주하는 입장을 취하고 있다.

시스템이론의 시각이 지닌 가장 큰 특징은 정학적 측면에서는 시스템을 구성하는 각 구성요소들간의 상호의존성으로부터 균형의 유지와 안정성을 설명하려는 데 있으며, 동학적 측면에서는 시스템 외부의 환경을 투입요인으로 고려하고 투입 요인의 제약 하에서 시스템 내부의 구성요소들 간의 상호작용에 의해 산출물이 발생하며, 이 산출물이 외부 환경과 시스템 내부 구성요소들에 되먹임(feedback)된다는 점을 강조하는 데 있다. 이러한 시각에 대해서는 일각에서 그 정태성에 대한 비판이 있음에도 불구하고 노사관계론의 주류적 입장들은 이를 비판적으로 수용하고 있다고 할 수 있다 (Kaufman, 2005).

시스템이론의 시각에 따라 노사관계를 동학적 측면에서 분석하려 할 경우 노사관계의 과정은 '투입－과정－산출'의 국면을 지니게 되며, 산출물은 다시 투입과 과정 부문에 되먹임되어 영향을 미치게 된다. 개방체계(open system)적 관점에서 투입 부문의 주요 요인은 외부환경 요소들이며

그림 3-1 노사관계의 시스템적 시각

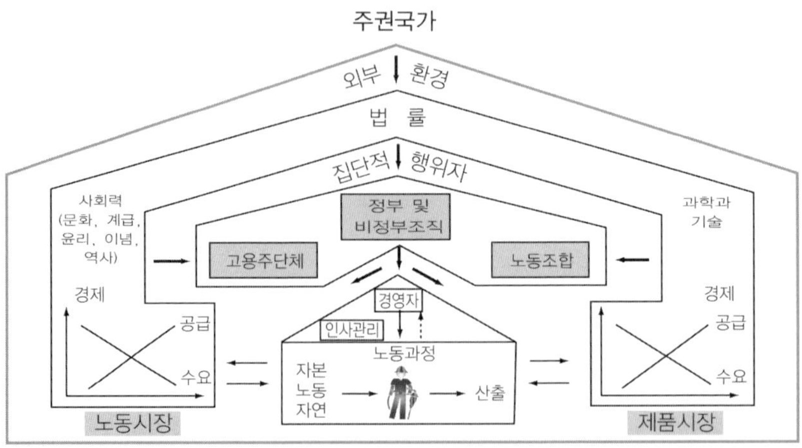

자료원: Kaufman(2005), p. 50.

과정 부문의 주요 요인은 당사자들의 상호작용 구조 및 과정으로 간주된다. 한편, 산출물로는 당사자들의 이익 갈등 및 조정에 따른 실체적(substantive) 및 절차적(procedural) 결과들이 포함된다.

이러한 각 과정별 요인들에 대해서는 연구자들마다 약간의 편차들이 존재해 왔다. 던롭(Dunlop)의 경우 시장 및 기술 환경, 예산제약, 권력관계 등의 환경 요인을 투입 요인으로, 정부, 사용자, 노동자 및 노동조합 등의 행위자 및 이들 간의 상호작용을 과정요인으로, 그리고 환경적 제약 하에서 당사자들간의 상호작용을 통해 산출되는 결과로서의 규칙의 망(web of rules)을 산출물로 제시하였다. 반면, Kochan & Katz(1988)은 던롭(Dunlop)과 달리 과정 요인에 당사자들의 목표, 구조, 전략, 그리고 전략·기능·사업장 수준에서의 노사관계의 제도적 구조 및 과정 등을 구분하여 고려하고 있으며, 산출물로는 상호작용의 직접적 결과(단체협약)와 당사자 및 공공(public)에 미치는 결과를 구분하여 포함시키고 있다. Meltz(1992)는 이를 좀 더 세분하여 투입 요인을 외부환경과 당사자들의 목표, 가치, 세력관계, 역사 등으로 구분하고, 과정 요인은 당사자(노·사·정)의 구조, 당사자들의 전략·기능·사업장 수준에서의 정책, 그리고 각 수준에서의 상호작용 구조 및 과정 등으로 구분하고 있으며, 산출 요인에 있어서는 파업, 이직, 결근 등을 중간(intermediate)적 산출 요인으로, 단체협약을 최종적(final) 산출 요인으로 구분짓고 있다. Kochan & Katz(1988)와 Meltz(1992)의 경우 던롭 류의 시스템적 시각과는 달리 미국 노사관계의 역사적 변화(transformation)를 설명하기 위하여 당사자들의 전략적 선택과 관련된 요인들을 변수로 포함시켰다는 면에서 차이를 보이고 있다. 한편, 최근에 EU 차원의 비교 노사관계 지표 구성을 위하여 노사관계의 분석틀을 검토한 바 있는 Weiler(2004)는 Kauppinen(1994)의 논의에 기반하여 노사관계 모델의 기본적 구성 요인으로 환경(context), 규제틀(regulatory framework), 행위자(actors), 프로세스(processes), 산출물(outcome), 영향(impact) 등을 구분하고 있다. 그에 따르면 이들 중 노사관계의 핵심 차원들은 규제틀, 행위자, 프로세스, 산출물 등이며, 환경(context)은 이 4가지 핵심 차원들에 영향을 미치는 것으로, 그

그림 3-2 노사관계 모델의 분석틀

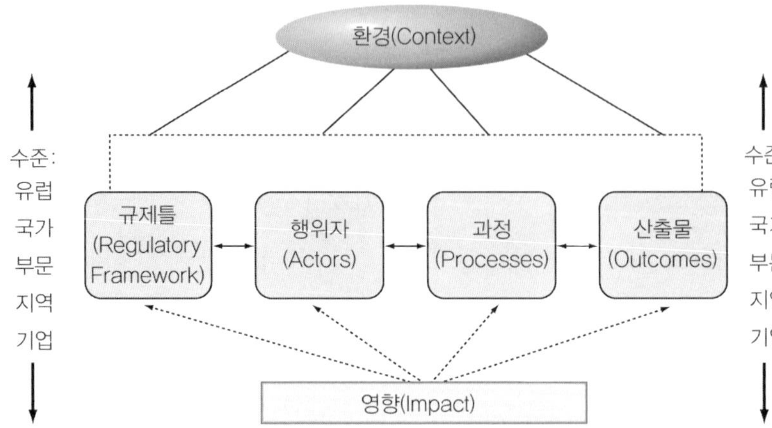

자료원: Weiler(2004).

리고 영향(impact)은 산출물에서 발생하는 일종의 되먹임 작용(feedback effect)으로써 역시 4가지 핵심 차원들에 영향을 미친다.

던롭이 제기했던 시스템 시각은 갈등의 역할을 소홀히 하거나, 당사자의 전략적 행동의 역할을 소홀히 하여 시스템 변화의 가능성이나 그 동학을 설명하기 힘들다는 비판을 받아 왔다(Kochan, Katz, & McKersie, 1984; Hyman, 1975; Kaufman, 2005). 던롭이 공유이데올로기의 역할을 들어 노사관계에서 갈등의 중심성을 사실상 부인하고 요소 간 배열(alignment)과 균형을 중시하여 시스템의 변화 가능성을 소홀히 다루었던 경우가 이에 해당된다.

하지만 시스템적 접근은 다음의 몇 가지 점에서 본 연구의 평가기준 개발에 유용하다. 첫째, 던롭의 노사관계 모형은 거시 수준 노사관계를 구성하는 기본 변수들에 대한 정보를 제공하고 있다. 둘째, 시스템 시각의 과정 모형은 당사자간 상호작용에서 환경적 제약을 중요하게 고려하고, 투입-과정-산출의 프로세스별 국면에 따라 관련 요인들과 그 결과를 분해하여 분석할 수 있도록 해 준다는 장점을 가진다.

2) 행위 중심 접근(action-centered approach)

행위 중심 시각은 시스템 시각이 지닌 정태성을 극복하고 변화에 대한 설명력을 강화하고자 하는 학자들에 의해 제기되었다(Kochan, Katz, & McKersie, 1986; Meltz, 1993; Poole, 1986; Walton & McKersie, 1965). 이 접근방식의 특징은 노사관계의 제도적 변화를 설명하는 데 있어서 행위자들이 지닌 이념, 가치 전략 등과 같은 주관적 요인들의 중요성을 강조하는 점에 있다.

노사간 협상 과정에 초점을 맞춘 Walton & McKersie(1965)의 행위론적 협상이론은 노사협상의 과정을 분배적 협상(distributive bargaining), 통합적 협상(integrative bargaining), 내부 협상(intra-organizational bargaining), 태도구성(attitudinal structuring) 등의 하위과정(sub-processes)으로 구분하고 있다. 분배적 협상은 영합(zero-sum) 상황, 즉, 이해관계나 입장의 상충으로 한편의 유리함이 상대편의 불리함으로 귀결되는 갈등적 협상 상황(win-lose situation)을 묘사하고 있다. 반면, 통합적 협상은 단일의 이슈에 대해 공통의 목적을 지니거나, 여러 이슈에 대해 부분적으로는 공통의 부분적으로는 갈등적인 이해관계를 지니는 혼합적 동기(mixed-motive) 상황을 묘사하고 있다. 따라서 이런 협상 상황에서 당사자들은 이슈들 간의 교환(trade-offs)을 통해 상호이익적인 협상결과를 낳을 수 있다. 한편 내부협상은 협상자들이 집단적 이해당사자를 대표하는 상황에서의 주인(이해당사자)-대리인(협상대표) 관계를 묘사하고 있다. 마지막으로 태도구성은 협상과정의 인지적 및 관계적 차원을 의미한다. 이들에 의하면 협상에서 한 당사자의 상대방에 대한 지각(perception)은 협상 상대방의 협상에 대한 호혜적 태도 여부를 규정하며, 협상을 통해 특정한 관계를 산출한다. 이 관계는 상대방에 대한 신뢰 수준에 영향을 주고 이는 지속적 관계인 노사관계에서 미래의 협상 환경을 규정할 수 있다. 후에 이들은 태도구성을 실제적 계약(substantive contract)에 영향을 주는 사회적 계약(social contract)이라고 지칭하고, 단기적 관심과 비용압력에 의해 주도되는 실제적 이슈(substantive agenda)보다는 관계의 질이 노사가 장기적으로 함께 협력하며 갈등적 및 공통적 이해관계에 대한 해결책을 발견할 수 있는 능력의 육성에 유의미하다고 보았다(McKersie & Walton, 2003).

Kochan, Katz & McKersie(1986)(이하 KKM으로 약함)는 이른바 NLRA체제로 일컫어지는 단체교섭에 기초한 미국 노사관계가 노조 조직률과 단체교섭의 지속적 쇠퇴라는 역사적 변화를 야기한 결정적인 원인을 미국 사용자들의 반노조주의 내지 일원주의(unitarism)적 가치관과 이를 반영한 인적자원관리 기법들을 통해 단체교섭을 우회하는 작업장 변화를 초래한 전략요인에서 찾았다. 이들은 이러한 분석을 일반화하여 노사관계 당사자들의 이념과 목표, 가치관, 전략 선택 등 주관적 태도와 행동이 외부환경의 조건들과 상호작용하는 가운데서 시스템에 유의미한 변화를 야기할 수 있다는 전략적 선택 모형(strategic choice model)을 제안하였다. 또한 이들은 노사관계의 제도적 구조를 조직/전략적 수준(firm/strategical level), 사업장/기능적 수준(establishment/functional level), 작업장 수준(workplace level) 수준 등 3개로 구별하여 그 상호관계를 분석할 것을 제안하였다. 이후 이들의 주장은 널리 수용되어 기존의 정태적인 시스템 모형을 대체하는 다양한 설명틀을 낳았다.

한편, KKM의 전략적 선택 모형이 주로 기업 수준에서의 노사관계 변화에 대한 설명틀을 제공한 데 반해 이후의 논의들 중에는 거시 수준을 고

그림 3-3 KKM의 전략적 선택 모형

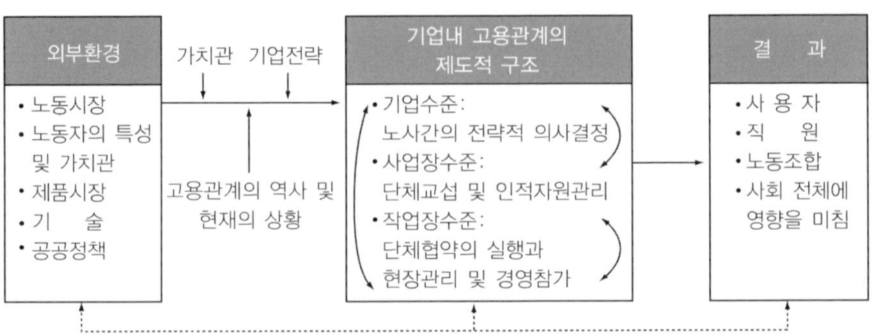

자료원: Kochan, Katz & McKersie(1986), p. 11.

려하거나 비교노사관계의 견지에서 모형을 수정하는 노력이 기울여졌다.

이중 Poole(1986)은 비교노사관계의 설명틀로 행위중심적 접근에 기반한 설명모형과 세부 변인들을 제공한 바 있다. 그는 각국 노사관계의 제도적 변화를 설명하는 데 있어서 주요한 제도 형성기에 이루어지는 행위자들의 전략적 결정을 핵심적 요인으로 위치짓고 이에 영향을 미치는 변수로 문화적 가치와 정치이데올로기 같은 주관적 의미체계(subjective meaning system)를 포함시켰다. 그의 비교노사관계 설명틀은 아래 〈그림 3-4〉와 같다. 한편, 그는 위와 같은 설명 틀에 기반하여 각국 노사관계를 분석하는데 유용한 범주별 세부 변인들의 목록도 제공하고 있다(〈표 3-1〉 참조).

그림 3-4 Poole(1986)의 비교노사관계 분석틀(temporal framework)

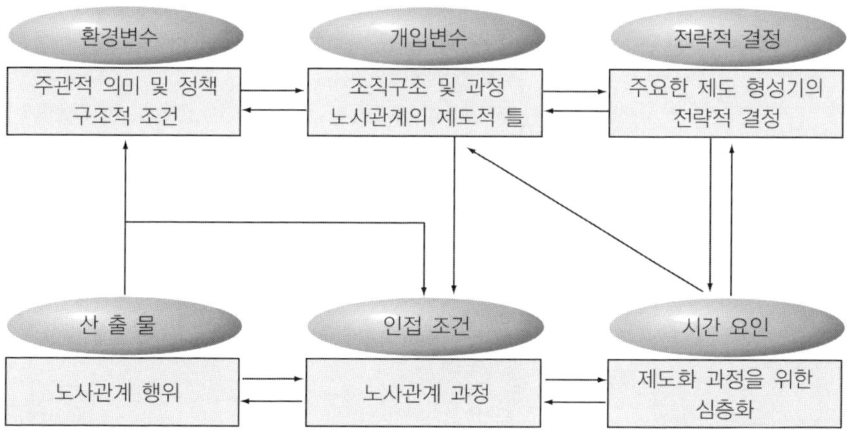

자료원: Kochan, Katz & McKersie(1986), p. 11.

표 3-1 Poole(1986)의 비교 노사관계 변인 구성

범 주	중범주	요 인	세부 요인들
환경변수	주관적 의미 및 공공정책	문화적 가치	고용관계에서의 도덕적 신조/법률주의 혹은 임의주의/종교주의/종교적 가치/사회적 통합과 수용
		정치이데올로기	자본주의/집권적 공산주의/코포라티즘/분권적 공산주의/자유 다원주의와 사회 민주주의/생디칼리즘, 무정부주의, 길드사회주의
		경제정책	재정정책/금융정책/소득정책

		공공/법률정책	
	구조적 조건	사회적 조건	계급, 지위, 권력 등에서의 격차
		경제적 조건	경제체계의 유형(자본주의, 시장사회주의, 사회주의) 인플레율, 실업률, 경제성장률; 산업집중도
		정치적 조건	정치체계의 유형(자유-민주주의, 권위주의-파퓰리즘, 권위주의-과두제, 전체주의) 다원주의, 코포라티즘, 사회주의 정당체계(친노동정당의 존재 여부)
		기술적 조건	
		법률적 조건	공/사 부문 구분의 법률적 근거 법치주의, 임의주의, 성문법의 역할
		인구학적 조건	연령/여성경제활동인구의 비중/인종적 구성
개입변수	조직구조 및 과정	인지-태도적	경영자의 조직화 전략 노동자 및 노동조합의 지향성(전통적 무산자/전통적 차별/ 민간화; 계급연대주의/경제주의)
		기술/구조적	기술유형(기계화된 손노동/기계화생산/통합되고 기계화된 생산/자동화생산/통합적인 자동화생산) 조직구조의 차원(전문화, 표준화, 공식화, 집권화, 형태와 전통주의) 조직 규모 노동자조직에서의 공식적인 민주적 절차
	노사관계의 제도적 틀	단체교섭구조 차원	교섭의 범위, 깊이, 수준/노조의 깊이와 안전성/협약의 통제 정도와 내용/노조 구조
		단체교섭이 없는 경우의 제도적 체계	생산 및 분배 관계에서의 의사결정의 집권성과 분권성 정도
전략적 선택	도구-합리적		공리주의
	가치-합리적		이념주의
	감 정 적		비전략적이고 감정적
	전 통 적		기존 결정의 제도화
노사관계 과정	권력자원 배치		통합적(배타성과 본질성; 지식과 전문성) 분배적(숫자, 조직, 자원(교육기술, 물적 자원)
	타협과정		협상/알선, 조정, 중재/고충처리절차/일상적인 대인 관계/조사위원회
노사관계 산출물			갈 등
			합 의

Meltz(1993)는 투입-과정-산출 모형과 KKM의 전략적 선택 접근을 활용하면서도 KKM과는 달리 상호작용의 메커니즘을 단체교섭, 인사관리, 노동시장활동 등으로 구분하여 제시한 바 있다. 즉, KKM이 전략 수준을 기업, 단체교섭 및 인사관리, 작업장 등의 세 수준으로 이루어진 상호작용 메커니즘과 일치시킨 데 반해, 그는 상호작용 메커니즘을 달리 설정하였다고 할 수 있다. 이중 특히 노동시장 활동은 노동정책과 상호작용하는 활동으로서 거시수준 노사관계에 적합한 범주라고 할 수 있다(〈그림 3-5〉 참조). 또한 그는 이러한 설명 틀에 기반한 세부 변수들을 제공하고 있다(〈표 3-2〉 참조).

그림 3-5 전략적 선택 접근의 노사관계 체계 설명틀

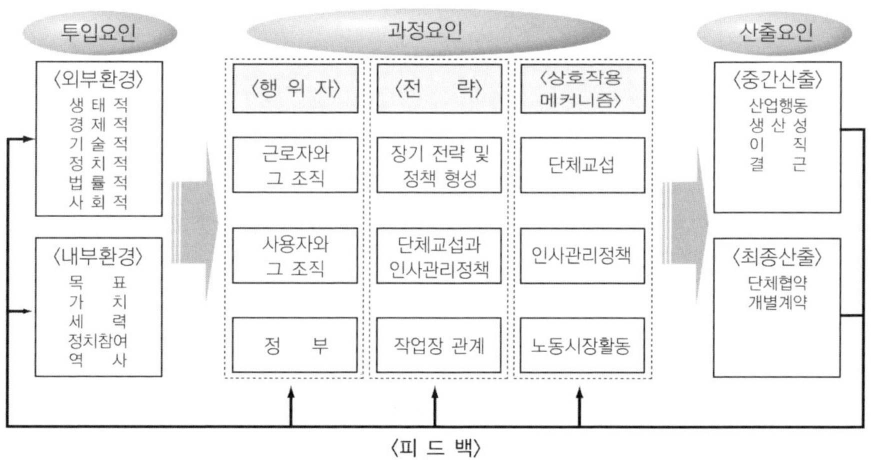

자료원: Meltz(1993), p. 165.

표 3-2 Meltz(1993)의 노사관계 시스템 틀

범주	중범주	요인	세부 요인들
투입	외부환경	생태적	물리적 환경, 자연자원, 기후
		경제적	제품시장, 노동시장, 재정금융정책
		기술적	
		정치적	정치체제, 노동입법에 대한 정부의 수준, 태도, 책임성, 정당 및 정

			당과 노사간의 관계, 입법 및 집행부 재량권
		법 률 적	노사관계법, 고용기준, 인권, 실업보험, 훈련제도, 민법, 노동법 집행 법규
		사 회 적	사회의 경제/노동력/노조화에 대한 목표와 가치, 정치적 법률적 시스템에 대한 여론의 상호작용, 사회구조
	내부환경	목 표	
		가 치	
		세 력	
		외부지향 노력	로비 및 기타의 정치과정 참여
		역 사	
과정	행위자	노동자 및 조직	(형평성)
		사용자 및 조직	(효율성)
		정 부	1) 사용자로서 2) 3자주의정책의 주도자(initiator)로서
	전략적 선택	장기 전략 및 정책 형성	1) 노조: 정치전략/대변전략/조직화전략/경영 혹은 정부와의 기획 2) 사용자: 사업전략/투자전략/인적자원전략/노조 및 정부와의 기획 3) 정부: 3자주의 및 소득정책을 포함한 거시경제정책
		단체교섭	1) 노조: 단체교섭 전략, 내부교섭 2) 사용자: 인사관리정책, 협상정책, 내부교섭 3) 정부: 노동법 집행
		작업장 관계	1) 노조: 협약이행, 근로자참여, 직무설계와 작업조직 2) 사용자: 감독스타일, 근로자참여, 직무설계 및 작업조직 3) 정부: 노동기준, 근로자참여, 개인적 권리
	상호작용 메커니즘	단체교섭	노조승인, 협상, 중재, 조정, 알선, 파업/직장폐쇄, 노사공동위원회, 노동이사제, 작업장평의회, 지역/전국 2자 및 3자주의 협의
		인사관리정책	인력계획, 채용/선발, 훈련/개발, 보상 및 유지
		노동시장활동	일자리 공석, 노동공급, 임금률정책, 인적자원
산출	중 간		파업 및 직장폐쇄, 태업, 생산성, 이직, 결근
	최 종	조직 차원	1) 단체협약: 경영권, 노조승인 및 활동보장, 근로자참여, 노사협의회, 노동이사제 2) 비단체협약: 고용주 관여, 노동이사제
		개인 차원	임금-노력 교섭, 직무권, 고충처리절차, 변동부가급여

자료원: Meltz(1993), p. 165.

행위 중심적 시각 내지 전략적 선택 접근은 행위자를 노사관계의 성격에 질적 변화를 야기하는 핵심 요인으로 간주하고 이러한 행위자들이 지닌 이념, 가치, 목표, 전략, 태도 등과 같은 주관적 차원들을 설명 요인으로 고려했다는 점에서 시스템적 접근의 설명 방식을 개선했다는 의의를 지닌다. 그리고 초기의 행위중심적 시각이 주로 단체교섭이나 조직 수준의 상호작용에 초점을 맞추어 설명틀을 제공한 데 비해, 후에는 거시 수준 노사관계에 적합화된 설명틀과 세부 변수들을 제공함으로써 미시 수준과 거시 수준 모두에서 적용 가능성을 높였다.

3) 네오코포라티즘 이론

코포라티즘이란 '독점적이고 중앙집권적인 이해관계 단체에 의해 특징지워지는 이익대표체계의 구조'이거나(Baccaro, 2003; Schumitter, 1974), '이해관계 조직들이 국가 정책 형성에 참여하여 이해관계를 상호 결합(articulating)하고 정책의 가치 배분과 수행에도 협력하는 특정의 제도화된 정책형성 패턴'으로 정의된다(Lehmbruch, 1977). 전자의 경우 중앙집권적인 노사조직들이 구성원들에 대한 배타적 대표성을 가지고 산업별 혹은 전체 경제 차원의 집중화된 단체교섭을 통해 자신들의 이해관계를 조정하며, 이 과정에 국가가 직간접적으로 참여한다. 반면, 후자에서는 노사가 자신의 이해관계 실현을 위해 로비나 정치적 루트가 아니라 관련 공공정책의 결정과 이행 과정에 직접 참여한다. 코포라티즘에 대한 이 두 가지 구별되는 정의를 제공한 슈미터(Schumitter)와 렘브르흐(Lehmbruch)는 양자간의 높은 상관관계를 고려하여 정의를 통합하기도 하였다.[2)] 하지만, 최근의 코포라티즘 논의는 배타적이고 집권적이며 내적으로 권위주의적인 이익대표구조와 노사단체의 공공정책 형성 참여 패턴이 반드시 병행적인 것은 아니라는 점을 확인한 바 있다(Baccaro, 2003; Rhodes, 1997; Regini, 1997).

2) 코포라티즘 이론가들은 전자를 사회조합주의(social corporatism), 결정론적 모형, 구조모형으로, 후자를 사회적 협의(social concertation), 전략적 선택 모형, 과정 모형 등으로 부르기도 한다(임상훈, 2005; Baccaro, 2003).

그림 3-6 단체교섭과 사회적 협의의 공존

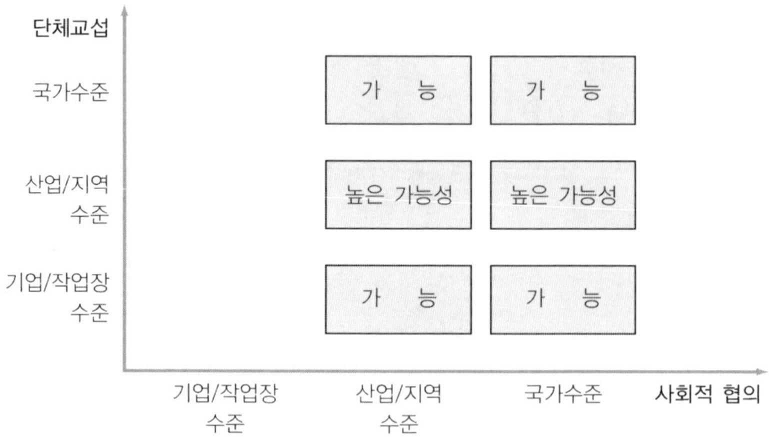

자료원: 임상훈 외(2005), p. 240.

본래 네오코포라티즘이론은 코포라티즘을 정치사회시스템 범주로 고려하였지만, 이 개념의 구성에 있어서 노사단체의 집권적 구조와 이들의 공공정책 결정참여 여부가 핵심 요인으로 간주됨에 따라 노사관계 시스템 차원의 범주로도 간주되어 왔다. 네오코포라티즘에 대한 이러한 정의법은 노사간 이해대변구조와 정책참여 패턴에 따라 거시적 개념인 노사관계시스템 유형을 다원주의 유형과 네오코포라티즘 유형으로 구분짓도록 하였다. 이런 구분법에 따르면 네오코포라티즘 유형의 노사관계 시스템 하에서 노사단체는 강제적, 독점적으로 이해를 대변하고 정부 공공정책의 공동결정에 직접 참여하여 그 책임도 이행하는 반면, 다원주의적 유형 하에서 노사단체는 자발적, 경쟁적으로 구성원의 이해를 대변하고 정부 공공정책에는 로비를 통해 압력을 가하는 방식을 취한다(임상훈, 2005). 또한 네오코포라티즘 유형의 노사관계시스템에서는 단체교섭이 국가 수준, 산업/지역 수준, 기업/작업장 수준에서 중층적으로 존재하고, 각 수준의 단체교섭 간에 위계적 관계가 형성되며, 단체교섭과 별개의 정책협의 메커니즘이 국가 수준과 산업/지역 수준에서 활성화된다. 전통적으로 네오코포라티즘 시각은 이러한 위계화된 교섭구조와 정책참여 과정을 통하여 노사의 이익이 조율되는 노사관계시스템이 그렇지 못한 영미형의 다원주의 유형이나 그 변종인 신자유주의 유형에 비해 더 나은 사회적 성과(임금평등 및 경제적 정의)뿐 아니라 우월한 경제적 성과를 낳는다고 주장하였다(Cameron, 1984; Bruno & Sachs, 1985; Soskice, 1990; Traxler, 2001).

네오코포라티즘 시각의 연구들은 1980년대 들어와 네오코포라티즘이 더 나은 경제 및 사회적 성과를 낳는지를 검증하기 위하여 국가간 비교를 위한 거시 노사관계 지표들과 양적 측정방법을 개발하는 데 노력을 기울임으로써 거시 노사관계 연구에 기여하였다. 이러한 연구들에 의해 개발된 주요 지표들로는 노사단체의 조직률(density), 집권성(centralization), 집중성(concentration), 단체교섭의 집권성(centrality)과 조율성(coordination), 포괄범위(coverage), 사회적 협의의 규칙성(regularity), 영역(scope), 강도(intesity) 등이 있다(Kenworthy, 2000; Traxler et al., 2001).

네오코포라티즘이 제공하는 설명 모형의 설명력은 1980년대 이후 각국에서 단체교섭의 분권화와 정책협의의 일시적 침체가 발생함에 따라 위기를 맞았으나, 1990년대 들어와 단체교섭의 집권성을 대체하는 조율성 개념의 개발과 정책협의의 재활성화 등과 같은 이론적, 현실적 조건들이 등장함에 따라 다시 설득력이 생기고 있다.

그림 3-7 네오코포라티즘의 환경-노사관계-거시성과 분석틀

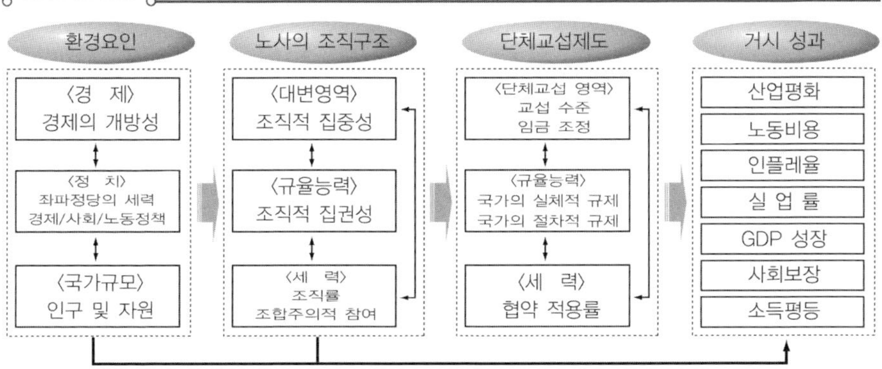

자료원: Cameron(1984), Mannich(2003), Traxler et al.(2001)을 참조하여 필자가 작성.

4) 윤리적 접근

주류 노사관계론의 기본적인 가정과 시각은 노사간의 '본래적 이해 갈등'(inherent conflict of interest)의 존재와 더불어 양자가 이해관계 실현에 있어서 상호의존성을 지니며 공유 목적 또한 존재한다는 점에 있다. 따라서 이러한 다원주의적 시각(multiple interest perspective)에서의 규범적 지향점은 근로자가 바라는 고용 및 소득 안정=형평성과 사용자가 바라는 효율성 및 조직 유효성=효율성 간의 균형을 통해 양자를 양립시키는 것에 있다. 이러한 시각은 이중 이해관계 모형(dual concern model)(Blake & Mouton, 1964), 복합적 동기(mixed motive)(Kochan, 1976), 협력과 갈등의 동시 존재(Edwards, 2005) 등으로 구체화된 바 있으며, 앞서 살펴본 Walton & McKersie (1965)의 협상모형 역시 이러한 다원주의적 시각을 표현하고 있다.

최근 Budd(2004)는 전통적인 노사관계론의 다원주의적 시각을 바탕으로 노사관계의 규범론적, 윤리적 이론을 발전시켰다. 그에 따르면 노사관계가 궁극적으로 달성하고자 하는 목적은 효율성, 형평성 및 의견개진의 세 가지 가치로 구분된다. 첫째, 재화와 용역을 수익적·효과적으로 생산하는 효율성(efficiency)의 달성이다. 인간의 재화에 대한 욕구는 무한하지만 이를 충족시킬 자원은 항상 부족한 편이므로 자원의 효율적인 배분방식과 효과적인 생산방식을 개발하고 지속적으로 발전시키는 것이 경영자의 주요 임무가 되어 왔다. 더구나, 세계화의 영향으로 기업간의 극심한 경쟁을 겪고 있는 현재, 가장 효율적인 기업이 생존한다는 절박한 상황에서, 경영인의 가장 큰 책무는 효율성의 추구인 것이다. 효율적이지 않은 기업은 결국 도태되기 마련이므로 노동조합이나 근로자들의 가장 큰 관심사 중 하나가 기업의 효율성을 유지하는 것이며, 이러한 의미에서 경영자와 협조하지 않을 수 없다. 둘째, 형평성(equity)의 확보이다. 노사관계가 추구하는 목적으로 형평성이란 인간의 존엄성과 자유를 발현시킬 수 있는 일련의 근로기준이라고 할 수 있다. 예를 들어 최저근로조건(최저임금, 최고근로시간, 최저 안전조건, 사용자의 일방적 해고 및 아동노동의 금지 등)의 제정을 통해 인간다운 삶을 영위할 수 있는 공정한 상태를 만들고 투입과 산출간의 공정한 관계를 통해 '분배정의(distributive justice)'를 실현하고자 한다. 또한 기회 평등 및 차별금지 등 공정한 대우는 민주주의와 철학적·도덕적·종교적 신념을 실천할 수 있는 전제조건이며 인간이 인간답게 살 수 있는 기본권으로 인정받고 있다. 이처럼 형평성의 실현은 단기적으로는 근로자와 노동조합의 주된 관심사이지만, 장기적으로는 형평성의 실현이 결국 조직의 효율성을 동시에 증대시킬 수 있는 방안이므로 경영자의 임무 중 하나이기도 하다. 셋째, 의견개진(voice)이다. 의견개진이란 근로자가 의사결정과정에서 자신의 의견을 사용자에게 직·간접적으로, 개별적·집단적으로 전달하는 것을 의미한다. 의견개진은 근로자에게 동기를 부여하거나 고충을 해소하며 나아가 '절차적 정의(procedural justice)'를 실현하는 수단으로 작용하게 된다. 또한 노사협의회, 근로자이사제 등과 같은 종업원참여프로그램을 성공적으로 수행하기 위해서는 근로자가 성과를 적극적으로 향상시킬 수 있는 아이디어를 제공하는 것이 필수적이다. 따라서 의견개진이 효과적으로 이루어지

그림 3-8 Budd(2004)의 노사관계 설명틀(전략적 선택-행위론적-윤리적 접근)

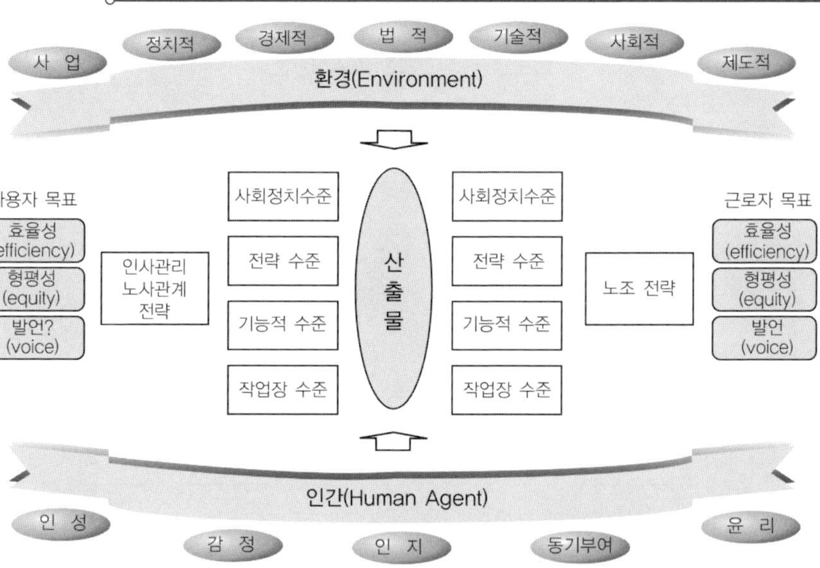

는 노사관계를 구축하는 것이 중요하다(신수식 외, 2005).

Budd(2004)는 세 가지 노사관계의 목적을 제시하면서 노사관계의 현상적 특성을 평가 및 분석하는 데 도움을 주는 '노사관계의 기하학(The geometry of industrial relations)'을 제공하고 있다. 이는 각국 노사관계에 존재하는 제도들과 각국 노사관계의 성격을 앞서의 세 가지 지향점을 기준으로 나타낸 것으로, 노사관계의 개별 제도나 각국 노사관계의 제도적 특성을 효율성, 형평성, 의견 개진이라는 세 가지 가치지향점을 준거로 삼아 분류할 수 있게 해 준다. 아래 〈그림 3-9〉는 다양한 국가들에서 활용하고 있는 노사관계의 여러 제도들이 효율성·형평성·의견개진의 성격을 어느 정도 포함하고 있는지를 나타내고 있는 배치도이다. 예를 들어, 기업별 노동조합주의는 산업별 노동조합주의나 산별교섭에 비하여 해당기업의 특성을 잘 반영할 수 있는 유연성을 확보할 수 있다는 점에서, 세 가지 지향점 중 효율성의 성격을 상대적으로 많이 포함하고 있는 것으로 간주된다. 또한, 사회적 파트너십은 국가차원에서 노사관계 주체들 간의 의견교환과 의사결정이 이루어지는 사회적 대화의 장이 마련될 수 있다는 점에서 의견개진의

그림 3-9 노사관계 배치도: 제도의 성격과 배치

자료원: Budd(2004), p. 119.

지향점을 대표하는 제도라고 이해할 수 있다.

Budd(2004)의 주장은 노사관계론의 독특한 특징이라고 할 수 있는 규범론적 시각을 적극적으로 개진했다는 점을 특징으로 들 수 있다. 이러한 이론적 특징 때문에 그의 이론은 본 연구와 같은 평가를 위한 기준 개발을 위해서 활용할 가치가 높다고 할 수 있다. 그가 주장한 노사관계의 목적으로서의 '효율성과 형평성의 균형' 개념이나 각각의 노사관계 제도나 관행들에 대한 효율성과 형평성 범주별 구분 역시 그러하다.

2. 노사관계 평가모형 설계

국가수준의 노사관계를 평가하기 위해서는 평가의 내용과 기준을 설정하는 것이 선행되어야 한다. 먼저, 평가내용의 선정은 '노사관계를 구성하고 있는 다양한 사회현상 중에서 무엇을 평가할 것인가'를 결정하는 과정이다. 평가내용의 선정과정을 통해 노사관계를 일정한 기준으로 범주화하고 각 범주에 적합한 평가지표를 구성함으로써 평가의 구체성과 활용성을 향상시킬 수 있다. 둘째, 평가기준의 설정은 '노사관계를 어떤 가치를 기준으로 평가할 것인가'를 설정하는 것으로, 어떤 노사관계가 좋은 노사관계인지를 평가할 수 있는 기준을 설정하는 과정이 동시에 평가를 통해 개선해 나아가야 할 지향점을 설정하는 것으로 이해할 수 있다.

(1) 다양한 접근방식의 통합

광의의 노사관계 평가모형은 앞서 살펴본 다양한 이론적 접근방식들을 토대로 한 일종의 통합 모형이다.

우선 이 연구에서 정의되는 노사관계는 다원주의적 노사관계론에서 정의하는 바인 '피용자와 그 대표(노조), 사용자와 그 대표, 그리고 국가 간의 제도화된 관계의 망'이다(Hoffmann et al., 2002). 이러한 관계망 하에서 행위자들은 환경과 이데올로기의 영향 하에서 작업장 및 기업, 산업부문, 전체 경제 등 여러 수준에 존재하는 단체교섭 등의 제도화된 틀을 통해 상호작용이 발생하며, 이를 통해 파업, 협력, 이직 등과 같은 직접적인 산출물과 함께 실체적(substantive)이고 절차적인(procedural) 규칙과 절차가 탄생한다(Dunlop, 1958). 아울러 이러한 노사관계의 산출물은 노동시장과 거시 경제에 일정한 영향을 미치며 또한 사회적 차원에도 영향을 미친다(Kochan, Katz & McKersie, 1985).

이러한 정의에 의해 행위자, 상호작용 과정, 산출물 등의 핵심범주들이 도출될 수 있으며, 각 범주별로 구성요소들을 도출할 수 있다. 행위자에는 근로자 및 그 단체, 사용자 및 그 단체, 그리고 국가가 포함되며, 이들의 조직적 구조와 전략은 이들 간의 상호작용의 특성을 가늠할 수 있게 하는 변인이다. 상호작용 과정 범주에는 단체교섭, 거시적 협의, 미시적 협의(작업장 및 기업 수준) 등이 존재한다. 마지막으로 노사관계의 산출물 범주에는 분쟁, 임금, 이직, 협약 등과 같은 직접적인 산출물(outcomes)과 함께 실업률, 인플레 등과 같이 거시경제적인 영향과 임금불평등, 사회적 차별, 사회복지 등과 같은 사회적 차원의 영향들(impacts)이 고려될 수 있다.

이러한 정의, 범주, 구성요소들을 기반으로 앞서 살펴본 다양한 이론적 접근방식들에서 시사점들을 취하여 평가모형의 틀을 구성해 볼 수 있다. 먼저 시스템 시각은 거시 노사관계의 기초 구성 요인들에 대한 정보와 함께 투입－과정－산출 및 되먹임 과정을 통한 노사관계의 순환과 변화 과정을 이해할 수 있게 해 준다. 시스템 시각을 적용할 경우 앞서의 행위자－과정－산출물 등의 범주를 투입－과정－산출로 재해석할 수 있다. 여기서 유의할 점은 투입과 과정 요소들에 의해 산출물에 대한 설명이 가능하지만, 투입과 과정 간의 관계는 상대적으로 독립적일 수 있다는 점이다. 즉, 투입 범주로부터 과정 범주를 충분히 설명하는 것은 불가능하다. 다음으로 행위론적 시각은 당사자들의 주관적인 인식이나 가치, 목표나 전략, 그리고 상호작용을 통해 형성되는 신뢰관계 등이 노사관계의 산출물과 이후 투입의 성격에 영향을 미치는 중요한 요인으로 간주할 수 있게 해 준다는 면에서 중요하다. 다만 거시 노사관계 평가에서는 주관적 측면들을 측정할 수 있는 구체적인 지표를 확보하는 데 제한성이 존재하는 것이 사실이다. 코포라티즘 시각은 그 자체로 특정의 거시적 노사관계 시스템 모형을 상정하고 있다는 점에서 참조할 점이 있다. 특히 이 시각은 상호작용의 제도적 구조가 갖는 특정한 배열 상태가 더 나은 성과를 낳는다는 이론적 함의와 함께, 이에 대한 다량의 실증연구들을 축적하고 있어서 평가 지표 구성에 많은 참조를 제공할 수 있다. 마지막으로 이중이해관계 관점은 거시 노사관계 평가기준의 규범적 방향성(desireability)에 대해 시사점을 제공해 줄 수 있다. 특히 Budd(2004)의 논의는 이중이해관계 관점을 발전시켜 현존하는 노사관계 제도들을 효율성과 형평성의 기준에 비추어 그 성격을 분류하고 있어서 평가모형의 설계에 좋은 참조를 제공하고 있다.

앞서 살펴본 노사관계의 정의, 범주, 구성요소들과 이러한 네 가지 접근방식을 함께 고려하여 노사관계 평가를 위한 통합적 설명 모형을 구성할 수 있다. 우선, 통합 모형의 차원은 투입-과정-산출의 시스템 시각을 통해 설정할 수 있다. 또한 투입-과정-산출의 각 차원별 구성요소들은 네

그림 3-10 통합적인 노사관계 평가모형

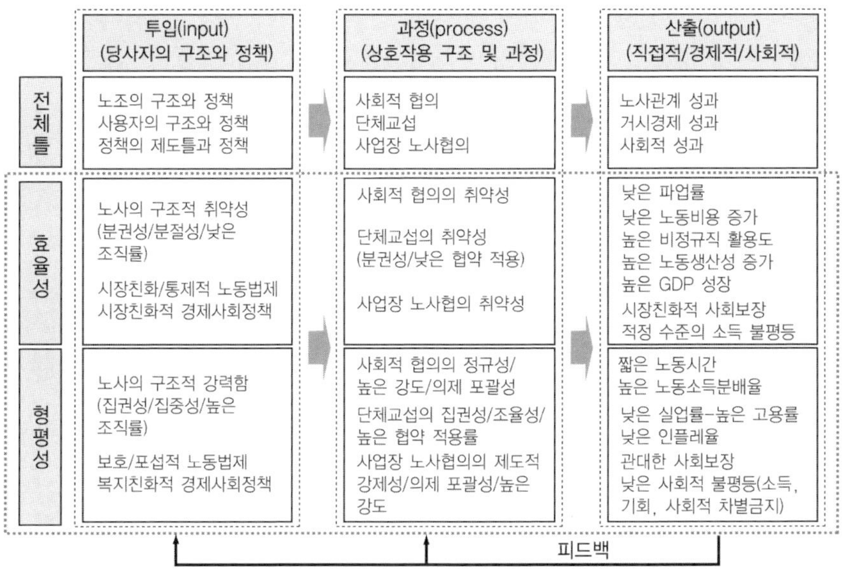

오코포라티즘이론과 전략적 선택 접근에서 제시된 변수들을 채용하여 구성할 수 있다. 마지막으로 효율성－형평성 간의 균형을 이상적인 노사관계의 상태로 고려하고 있는 윤리적 시각을 채용하여 각 범주별 변수들의 성격을 정의할 수 있으며, 이렇게 하여 통합된 모형을 〈그림 3－10〉과 같이 제시할 수 있다.

(2) 노사관계 평가모형에 대한 설명

평가모형은 투입－과정－산출의 시스템 모형을 채택하고 있다. 우선 투입 차원의 구성요소들로는 특정 국가에서 시행하고 있는 노사관계관련 제도 및 정책의 특성과 당사자들의 구조 및 전략을 포함한다. 시스템의 투입 측면에서 일국 노사관계의 제도적 틀은 고용관계가 형성되고 조정되는데 있어 기반을 제공하는 하부구조(Infrastructure)의 의미를 가진다. 대표적인 제도적 틀은 집단적 관계와 개별적 관계에 관한 것이라고 할 수 있는데 전자와 관련해서는 무엇보다도 단결권에 대한 규율이 핵심적이고 후자와 관련해서는 채용과 해고에 관련된 법률적 규율이 대표적이다. 한편, 노사관계 당사자들의 구조적 특성과 행위 전략도 투입에 포함된다. 노동조합이나 사용자단체의 조직률과 집권성 정도와 같은 당사자 구조는 노사관계의 과정과 결과에 영향을 주는 핵심적 요인 중의 하나이다. 한편, 행위 전략은 전략적 선택 접근에서 노사관계의 동학과 변화를 설명할 수 있는 중요 변수로 취급된다. 다만, 당사자들의 전략, 특히 노사의 전략은 계량이 쉽사리 가능하지 않다는 문제가 있다.

둘째, 노사관계의 과정은 당사자들 간의 상호작용 메커니즘이 갖는 특성을 의미한다. 대표적인 상호작용 메커니즘으로는 단체교섭, 거시적 협의(노사정협의), 사업장 노사협의 등의 구조와 내용상 특성이 존재한다. 대표적인 상호작용 메커니즘인 단체교섭의 경우 나라에 따라서 지배적 단체교섭 수준이 기업, 산업, 전체 경제 등으로 다양하게 나타나며, 교섭 및 협약의 적용률 또한 다양하게 나타난다. 협약 적용률의 경우 노조의 조직률뿐 아니라 노사관계의 제도적 틀도 영향을 미친다. 기업수준의 경영참여나 국가수준의 사회적 대화기구를 통한 상호작용도 노사관계의 과정적 측면을 구성하는 중요 메커니즘이다. 이러한 참여 기구와 그 상호작용은 분배적/갈등적 상호작용 양식인 단체교섭과는 달리 전체 경제 및 기업 수준에서 참여와 심의를 통해 노사간의 신뢰와 협력을 유도하는 발언 메커니즘이라는 면에서 노사관계의 형평성 측면과 산업평화를 촉진하는 효과를 지닌다. 마지막으로, 노사관계의 산출영역은 투입과 과정적 요소들에 의해 발생하는 결과적 요소로서, 산업갈등 수준과 같은 노사관계 결과에서 비정규직비율과 같은 노동시장 성과를 포함한다. 또한, 경제성장률, 소비자물가 및 남녀평등수준과 같은 경제사회적 성과 등을 포괄한다.

이 연구의 평가모형상의 두드러진 특징 중 하나는 윤리적 접근을 채용하여 노사관계의 투입－과정－산출상의 구성요소들을 효율성과 형평성 범주로 구분하여 배열하였다는 점에 있다. 평가모형은 Budd(2004)가 제시한 효율성, 형평성, 의견개진의 세 가지 지향점을 효율성과 형평성(형평성＋의견개진)의 두 가지 지향점으로 축소하여 각 범주별 구성변수들의 성격을 평가하도록 하고 있다. 여기서 효율성은 '희소자원의 효과적 활용'으로 정의되며 신고전파 후생경제학에서 정의되는 파레토 최적에 가까운 개념으로 자유시장경쟁이 그 준거가 된다. 형평성은 공정성(fairness)과 발언권을 의미한다. 이 두 가지 지향점을 몇 가지 기준에 따라 구분해보면 〈표 3－3〉과 같다.

표 3-3 효율성과 형평성의 개념구분

구분기준	효 율 성	형 평 성
주요관심성과	경제적 성과	사회적 성과
주요추구가치	자원의 효율적 배분을 통한 수익의 최대화	분배 및 절차의 공정성을 통한 인간의 존엄성 보호
주요관심주체	사 용 자	노 동 자
노사관계 조정기제	자유계약의 원칙에 의한 시장경쟁	최저근로조건 및 경영참여권 등의 설정을 통한 제도적 규율
주요추구권리	재 산 권	노 동 권

먼저 추구하는 성과의 측면에서 두 개념을 비교해보면, 효율성은 경제적 성과의 달성을 주된 관심사로 여기는 반면, 형평성은 사회적 성과를 그 목표로 설정하고 있다. 효율성은 노동생산성이나 경제성장률과 같은 경제적 성과를, 형평성은 노동분배 및 근로자의 삶의 질과 같은 사회적 성과를 우선적으로 달성해야 할 기준으로 삼는 것이다. 위와 같이 효율성과 형평성이 각각 달성하고자 하는 성과기준이 다른 것처럼, 그 성과를 달성하는 수단과 방식에 있어서도 차이를 나타낸다. 효율성은 자유계약의 원칙을 충실히 반영할 수 있는 시장 환경을 조성하고, 이와 같이 조성된 시장에서 이루어지는 시장참여자들 간의 경쟁메커니즘을 통해 자원의 효율적 배분과 수익의 최대화를 추구하게 된다. 반면에 형평성은 시장메커니즘의 불완전성과 시장실패의 위험을 지적하고 최저근로조건 및 경영참여권 등의 제도설정을 통해 노사관계를 규율함으로써 분배 및 절차적 공정성을 확보할 수 있고, 종국적으로는 인간다운 삶을 보장하는 것을 우선적 추구가치로 설정한다. 따라서 효율성은 사용자의 재산권을 최대한 보장하는 것에 우선순위를 부여하며, 형평성은 근로자의 노동권보장에 우선순위를 부여하고 있는 개념으로 파악할 수 있다.

효율성과 형평성 범주에 따라 노사관계의 구성요소들을 분류할 경우, 투입 차원에서 해고의 자유, 다양한 고용형태의 활용 등과 같은 친시장적인 고용관행과 제도, 노조의 분권적인 구조와 높지 않은 조직률, 유연성을 촉진하는 노동정책 등이 효율성 친화적인 특징을 갖는다고 할 수 있으며, 과정 차원에서는 분권적인 상호작용 메커니즘, 대립보다는 협력을 촉진하는 제도 및 관행, 지나치게 높지 않은 단체협약 적용률 등이 효율성과 친화성을 지닌다고 할 수 있다. 한편, 산출 차원에서는 낮은 분쟁률, 낮은 이직률, 낮은 임금인상률, 높은 노동생산성, 적정한 수준의 소득 불평등, 높은 숙련 등이 효율성과 친화적이다. 반면, 형평성 범주에서는 투입 차원의 경우 해고와 고용에 대한 강한 보호, 노조의 집권적인 구조와 높은 조직률, 노동보호적인 노동사회정책 들이 포함될 수 있고, 과정 차원에서는 집권적인 단체교섭 구조, 거시적 협의와 미시적 협의의 높은 제도화 강도, 높은 단체협약

적용률 등이 형평성과 친화적인 요소로 포함될 수 있으며, 산출 차원에서는 낮은 이직률, 낮은 실업률, 낮은 인플레율, 소득 평등, 관대한 사회보장 등이 형평성에 친화적이라고 할 수 있다(Budd, 2004).

이러한 두 개념과 그 균형은 실은 오래전부터 다원주의 노사관계론에서는 노사관계의 목적 혹은 지향점으로 여겨져 왔다(Barbash, 1984; Budd, 2004; Kaufman, 2003; Osterman et al., 2001). 그리고 이는 공공정책적 시각에서 노사관계를 평가하는 데는 커다란 유용성을 갖는다고 할 수 있다.

한편, 〈그림 3-11〉에서 보는 바와 같이, 효율성과 형평성은 서로 상충되는 개념이기보다는 동시에 추구되어야 할 노사관계의 지향점으로 이해할 수 있다. 이는 두 개념이 지닌 상호의존성에 기인하는 것으로, 어느 하나의 가치를 추구하기 위하여 다른 가치를 희생할 경우 양자는 지속가능성을 상실할 수 있기 때문이다. 노사관계 시스템이 효율성만을 강조하여 형평성을 간과할 경우 노동자의 근로의욕과 생산성 저하를 낳고, 이러한 현실을 개선하기 위하여 쟁의에 의존하는 경향을 낳게 되어 장기적으로는 효율성에도 악영향을 미치게 될 것이다. 반면에 형평성만을 강조하게 되면 경제활동의 저변이 취약해지고 위축되어 장기적으로는 형평성을 실현하기 위한 물적 기반의 감소를 낳게 될 것이다. 따라서 평가모형에서 궁극적인 규범적 지향은 효율성과 형평성의 조화와 균형 상태로 간주할 것이다. 단, 두 개념

그림 3-11 광의의 노사관계 평가의 규범적 근거: 효율성과 형평성의 동시추구

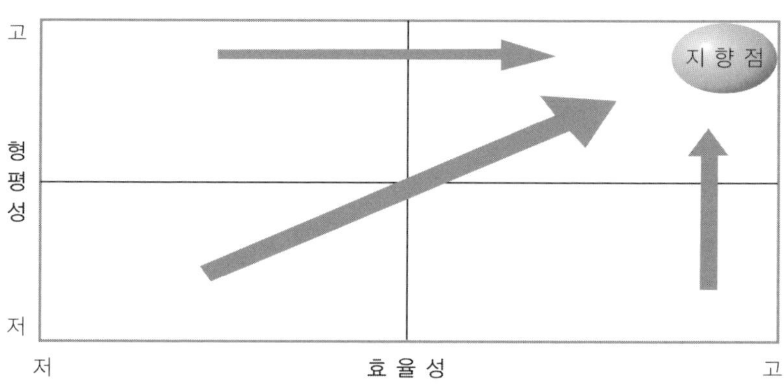

의 균형 상태는 나쁜 균형과 좋은 균형이 있을 수 있기 때문에 여기서 규범적인 지향은 양자가 상승작용을 야기하거나 혹은 높은 수준으로 발전한 '좋은 균형'을 의미한다.

3. 노사관계 평가모형의 요인별 지표들에 대한 검토

이 절에서는 앞서 설계된 평가모형을 토대로 투입, 과정, 산출의 각 요인에 포함시킬 수 있는 세부지표들에 대한 검토를 수행한다. 검토는 요인별 지표들에 대해 지표의 명칭, 지수와 척도(index & scale), 다른 지표와의 영향 관계에 대한 실증 결과 등을 소개하는 방식으로 이루어질 것이다.

1) 투입 요인

투입－산출 모형에 의거하여 노사관계의 투입 요인에 속하는 변수를 살필 경우 시장·기술·정치·법률·사회문화·역사 등의 다양한 외부 환경 요인들과 노동자 및 그 대표조직의 구조와 전략, 사용자 및 그 대표조직의 구조와 전략, 그리고 노사관계에 관한 제도적 틀과 정부의 노동정책 등과 같은 행위자 내부의 요인들을 고려할 수 있다. 그러나 여기서는 외부 환경 요인들을 제외하고 당사자 내부 요인들을 중심으로 투입 요인들을 살펴보도록 한다.

투입 요인을 당사자 내부 조건에 초점을 맞추어 살필 경우 노사정 당사자들의 구조와 전략 관련 변수들을 고려할 수 있는데, 이럴 경우 노사에 대해서는 조직구조와 전략, 정부에 대해서는 노사관계의 제도적 틀(institutional framework)과 노동정책들을 검토할 수 있다. 그런데, 지금까지의 거시 노사관계에 대한 비교연구들은 노사의 조직구조를 중심으로 측정 지표들의 개념화와 척도들을 발전시켜 온 반면, 이념이나 전략과 같은 행위 관련 변수들에 관해서는 그 개념화나 측정에 있어서 통용력을 갖춘 지표와 척도들을 개발하지 못했다고 평가할 수 있다. 이러한 사정은 노사관계의 제도적 틀이나 정부 노사관계 행위로써의 노동정책에 있어서도 크게 다르지는 않다. 제도적 틀이나 노동정책에 대해서 단순한 유형화가 시도되지 않은 것은 아니나, 측정을 염두에 둔 지표의 개념화와 적절한 척도들은 최근에야 그 개발이 시도되고 있다. 따라서 여기에서는 노사의 조직 구조를 중심으로 한 지표들의 개념과 척도들에 대해 주로 검토하고, 제도적 틀 및 노동정책 관련 지표들 및 노사의 이념 및 전략 관련 변수들에 관한 지표들에 대해서는 계량화 가능성에 따라 선택적으로 소개하도록 한다. 아래의 〈표 3-4〉는 이후 소개될 행위자 관련 범주와 분석 차원, 그리고 관련 지표들을 요약하고 있다.

표 3-4 투입 요인 관련 변수들

행위자	범 주	분석 차원	지 표
노조	구 조	포괄성(encompassiveness) 집권성(centralization) 집중성(concentration)	조직률(density) 정상조직의 하부조직에 대한 권한 최대 정상조직의 조합원 점유율
	정 책	정체성(identity) 전략(strategy)	(혁명주의, 개혁주의, 경제주의) (대결주의, 개입주의, 협력주의)
사용자	구 조	조직률(density) 집권성(centralization) 집중성(concentration)	조직률(density) 정상조직의 하부조직에 대한 권한 최대 정상조직의 조합원 점유율
	정 책	정체성(identity) 전략(strategy)	(자유주의, 코포라티즘) (포용전략, 억압전략, 무노조전략)
정부	제도적 틀	노동시장법 노사관계법 사회보장법	(유연고용, 고용보호, 근로조건) (단체교섭, 경영참여, 분쟁조정) (실업, 노령, 장애, 사망, 질병, 건강)
	노동 정책	노동시장정책 노사관계정책 사회보호정책	(적극적 노동시장 정책 지출 정도) (ILO협약 비준 여부) (정부의 사회보장 지출)

(1) 노사의 조직 특성

지금까지의 거시 노사관계 연구에서 분석을 위한 개념화나 측정이 가장 풍부하게 이루어진 범주는 노사의 조직 특성이다. 노사의 조직 특성은 각 조직이 지닌 내부 자원의 잠재력을 추정케 해 주기 때문에 노사정 간의 상대적 교섭력을 파악할 수 있는 예측 변수가 될 뿐 아니라, 단체교섭 등 상호작용의 제도화 특성에도 영향을 미치는 변수로 취급되며, 나아가 상호작용 제도들과 함께 노동시장 및 거시 경제에 영향을 미치는 변수로서 거시 노사관계의 평가에서 중요하게 취급된다.

① 지 표

조직 특성과 관련한 논의들은 분석 차원들을 흔히 포괄성(encompas-siveness), 집권성(centralization), 집중성(concentration) 등으로 구분하고 있다(Golden et al., 1997; Kenworthy & Kittel, 2003; Traxler et al., 2001). 포괄성(encompassiveness)은 노사의 대변조직이 자신이 대표하고자 하는 영역(domain)에 속하는 근로자와 사용자를 어느 정도 조직 내로 포괄하고 있는가에 의해 측정된다. 포괄성에 관한 대표적인 지표인 조직률(density)은 전체 피용자 중 노동조합에 가입된 노동자의 비율(노조 조직률), 혹은 전체 기업 중 사용자단체에 가입한 기업의 비율 내지 전체 피용자 중 사용자단체 가입 기업에 고용된 노동자 비율(사용자단체 조직률) 등으로 측정된다. 집권성(centralization)은 노사 정상조직이 하부조직에 대해 행사할 수 있는 의사결정권의 정도를 의미하며, 통상 인사, 재정, 교섭, 집단행동에 있어서 정상조직 및 전국조직의 하부조직에 대한 통제력의 정도로 측정된다. 한편, 집중성(centralization)은 노동자와 기업을 대변하는 노사 정상조직들의 과점성 정도를 의미한다. 예를 들어 독일이나 영국의 경우처럼 노조의 정상조직이 하나뿐일 경우 집중성은 높게 평가되고, 이탈리아나 프랑스처럼 정상조직의 수가 많을 경우 집중성은 낮게 평가된다.

지금까지 개발된 조직구조를 측정하는 지표들의 개발 현황에 대해 살펴보면 아래의 〈표 3-5〉와 같이 요약할 수 있다. 노사의 조직구조에 대한 실증 연구들은 지금까지 주로 노동조합 구조에 초점을 맞추어 진행되어 왔으며 사용자단체의 조직구조에 대한 연구는 90년대 들어와서야 본격화되었다. 각 지표와 지수들의 주요 연구자로는 Cameron(1984), Golden et al.(1997), Kenworthy(1995), Ebbinghaus & Visser(2000), Traxler et al.(2001) 등을 들 수 있으며, Golden et al.(1997)과 Traxler et al.(2001)은 사용자단체의 조직구조를 측정할 수 있는 지수를 제공하고 있다.

표 3-5 노사 조직구조의 측정지표

지 표	지수와 척도	연 구 자
	〈조 직 률〉	
노조조직률	1. 총조직률: 전체 조합원 수/전체 피용자 수 2. 순조직률: 현직 조합원 수/전체 피용자 수	Ebbinghaus & Visser(2000) Weiler(2004)
사용자조직률	1. 사용자단체 회원기업 수/전체 사업체 수 2. 사용자단체 회원기업의 종업원 수/전체 피용자 수	Traxler et al.(2001)
	〈집 중 성〉	
노조집중성	노동의 조직적 통일성(unity) - 정상조직수+정상조직에 가입된 조직수(0-1. 조직수가 많을수록 낮은 점수)	Cameron (1984)
조직간 집중성	1. 8개 최대 총연맹의 허핀달 집중도* 지수 2. 전체 총연맹 조합원 수/전체 조합원 수	Golden et al.(1997)
	1. 전국 산업간** 노조 정상조직의 수 2. 최대 전국 산업간 노조 정상조직 조합원 수/전체 조합원 수	Traxler et al.(2001)
조직내 집중성	1. 최대 총연맹 소속 3개 최대 가맹조직의 허핀달 집중도 지수 2. 4개 최대 총연맹 소속 3개 최대 가맹조직의 허핀달 집중도 지수	Golden et al.(1997)
	1. 최대 정상조직의 가맹조직 수 2. 3개 최대(strong) 가맹조직 조합원 수/최대 정상조직 조합원 수	Traxler et al.(2001)
사용자집중성	1. 조직간 집중성: 전국 산업간* 사용자단체 정상조직의 수 2. 조직내 집중성: 최대 사용자 정상조직의 직가맹 사용자단체 수	Traxler et al.(2001)
	〈집 권 성〉	
노조 집권성	1. 주요 총연맹이 지닌 다음의 권력/역량의 수(0~4)로 계산; (1) 가맹조	Kenworthy

	직 임명권 (2) 가맹조직 임금협약 비토권 (3) 가맹조직 파업 비토권 (4) 자체 파업기금보유 여부	(1995)
- 총연맹 (UCENP) - 가맹조직 (UCENA) - 사업장조직 (UCENW) - 통합지표	1. (정상조직의 집권성) 직가맹조직에 대한 최대 정상조직의 공식적인 6가지 권리와 1가지 의무로 측정. 코딩은 6개 권리에 대해서는 yes 1, no 0, 1개 의무에 대해서는 yes 0, no 1로. 〈6개 권리〉; (1) 가맹조직을 대신해 단체협약을 체결할 권리 (2) 가맹조직 조합비 일부를 받을 권리 (3) 자체의 파업기금을 지닐 권리 (4) 가맹조직이 조인한 단체협약을 비토할 권리 (5) 가맹조직의 파업을 비토할 권리 (6) 가맹조직의 요구 형성 그리고/혹은 교섭에 참여할 권리. 〈1개 의무〉; (7) 단체협약 비준을 조합원 투표에 회부할 의무. 2. (가맹조직의 집권성) 최대 정상조직의 직가맹조직들이 지닌 공식적인 5가지 권리와 1가지 의무로 의해 측정. 코딩은 5개 권리에 대해서는 yes 1, no 0, 1개 의무에 대해서는 yes 0, no 1로. 〈5개 권리〉; (1) 조합원을 대신해 단체협약을 체결할 권리 (2) 자체의 파업기금을 지닐 권리 (3) 하부교섭단위가 조인한 단체협약을 비토할 권리 (4) 하부단위의 파업을 비토할 권리 (5) 하부단위의 요구 형성 그리고/혹은 교섭에 참여할 권리. 〈1개 의무〉; (6) 단체협약 비준을 조합원 투표에 회부할 의무. - 조직들의 공식권력이 다양하면 가장 공통적 패턴이나 가장 영향력있는 조직의 점수로 측정. 3. 최대 정상조직 산하의 회원 기업에 대한 노조조직의 공식 통제력. 다음에 대한 권한이 회원기업에 부여되면 공식권한은 감소; (1) 파업의 조직 (2) 자체 파업기금 관리 (3) 단체협약 체결; 반면 (4) 상부의 단체교섭 수행 노조기구에게로 대변권이 공식 보장될 때 통제가 증가. (1)-(3)까지는 yes=-1, no=0, (4)는 yes=1, no=0. 4. 노조 정상조직의 하부에 대한 통제력. UCENP, UCENA의 (3)-(6)과 UCENW의 점수 합계낸 뒤 0-1 간격으로 표준화.	Traxler et al.(2001)
사용자 집권성	1=정상조직 부재. 2=정상조직은 존재하지만 3에서와 같은 권력/자원은 부재. 3=정상조직이 존재하고 하나 이상의 다음의 권한을 지님; (1) 가맹조직 임명권 (2) 임금협약 비토권 (3) 직장폐쇄 비토권 (4) 자체 직장폐쇄기금 보유.	Kenworthy (2000)
- 정상조직 (ECENP)	1. 최대 정상조직의 직가맹조직에 대한 공식 권한: 직가맹조직에 대한 최대 정상조직의 공식적인 6가지 권리와 1가지 의무로 측정. 코딩은 6개 권리에 대해서는 yes 1, no 0, 1개 의무에 대해서는 yes 0, no 1로. 〈6개 권리〉; (1) 가맹조직을 대신해 단체협약을 체결할 권리 (2) 가맹조직 조합비 일부를 받을 권리 (3) 자체의 파업기금을 지닐 권리 (4) 가맹조직이 조인한 단체협약을 비토할 권리 (5) 가맹조직의 파업을 비토할 권리 (6) 가맹조직의 요구 형성 그리고/혹은 교섭에 참여할 권리. 〈1개 의무〉; (7) 단체협약 비준을 조합원 투표에 회부할 의	Traxler et al.(2001)

	무. 정상조직이 없으면 0점.
- 가맹조직 (ECENA	2. 가맹조직의 회원에 대한 공식 권한: 최대 정상조직의 직가맹조직들이 지닌 공식적인 5가지 권리와 1가지 의무로 의해 측정. 코딩은 5개 권리에 대해서는 yes 1, no 0, 1개 의무에 대해서는 yes 0, no 1로. 〈5개 권리〉; (1) 조합원을 대신해 단체협약을 체결할 권리 (2) 자체의 파업기금을 지닐 권리 (3) 하부교섭단위가 조인한 단체협약을 비토할 권리 (4) 하부단위의 파업을 비토할 권리 (5) 하부단위의 요구형성 그리고/혹은 교섭에 참여할 권리. 〈1개 의무〉; (6) 단체협약 비준을 조합원 투표에 회부할 의무. - 조직들의 공식권력이 다양하면 가장 공통적 패턴이나 가장 영향력있는 조직의 점수로 측정.
- 사업장조직 (ECENW)	3. 최대 정상조직 산하 사용자단체의 회원기업에 대한 통제력: 다음에 대한 권한이 회원기업에 부여되면 공식권한은 감소; (1) 사용자단체에 의해 체결된 단체협약에 종속되지 않는 '비준수'회원의 지위를 얻는 경우 (2) 사용자단체가 체결한 단체협약이 해당 기업의 이해와 일치하지 않을 때 별도의 협상을 수행하는 경우 (3) 자율적으로 산업행동을 조직. (4) 사용자단체가 체결한 단체협약의 임금수준보다 더 높은 임금수준을 지불하는 경우. (1)-(4)까지 yes=-1, no=0, 정상조직 없으면 0.
- 통합지수	4. 노조 정상조직의 하부에 대한 통제력. ECENP, ECENA의 (3)-(6)과 ECENW의 점수 합계낸 뒤 0-1 간격으로 표준화.

주: * 허핀달지수: 상위 50개 기업에 대한 각각의 시장점유율을 각각의 %로 구하고 이들 점유율의 제곱을 모두 합산.
** 산업간 조직: 최소한 2개의 one-digit ISIC 부문을 포괄하는 조직.
자료원: 각 필자.

② 다른 지표들과의 관계

• **조직특성 결정요인:** (1) 노사의 조직특성 결정요인에 대한 연구로는 노동조합에 대한 연구가 압도적으로 많고, 특히 노조 조직률에 영향을 미치는 요인에 대한 연구들이 대부분을 차지하고 있다. 전형적인 연구들은 노조 조직률의 성장과 쇠퇴에 영향을 미치는 제도적 및 경제적 요인들을 규명하는 경우이다(Bein & Price, 1980; Checchi & Lucifora, 2002; Hirsch & Addison, 1986; Traxler et al., 2001; Western, 1997). 1950~90년간 18개 선진 자본주의 국가들의 노조 조직률 성쇠를 분석한 Western(1997)에 의하면, 노조 조직률의 성장에 영향을 미치는 요인에는 인플레와 실업 등과 같은 경제적 요인,

파업과 같은 행위 요인, 그리고 좌파정당, 단체교섭 집권성, 노조의 실업보험 관리 참여 등과 같은 제도적 요인들이 존재하는데 이중 가장 뚜렷하게 영향을 미친 요인은 제도적 요인들이다. OECD 20개국을 대상으로 한 Traxler et al.(2001)의 연구에서도, 클로즈드샵+다사용자교섭, 겐트시스템 등의 제도적 요인들과 제조업 및 공공부문의 비중 변화, 인플레율, 실업률 등의 경제적 요인들이 노조 조직률에 영향을 미치는 것으로 보고된 바 있다. 한편 제도적 요인들에 주목한 Checchi & Lucifora(2002)의 연구에 따르면, 고용보호제도, 실업급여 소득대체률, 실업급여 지급기간, 물가연동임금제, 단체협약효력확장제도 등은 노조 조직률에 (−)효과를 갖는 반면, 겐트시스템, 최저임금제, 작업장대변제도, 단체교섭 집권성, 근로소득세 부담, 공공부문 고용 등은 노조 조직률과 (+) 상관관계를 이루고 있다. (2) 한편, Traxler et al.(2001)는 노사단체의 집권성에 영향을 미치는 요인들에 대해서도 분석한 바 있다. 이에 의하면 사용자의 집권성은 국가의 규모와 (−) 상관관계에 있지만 노조의 집권성은 국가의 규모에 영향을 덜 받는 경향이 있다. 또한 노조와 사용자의 집권성 간에는 (+) 상관관계가 존재한다. 한편 집중성과 집권성간의 관계를 보면, 사용자의 경우 사용자단체간의 분화가 더 클수록 회원기업에 대한 사용자단체의 공식적 통제력이 증가하는 경향이 있는 반면, 노조의 경우에는 이와 상반되게 집권성과 집중성간에 보완적 관계가 존재하고 있다.

• **산출요인과의 관계**: 노사관계론이나 노동경제학에서는 노사의 조직 특성이 노사관계의 상호작용 및 제도적 특성에 영향을 미칠 뿐 아니라 사회경제적 산출에도 영향을 미치는 것으로 널리 인정되고 있다(Freeman & Medoff, 1984; Hirsch & Addison, 1986; Kenworthy, 1995; Mishel & Voos, 1992). (1) 이에 관한 고전적인 연구인 Freeman & Medoff(1984)에 의하면 노동조합은 독점 기능과 발언 기능을 함께 지니고 있어서 경제에 미치는 효과가 복합적이다. 독점 기능은 신기술의 도입이나 노동시장의 원활한 작동을 방해하고, 생산성 이상의 임금 인상을 유도함으로써 경제적 효율성에 악영향을 주는 반면, 발언 기능은 이직을 줄이고, 기업특수 숙련의 축적을 조장하

며, 생산 기술과 작업방법의 혁신을 촉진함으로써 효율성을 제고하는 경향이 있다(Aidt & Tzannatos, 2002). (2) 노동조합의 조직 특성이 사회경제적 산출에 주는 효과에 대해서는 네오코포라티즘 계열과 제도주의적 경제학 문헌들에서 많은 실증 결과들을 제공하고 있다. 이들 연구에서 공통적으로 나타나는 결과는 높은 노조 조직률은 활발한 파업활동과 폭넓은 단체교섭 적용 수준을 통해 거래 비용을 높임으로써 인플레와 실업률에 부정적 영향을 주는 경향이 있지만, 노조의 집중성과 집권성은 이러한 부정적 외부효과를 내부화하려는 유인을 제공함으로써 긍정적인 영향을 주는 경향이 있다는 것이다(Calmfors & Driffill, 1988; Cameron, 1984; Crouch, 1990; Golden, 1993). 특히 네오코포라티즘 계열의 문헌들은 이론의 중심 가설 중 하나인 노사단체의 집권성과 더 나은 거시경제 성과를 입증하기 위해 많은 실증 연구들을 축적하였다. 반면, 사용자단체의 조직특성과 사회경제적 산출간의 관계에 대한 논의는 활발하지 못했다. (3) 한편 조직특성과 사회적 성과간의 연구도 꾸준히 축적되어 노조 조직률과 임금격차 및 소득불평등, 정부의 공공사회지출간에 뚜렷한 상관관계가 있다는 점이 축적되었는데, 실증연구들은 노조 조직률이 임금격차 및 소득불평등과는 뚜렷하게 (−) 상관관계를 보여주며, 공공사회지출과는 (+) 상관관계를 보인다는 증거들을 다수 제시하고 있다(Golden et al., 2002; Jan−Erik Lane & Ersson, 2004; OECD, 2004).

(2) 노사관계의 제도적 틀과 노동정책(institutional framework and labor policy)

제도적 특성이 두드러진 노사관계 영역에서 정부와 법률의 역할은 매우 중요하다. 노사관계의 제도적 틀은 노사관계 행위자들의 행위 방향과 정도에 대한 제약과 유인을 제공하며, 정부는 공공부문의 실질적 사용자이자 노동정책을 통해 거시 노사관계를 규율하는 역할을 담당함으로써 노사와 함께 사실상의 주요 행위자에 속한다(Dunlop, 1959). 따라서 네오코포라티즘 계열 문헌을 비롯한 많은 연구들에서 이와 관련된 질적 연구들이 축적되었다. 하지만, 정부 부문의 중요성에도 불구하고 거시 노사관계에 대한 비교 문헌들에서 정부 부문의 특성과 역할에 대한 계량적 연구들은 손에 꼽힐 정도인데 이는 계량적 지표 개발의 곤란성에 기인하는 바가 크다. 그러나 최근에는 계량적 측정을 위한 지표들이 일부 시도되고 있으므로, 그 일부를 소개할 수 있다. 여기서는 ILO 국제노동기준, 노사관계·고용·사회보장 관련 법률 등을 중심으로 살펴보기로 한다.

① 지 표

지표와 관련하여 중요한 시도로는 Botero et al.(2003), Kucera(2004), OECD 고용전망보고서(1999) 등을 들 수 있으며, ILO의 국제노동기준 비준 여부 역시 중요한 지표로 활용할 수 있다.

• Botero et al.(2003)은 전세계 85개국의 고용법, 노사관계법, 사회보장법을 수집한 후 항목별 척도를 구성하여 점수화한 후 각국의 노동 관련 법이 인당 GDP, 실업률, 경제활동참가율, 비공식경제 규모, 정치경제적 제약 등에 미치는 영향을 검토한 바 있다(상세 지표 및 척도는 다음 〈표 3-6〉 참조). 이를 잠시 소개하면 다음과 같다. (1) 고용법에 대해서는 대안적(alternative) 고용계약, 고용조건, 고용보호 등으로 범주를 나눈 후 각각의 범주에 대해 세부적인 지표들과 척도를 제공하여 개별 법률 조항들을 재구성하였다.[3] (2) 노사관계법에 대해서는 단체교섭, 노동자의 기업 의사결정 참여, 단체행동 등으로 범주를 구성한 후, 세부 지표와 척도를 개발하여 개별 법률 조항들의 점수를 측정하였다.[4] (3) 한편, 사회보장법에 대해서는 (i) 노령·장애·사망 급여 (ii) 질병·건강 급여 (iii) 실업급여 등의 사회보장

3) 예를 들어 대안적 고용계약에 관해서는 (1) 시간제고용의 금지 여부 (2) 시간제 노동자가 풀타임노동자가 받는 의무적 급여를 받지 않는지 여부 (3) 시간제 노동자의 고용종료가 풀타임에 비해 쉽지 않거나 덜 비용이 들지 않는지 여부 (4) 기간제 고용계약이 일시성을 지닌 과업(fixed-term tasks)에만 허용되는지 여부 (5) 기간제 고용계약의 최대 지속기간 (6) 가족종사자가 노동법의 보호로부터 면제되지 않는지 여부 등의 지수(index)를 구성하고, 각각의 지수들에 대한 척도를 제공하고 있다.

4) 단체교섭의 지수로는 (1) 조직노동(노조 및 노동평의회)에 대한 의무교섭 조항 존재 여부, (2) 단체협약의 일반적 구속력 조항 존재 여부, (3) 클로즈드샵 조항 존재 여부 등을, 노동자의 기업의사결정 참여에 관한 지수로는 (1) 노동자의 기업 이사 임명 의무화 여부 (2) 의무화된 노동평의회 존재 여부 등을, 단체행동 관련 지수로는 (1) 합법적 파업 (2) 파업에 대한 절차적 규제 (3) 고용주의 방어 (4) 강제중재 (5) 파업권의 헌법적 보호 등을 들었다.

급여 제도에 대한 세부 지수들과 척도를 제공하고 있다(〈표 3-6〉 참조).

표 3-6 정부의 노동에 대한 규율(보호) 지표(사회보장 제외)

범주		지표	척도
고용	대안적 고용계약	1. 시간제 고용의 금지 여부	1=금지, 0=허용 혹은 법적 규정 없을 때
		2. 시간제 노동자가 풀타임노동자가 받는 의무적 급여를 받지 않는지 여부	1=풀타임에 비해 시간비례적 급여 수령 0=풀타임에 비해 시간비례적 급여를 받지 못할 때
		3. 시간제 노동자의 고용종료가 풀타임에 비해 쉽지 않거나 비용이 덜 들지 않는지 여부	1=고용종료에 대해 최소 절반 이상의 사전 통지와 퇴직수당 수령 0=절반 미만의 사전통지와 퇴직수당 수령
		4. 시간제 고용계약	(1+2+3)/3
		5. 기간제 계약이 기간제 업무에만 허용되는지 여부	1=(i) 기간제가 임시적 업무 (ii) 정규직의 임신, 병가 등에 따른 임시적 공석 (iii) 훈련계약 (iv) 계절노동 (v) 계약당사자 의사가 기간제계약을 체결할 좋은 이유가 됨을 법률이 명백히 밝힐 때 등만 기간제가 허용될 때 0=기타의 사유.
		6. 기간제 고용계약의 최대 지속기간	1~0: 최대누적지속기간이 적을수록 높은 점수. 0=최대갱신기간의 제한이 없을 때
		7. 기간제 고용계약	(7+8)/2
		8. 가족종사자가 노동법의 보호로부터 면제되지 않는지 여부	1=노동법의 보호를 받을 때 0=노동법의 보호를 받지 못할 때
		9. 대안적 고용계약 subindex	(4+7+8)/3
	고용조건	1. 의무적 최저 일일 휴게시간	0~1: 의무휴게시간이 많으면 높은 점수. 0=의무적 휴게시간이 없을 때
		2. 정규 노동주간의 최대노동시간	0~1: 최대노동시간이 적으면 높은 점수. 0=최대노동시간의 법률적 제한이 없을 때
		3. 초과근로 프리미엄	0~1: 프리미엄이 높으면 높은 점수.
		4. 야간근로의 제한	1=법률이나 단체협약으로 (i) 최대야간근로시간에 대한 제한이 있거나 (ii) 야간근로에 대한 특정의 프리미엄이 있을 때 0=야간근로에 대한 제한이 없을 때
		5. 주휴 노동의 제한	1=(1) 완전금지 (2) 특정일을 주휴로 명시했을 때 (3) 특정주휴일의 최대노동시간 (4) 특정주휴일에 대한 임금프리미엄 등이 있을 때

		0=(1) 무제한허용 (2) 최대노동시간의 일반적 제한만 있거나 임금프리미엄이 없을 때
	6. 노동시간	(1+2+3+4+5)/5
	7. 제조업의 유급연가	근속20년의 유급연가 길이로 측정 0~1: 길면 높은 점수, 0=최저일수가 법이나 단체협약에 정해지지 않았을 때
	8. 의무적 유급 휴일(국경일)	1=의무적인 휴일이 있을 때 0=없을 때
	9. 임신기간중 100%유급휴가 의무	0~1: 유급모성휴가가 길수록 높은 점수 0=모성휴가가 무급일 때
	10. 휴일(leaves)	(7+8+9)/3
	11. 법정최저임금	1=법정최저임금 유 0=그밖의 경우
	12. 헌법상 고용조건	1=헌법에 고용조건이 명시되어 있을 때 0.67=헌법에 최저고용조건이 공공정책/공익적 사안으로 명시되어 있을 때 0.33=헌법에 고용조건이 기타의 방식으로 명기되어 있을 때 0=그 밖의 경우
	13. 고용조건 subindex	(6+10+11+12)/4
고용보장	1. 정당한 이유 없는 고용계약 종료의 불공정	1=(1) 이유없이 고용계약 종료할 수 없을 때 (2) 이유없는 고용종료가 의무적 벌칙을 지닐 때 (3) 전적으로 사용자 의지로, 혹은 벌칙없는 사전통지만으로 고용종료가 가능한 고용계약 금지 0=그 밖의 경우
	2. "공정성" 기준의 리스트 제공	1=법으로 공정한 해고의 리스트가 존재 0=공정한 해고의 리스트가 없을 때
	3. redundancy가 공정성 기준에 포함되지 않는지 여부	1=공정한 해고 기준에 포함되지 않을 때 0=그 밖의 경우
	4. 해고사유상의 보호	(1+2+3)/3
	5. 잉여피용자 해고 전 제3자(노조, 노동평의회, 당국)에 사전통지 의무	1=제3자 사전통지 의무화 0=의무화 불필요
	6. 해고시 제3자의 승인 필요 여부	1=(개별)해고시 제3자(당국) 승인 필요 0=승인이 불필요
	7. 집단해고의 제3자 사전통지 의무화 여부	1=사전통지시 제3자(당국) 승인 필요 0=승인이 불필요시
	8. 집단해고의 제3자 승인 필요 여부	1=집단해고의 제3자(당국) 승인 필요 0=승인이 불필요시
	9. 해고전 재훈련 재배치 의무화 여부	1=법률/단협으로 해고전 재배치/재훈련이 의무화되어 있을 때
	10. 해고에 적용되는 우선권 규칙	1=법률/단협으로 해고시 선임권 규정 0=해고 선임권이 없을 때

		11. 재고용에 적용되는 선임권 규칙	1=법률/단협으로 재고용시 선임권 규정 0=재고용 선임권이 없을 때
		12. 해고절차상의 보호	(5+6+7+8+9+10+11)/7
		13. 법률상 의무적인 사전통지기간	0~1: 기간이 길수록 높은 점수 0=법률상 해고수당 규정이 없을 때
		14. 법률상 의무적인 해고수당	0~1: 기간이 길수록 높은 점수 0=법률상 해고수당 규정이 없을 때
		15. 사전통지와 해고수당	(13+14)/2
		16. 헌법상의 고용보장권	1=헌법에 고용보장 혹은 고용관계안정이 명시 0.67=고용보장이 공공정책/공익 사안으로 명시되어 있을 때 0.33=기타 방식으로 명시되어 있을 때 0=기타
		17. 고용보장 subindex	(4+12+15+16)/4
		18. 고용법 subindex	(대안적고용계약subindex+고용조건subin-dex+고용보장subindex)의 합계
노사관계	단체교섭	1. 사용자의 교섭의무	- 유=1, 무=0
		2. 협약의 구속력 확장	- 상동(上同)
		3. 클로즈드샵 허용	- 상 동
		4. 노조의 힘(제도적 보호)	- 1항+2항+3항/3
		5. 헌법상의 단결권	- 권리보호 명시=1, 공공이익으로 기술 0.67, 기타 방식으로 명시 0.33, 불명시 0
		6. 헌법상의 단체교섭권	
		7. 단체교섭	- 4항+5항+6항/3
	경영 의사결정 참여	1. 이사 임명권	- 유=1, 무=0
		2. 의무화된 노동평의회	- 의무화=1, 임의적/법률없음=0
		3. 법률적 노동자참여	- (1항+2항)/2
		4. 헌법상의 경영결정 참여	- 권리보호 명시=1, 공공이익으로 기술 0.67, 기타 방식으로 명시 0.33, 불명시 0
		5. 경영결정참여	- (3항+4항)/2
	단체행동	1. 파업권	- 유=1, 무=0
		2. 비공인파업 합법성	- 합법=1, 불법=0
		3. 정치파업 합법성	- 합법=1, 불법=0
		4. 동정/연대/2차파업 합법성	- 합법=1, 불법=0
		5. 파업권 보호	- (1항+2항+3항+4항)/4
		6. 강제냉각기간	- 합법=1, 불법=0
		7. 협약 발효 중 파업의 합법성	- 합법=1, 불법=0
		8. 조정전치주의의 비강제성	- 비강제=1. 강제=0
		9. 파업에 대한 절차적 제한	- (6항+7항+8항)/3
		10. 직장폐쇄 불허	- 불허=1, 허용=0

	11. 파업노동자 해고/대체인력사용 금지	- 금지=1, 허용=0
	12. 고용주 방어	- (10항+11항)/2
	13. 분쟁중 제 3 자 강제중재	- 강제=1, 비강제=0
	14. 헌법상의 산업행동권	- 권리보호 명시=1, 공공이익으로 기술 0.67, 기타 방식으로 명시 0.33, 불명시 0
	15. 단체행동	- (5항+9항+12항+13항+14항)/5
	16. 노사관계법	- 단체교섭+경영참여+단체행동

자료원: Botero et al.(2003).

Botero et al.(2003)의 지표는 노사관계법, 고용법, 사회보장법에 대해 계량적 측정이 가능하도록 설계된 흔치 않은 사례이고, 기존의 비교연구자료들과는 달리 무려 85개국의 관련법을 분석하여 자료를 구성하였다는 점에서도 흔치 않다. 또한 척도(scaling)에 있어서도 대체로 노동보호와 세부적인 법적 규율 정도에 따라 점수가 높아지도록 방향성을 설정하여 설계되었다는 특징을 지닌다. 이에 따라 이 지표는 노사관계의 제도적 틀을 대리할 수 있는 지표로 활용될 수 있다. 다만 이 지표는 단일연도 자료로 구성되어 있고, 척도의 방향성에 있어서 노동보호 정도와 법률적 규율 조항의 존재 여부가 혼합되어 있어서 방향성이 불명확해지는 한계를 지닌다.[5)]

한편, 이들의 분석 결과에 따르면, 각 법률의 지수들과 정치, 노조, 경제 변수들과의 관계를 보면, 좌파/중도파정당이 집권했을 경우 고용법, 노사관계법, 사회보장법 지수값이 더 높은 경향이 있고, 노조 조직률이 높을수록 사회보장법지수값이 더 높아지는 경향이 있으며, 협약적용률이 높을수록 고용법과 노사관계법 지수의 값이 더 높아지는 경향이 있다. 한편, 고용, 노사관계, 사회보장의 법률적 규율 정도가 높을수록 경제의 개방정도, 남성경제활동참여율과는 부(−)적 상관관계를, 비공식경제고용과는 정(+)적 상관관계를 나타내고 있다(〈표 3−7〉 참조).

5) 이들이 구성지표에 따라 OLS회귀분석을 시도한 결과에 따르면 로그인당GNP가 사회보장법지수와는 유의한 정(+)적 관계를 지니는 반면, 고용법지수와는 통계적으로 유의한 부(−)적 관계, 노사관계법지수와는 유의한 관계를 나타내고 있지 않고 있다. 이는 인당GNP가 높은 나라일수록 고용보호와 노사관계에 관한 규율이 상당 부분 단체협약과 같은 자율적 규율장치에 분산되어 있기 때문에 나타나는 현상으로 이해된다.

표 3-7 노동관계법과 정치, 조직, 경제 변수들 간의 상관관계

독립변수 \ 종속변수	고용법지수	노사관계법지수	사회보장법지수
좌파/중도파정당집권	+	+	+
노조 조직률			+
협약적용률	+	+	
종속변수 \ 독립변수	**고용법지수**	**노사관계법지수**	**사회보장법지수**
경제개방성	–	–	–
비공식경제고용	+	+	
남성경제활동참여율	–	–	–
실업률(1991–2000)	+		

자료원: Botero et al.(2003).
주: 통계적 유의성은 10% level까지 인정.

• 한편, Kucera(2004)는 국제자유노련(ICFTU)의 노조권침해에대한연례보고서(Annual Survey of Violations of Trade Union Rights), 미국노동성의 각국인권실태보고서(Country Reports on Human Rights Practices), 국제노동기구(ILO)의 결사의자유위원회보고서(Report of the Committee on Freedom of Association) 등을 자료원으로 국제노동기구의 기본 협약중 하나인 '결사의 자유와 단체교섭권에 관한 87호 및 98호 협약'의 침해 여부로 노조권 정도를 측정하는 '노조권에 관한 국가수준 지표'를 개발하였다. 이 지표는 6개 범주, 37개의 평가기준을 가지고 침해 유무를 더미변수로 처리한 뒤, 여기에 일정한 가중치를 주어 점수화하고, 그 총점으로 노조의 권리를 평가하는 방식을 취하고 있다. Kucera(2004)는 이 지표를 활용하여 총 169개국의 노조권침해 자료를 코딩하여 자료세트를 구성하여 제공하고 있다(다음 〈표 3-8〉 참조).

표 3-8 노조권 지표

평가 기준	더미변수	가 중 치
결사의 자유/단체교섭 관련 시민적 자유	0=증거없음 1=증거있음	침해가 심한 정도에 따라 1, 1.25, 1.5, 1.75, 2로 가중치 부여 1=가장 덜 심함 2=가장 심함
1. 노조원 혹은 조직활동가의 살해나 실종		
2. 노조원 혹은 조직활동가에 대한 그 밖의 폭력		
3. 노조원 혹은 활동에 대한 체포, 구금, 구속, 혹은 강제 추방		
4. 집회, 시위, 자유발언, 자유표현 등에 대한 노조권 간섭		
5. 노조사무소나 재산의 압류나 파괴		
노조와 노동자조직을 설립, 가입할 권리		
6. 일반적 금지		
7. 사회경제적 붕괴로부터의 일반적 부재(absence)		
8. 사전 허가 요건(authorization requirements)		
9. 노조 불가입을 조건으로 한 고용		
10. 노조원 자격이나 노조활동시 해고나 직무정지		
11. 고용주의 간섭(노조지배 시도)		
12. 행정당국에 의한 노조의 해체, 활동정지		
13. 노동자위원회나 노동자협의회만 허용		
14. 국가후원적 혹은 기타 유일노조만 허용		
15. 무역/산업부문의 노조가입 배제		
16. 기타 부문이나 노동자들의 노조가입 배제		
17. 기타의 사실상 제약이나 금지법령		
18. 노조 연맹이나 총연맹의 설립과 가입권		
19. 18번의 평가지표에 관한 사전 허가요건		
기타 노조활동		
20. 자유롭게 대표를 선출할 권리		
21. 강령과 규약을 수립할 권리		
22. 노조/연맹의 정치활동 참여에 대한 일반적 금지		
23. 노조의 재정 통제		
단체교섭권		
24. 일반적 금지		
25. 당국에 의한 단체협약의 사전승인		
26. 강제중재		

27. 당국의 간섭 28. 비국가 고용주에 의해 제한된 단체교섭 범위 29. 무역/산업 부문의 단체교섭권 배제 30. 기타 부문 혹은 노동자들의 단체교섭권 배제 31. 기타의 사실상 제약이나 금지법령		
파 업 권		
32. 일반적 금지 33. 당국에 의한 사전 허가 요건 34. 무역/산업 부문의 파업권 배제 35. 기타 부문 혹은 노동자들의 파업권 배제 36. 기타의 사실상 제약이나 금지법령		
수출자유지역(EPZ) 규정		
37. 수출자유지역에서의 권리 제한		

자료원: Kucera(2004).

• OECD 고용전망보고서(Employment Outlook, 1999)는 Grubb & Wells (1993) 및 OECD Jobs Study(1994) 등에서 개발된 지표들을 기반으로 고용관련 입법 중 정규직 고용보호, 비정규직 고용규제, 그리고 해고 제한 등으로 구성된 '고용보호입법의 경직성'(strictness of employment protection legis-lation) 비교지표를 개발하여 소개한 바 있다(〈표 3-9〉 참조).

표 3-9 고용보호제도의 경직성 지표

차 원	지 표	척 도
1. 정규직 고용보호	1) 해고의 절차적 경직성 (procedural inconvenience)	
	(1) 절 차	1=문서화된 사유 통지, 2=제 3 자(노동평의회 혹은 당국)에의 통지, 3=제 3 자 승인(authorization) 없는 해고 금지
	(2) 통지개시 지연 (delay to start of notice)	1=구두 혹은 직접 통보, 2=우편발송, 3=등록된(registered) 편지 발송, 6=해고전 경고절차가 있을 경우
	2) 사전통지 및 해고수당	
	(1) 사전통지 기간	근속9월, 근속4년, 근속20년의 통지기간

	(2) 해고수당	근속9월, 근속4년, 근속20년의 해고수당
	3) 해고의 곤란성	
	(1) 부당해고의 정의	0=능력,일자리잉여(redundency)가 적절하고 충분한 해고 사유일 때 1=사회적 고려,연령,근속이 해고자 선별에 영향을 줄 때 2=해고전 배치전환 그리고/혹은 재훈련이 시도될 때 3=노동자능력이 해고 사유가 될 수 없을 때
	(2) eligibility 전 시험기간	개월수
	(3) 20년근속자 부당해고 보상	개월수
	(4) 원직복직(reinstatement) 정도	0=원직복직불가, 1=거의 드물 경우, 2=꽤 자주 가능할 때, 3= 항상 가능할 때
2. 임시고용 규제	1) 유기계약	
	(1) 객관적 이유 외의 사례	0=유기계약이 객관적 이유로만 용납될 때 1=고용주 혹은 피용자의 필요로 인해 특별한 예외가 인정될 때 2=고용주 및 피용자 양측에 예외가 존재 3=유기계약 활용에 아무 제한이 없을 때
	(2) 반복계약의 최대 횟수	횟수
	(3) 최대 누적 기간(월)	개월수
	2) 파견근로(TWAs)	
	(1) 허용 업무의 유형	0=TWAs 금지, 1~3=TWA 제한정도 4=무제한 허용
	(2) 계약갱신 횟수의 제한	yes/no
	(3) 최대 누적 기간	개월수
3. 집단해고 규제	1) 집단해고의 정의	0=집단해고에 대한 특별한 규율이 없을 때 1=규율이 50인 이상의 집단해고에 적용될 때 2=규율이 20인 이상의 집단해고에 적용될 때 3=규율이 10인 이상의 집단해고에 적용될 때 4=규율이 10인 미만의 집단해고에 적용될 때
	2) 추가적 사전통지 요건	0=개별해고의 사전통지와 동일할 때(근로자대표, 당국) 1=한 관계자에게 추가 통지할 때 2=두 관계자에게 추가 통지가 필요할 때
	3) 추가적 통지 연기(delay)	연기 일수
	4) 기타 추가적 집단해고 비용	(1) 추가적 해고수당(severance pay) 유=1 무=0 (2) 사회적 보상계획(재배치, 재훈련, 아웃플레아스먼트 등) 유 = 1, 무=0 → (1)+(2) = 0점~2점
	5) 개별해고에 비교한 경직성	0~6점. 개별해고보다 경직성이 높을수록 높은 점수

자료원: OECD(1999), Employment Outlook.

OECD Employment Outlook(1999)은 이 지표를 고용보호입법지표(EPL indicators)로 이름 붙이고 이전에 개발된 임금교섭체계, 실업급여제도, 근로소득세율(tax wedge), 적극적 노동시장정책 지출(ALMP spending) 등의 지표들을 함께 활용하여 실업률 등 고용성과에 미치는 영향을 2기간 패널 회귀분석 방법을 통해 분석한 바 있다. 이 분석에 따르면 고용보호입법의 경직성은 30~54세 연령의 남성 실업률을 감소시키지만 전체적으로는 실업률에 미치는 영향이 통계적으로 유의하지 않게 나타났으며, 자영자 비율은 증대시키는 효과를 지니는 것으로 보고되었다. 그리고 이와 함께 임금교섭시스템의 조율성(co－ordination) 또한 실업률을 낮추는 효과가 있으며, 반면 실업급여의 소득대체율이 높을수록 실업률이 높아지는 것으로 나타났다 (OECD, 1999).

• UN 국제인권장전은 세계인권선언(1948), 경제적, 사회적 및 문화적 권리에 관한 국제협약(1966)(이하 경제사회문화협약), 시민적 및 정치적 권리에 관한 국제협약(1966) 등 3개의 협약과 2개의 선택 의정서로 구성되어 있다. 이중 1976년 1월 3일부터 법률적 효력 요건을 갖추어 발효된 경제사회문화협약은 남녀평등권, 근로의 권리, 정당하고 쾌적한 근로조건에 대한 권리, 노동조합 결성 및 가입에 관한 권리, 사회보장과 사회보험에 관한 권리 등과 같은 핵심적인 노동권을 규정하고 있다. 한편, ILO는 1998년 6월 제86차 ILO 연차총회에서 천명된 "노동의 기본 원칙과 권리에 관한 선언"(Declaration on Fundamental Principles and Rights at Work)에서 (a) 결사의 자유와 효과적인 단체교섭권 인정(freedom of association and the effective recognition of the right to collective bargaining); (b) 모든 형태의 강제 및 강요된 노동의 제거(the elimination of all forms of forced or compulsory labour); (c) 아동노동의 효과적인 폐지(the effective abolition of child labour); 그리고 (d) 고용 및 직업에서의 차별의 제거(the elimination of discrimination in respect of employment and occupation) 등을 모든 회원국들이 존중하고, 증진하며 실현해야 할 의무사항으로 선언하고 그 이행에 대한 연례적 검토 조치들을 추진해 왔다. 이에 따라 4개 분야 8개 협약이 모든 회원국들이 비준하고 이

표 3-10 ILO의 8개 기본협약

분 야	협약번호	협약명(채택연도)
결사의 자유	제87호	결사의 자유 및 단결권 보호에 관한 협약(1948)
	제98호	단결권 및 단체교섭권 원칙의 적용에 관한 협약(1949)
강제근로	제29호	강제근로에 관한 협약(1930)
	제105호	강제근로의 폐지에 관한 협약(1957)
아동노동	제138호	취업의 최저연령에 관한 협약(1973)
	제182호	가혹한 형태의 아동노동 철폐에 관한 협약(1999)
차별금지	제100호	동일가치 근로에 대한 남녀근로자의 동등보수에 관한 협약(1951)
	제111호	고용 및 직업에 있어서 차별대우에 관한 협약(1958)

행해야 하는 기본협약으로 구분되고 있다.

이중 집단적 노사관계와 직접 관련된 기본협약은 제87호 협약과 제98호 협약으로 이에 대한 비준 여부는 노동권의 허용 정도에 대한 국제 비교에 유용하다(〈표 3-10〉 참조).

(3) 행위자의 이념과 행위전략

행위자의 구조에 대해서는 수십년에 걸친 논의와 함께 측정방법도 다수 개발되었지만 그 행위적 측면에 대한 접근은 충분히 이루어지지 못했다. 따라서 노사나 정부의 이념과 행동패턴에 대한 계량화를 위한 지표는 확인하기 어렵다.

이중 Siaroff(1999)는 통합적 경제(코포라티즘)의 구성 지표의 하나로 '노조의 성격과 목적'을 포함시키고 그에 관한 척도를 제공하고 있다. 그의 척도는 개혁주의－혁명주의(이념 차원), 참여주의－갈등주의(행위 차원)의 2개 차원으로 구성되어 있으며, 개혁주의적이고(성격) 노사간 세력균형을 중시하는(목적) 독일 노조 유형에 가장 높은 점수를 주고 혁명주의적이고 대결주의적인 라틴형 노조 유형에 가장 낮은 점수를 주고 있다. 그러나 그의 척도는 연구자의 주관적 평가에 의해 개발된 것으로 이를 정당화할 수 있는 근거들이 따로 제공되고 있지는 않다. 이 밖에 Hyman(2001)과 Lange et al.(1982) 등이 노조의 정체성 내지 전략을 유형화하고 있으나 양적 측정보다는 질적 분석을 위한 목적으로 개발되었다고 할 수 있다(〈표 3-11〉 참조). 한편, 사용자 조직이나 정부의 이념과 전략에 대한 지표 역시 거의 개발되어 있지 않다. 단, 그간의 네오코포라티즘 계열의 정치학적 연구들에서 확인된 바로는 정부의 집권세력이 좌파정당인가 여부는 노사관계와 노동시장에 뚜렷하게 영향을 미치는 것으로 알려져 있으므로 정부의 이념 및 전략을 대리하는 지표로 활용할 수 있을 것이다.

그러나 전체적으로 보면 행위자들의 이념과 전략이 노사관계의 과정이나 산출물에 미치는 영향이 큼에도 불구하고 이에 관해 계량적 측정에 활용할 수 있는 객관적인 지표나 이를 활용한 자료 구성은 전반적으로 곤란하다고 할 수 있다.

표 3-11 행위자의 이념/전략/행동에 관한 지표와 척도

지 표	척 도	필 자
노조의 성격과 목적	5=개혁주의-계급간 세력균형(독일형) 4=개혁주의-헤게모니형(스칸디나비아형) 혹은 적극 참여 없는 체제 동조(aquiescent system conformation without active participation) 3=참여적 목표를 지닌 갈등적 개혁주의(벨기에형) 2=개혁주의-참여보다는 자기통제 목적을 지닌 갈등형(영국형) 1=혁명주의-대결주의(라틴형)	Siaroff (1999)
노조 정체성	- 경제주의 - 사회통합주의 - 계급주의	Hyman (2001)
노조대응전략	- 최대강령주의 - 개입주의 - 특수주의 - 코포라티즘	Lange et al. (1982)

자료원: 각 필자.

2) 과정 요인 지표

노사관계에서 대표적인 거시 수준 상호작용의 형태는 단체교섭(collective bargaining), 정책협의(policy concertation), 사업장 노사협의(workplace partic-ipation), 그리고 분쟁조정(dispute resolution) 등이다. 이중 가장 대표적인 변수는 단체교섭으로 오래 전부터 이 변수를 계량화는 지표들이 개발되어 왔다. 최근에는 정책협의와 사업장 노사협의를 측정하기 위한 지표들도 부분적으로 개발되고 있다. 반면, 분쟁조정 분야는 비교제도 연구는 이루어지고 있으나 계량적 측정을 위한 비교지표는 개발되어 있지 않다.

(1) 단체교섭의 집권성

단체교섭은 노사관계의 과정 국면에서 핵심적인 영역으로 오래 전부터 비교연구가 이루어져 왔다. 특히 코포라티즘 문헌들에서 계량적 분석이 시도된 이후 노사관계와 경제학 문헌들에서도 단체교섭에 관한 계량 연구들이 축적되어 왔다.

거시 수준에서 단체교섭과 관련된 주요 변수는 구조적 집권성(centralization) 내지 조율성(co-ordination)과 적용범위(coverage) 등이다. 이는 당사자들의 조직특성에 대한 측정이 집권성(centralization)과 조직률(density)을 중심으로 이루어져 온 것에 상응한다. 집권성과 조율성은 부분적으로는 상호 대체적인 개념으로 집권성이 단체교섭이 일어나는 수준을 의미하는 '구조적' 개념이라면, 조율성은 주요 행위자(상위조직)들이 결정하는 바를 주변 행위자들이 따르는 정도를 의미하는 '행위적' 개념이라 볼 수 있다(Kenworthy, 2003).

① 지　표

• **단체교섭의 집권성**: 단체교섭 구조에 관한 비교연구에서 전통적으로 가장 흔하게 사용되는 변수는 단체교섭의 집권성(bargaining centralization)이다. 단체교섭의 집권성은 노사의 정상조직이나 전국조직이 단체교섭에 영향을 미치거나 통제할 수 있는 능력의 견지에서 평가된다. 집권성은 개념적

으로는 단체교섭이 발생하는 수준(level), 각 교섭 수준에서 임금이 결정되는 근로자들의 비중, 수평적 집권성(horizontal centralization) 등의 3차원적 개념이라 볼 수 있다(Kenworthy, 2003). 이중 집권성을 대리하는 지표로 가장 많이 활용되는 차원은 수준(level)과 수준별 참여 비중이며, 이는 통상 지배적 수준(dominant level)으로 표현된다.

표 3-12 단체교섭 집권성 관련 지수(centralization index)

연 구 자	지 수	
Cameron (1984)	1. 제한된 단체교섭 2. 기업별 노조에 의한 기업별 교섭 3. 전국노조에 의한 기업별 교섭 4. 기업, 지역, 복수사용자 협상을 수반한 부분적으로 집중화된 교섭 5. 부분적인 산업별 교섭 6. 완전한(full) 산업별 교섭 7. 전체경제 차원의 공식 협약을 수반한 산별 교섭	
OECD (1997)	집 권 성 (centralization)	1=기업 및 사업장 수준 교섭이 지배적 2=산업 수준과 기업/사업장 수준 교섭이 조합을 이룬 상태로, 상당 비율(important share)의 노동자들이 기업수준 교섭에 포괄 3=산업수준 교섭이 지배적 4=산업수준 교섭이 지배적이지만 정기적인 중앙교섭 존재 5=중앙교섭이 압도적으로 중요
	조 율 성 (coordination)	1=상급단체 조율이 거의/전혀 없이 파편화된 기업/사업장 교섭 2=거의/전혀 패턴설정이 안 된 채 파편화된 산업 및 기업 수준 교섭 3=불규칙한 패턴설정과 완만한 조율을 지닌 산업수준 교섭 4=(a) (여러) 정상조직들의 산업 및 기업 교섭에 대한 비공식 조율 (b) 정부후원의 3자협상이나 정부의 임금스케줄 부과를 포함한 정상조직에 의한 조율된 교섭 (c) 높은 노조 집중성 그리고/혹은 대기업에 의한 교섭 조율을 수반한 규칙적인 패턴설정 (d) 정부의 임금중재(wage arbitration) 5=(a) 포괄적인 노조 정상조직의 산별교섭에 대한 비공식적 조율 (b) 평화의무를 지닌, 정상조직에 의한 조율된 교섭이나

		정부의 임금 스케줄/임금동결 부과
Golden, Lange & Wallerstein (1997)	① 전체적인 단체교섭 집중성 (②+③)	1=사업장 수준 임금결정 2=산업 수준 임금결정 3=강제력 없는(without sanction) 중앙 임금결정 4=강제력을 지닌 중앙 임금결정
	② 노사 정상조직의 민간부문 단체교섭 참여	1=정상조직이 임금결정에 일체 관여하지 않음 2=정상조직이 일부 가맹조직과의 대화나 요구형성에 참여 3=정상조직이 모든 가맹조직과의 대화나 요구형성에 참여 4=정상조직이 비임금급여(benefit) 협상 5=정상조직이 임금협약 일부를 협상(예: 생계비 조정) 6=정상조직이 집중화된 인준(ratification)을 매개로 가맹조직 대변 7=정상조직이 중재형태로(in arbitration) 가맹조직을 대변 8=정상조직이 산별협상에서 가맹조직을 대신해 교섭 9=정상조직이 평화의무 없이 전국임금협약을 협상 10=정상조직이 평화의무를 지닌 전국임금협약을 협상 11=정상조직이 보충교섭에 제약을 두고 전국임금협약을 협상
	③ 정부의 민간부문 단체교섭 참여	1=정부가 임금결정에 관여치 않음 2=정부가 최저임금 설정 3=정부가 단체협약을 적용 확장(extension) 4=정부가 교섭당사자들에게 경제 예상치 제공 5=정부가 임금가이드라인이나 규범을 권고 6=정부와 노조가 임금가이드라인을 협상 7=정부가 선별된 산업에 임금통제를 부과 8=정부가 생계비조정을 부과(impose cost of living adjustment) 9=강제성 없는 전국적 임금규칙을 위한 공식 3자협약 10=강제력을 지닌 전국적 임금규칙을 위한 공식 3자협약 11=정부 중재자가 노조에 대한 강제력 없는 임금지불규칙 부과 12=정부 중재자가 강제력을 지닌 임금지불규칙 부과 13=정부가 강제력을 지닌 임금지불규칙을 부과 14=보충적 로컬교섭이 금지된 전국임금규칙에 대한 공식 3자합의 15=정부가 임금동결을 부과하고 보충적 로컬교섭을 금지

주: Cameron(1984), Wallerstein & Golden(2000), OECD(2004).

집권성을 측정하는 데 활용되는 대표적인 지표로는 Cameron(1984), Calmfors & Driffill(1988), OECD(1994, 1997, 2004), Golden et al.(1997), Iverson(1999), Traxler et al.(2001) 등이 개발한 지표들을 들 수 있다(〈표 3－12〉 참조).

• **단체교섭의 조율성**(coordination): 집권성이 구조적 개념이라면 조율성은 행위적 개념이라고 할 수 있다. 조율성 개념을 계량 분석을 위한 지표로 개발한 연구자는 영국 경제학자인 Soskice(1990)이며, 이후 Layard, Nickell, Hall & Franzese, OECD(1994, 1997, 2004), Traxler et al.(2001), Kenworthy(2001) 등이 지표를 발전시켜 분석에 활용해 왔다(아래 〈표 3－13〉 참조).

표 3-13 조율성 지표

연구자	지표 및 지수
Soskice(1990)	0=노사의 조율 전혀 없음(영국, 미국) 1.5=공공서비스 및 국유부문을 통한 정부의 암묵적 조율(프랑스) 2=대기업사용자와 일부 지역사용자단체를 통한 비공식적인 사용자내 조율; 노조 정상조직의 일부 조율 역할(이태리) 3=강력한 사용자단체와 대기업간의 비공식 조율; 대기업과 산별조직간의 간헐적인 차이; 중위 수준의 노조 조율(네덜란드) 3.5=산업간 조율 능력을 지닌 강력한 사용자단체; 중위 수준의 노조 조율(독일) 4=강력하고 집권적인 사용자단체, 약간의 이해 차이가 존재하지만 일반적으로 강력한 산업간 조율; 약간의 내부 갈등을 지닌 집권적 노조 정상조직의 조율(스웨덴, 노르웨이, 스위스) 5=(1) 매우 강력한 노조, 집권적인 조율 역할; 중위 수준의 사용자단체(오스트리아) (2) 대기업간의 매우 강력한 암묵적인 사용자 조율, 산별사용자단체의 후원; 약하고 순응적인 노조
Traxler et al.(2001)	– 노조 및 사용자단체 정상조직간의 조율(고전적인 교섭 집권성) – 노조 및 사용자단체 정상조직 내의 조율 – 패턴교섭 – 국가후원적(state-sponsored) 조율(정부대표가 공식 참가한 중앙교섭) – 국가강제적(state-imposed) 조율 – 비조율적 교섭

Kenworthy (2001)	1=개별 기업이나 사업장에 국한된 분절화된 교섭 2=패턴교섭이 부재하거나 상대적으로 취약한 정부조율이 존재하는 산업별 교섭과 기업별 교섭의 혼합 3=불규칙적이고 불확실한 패턴설정과 노조 집중성이 완만한 형태의 산별 교섭 4=(1) 협약기간 중 평화유지의무는 없는, 정상조직간 중앙교섭 내지 정부의 임금규칙 강제 (2) 정상조직간 산별 및 기업별 교섭의 비공식적인 집권성 (3) 높은 수준의 노조집중성을 지닌 포괄적이고 규칙적인 패턴 교섭 5=(1) 평화의무를 지닌 정상조직간 중앙교섭이나 정부의 임금규칙 강제 (2) 강력하고 독점적인 노조정상조직에 의한 산별교섭의 비공식적인 집권성 (3) 영향력있는 대기업에 의한 교섭조율을 동반한, 규칙적인 패턴 교섭과 동기(同期)화된 교섭

자료원: 각 필자.

• 교섭 적용범위 혹은 협약 적용률(bargaining coverage): 교섭 적용범위 혹은 협약 적용률은 전체 피용자 중 단체협약의 적용을 받는 노동자의 비율로 측정된다. 협약 적용률은 통상 노조 조직률보다는 값이 크며, 특히 단체협약효력확장제도(extension clause)가 존재하는 경우 노조 조직률과의 격차는 크게 벌어지는 경향이 있다. 단체협약 효력확장 제도는 스웨덴 등 노조 조직률이 매우 높은 나라보다는 중위 수준의 조직률을 지닌 나라에서 정부의 노동시장 규율 이니셔티브에 의해 제도화되는 경향이 있다(EIRO, 2004).

② 다른 변수와의 상관관계

• 교섭 집권성/조율성 정도에 영향을 주는 요인들은 경제적, 제도적 요인으로 분류할 수 있다. 경제적 요인으로는 경제의 개방성, 국가 규모 등이, 제도적 요인으로는 노조 및 사용자단체의 조직적 집권성, 노사의 국가정책 참여, 좌파정당의 집권, 노동조합의 연대임금정책 등이 중요한 변수로 꼽혀 왔다(Traxler et al., 2001). 또한 노조조직률과 협약적용률이 단체교섭의 집권성, 그리고 노동자 및 사용자의 내부조율과 상관관계를 지니고 있는 것으로 알려진 바 있다(Aidt & Tzannatos, 2002).

• 단체교섭에서 집권성이 중요한 변수로 취급되는 이유는 노사간의 세력관계와 갈등, 경제 및 사회적 성과와의 상관관계가 높다고 인식되었기 때문이다. 그간의 분석에 따르면, (1) 우선 집중화된 단체교섭은 분권적 단체교섭에 비해 노사의 교섭력을 증대시킨다. 이에 대해서는 경합적 설명이 존재하는데, 전통적으로 코포라티즘 및 노사관계 문헌에서는 집중적 단체교섭이 조직노동의 강한 힘을 표현하는 구성요소로 간주한 반면(Cameron, 1984; Traxler, 2001), 경제학 문헌에서는 사용자들의 갈등 대처능력을 증진시켜 임금인상 압력을 약화시키기도 한다는 것이다(Aidt & Tzannatos, 2002). (2) 또한 집중화된 단체교섭에서는 분권적 단체교섭에 비해 교섭에 필요한 정보의 불완전성이나 비대칭성이 완화되고 파업권을 전국조직에서 행사하므로 하부조직의 파업, 특히 비공인 파업을 억제하는 효과가 있다. (3) 집중화된 단체교섭은 집합행동 문제(collective action problem)를 효율적으로 통제하여 임금억제나 실업에 긍정적인 영향을 준다. 분권화된 단체교섭에서는 행위자들이 임금인상이 외부 경제에 미치는 영향을 고려하지 않고 그 부담을 외부의 소비자나 노동자들에게 전가함으로써 인플레나 고실업을 야기하기 쉽다(externalities). 하지만, 집중화된 단체교섭에서는 고율의 임금인상이 낳는 부정적 외부효과가 미치는 대상이 단체협약 적용대상이기 때문에 부정적 외부효과를 내부화(internalization of externalities)하려는 유인이 발생하여 임금인상이 자제되며, 이를 통해 저인플레와 저실업이 유지된다(Calmfors & Driffill, 1988). (4) 또한 집권적 교섭은 노조의 평등주의적 임금목표를 추구하는 수단으로 활용되는 측면이 있는데, 이 경우 산출의 부정적 변화를 초래하지 않으면서도 임금격차를 완화하는 효과를 가진다(Moene & Wallerstein, 1993). (5) 마지막으로 집중적 교섭은 기업 차원의 교섭에서는 사용자들이 적극적 투자를 꺼리는 숙련훈련이나 산업안전 제도 등을 일종의 공공재(public goods)로 산출하는 경향이 있다(Soskice, 1990).

이러한 논의를 통해 특히 네오코포라티즘 계열의 논의들은 단체교섭이 집권적일수록 분권화된 교섭에 비해 더 나은 노사관계 및 노동시장 성과를 낳는다는 이른바 집권성의 '선형성(linearity)' 가설을 주장하였다(Cameron,

1984; Crepaz, 1992; Kenworthy, 1995; Tarantelli, 1986; Traxler et al., 2001). 이에 대해 Calmfors & Driffill(1988)은 교섭의 집권성 정도를 분권화, 중위 집권화, 집권화 집단으로 나누고 불행지수(인플레율+실업률)와 단체교섭의 집권성간의 상관관계를 비교하여 전통적인 네오코포라티즘 논의와는 다른 결과를 제시하였다. 그들에 의하면 집권화 모델은 전통적인 설명처럼 양호한 성과를 낳지만, 분권화 모델의 경우 시장 탄력성에 잘 반응함으로써 낮은 불행지수와 상관관계를 가지며, 외려 단체교섭이 지역이나 특정 산업 수준에서 벌어지는 중위 집권화 모형이 외부성(externalities) 문제를 내부화하지 못함으로써 가장 낮은 성과를 나타낸다고 하는 이른바 '낙타 등(hump shape)' 가설을 주장하였다. 그러나 1990년대의 단체교섭 집중성과 인플레 및 실업률간의 상관관계를 분석한 논문들 중에는 양자간 관계가 1990년대 들어와 변화하였다는 지적도 등장하고 있다(Aidt & Tzannatos, 2002; Arpaia & Mourre, 2005; OECD, 2004). 즉, 최근의 증거들은 실업률과 인플레율 등의 일부 거시 경제성과에 있어서 단체교섭의 집중성이 지녔던 효과들이 사라지거나 약화된 것으로 보고되고 있다(Aidt & Tzannatos, 2002; Dell'Aringa, 2004; OECD, 2004; Traxler et al., 2001)(아래 〈그림 3-12〉 참조). 이에 대한 설명으로

그림 3-12 단체교섭의 집권성과 불행지수(misery index)간 관계의 경합적 모형들

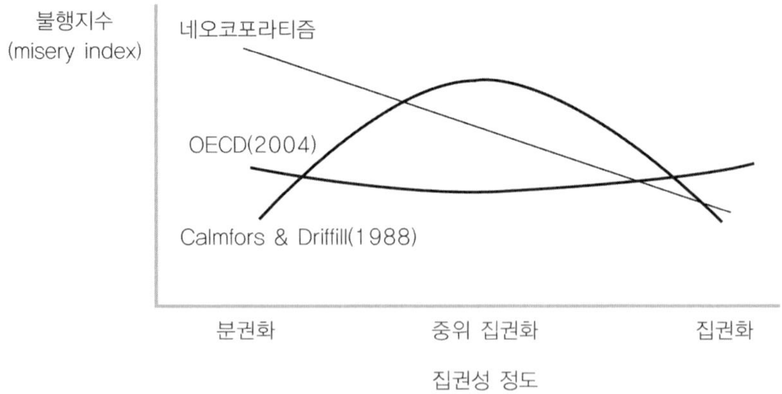

주: 불행지수는 실업률과 인플레율의 합으로 계산.

Traxler(2003)는 노동조합원의 노동조합 정책에 대한 순응(compliance)를 의미하는 수직적 교섭조율(vertical coordination)의 중요성을 강조하고 있으며, Baccaro(2006)은 수직적 교섭조율을 위한 노조 내부 메커니즘으로 노조민주주의, 특히 정상조직의 절차적 민주주의의 중요성을 지적하고 있다. 즉, 이들은 교섭집권성의 거시경제적 효과가 사라지는 이유를 노사조직, 특히 노동조합 조직 내부의 조율 정도에서 찾고 있다.

• Traxler et al.(2001)에 따르면 협약 적용률의 결정요인으로는 노조 조직률과 함께 단체협약 효력확장 제도의 존재 여부가 중요한 변수이다(아래 〈그림 3-13〉 참조). 그런데 효력확장 제도는 지역별 교섭이나 전국적 산별교섭 등의 다사용자교섭을 촉진하기 위한 정부의 지원에 의해 제도화되는 경향이 있다. 즉, (1) 다사용자교섭이 유노조 기업과 무노조 기업간의 비용격차를 발생시켜 유노조 기업의 경쟁력을 약화시킬 경우 다사용자 교섭 자체가 위기에 빠질 수 있기 때문에, 비용격차를 완화시켜 유노조 부문 사용자의 다사용자 교섭 참여를 유인하기 위하여, (2) 그리고 근로조건의 표준화를 통해 소득 불평등 정도를 완화하기 위한 사회정책적 고려에서 정부가 효력확장 제도를 지원한다는 것이다. (3) 한편, 효력확장 제도는 무노조 부문에 대한 추가적인 비용의 부과를 의미하기 때문에, 이 부문 기업들로 하여금 단체교섭에 대한 관심을 제고하고 협약의 이행과 관련한 상담의 필요

그림 3-13 협약 적용률의 결정요인

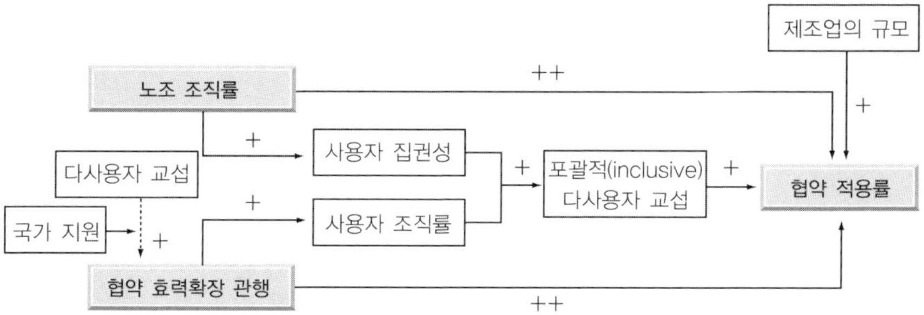

자료원: Traxler et al.(2001) 및 OECD(2004).

성을 증대시켜 사용자단체에의 가입동기를 높이는 효과도 갖는다(EIRO, 2004; Traxler et al., 2001).

한편, 노사관계 제도의 거시경제적 영향을 측정하는 경제학 문헌들에서는 단체협약 적용률이 실업률과 인플레에 부정적 영향을 미친다는 분석들이 다수 있다(Aidt & Tzannatos, 2002). 반면, 협약적용률은 유노조 부문과 무노조 부문 간의 임금 및 근로조건 격차를 완화하기 때문에 임금 내지 소득 불평등을 완화하는 사회적 효과를 지닌다.

(2) 정책 협의(policy concertation)

노사의 정부 정책참여 혹은 정책협의(policy concertation)는 정부의 의사결정 영역에 노사가 참여하여 심의 과정(deliberative process)을 통해 이익교환과 협력을 추구하는 것을 의미한다. 이런 의미에서 정책협의는 정부가 노사간의 고유한 상호작용 영역에 관여하여 규율을 통해 정책 목표를 달성하고자 하는 의미의 단체교섭 규율이나 소득정책과는 구분해서 이해할 필요가 있다(Traxler et al., 2001). 정책협의는 코포라티즘 이론에서 구조적 시각을 대체하는 프로세스 중심의 시각이 등장하면서 새롭게 부각되고 있다(Baccaro, 2003).

한편 정책협의는 노사단체가 발언을 통해 정책적 영향력을 발휘함으로써 자원을 확장하는 효과를 지닌다. 이러한 시각은 정책참여에 대한 지대추구(rent-seeking)적 접근방식에서 두드러진다. 반면, 코포라티즘 시각에서는 정책협의를 통한 정부와 노사 간의 협력이 상호신뢰에 기반한 보다 성찰적이고 균형있는 정책형성 양식을 산출함으로써 경제성장, 저인플레, 저실업 등에 기여한다는 점이 강조된다.

① 지 표

정책 협의 혹은 정책 참여를 측정하는 지표는 Compston(1997), ILO (2005), Siaroff(1999), Talos & Kittel(2001), Traxler et al.(2001) 등이 제공하고 있다.

Compton(1997)은 노조의 정책 참여 영역을 재정정책, 금융정책, 투자정책, 전반적인 산업정책, 무역정책, 고용창출 및 훈련, 고용법 등으로 나누고, 이에 대해 참여의 심도 차이를 불참, 자문, 합의 등으로 구분하여 측정하였다. Siaroff(1999)는 정책형성 패턴이라는 개념 하에 산업구조조정 및 임금결정에서 이견 해소 방식, 정치적 교환의 범위, 노사정간 상호작용의 일반적 성격 등의 세부 범주를 구성하여 제시하고 있다. Traxler et al.(2001)은 노동조합의 정책 참여를 일반적 활동과 특별 활동으로 구분하고, 일반활동에 대해서는 2개의 지수를, 특별활동에 대해서는 정책형성과정 참여와 정책이행과정 참여로 다시 구분한 뒤 각각에 6가지 특수정책에의 참여 여부를 묻는 지수를 구성하는 방식으로 정책참여의 지표를 구성하였다. Talos & Kittel(2001)은 별도의 참여 영역을 구분하지 않고 행위자 구성과 참여의 깊이를 종합한 척도를 개발하였다. 이들에 의하면 참여의 깊이는 합의(accodation), 협의(concertation), 관여(involvement)로 나눌 수 있는데, 합의는 국가가 노동과 자본의 정상조직과 제안들을 협상하는 정책형성 양식으로서 반드시 공적이지는 않지만 구속력 있는 합의를 이끌어내는 경우이고, 협의는 실질적 결과에 강력한 영향을 미치지만 최종적 합의로는 이어지지 않는 심층적 협상이나 2자간 혹은 3자간 대화가 이루어지는 경우이며, 관여는 국가가 모든 참가자의 공동의견을 목적으로 하지 않고 정상조직들과 제안에 대해 토의하는 것을 의미한다. 마지막으로 ILO(2005)는 사회적 대화에 대한 논의를 정리하면서 정책참여의 개념적 차원들에 대한 유의미한 구분을 시도하였다. 단, 이들은 구체적인 척도들을 제공해 주고 있지는 않다. 이들은 사회적 대화를 영역(scope), 강도(intensity), 기구형태(institutional form), 절차/과정(process) 등으로 구분하고 각각의 차원에서 중요한 지표/지수들을 제공하고 있다(〈표 3-14〉 참조).

표 3-14 정책 참여 범위 지수와 측정

연 구 자	지수 및 점수	
Siaroff (1999)	산업구조조정과 임금결정에서 갈등해소의 성격	국가와 노동시장 주체들이 정책을 조율하는 방식 5 = 교섭 혹은 네트워크 4 = 약간의 국가강제적 정책이나 다원주의적인 교섭 혹은 네트워크 3 = 다원주의 혹은 자유주의 2 = 경제행위자의 약간의 포섭을 수반한 국가주의; 약간의 국가강제적 정책을 수반한 다원주의 1 = 국가주의, 국가가 강력하게 정책을 강제
	노사관계와 정책형성에서 “일반화된 정치적 교환”의 범위	5 = 광범위하고, 부문 및 전국 수준 모두에서 4 = 광범위하고 부문 혹은 전국 수준에서 3 = 전에는 광범위했지만 현재는 여러 방식과 수준에서 명확히 약화된 2 = 초기의 혹은 취약한 1 = 전혀 없는
	공사간 (public-private) 상호작용의 일반적 성격	5 = 조화(포괄적 조율) 4 = 강력한 코포라티즘 3 = 보통 강도의(moderate) 코포라티즘 2 = 약한 코포라티즘 1 = 다원주의
Compston (1997)	재정정책 금융정책 투자정책 전반적인 산업기획 무역정책 고용창출 및 훈련 고용법	0 = 불참 1–3 = 협소한 자문(consultation) 4–6 = 폭넓은 자문 7–8 = 협소한 합의(agreement) 9–10 = 폭넓은 합의
Talos & Kittel (2001)	1. 폭넓은(broader) 구성, 공공정책 형성에 정상조직이 (공식적으로) 참여치 않음 2. 폭넓은 구성, 적절한 협력 없는 정상조직의 공식적 참여 3. 폭넓은 구성, 노동 혹은 자본의 협력을 수반한 정상조직의 공식 참여 4. 제한된(restricted) 구성, 국가와 정상조직 간의 협의 5. 특정 정책 영역에 제한된 접근 가능한 구성 하에서 국가와 정상조직간 합의 6. 노사 간의 별도 합의 없이 정부와 정상조직들 간의 합의 7. 폐쇄적(closed) 구성, 정상조직들과 국가 간의 협의와 3자주의 합의 8. 폐쇄적 구성, 국가 지원 속에서 정상조직들 간의 2자 합의	

<table>
<tr><td rowspan="3">Traxler et al. (2001)</td><td colspan="2">일반 활동</td><td>1) 노동시장 문제에 관한 정부나 의회에의 영향력 행사
2) 전국 코포라티즘기구에서 노동시장 이해관계를 대표</td><td rowspan="3">참여=1
불참 = 0
- 최종점수는 합산</td></tr>
<tr><td rowspan="2">전문적인 활동</td><td>형성</td><td>① 산업정책프로그램
② 지역개발프로그램
③ 공공직업프로그램 및 적극적노동시장정책
④ 연구개발프로그램
⑤ 품질관리프로그램, and/or
⑥ 제품표준화</td></tr>
<tr><td>이행</td><td>① 산업정책프로그램
② 지역개발프로그램
③ 공공직업프로그램 및 적극적노동시장정책
④ 연구개발프로그램
⑤ 품질관리프로그램, and/or
⑥ 제품표준화</td></tr>
<tr><td rowspan="4">ILO (2005)</td><td colspan="2">영 역</td><td colspan="2">(1) 사회경제정책
- 거시경제정책 틀 및 경제성장, 경제 구조조정, 임금 및 인플레, 통화정책, 고용정책, 양성평등, 교육 및 직업훈련, 생산성 및 경쟁력, 조세 및 재정정책, 사회복지, 사회보장, 사회보호, 외부의 개혁압력에 대처하는 경제사회전략 (시장경제이행, 지역적 통합, 구조조정프로그램, 빈곤감소 등에 관한 전략적 과정)
(2) 노동문제
- 최저임금을 포함한 및 임금결정, 노동입법, 노동조건, 노동시장 정책, 노동분쟁조정, 산업안전보건</td></tr>
<tr><td colspan="2">강 도</td><td colspan="2">(1) 정보교환(information exchange)
(2) 자문(consultation)
(3) 협상(negociation): 단체교섭, 정책협의(policy concertation)</td></tr>
<tr><td colspan="2">과 정</td><td colspan="2">(1) 토의/협상(discussion/negociation)
(2) 행동계획합의(agreement of action programme)
(3) 이행(implementation)
(4) 점검/평가(followup/monitoring/evaluation)</td></tr>
<tr><td colspan="2">형 태</td><td colspan="2">(1) 임시기구(ad hoc institution)
(2) 사회적 대화 지원 포럼으로서의 전국적 3자주의 혹은 2자주의 기구
(3) 전국 수준의 다양한 3자주의 혹은 2자주의 포럼
(4) 전국 수준에서 폭넓은 경제사회정책을 토의하는 포럼(ESC)</td></tr>
</table>

② 다른 변수들과의 관계

• 노사의 정책 참여 혹은 정책협의(policy concertation)는 코포라티즘 유형의 노사관계에서 전형화된 거시 수준 상호작용 기제이다. 코포라티즘 이론에 기반한 논의들은 정책협의가 노사의 자원 획득, 경계관리, 영향력 확장 등에 순기능적이며, 아울러 경제성장, 저인플레, 저실업 등의 거시경제 성과에도 기여하는 것으로 주장된다(Kenworthy, 2003). 최근에 새로이 활성화되고 있는 정책협의에 대한 연구들에 의하면 이 같은 주장은 대체로 입증 가능한 것으로 지적된다(Baccaro, 2003, 2006; Boreham, 2001; Compston, 1997; Lehmbruch, 1984; Molina, 2004).

Compston(1997), Lehmbruch(1984), Boreham(2001)은 유럽 혹은 OECD 국가들에 대한 종단적 분석을 통해 노사단체의 정책참여가 실업률과 인플레 저하에 통계적으로 유의한 정(+)적 효과를 지님을 확인한 바 있으며, Compston(1997)과 Lehmbruch(1984)는 정책 참여가 임금 및 소득 불평등의 완화와 정부 공공지출의 증대에 통계적으로 유의한 효과를 확인해 주고 있다. 또한 최근 사회협약체제를 진전시키고 있는 유럽 국가들에 대한 사례연구 역시 유사한 결론을 제시하고 있다(Baccaro, 2003, 2006; Molina, 2004).

(3) 사업장/기업 수준의 대변/참여

① 지 표

Cameron(1984)은 노조의 조직적 힘을 측정하는 지표 중의 하나로 ‘작업장 및 기업이사회를 통해 기업의 의사결정에 참가할 수 있는 제도(scheme)의 존재 여부’를 제시하였다. 그러나 그는 실제 측정에 있어서는 이 변수를 제외하였다. 아래 표에서 보듯이 그는 종업원 평의회와 기업이사회 참여 여부를 묻는 비교적 단순한 방식의 지수와 척도를 제공하고 있다. Siaroff(1999)는 제도화 여부, 다루는 영역, 노조와의 관계 등의 차원에 따라 5점으로 구성된 단일 척도의 지표를 제공하고 있다. Kittel(2000)은 법률적 기반, 법적 권리와 의무, 구체적인 영역에서의 비토권 등 3개의 구성요소를

표 3-15 사업장 수준 노동자 대변에 관한 지표

필 자	지표/지수	척 도
Cameron (1984)	"작업장 및 이사회를 통해 기업 의사결정에 참가할 수 있는 제도" 1) 노동평의회의 존재 2) 기업이사회 참가	- 종업원평의회와 기업이사회참가가 모두 존재하는 경우 1점, - 종업원평의회만 있는 경우 0.5점 - 제도는 없지만 노조현장조직이 고충처리에 중요한 역할을 하는 경우(영국, 아일랜드 등) 0.3점 - 아무 제도나 관행이 없는 경우 0점으로 처리
Kittel (2000)	"제도화된 기업단위 노동자대변 지수" 1) 법률적 기반 2) 법적 권리와 의무 3) 특정영역의 비토권	1) 법률적 기반 - 법률존재 4점, 단체협약존재 2점, 기업수준 합의로 시행 0점 2) 법적 권리와 의무 - 정보권: 유 1점 무 0점, 협력의무 유 1점 무 0점 3) 비토권 - 채용/해고, 임금체계, 작업조직, 훈련, 기술, 노동시간 등 8개 세부 요소에 대해 비토권 존재시 각 0.5점
Siaroff (1999)	"사업장 공동결정의 범위(scope)"	5=필수적이고 법제화된(required and regulated), 폭넓은 관여(involvement), 노조에 종속적인 평의회 3=필수적이고 법제화된(required and regulated), 폭넓은 관여(involvement), 평의회 대표가 반드시 노조출신은 아닌 2=허용되고 확산된(permitted and common), 법률적으로 규율되진 않은 1=허용되었지만 드문
Traxler et al. (2001)	"사업장 교섭과 피용자 대표의 공식권리"	1. 단일사용자교섭의 지배 2. 로컬조직의 임금협상 및 파업에 대한 법률적 권리 3. 정상조직 합의에 의한 로컬조직의 임금협상 및 파업권 4. 노조규약에 의한 평화의무 하의 로컬조직 임금협상권 5. 고위 수준 합의틀 내에서 평화의무 하의 임금협상권 6. 변동임금에 대한 상위 수준 합의 틀 내에서의 로컬의 제한된 협상권 7. 평화의무 하에서 비임금 이슈에 관한 폭넓은 범위의 법정 공동결정권 8. 평화의무 하에서 비임금 이슈에 관한 좁은 범위의 법정 공동결정권 9. 평화의무 하에서 비임금 이슈에 관한 좁고 제한된 범위의 공동결정권 10. 좁은 범위의 법정 정보 및 자문권 11. 구체적 권리 없음

자료원: 각 필자.

가진 제도화된 기업단위 노동자대변 지수를 개발하였다. 그는 이를 총 10점 구성된 척도를 통해 계산하도록 하였다. Traxler et al.(2001)도 사업장 교섭과 피용자 대표의 공식적 권리에 대한 지수를 개발하였다. 그런데, 이들의 지수는 교섭권과 공동결정권을 하나의 차원에 묶어서 지수를 개발했다는 문제가 있다(〈표 3-15〉 참조).

그러나 사업장 노사협의 제도를 지표화하여 측정한 경우 측정 대상 국가들이 약 15개 안팎으로 제한되어 있어서 측정대상을 넓힐 경우 기존 연구자들이 개발한 척도의 일부는 활용하기 곤란한 난점이 있다. 즉, 제도 유무에 관한 한 측정 대상을 넓힐 수 있으나 보다 구체적인 규율 내용에 대해서는 각국 자료들이 제공되기 어렵다.

3) 산출(outcome)에 대한 지표

거시 노사관계의 산출물 관련 지표들은 산업갈등 정도(파업과 직장폐쇄), 노동비용 및 임금상승 정도, 노동생산성, 이직률, 명목 및 실질 임금증가, 노동시간, 임금불평등, 비정규직 비율, 고용률, 실업률, 인플레율, 소득분배, 경제성장률, 노동시장 유연성 등 다양하다. 이 산출물들은 노사관

표 3-16 노사관계 결과 지표의 결과 구분 및 관련 지표의 예

	노사관계 산출물	경제·사회적 산출물
효 율 성	파업 및 직장폐쇄 정도 노동비용 및 임금상승 노동생산성 이직률 수익성	GDP성장률 무역수지 노동시장 유연성 비정규직 비율
공 정 성	실질 임금 증가 노동소득분배율 노동시간 산업안전과 건강 임금불평등 고용안정과 훈련기회	실업률 및 고용률 인플레 소득분배 사회보장 지출 및 관대성

계의 직접적 산출물인가 파생적인 산출물인가, 효율성 차원의 산출물인가 공정성 차원의 산출물인가 등으로 분류할 수 있으며, 혹은 노사관계, 노동시장, 거시 경제, 사회적 차원 등으로 구분할 수도 있다.

여기서는 결과가 노사관계 상호작용으로부터 직접 귀결되는가 그렇지 않은가에 따라서, 그리고 효율성과 공정성 기준에 의해 산출 지표들을 분류하기로 한다. 이에 따라 분류한 결과가 〈표 3-16〉에 나타나 있다.

(1) 노사관계 산출물

직접적 결과에 관한 지표란 당사자간 상호작용에 의해 직접적으로 발생하는 노사관계 차원에서의 결과에 관한 지표를 의미한다. 이에 관한 대표적인 지표로는 임금 변동, 단위노동비용 변동, 파업 활동, 이직 등을 들 수 있다. 그간 임금 변동이나 단위 노동비용의 변동, 이직률에 대해서는 많은 논의가 있으므로 여기서는 파업활동 및 그 밖의 지표를 중심으로 소개하도록 한다.

파업 혹은 산업분쟁과 관련해서 Hibbs(1988)는 기존에 파업관련 연구들에서 개발되어 온 파업발생건수(frequency), 파업지속기간(duration), 파업참가자수(size) 등을 통합하여 파업규모(volume)라 불리우는 새로운 지표를 개발하였다. 파업규모는 발생건수, 지속기간, 참가자수를 서로 곱하여 계산되는데, 이는 비농 피용자 천인당 파업에 따른 손실 인/일수(man/days) 단위로 측정된다(다음 〈표 3-17〉 참조).

전통적인 설명은 단체교섭의 집중성이 높거나 코포라티즘 성향이 높은 국가일수록 국가와 노조 간의 정치적 교환(political exchange)을 통해서 파업 빈도나 임금상승률이 낮게 유지된다고 주장된다(Cameron, 1984; Pizzorno, 1977). 단체교섭의 집중성/조율성이 파업활동의 감소에 주는 영향은 뚜렷하며, 파업활동이 경제적 성과에 주는 영향도 뚜렷한 것으로 분석된 바 있다. 예를 들어 Cameron(1984)은 파업률이 높을수록 고인플레, 고실업, 빠른 임금상승이 유발되는 경향이 있다는 점을 지적한 바 있다.

단체교섭의 집중성과 관련된 또다른 효과는 임금상승의 완화(wage

표 3-17 노사관계 관련 산출 지표

지 표 명	측정 및 척도	연 구 자
파 업	1) 빈도(frequency): 파업수/비농피용자(천인당) 2) 지속기간(duration): 인-일/참여노동자 3) 규모(size): 참여노동자/파업수 4) 강도(intensity): 천인당 손실일수: 비농 피용자 1,000인당 손실 인·일(빈도×지속기간×규모)	Hibbs(1988)
임금인상률	1) 명목임금인상률 2) 실질임금인상률	Weiler(2004)
노동비용	인당노동비용(unit labor cost)	
노동시간	연간실노동시간	
산재발생	천인당 산재발생률	
임금격차		
노동소득분배율	부가가치중 인건비 비중	
노동생산성	제조업 노동생산성	
고용안정	평균근속년수 비정규직 비율	
이 직 률		

자료원: Hibbs(1988), Weiler(2004).

moderation)이다. 노동조합 조직률이 높을수록, 협약적용률이 높을수록, 그리고 파업활동이 활발할수록 임금상승이 가파른 경향이 있으나, 교섭 집중성/조율성과 코포라티즘 경향이 이러한 경향을 상쇄하여 낮은 임금인상을 유도한다는 것이다(Baccaro, 2006).

(2) 사회경제적 산출물

전통적인 경제성과 지표로는 명목 및 실질 임금 증가율, 인플레, 실업률 등이 많이 활용되어 왔다. 예를 들어 노동의 조직적 힘이 미치는 거시경제 성과에의 영향에 대한 계량적 측정의 효시를 이룬 Cameron(1984)의 경우 성과 지표로 소득 증가 및 파업 활동(volume)과 함께 실업률과 인플레를 사용하였다. 한편 Calmfors & Driffill(1988)은 실업률과 인플레를 합친

오쿤불행지수와 이후 개방경제지수로 불려진 대안적 성과지수(실업률+경상적자)를 사용하였다. 그러나 단체교섭과 코포라티즘의 경제성과에 대한 실증 문헌들이 늘어나면서 90년대 들어와 노사관계의 거시경제적 영향을 측정하는 데 활용된 성과지표들은 더욱 늘어났는데, 여기에는 특히 소득불평등 및 분배 문제와 관련된 지표들(Aidt & Tzannatos, 2003; Hicks & Swank, 1992; Hicks & Kenworthy, 1998; Iverson, 1999; OECD, 1997; Swank & Martin, 2000)과 노동시장 및 노동시장 유연성 지표들이 증가하였다(Bean, Layard, and Nickell, 1986; Scarpetta, 1996)(〈표 3-18〉 참조).

표 3-18 노동시장, 거시경제, 분배 관련 성과지표

필 자	성과 지표	정 의
Aidt & Tzannatos (2003)	1) 실 업 률 2) 고 용 률 3) 인 플 레 4) 오쿤 불행지수 5) 실질 보상증가 6) 생산성 증가 7) 개방경제 지수 8) 임금분산 9) 소득불평등 10) 일자리의 질 지수 11) 노동공급 12) 노동시장유연성 - 총실질임금유연성 - hysterisis - 고용의 임금쇼크 적응속도 - 탐색효과성 13) 실질경제성장	실업자/경제활동인구 취업자/경제활동인구 소비자물가변동률 혹은 GDP 디플레이터 실업률 + 인플레 제조업 실질임금 증가율 노동생산성 혹은 총요소생산성 증가 실업률 + 경상적자 = 대안성과지표 산업간 임금 변동 계수 민간부문 9분위 소득 대비 1분위의 비율 고용률과 임금분산 간 차이(변동계수) 고용/취업연령인구(25-54) (Bean, Layard, and Nickell(1986), Scarpetta(1996)) 실질임금의 실업에 대한 반응성 실업 쇼크의 지속성 고용의 임금쇼크에 대한 평균적응속도 주어진 실업 수준에서의 일자리 결원의 수 구매력 차이로 조정된 실질 GDP 증가
Cameron(1984)	1) 실 업 2) 인 플 레 3) 소득(earnings) 증가 4) 파업활동	상 동 상 동 제조업 시간당 소득증가 분쟁당 작업중단일수/전체노동력중 천인(ILO)
Calmfors & Driffill(1988)	1) 실 업 률 2) 고용/인구 비율 3) 오쿤지수	상 동 피용자/경제활동인구(15-64) 실업률 + 인플레율

	4) 대안적 성과지수	실업률 + 경상적자(current account deficit)
Hicks & Kenworthy(1998)	〈분배/재분배〉 1) 소득이전 프로그램에 대한 정부 지출 2) 탈상품화지수* 3) 적극적 노동시장정책에 대한 정부 지출 4) 실업률 〈집합적 성과〉 5) 실질 인당 GDP 6) 투 자 7) 무역수지 균형 8) 인플레율	 GDP 중 % 연금(5개지수)+질병급여(4개지수)+ 실업급여(4개지수) GDP 중 % 상 동 상 동 총고정자본형성의 GDP % 수출-수입의 GDP % 상 동
Iverson(2000)	복지체제 통합지표 1) 실업보상률 2) 공공부문 고용	통합(composite) 지표 - 40세 실업자 표본의 3개년치 실업보상률 - 정부고용/총고용
Kenworthy(1995)	1) 인 플 레 2) 투 자 3) 오쿤불행지수 4) 산출증가 5) 생 산 성 6) 생산성 증가 7) 무역수지 균형 8) 실 업 9) 단위노동비용 변동	소비자물가지수 변동 총고정자본형성/GDP 인플레+실업 인당 실질GDP 증가율 피용자 인당 GDP 지수 피용자 인당 실질 GDP 변동 (수출-수입)/GDP 실업자/피용자 제조업 명목임금 변동-생산성변동
Nickell& Layard, Nickell(1997)	1) 실 업 률 2) 노동공급 3) 생산성증가	교섭적용률이 장단기 실업 및 노동공급을 증가시킴.
OECD(1996)	1) GDP 증가 2) 제조업 산출 증가 3) 수출성장률 4) FDI	
OECD(2004)	〈non-wage outcome〉 1) 실 업 률 2) 고 용 률 3) 인 플 레 4) 실질소득증가 〈wage outcome〉 5) 실질 시간당 소득 증가율	 상 동 상 동 상 동 실질 인당 GDP 증가율 상 동

	6) 효율임금증가 7) 임금몫(wage share) 8) 소득불평등 9) 청년층 상대소득 10) 노령노동자 상대소득 11) 여성 상대소득	실질 시간당 임금증가율/총요소생산성증가 민간부문 전체 보상액 풀타임남성 9분위소득/1분위소득 15-24세 소득/25-54세 소득(풀타임 남성) 55-64세 소득/25-54세 소득(풀타임 남성) 25-54세여성풀타임/25-54세남성풀타임소득
Pontusson(2000)	임금불평등 지표 1) 90분위-10분위 비율 2) Rowthorn 지수 3) 남녀 임금비율	 - 하위 90분위에 대한 상위 10분위 소득비 - 산업별(광공업) 소득 편차(s.d./mean) 계수 - 평균남성소득/평균여성소득(시간당)

자료원: Calmfors & Driffill(1988), Hicks & Kenworthy(1998), Kenworthy(1995), OECD (2004).

주: * 생계의 시장의존성이 사회임금에 의해 완화(relaxed)된 정도를 측정하는 지수 (Esping-Andersen, 1990). 1) 노령연금의 탈상품화 지수: (1) 정상 노동자(평균임금을 버는 표준 생산직 노동자) 소득에서 최저 연금 급여의 비율 (2) 정상 노동자의 표준 연금 대체율 (3) 연금수령자격에 요구되는 기여 년수 (4) 총연금재정에서의 몫 (5) 실제로 연금을 받는 사람의 비율. 2) 질병급여 및 실업급여의 탈상품화 지수: (1) 질병/실업후 첫 26주간의 급여대체율 (2) 자격을 얻기 위해 필요한 고용기간(주의 수) (3) 급여 지급 전 대기 일수 (4) 급여가 지불되는 주의 수.

Aidt & Tzannatos(2002)는 교섭조정(bargaining coordination)과 경제적 성과간의 관계를 연구한 경제학 문헌 125개에 대한 검토를 통해 다음의 결론을 내고 있다. 첫째, 조율된 교섭체계를 가진 나라가 그렇지 않은 나라에 비해 경제적 성과가 낫다는 가설은 1970년대와 80년대에 일정하게 지지되지만 90년대에 들어와서는 양자간 차이가 사라졌다. 둘째, 그러나 조율된 교섭체계는 그렇지 않은 경우보다 뚜렷하게 적은 임금격차 및 소득불평등을 보여준다. 셋째, 노조 조직률은 경제성과에 별 영향을 주지 않는 반면, 협약적용률은 상대적으로 불량한(poor) 경제성과와 연관되어 있다. 넷째, 협약적용률은 실업률 상승과 관련이 있지만 조율된 협약체계 하에서는 그 효과가 반감된다. 이는 단체교섭체계가 경제성과에 영향을 미치는 데 있어서 개별적 효과보다는 제도간 상호작용 효과를 보는 것이 중요함을 의미한다. 다섯째, 낙타등 가설은 실업과 생산성에 있어서 약간의 지지를 받으며 다른 경제성과에서는 지지를 받지 않는다.

Jan-Erik Lane & Ersson(2004)은 노동조합 및 교섭구조와 공공사회지출(public social spending) 간의 상관관계를 분석한 바 있다. 이들의 분석에 의하면 공공사회지출의 확대는 노동조합 조직률, 교섭의 집권성/조율성, 코포라티즘 등과 상관관계를 지니고 있다.

OECD(1997, 2004)를 비롯한 많은 연구들은 노동조합과 단체교섭이 임금격차(wage dispersion)와 소득불평등(earnings inequality)의 감소에 긍정적 영향을 미쳐왔음을 확인해 주고 있다. 특히 노조 조직률, 단체교섭의 집중성/조율성, 협약 적용률 등이 임금격차 및 소득불평등과 뚜렷하고 일관된 부(－)적 상관관계를 맺고 있음이 입증되어 왔다(Aidt & Tzannatos, 2002; Golden et al., 2002; Hayter, 2002; OECD, 1997; 2004). Clar et al.(2007)은 실업률 변화에 대한 실질임금 변화의 탄력성으로 정의되는 실질임금탄력성(real wage flexibility)과 노동시장 제도와의 상관관계에 대해 1983년부터 2003년간 수행된 계량연구 27종 608개 추정치를 수집하여 메타분석을 실시한 바 있다. 그들에 의하면 노조 조직률이 높거나 고용보호입법(EPL)이 경직적일수록 실질임금 탄력성은 낮아지는 것으로 분석되었다.

4. 노사관계 평가지표 설계

이 절에서는 2절에서 구축한 평가모형에 기초하고 3절에서 조사된 투입, 과정, 산출별 평가지표들을 참고하여 국가단위 노사관계 평가지표를 설계한다. 평가지표 설계에 있어서는 현실적인 객관적 자료수집 가능성을 고려하게 될 것이다.

1) 지표의 선택

노사관계 평가지표 설계는 앞서의 평가모형에서 제시된 투입－과정－산출 및 효율성－형평성의 범주 구분을 따라 각각의 변수들을 분류하고, 이 변수들을 측정할 수 있는 적절한 지표들을 배열함으로써 이루어진다.

투입 지표는 노사의 조직특성과 전략, 노사관계의 제도적 틀과 노동정책 등으로 구성된다. 이중 노사의 전략은 계량적 측정이 곤란하므로 지표에서 제외하였다. 과정 지표는 정책협의, 단체교섭, 사업장 노사협의, 그리고 노사관계에 대한 주관적 태도 등으로 이루어진다. 단체교섭의 경우 집권성과 적용률이 주로 고려되었고, 정책협의와 사업장 노사협의에 대해서는 각국의 제도적 특징을 중심으로 지표가 설계되었다. 산출 지표는 노사관계 산출물과 경제·사회적 산출물로 구분하였다. 파업률, 근로조건, 노동비용, 생산성 등이 노사관계 산출물로, 고용 성과, 비정규직 비율, 인플레, 경제성장, 소득불평등, 사회보장 등이 경제·사회적 산출물로 제시되었다. 한편, 각 지표에 대한 효율성-형평성 성격 구분은 앞서 소개된 각 지표별 경제적 성과 및 사회적 성과와의 상관관계, Budd(2004)의 구분 등을 고려하여 이루어졌다.

비교 노사관계 지표의 선택에서 중요성을 띠는 사항이 적절한 자료가 있는가 하는 것이다. 해당 지표의 정도를 측정한 결과가 없는 경우 부득이하게 대리지표를 사용할 수밖에 없다. 선택된 지표들은 모두 기존의 실증연구에서 사용되었거나, 혹은 광범위한 비교연구가 가능할 정도로 자료가 구축된 지표들이라고 할 수 있다. 그러나 기존의 실증 연구에서 사용된 지표들 중에서 이 연구의 비교 대상인 OECD 국가들을 제대로 포괄하지 못하는 지표들과 그에 대한 자료들은 사용할 수가 없었다.

한편, 효율성과 형평성 범주별 투입-가정-산출 차원의 세부 지표들은 일정한 구성 타당성을 지니고 있다고 할 수 있다. 예를 들어 효율성-투입의 해고의 자유와 비정규직 활용의 자유 지표는 OECD(1997) 자료를 활용한 것으로 개별적 노사관계의 투입에 해당된다. 이 지표들의 효율성 친화성에 대해서는 OECD(1997)의 실증 결과에 잘 나타나 있다. 노조의 분권성 역시 교섭구조의 분권성과 함께 Calmfors & Driffil(1989)에 의해 효율성 친화적인 양상이 실증된 바 있다. 정부의 교육부문 지출이나 문맹률은 전통적으로 효율성 투입 변수로 활용되어 왔다. 효율성-과정 부문의 지표들에서 교섭분권성 지표들 역시 Katz(1993)의 연구 이후 많은 실증 연구들이 축적되어 있다. 효율성－산출 지표들에서도 노동생산성, 노동비용, 경제성장률, 파업, 비정규직 비율 등 검증된 지표들이 활용되었다.[6)]

형평성－투입에서 사용된 노조조직률, 정부 노동시장 정책 지출, 사회보장 지출 등은 전통적으로 형평성 부문에서 활용되어 온 지표들이다. 형평성－과정 부문에서 활용된 단체협약 적용률이나 사회적 대화기구, 기업 수준의 종업원 참여 수준 역시 형평성－과정을 측정할 수 있는 대표적인 지표들이라고 할 수 있다(Budd, 2004; Traxler et al., 2001). 단, 사회적 대화 기구나 종업원 참여 수준에 대해서는 제도 유무뿐 아니라 강제성(compulsion), 의제의 범위(scope), 허용된 법률적 권리 등과 같은 제도화 강도(institutionalization intensity) 등에 대한 세부 측정이 필요하나, 이 역시 자료가 허락치 않았다. 마지막으로 형평성 산출 지표들은 대부분 공인된 지표들이라고 할 수 있다.

2) 효율성 지표의 설계

(1) 효율성-투입 지표(EFI)

효율성－투입 지표는 해당 국가가 설정하고 있는 채용 및 해고의 자유정도(정규직 해고의 자유, 비정규직 활용의 자유, 집단해고의 자유), 노동운동의 통제정도, 노동조합의 분권성 및 정부의 교육부분지출, 문맹률의 7가지 구성요소를 채택하고 있다. 특히, 채용 및 해고의 자유정도는 OECD에서 조사하여 발표한 고용보호법제(EPL, Employment protection legislation) 지수의 세부지표를 변환하여 활용하였다. 구체적인 구성지표의 내용은 아래와 같다.

6) 단, 비정규직 비율에 대해서는 본 연구용역의 일환인 '한국의 노사관계 평가를 위한 국제세미나'에서 그 타당성에 대한 지적이 있었다. 국내의 사업장 수준 실증연구들에 의하면 비정규직 비율과 기업성과간 관계는 일정치가 않으며, 또한 비정규직 비율과 효율성이 선형적 관계인지 여부도 실증된 바가 별로 없는 것이 사실이다. 반면, 비정규직 활용의 증가가 최소한 단기적으로 기업의 비용절약 및 유연성 증대와 연결되어 있다는 점도 사실이다. 따라서 이 지표는 향후 국내외의 실증 연구 결과들을 더 수집한 후 활용 여부를 결정하는 것이 타당할 수도 있을 것이다.

표 3-19 효율성-투입 지표(EFI)의 구성

구 분	구성지표	하위지표	자료원천
효율성-투입(EFI) 지표	1. 정규직해고의 자유	Difficulty of dismissal*	http://stats.oecd.org/wbos/
		Notice and severance pay for no-fault individual dismissals*	http://stats.oecd.org/wbos/
		Regular procedural inconveniences*	http://stats.oecd.org/wbos/
	2. 비정규직활용의 자유	Fixed-term contracts*	http://stats.oecd.org/wbos/
		Temporary work agencies (TWAs)*	http://stats.oecd.org/wbos/
	3. 집단해고의 자유	Collective dismissals*	http://stats.oecd.org/wbos/
	4. 노동운동 통제정도	Trade union right index*	Kucera(2004)
	5. 노조분권성	노동조합정상조직집권성*	Traxler et al.(2001)
	6. 정부의 교육부문 지출	교육훈련공공지출(GDP대비%)	ILO SES DB (D6a)
		교육공공지출(GDP대비%)	OECD Factbook 2006
		공사교육기관지출(GDP대비%)	KSDC databank(OECD in Figures)
	7. 문맹률	Illiteracy rate(%)*	ILO SES DB (D1)

*: 역코딩(아래 표에서도 동일하게 적용).

① 정규직 해고의 자유

정규직 해고의 자유는 OECD 고용전망보고서의 정규직 고용보호지수(Strictness of EPL, regular employment)의 세부지표를 원자료로 하여, 각 국가의 t-score를 부호변환하여 활용하였다. 정규직 고용보호의 수준은 해고절차의 불편도(procedural inconveniences), 일상해고에 대한 해고예고와 해고수당 지급의무 정도(notice and severance pay for no-fault individual dismissals), 해고의 어려움(difficulty of dismissal)의 하위지표로 구성되는데, 여기서는 해고의 자유라는 효율성지표로 활용하기 위하여 일종의 역코딩 기법을 적용한 것이다.

② 비정규직 활용의 자유

비정규직 활용의 자유는 OECD의 비정규직고용규제(Strictness of EPL, temporary employment)의 세부지표를 원자료로 하였다. 비정규직고용규제는 유기계약(fixed－term contracts)과 파견고용(temporary work agency employ－ment)을 대상으로 사용사유제한설정여부, 계약갱신 횟수제한, 계약기간제한 등의 수준을 고려하고 있다. 본서에서는 각각 유기계약과 파견고용에 대한 규제정도가 낮을수록 비정규직활용의 자유가 높은 것으로 간주하여 지표로 활용하였다.

③ 집단해고의 자유

집단해고의 자유는 OECD의 집단해고(collective dismissal)규제정도를 원자료로 활용하였다. 집단해고규제정도는 집단해고의 정의, 추가적인 해고 통보요건, 추가적인 유예기간, 사용자의 추가적인 부담 등을 고려하여 산출된 점수인데, 본서에서는 이 점수가 낮을수록 집단해고에 대한 자유가 높은 것으로 간주하여 활용하였다.

④ 노동운동 통제정도

노동운동 통제정도는 ILO의 워킹페이퍼시리즈(Kucera, 2004)[7]에 소개된 노동조합권리지수(가중점수)를 원자료로 활용하였다. 이 지표는 노동조합권리에 관한 기존의 문서의 원자료들이 기록하고 있는 침해 사실들을 코딩한 것에 기반해 만들어졌다. 이 점수도 노동조합권리지수가 낮을수록 노동운동에 대한 통제정도가 높은 것으로 간주하여 효율성－투입 지표를 산출하는 데 활용하였다.

⑤ 노조분권성

노조분권성 지표는 Traxler et al.(2001)[8]의 노조정상조직집권성 점수를

7) Kucera, David(2004), Measuring trade union rights: A country－level indicator constructed from coding violations recorded in textual sources, ILO Policy Integration Department. <http://www.ilo.org/public/english/bureau/integration/download/publicat/4_3_301_wp－50.pdf>

8) Traxler, Blaschke and Kittel(2001), National Labor Relations in Internationalized

활용하였다. 한국 점수는 가맹조직 조합비 일부를 받을 권리, 가맹조직의 요구형성 그리고/혹은 교섭에 참여할 권리 등을 고려하여 점수를 산출한 후 분석에 투입하였다. 노조정상조직집권성이 낮을수록 효율성을 의미하는 노동조합의 분권성정도가 높을 것으로 간주하여 지표로 활용하였다.

⑥ 정부의 교육부문지출

정부의 교육부문지출은 각 국가의 인적자본에 대한 투자정도를 반영하기 위한 지표로 ILO와 OECD에서 제공하는 자료들을 분석에 포함하였다. 이 지표는 각각 GDP대비 교육훈련공공지출,[9] 교육공공지출[10] 및 공사교육기관지출[11]이 차지하는 비율을 활용하였다.

⑦ 문 맹 률

각 국가의 인적자원 수준을 반영하기 위하여, ILO에서 제공하는 국가별 문맹율 자료[12]를 활용하였다.

(2) 효율성-과정 지표(EFP)

효율성－과정 지표는 교섭분권성과 노사관계의 생산성 또는 협조성지표로 구성하였다. 교섭분권성은 노사관계 당사자들간의 상호작용이 얼마나 효율적인 구조 하에서 이루어지는지를 평가할 수 있는 지표이며, 노사관계의 생산성과 협조성은 사용자입장에서 노동조합이 기업 활동의 효율성 증대에 얼마나 협조적인지를 평가한 점수로 이해할 수 있다(〈표 3－20〉 참조).

Markets, Oxford Univ. Press.

9) Socio－economic security Primary Database. 〈http://www.ilo.org/dyn/sesame/IFPSES.Tables?p_nosession＝13180〉

10) OECD Factbook 2006. 〈http://oberon.sourceoecd.org/pdf/fact2006pdf/08－02－ 02.pdf〉

11) Korean Social Science Data Center. 〈http://www.ksdc.re.kr/databank/〉, 분야－OECD, 테이블명－국가별 교육비 일반, 분류명－국가분류, 항목명 선택－GDP대비공사교육기관지출비율

12) Socio－economic security Primary Database. 〈http://www.ilo.org/dyn/sesame/IFPSES.Tables?p_nosession＝13180〉

표 3-20 효율성-과정 지표(EFP)의 구성

구 분	구성지표	하위지표	자료원천	
효율성-과정(EFP) 지표	1. 교섭분권성(수준)	Centralization*	OECD Employment outlook 2004	
	2. 교섭분권성(조정)	Coordination*	OECD Employment outlook 2004	
	3. 노사관계의 생산성	IMD설문점수	IMD-WEF 1990	IMD 1999, 2006
	4. 노사관계의 협조성	WEF설문점수		WEF 1999, 2005-2006

① 교섭분권성(수준) 및 교섭분권성(조정)

2004년 OECD 고용전망보고서[13]에서는 회원국가들의 임금결정제도(wage-setting institutions)의 체계화된 척도를 활용하여 임금교섭의 집중성 정도를 측정하고 그 거시경제적 영향 정도를 검토하였다. OECD가 활용한 집중성 척도는 구조적 집중성(centralization)과 조정(co-ordination)으로 나뉘어 있다. 전자가 지배적인 단체교섭 수준에 근거하여 척도가 구성되어 있다면, 후자는 단체교섭 수준과 상급단체의 교섭에 대한 조율 정도를 포함하여 척도를 구성하였다. 본 연구에서는 이 두 가지 척도를 모두 역코딩하여 교섭분권성의 개념으로 활용하였다.

② 노사관계의 생산성(Productivity in Industrial Relations)

IMD 세계 경쟁력연감(Global Competitiveness Yearbook)[14]의 노사관계의 생산성 지표는 "노사관계가 적대적인가 아니면 생산적인가?"에 대한 물음에 대하여, 응답자인 사용자들의 응답이 생산적일수록 높은 점수를 부여하고 있다.

13) OECD Employment outlook 2004. 〈http://miranda.sourceoecd.org/upload/8104121e.pdf〉

14) IMD international, World economic Forum. (1990). The world competitiveness report, 1990. Lausanne: IMD international; Geneva: The World Economic Forum, International Institute for Management Development. The world competitiveness yearbook. Lausanne, Switzerland: IMD. 각 연도.

③ **노사관계의 협조성**(Cooperation in labor−employer relations)

WEF[15)]에서 사용자들에 대한 설문조사를 통해 산출한 수치를 사용하였다. 노사관계의 협력성 지표로 노사간 협력하는 정도가 높을수록 높은 점수를 나타내고 있다.

(3) 효율성-산출 지표(EFO)

효율성−산출 지표는 효율성 측면의 노사관계 결과물과 관련된 지표로 구성된다. 노동생산성증가, 노동비용감소, 실질경제성장은 투입대비 산출의 개념에 적용될 수 있는 지표들이다. 파업의 크기, 참여자수, 노동손실일수와 같이 파업정도와 관련한 지표들은 효율성과는 반대되는 개념으로서, 파업관련 지표들의 수준이 낮을수록 효율성이 높은 노사관계의 결과를 나타내고 있는 것으로 간주하여 분석에 활용하였다(〈표 3−21〉 참조).

표 3-21 효율성-산출 지표(EFO)의 구성

구 분	구성지표	하위지표	자료원천
효율성-산출(EFO) 지표	노동생산성증가율	Labour productivity for the total economy	OECD Economic Outlook No. 79
	노동비용감소	Compensation per employee*	OECD Economic Outlook No. 79
		unit labor cost*	http://stats.oecd.org/wbos/
	실질경제성장	GDP, at constant prices	OECD Productivity Database 2006
	strikes and lockouts	파업건수*	http://laborsta.ilo.org
	Workers involved	참여자수*	http://laborsta.ilo.org
	Rates of days not worked	1000인당 노동손실일수*	http://laborsta.ilo.org

15) IMD international, World economic Forum. (1990). The world competitiveness report, 1990.Lausanne: IMD international; Geneva: The World Economic Forum, Michael E. Porter, Klaus Schwab and Augusto Lopez−Claros. The global competitiveness report. Basingstoke: Palgrave Macmillan; Geneva: World Economic Forum. 각 연도.

	비정규직비율	temporary employment(%)	http://www.sourceoecd.org OECD(2007). OECD Economic Surveys 2007.(한국자료)

① 노동생산성 증가

노동생산성 증가정도는 OECD 경제전망보고서[16]에서 발표한 근로시간당 GDP 개념의 생산성지표를 활용하였다. 이 지표는 각 연도의 증가율을 투입하였다.

② 노동비용 감소

근로자당 보상(compensation per employees)[17]은 임금 및 비임금 급여뿐 아니라 사회보장 및 연금 기여금 등 사용자가 부담하는 비용을 포함하는 개념이며, 단위노동비용(Unit labor Cost)[18]은 생산성 지표의 하나로서 단위생산을 위해 지급한 노동비용을 의미하는 개념이다. 효율성지표로서의 의미를 부여하기 위해 t값의 부호를 변환하여 분석에 투입하였다. 즉, 근로자당 보상과 단위노동비용이 감소할수록 효율성이 높은 것으로 간주하였다. 두 세부지표 모두 OECD에서 제공하는 자료를 활용하였다.

③ 실질경제성장

실질경제성장은 OECD 생산성DB[19]에서 제공하는 각 연도의 GDP 증가율(Growth of Gross Domestic Product, in percent)을 투입하였다.

④ 쟁의행위(strikes and lockouts)

쟁의행위는 각 연도의 파업과 직장폐쇄의 발생 수를 의미한다. 쟁의행

16) OECD Economic Outlook, volume 2006/1, No. 79, June. 〈http://masetto.sourceoecd.org/vl=2344933/cl=27/nw=1/rpsv/cgi-bin/fulltextew.pl?prpsv=/ij/oecdjournals/04745574/v2006n1/s41/p359.idx〉 or 〈http://dx.doi.org/10.1787/381736702581〉

17) OECD Economic Outlook, volume 2006/1, No. 79, June. 〈http://masetto.sourceoecd.org/vl=2344933/cl=27/nw=1/rpsv/cgi-bin/fulltextew.pl?prpsv=/ij/oecdjournals/04745574/v2006n1/s41/p359.idx〉

18) 〈http://stats.oecd.org/wbos/〉. 'The annual exchange rate adjusted ULC'를 활용하였음.

19) OECD Productivity Database, January 2006.

위는 ILO[20]의 자료를 기본으로 하고, 일부 결측치를 보완하기 위해 유럽노사관계관측소(EIRO)의 자료[21]를 결합하여 활용하였다.

⑤ **참여자수**(Workers involved)

위 쟁의행위 참여자수를 의미한다. 참여자수는 ILO의 자료를 기본으로 하되, 일부자료는 한국노동연구원(KLI)[22]과 Eurostat[23]의 자료를 결합하여 활용하였다.

⑥ **1000인당 노동손실일수**(Rates of days not worked per 1000 employees)

1000인당 노동손실일수((노동손실일수×1000)/피고용자수)는 확보 가능한 최근연도 자료를 활용하였다. 주요 참고 문헌은 Beardsmore(2004)[24]이며, ILO[25]와 Eurostat[26]의 자료를 보완적으로 활용하였다.

⑦ **비정규직비율**

비정규직비율은 전체비고용자중 유기계약 또는 임시직 비정규직(temporary employment)이 차지하는 비율[27]을 나타낸다. 즉, 여기서 비정규직이란 계약직(fixed-term contracts), 파견직(temporary agency workers), 용역직(contracts for a specific tasks), 대체직(replacement contracts), 계절직(seasonal work), 방문직(on-call work), 일용직(daily workers), 훈련생(trainees), 보조원(persons in job creation schemes)을 포함하는 개념이다(OECD employment

---

20) LABORSTA Internet, Yearly Statistics. 〈http://laborsta.ilo.org〉
21) Developments in industrial action-2000-4〈http://www.eurofound.europa.eu/eiro/2005/06/update/tn0506101u.html〉
22) 한국노동연구원. 〈http://www.kli.re.kr/〉
23) Eurostat. 〈http://epp.eurostat.ec.europa.eu/portal/page?_pageid=1090,30070682,1090_33076576&_dad=portal&_schema=PORTAL〉
24) Beardsmore, R. (2006), "International. Comparisons of Labour Disputes in 2004", Labour Market Trends, Special feature, United Kingdom Office for National Statistics. 〈http://www.statistics.gov.uk/articles/labour_market_trends/Int_labourdisputes.pdf〉
25) LABORSTA Internet, Yearly Statistics. 〈http://laborsta.ilo.org〉
26) Eurostat. 〈http://epp.eurostat.ec.europa.eu/portal/page?_pageid=1090,30070682,1090_33076576&_dad=portal&_schema=PORTAL〉
27) OECD. (2006). SourceOECD Employment and Labour Market Statistics, Incidence of permanent employment Vol 2006 release 01: Organisation for Economic Co-operation and Development. 〈http://www.sourceoecd.org/〉

outlook 2002:170). 한국자료는 위 정의에 적합한 한국 비정규직비율을 소개하고 있는 「OECD(2007). OECD Economic Surveys 2007」[28]의 자료를 결합하여 사용하였다.

3) 형평성 지표의 설계

(1) 형평성-투입 지표(EQI)

형평성-투입 지표는 노사관계 당사자의 구조적 측면을 나타내는 노조조직률과 제도적 측면을 나타내는 국가의 ILO핵심협약비준정도, 적극적 노동시장정책에 대한 정부지출 수준 및 정부의 사회보장지출 수준으로 구성된다. 구성지표에 대한 구체적인 설명은 아래 〈표 3-22〉와 같다.

표 3-22 형평성-투입 지표(EQI)의 구성

구 분	구성지표	하위지표	자료원천
형평성-투입 (EQI)지표	노조조직률		OECD Employment outlook 2004
	ILO핵심협약 비준정도	6개 협약비준 여부합계	ILOLEX(http://www.ilo.org/ilolex/)
	적극적노동시장정책 정부지출비율		http://stats.oecd.org/wbos/
	정부의 사회 보장지출		http://stats.oecd.org/wbos/

① 노조조직률

본 보고서에서 활요한 노조조직률은 전체 피용자수중에서 현직 조합원수가 차지하는 비율을 나타내는 순조직률을 기준으로 산출한 OECD 고용전망보고서의 자료[29]이다.

---

28) OECD. 2007. OECD economic surveys, Korea Paris: Organisation for Economic Co-operation and Development

29) OECD Employment outlook 2004. 〈http://miranda.sourceoecd.org/upload/8104121e.pdf〉

② ILO핵심협약비준정도

ILO의 핵심협약비준정도는 ILO의 8개 기본협약 중 해당연도에 각 국가가 비준하고 있는 협약의 개수를 합산하여 분석에 활용하였다.[30)]

③ 적극적 노동시장정책 정부지출 비율

적극적 노동시장정책이란 실업자들의 취업활동을 돕고 일자리 창출을 유발하기 위해 정부가 실시하는 각종 프로그램을 의미하여, 여기서는 OECD에서 제공하는 GDP대비 공공지출 비율(Public expenditure as a percentage of GDP)자료[31)]를 분석에 활용하였다.

④ 정부의 사회보장지출

정부의 사회보장지출은 노령연금, 소득지원 및 사회서비스관련 지출을 포괄하는 것으로, GDP대비 사회보장지출수준의 비율을 의미한다. 본 분석에서는 OECD에서 제공하는 자료를 활용하였다.[32)]

(2) 형평성-과정 지표(EQP)

형평성－과정 지표에는 단체협약 적용률, 국가차원의 사회적 대화기구 유무 및 기업수준 종업원참여제도의 제도화 정도를 포함한다. 구성지표에 대한 구체적인 설명은 아래 〈표 3－23〉과 같다.

표 3-23 형평성-과정 지표(EQP)의 구성

구 분	구성지표	자료원천
형평성－과정 (EQP) 지표	단체협약적용률	OECD Employment outlook 2004
	국가차원 사회적 대화기구 유무	ILO SES DB(F9a)
	기업수준 종업원참여 수준	Botero et al.(2004)

30) ILOLEX, Database on International Labour Standards. 〈http://www.ilo.org/ilolex/〉
31) Labour market programmes(Active Measure). 〈http://stats.oecd.org/wbos〉
32) The OECD Social Expenditure Database(SOCX) Reference series dataset.〈http://stats.oecd.org/wbos〉

① 단체협약적용률

단체협약(교섭)적용률(collective bargaining coverage)은 전체 피고용자 중에서 단체협약에 의해 근로조건이 결정되는 근로자의 비율을 추산한 것으로, 본 보고서에서는 각 국가에서 산출한 자료를 통합하여 보고하고 있는 OECE 고용전망보고서의 자료[33]를 분석에 활용하였다.

② 국가차원 사회적 대화기구 유무

국가차원 사회적 대화기구 유무는 사안별 협의가 아니라 국가수준에서 상시적인 협의기구가 있는지를 기준으로 '예' 또는 '아니오'로 코딩하여 제공하고 있는 ILO의 자료[34]를 활용하였다.

③ 기업수준 종업원참여 수준

기업수준의 종업원참여 수준(worker participation in management)은 근로자이사제도, 종업원평의회 등과 같은 종업원 참여권리가 법률로써 보호되고 있는 정도를 보여주는 지표이다. 본 연구에서는 Botero et al.(2003)[35]이 보고하고 있는 지수를 활용하였다.

(3) 형평성-산출 지표(EQO)

형평성 산출 지표들은 최저임금, 노동시간, 산업안전 등의 기초 근로조건들과 소득평등, 물가, 성평등 및 모성보호, 실업보상 등에 관한 기존의 자료들로 구성되어 있다(다음 〈표 3-24〉 참조).

33) OECD Employment outlook 2004. 〈http://miranda.sourceoecd.org/upload/8104121e.pdf〉
34) Socio-economic security Primary Database.〈http://www.ilo.org/dyn/sesame/IFPSES.Tables?p_nosession=13180〉
35) Botero, Juan, Simeon Djankov, Rafael La Porta, Florencio Lopez-de-Silanes and Shliefer(2003), The Regulation of Labor, NBER Working Paper 9756, Natioal Bureau of Economic Research. 〈http://www.nber.org/papers/w9756.pdf〉

표 3-24 형평성-산출 지표(EQO)의 구성

시스템	구성지표	하위지표	주요원천
형평성-산출 (EQO)지표	산재사망	Injuries:Deaths (Per 100,000 Wkers)	ILO SES DB(E2c)
	연평균노동시간	*	OECD Productivity Database 2006
	노동분배	노동소득분배율	한국은행(2005), OECD국가의 국민계정 주요지표
		피용자보수	
	고용수준	실업률*	OECD, Population and Labour Force Statistics
		고용률	
	지니계수*		World Income Inequality Database V 2.0b May 2007
	최저임금수준	minimum relative to median wages of full-time workers	http://stats.oecd.org/wbos/
	소비자물가상승률*		IMF, World Economic Outlook Database, April 2007
	남녀평등	Ratio of estimated female to male earned income	Human Development Report 98,02,06
		Female professional and technical workers(as % of total)	Human Development Report 98,02,06
	실업보상지수	Initial net replacement rate	Benefits and Wages: OECD Indicators 2004
		Unemployment insurance benefit duration	Benefits and Wages: OECD Indicators 2004 OECD Employment outlook 2006
		Average of net replacement rates over 60 months of unemployment	Benefits and Wages: OECD Indicators 2004
	출산/육아휴가지수	출산휴가기간(주)	ILO SES DB (C7b)
		출산휴가법적보장여부	
		출산수당(평균임금%)	OECD Employment outlook 2001
	육아시설활용도	Proportion of young children using formal child-care arrangement(3세 이하)	OECD Employment outlook 2001
		3세-의무교육	

① 산재사망

산재사망은 10만명당 산재사망자수를 지표로 활용하였다. 이 자료는 ILO SES DB에서 제공하고 있다.[36)]

② 연평균 노동시간

연평균 노동시간은 근로자가 평균적으로 한해에 몇 시간을 근로하는가를 나타내고 있는 지표로서, 여기서는 OECD에서 제공하는 자료[37)]를 기준으로 연평균 근로시간이 짧을수록 형평성이 높은 것으로 간주하여 분석에 활용하였다.

③ 노동분배

노동분배지표는 두 가지 하위지표의 평균값을 산출하여 최종분석에 투입하였다. 하위지표는 한국은행(2005)에서 발간한 OECD국가의 국민계정 주요지표[38)]의 피용자보수율(Compensation of employees)과 노동소득분배율(Ratio of compensation of employees to NI)을 활용하였다. 두 하위지표 모두 전체 국민소득에서 피고용자의 몫을 나타내는 것이지만, 자료의 포괄성을 위해 각각의 t값을 평균하여 활용하였다.

④ 고용수준

고용수준은 실업률수준과 고용률수준을 하위지표로 구성하였다. 실업률은 낮을수록 고용률은 높을수록 형평성을 향상시키는 것으로 간주하여 분석에 투입하였다. 실업률은 경제활동인구 중에서 실업자가 차지하는 비율로 경기변동에 의한 변화가능성 및 구직활동여부 파악의 어려움 등으로 인한 과소추정의 문제가 있을 수 있다. 따라서 생산가능인구 중에서 취업자가 차지하는 비율인 고용률수준을 함께 고려하였다. 두 지표 모두 OECD

---

36) Socio－economic security Primary Database. 〈http://www.ilo.org/dyn/sesame/IFPSES.Tables?p_nosession＝13180〉

37) OECD Productivity Database, January 2006; OECD Employment outlook 2006.

38) 한국은행(2005). OECD국가의 국민계정 주요지표. 〈http://epic.kdi.re.kr/epic_attach/2005/R0501013〉

자료[39]를 활용하였다.

⑤ 지니계수

지니계수는 소득불평등을 나타내는 대표적인 지표로서, 0에 가까운 값을 가질수록 불평등이 낮음을 의미한다. 자료는 지니계수를 전문적으로 수집하여 발표하고 있는 WIDER(World Institute for Development Economics Research)의 WIID의 자료[40]를 사용하였다. 이 DB는 한 국가의 지니계수를 자료의 원천에 따라 복수로 제공하고 있으므로, 본 연구에서는 각 국가별로 발표된 다양한 지니계수의 평균값을 분석에 투입하였다.

⑥ 최저임금수준

최저임금수준은 OECD에서 제공하고 있는 풀타임근로자 중위 임금에 대한 최저임금수준의 비율(minimum wage relative to median wages of full-time workers)을 나타내고 있다.[41]

⑦ 소비자물가안정

소비자물가안정은 IMF에서 발표하고 있는 각 년도 소비자물가상승률 원자료[42]로 하였으며, 형평성-산출 지표를 산출하는 데 있어서는 t값을 부호변환하여 투입하였다.

⑧ 남녀평등

남녀평등지표는 유엔에서 발간한 인간개발보고서(Human Development Report)의 여성권한척도(GEM: Gender Empowerment Measure)[43]를 구성하고

39) OECD, Population and Labour Force Statistics. 〈http://fiordiliji.sourceoecd.org/vl=7020608/cl=12/nw=1/rpsv/statistic/s5_about.htm?jnlissn=16081161〉

40) World Income Inequality Database V 2.0b May 2007. 〈http://www.wider.unu.edu/wiid/wiid.htm〉

41) Minimum wage relative to median wages of full-time workers. 〈http://stats.oecd.org/wbos/〉

42) IMF, World Economic Outlook Database, April 2007. 〈http://www.imf.org/external/pubs/ft/weo/2007/01/data/index.aspx〉

43) Human Development Report 2006. 〈http://hdr.undp.org/hdr2006/statistics/indicators//indicators_table.cfm〉
Human Development Report 2002. 〈www.undp.org.pl/files/464/hdr02.pdf〉
Human Development Report 1998. 〈http://gd.tuwien.ac.at/soc/undp/98gem.htm〉

있는 하위지표 중에서 남녀소득평등과 전문기술직에 있어 여성의 비율을 분석에 활용하였다.

⑨ 실업보상지수

실업보상지수는 OECD에서 제공하고 있는 초기소득대체율(Initial net replacement rate),[44] 실업급여지급기간(Unemployment insurance benefit duration),[45] 60개월 실업시 평균 소득대체율(Average of net replacement rates over 60 months of unemployment)[46]의 t값 평균으로 산출하였다. 특히, 벨기에의 경우 실업급여지급기간에 제한이 없어, 이를 계산에 포함하기 위해 t값이 3을 넘지 않는 범위를 기준으로 59개월의 임의 값을 부여하였다. t값은 보통 −3~3의 값을 갖는 것이 일반적이기 때문이다.

⑩ 출산/육아휴가지수

출산/육아휴가지수는 2001년도 OECD 고용전망보고서에서 보고하고 있는 출산휴가기간(Duration of maternity leave, weeks),[47] 출산휴가 법적 보장여부(Law or regulation guaranteeing employed women maternity leave)[48] 및 출산휴가수당(Maternity benefit, % of average wages)[49]의 t점수 평균값을 활용하였다.

⑪ 육아시설활용도

육아시설활용도(Proportion of young children using formal child−care

44) Benefits and Wages: OECD Indicators 2004. 〈http://www.oecd.org/dataoecd/25/28/34008439.xls〉
45) Benefits and Wages: OECD Indicators 2004. 〈http://www.oecd.org/dataoecd/14/37/34010421.xls〉
OECD Employment outlook 2006. 2004년 자료. 〈http://lysander.sourceoecd.org/vl=10862923/cl=15/nw=1/rpsv/cw/vhosts/oecdthemes/99980045/v2006n5/contp1−1.htm〉
46) Benefits and Wages: OECD Indicators 2004. 〈http://www.oecd.org/dataoecd/25/30/34008574.xls〉
47) Socio−economic security Primary Database.〈http://www.ilo.org/dyn/sesame/IFPSES.Tables?p_nosession=13180〉
48) Socio−economic security Primary Database.〈http://www.ilo.org/dyn/sesame/IFPSES.Tables?p_nosession=13180〉
49) OECD Employment outlook 2001.

arrangement)는 2001년도 OECD고용전망보고서에서 발표했던 것으로, 3세 이하 및 3세부터 의무교육기간까지의 두 가지 통계치[50])를 활용하였다.

마지막으로 다음의 〈표 3-25〉와 〈표 3-26〉에서는 이번 연구에서 선정, 활용한 효율성 및 형평성 지표들과 그 출처들을 요약하고 있다. 우선, 평가 지표들은 효율성 지표에서 투입 7개, 과정 4개, 산출 7개 등 총 18개 지표를, 형평성 지표에서는 투입 4개, 과정 3개, 산출 11개 등 총 18개 지표를 사용하는 등 총 36개의 지표들이 활용되었다. 이중 일부 지표들은 2개 이상의 하위 지표들을 포함하고 있다. 한편, 이 연구에서 활용된 지표들은 기존에 개발된 비교지표들과 그에 근거한 자료(data sets)들을 최대한 활용하려 노력하였다. 그러나 기존 지표들과 이번 연구에서 사용된 지표들 간에는 차이점이 일부 있는데, 이는 주로 기존 지표들에 관련된 활용가능한 자료(available data sets)들의 존재 여부와 관련이 있다. 첫째, 이 연구에서는 노사의 전략과 사용자의 구조 요인들에 대한 지표들이 활용되지 않았는데, 이는 주로 이 요인들에 관한 신뢰성 있는 지수들과 그 측정 자료가 부재하기 때문이다. 노사 전략의 경우가 특히 그러하며, 사용자 구조의 경우에도 Golden et al.(1996) 및 Traxler et al.(2001)에 의해 일부 자료가 수집되어 있으나, 자료가 유럽국가들에 한정되어 있어서 OECD 30개국을 대상으로 하는 이 연구에는 활용하기 곤란하였다. 둘째, 사회보장법, 이직률, 산재보상 등 일부 지표들의 경우에도 OECD 국가들을 포괄하는 자료를 확보할 수 없어서 포함시키지 않았다.

50) OECD Employment outlook 2001.

표 3-25 효율성 지표(EF)의 구성(18개)

구 분	구성지표	하위지표	자료원천
효율성 투입 지표 (EFI)	1. 정규직 해고의 자유	Difficulty of dismissal*	http://stats.oecd.org/wbos/
		Notice and severance pay for no-fault individual dismissals*	http://stats.oecd.org/wbos/
		Regular procedural inconveniences*	http://stats.oecd.org/wbos/
	2. 비정규직 활용의 자유	Fixed-term contracts*	http://stats.oecd.org/wbos/
		Temporary work agencies (TWAs)*	http://stats.oecd.org/wbos/
	3. 집단해고의 자유	Collective dismissals*	http://stats.oecd.org/wbos/
	4. 노동운동 통제정도	Trade union right index*	Kucera(2004)
	5. 노조분권성	노동조합정상조직집권성*	Traxler et al.(2001)
	6. 정부 교육부문 지출	교육훈련공공지출(GDP대비%)	ILO SES DB (D6a)
		교육공공지출(GDP대비%)	OECD Factbook 2006
		공사교육기관지출(GDP대비%)	KSDC databank(OECD in Figures)
	7. 문 맹 률	Illiteracy rate(%)*	ILO SES DB (D1)
효율성 과정 지표 (EFP)	1. 교섭분권성(수준)	Centralization*	OECD Employment outlook 2004
	2. 교섭분권성(조정)	Coordination*	OECD Employment outlook 2004
	3. 노사관계의 생산성	IMD설문점수	IMD-WEF 1990 / IMD 1999, 2006
	4. 노사관계의 협조성	WEF설문점수	IMD-WEF 1990 / WEF 1999, 2005-2006
효율성 산출 지표 (EFO)	1. 노동생산성증가율	Labour productivity for the total economy	OECD Economic Outlook No.79
	2. 노동비용감소	Compensation per employee*	OECD Economic Outlook No.79
		unit labor cost*	http://stats.oecd.org/wbos/
	3. 실질경제성장	GDP, at constant prices	OECD Productivity Database 2006
	4. 파업건수	파업건수(strikes and lockouts)*	http://laborsta.ilo.org
	5. 파업참여자수	참여자수(Workers involved)*	http://laborsta.ilo.org
	6. 노동손실일수	1000인당 노동손실일수(strikes and lockouts)*	http://laborsta.ilo.org
	7. 비정규직비율	temporary employment(%)	http://www.sourceoecd.org OECD(2007). OECD Economic Surveys

*: 역코딩(아래 표에서도 동일하게 적용)

표 3-26 형평성 지표(EQ)의 구성(18개)

구 분	구성지표	하위지표	자료원천
형평성 투입 지표 (EQI)	1. 노조조직률		OECD Employment outlook 2004
	2. ILO핵심협약비준정도	6개 협약비준여부합계	ILOLEX(http://www.ilo.org/ilolex/)
	3. 정부의 노동시장정책 지출	적극적노동시장정책(ALMP) 정부지출비율	http://stats.oecd.org/wbos/
	4. 정부의 사회보장지출		http://stats.oecd.org/wbos/
형평성 과정 지표 (EQP)	1. 단체협약 적용률		OECD Employment outlook 2004
	2. 국가차원 사회적 대화기구 유무		ILO SES DB(F9a)
	3. 기업수준 종업원참여 수준		Botero et al.(2004)
형평성 산출 지표 (EQO)	1. 산재사망	Injuries:Deaths(Per 100,000 Wkers)	ILO SES DB(E2c)
	2. 연평균노동시간	*	OECD Productivity Database 2006
	3. 노동분배	노동소득분배율	한국은행(2005) 'OECD국가의 국민계정'
		피용자보수	
	4. 고용수준	실 업 률*	OECD, Population and Labour Force Statistics
		고 용 률	
	5. 지니계수*		World Income Inequality Database V 2.0b May 2007
	6. 최저임금수준	minimum relative to median wages of full-time workers	http://stats.oecd.org/wbos/
	7. 소비자물가상승률*		IMF, World Economic Outlook Database, April 2007
	8. 남녀평등	Ratio of estimated female to male earned income	Human Development Report 98.02.06
		Female professional and technical workers(as % of total)	Human Development Report 98.02.06
	9. 실업보상지수	Initial net replacement rate	Benefits and Wages: OECD Indicators 2004
		Unemployment insurance benefit duration	Benefits and Wages: OECD Indicators 2004 OECD Employment outlook 2006
		Average of net replacement rates over 60 months of unemployment	Benefits and Wages: OECD Indicators 2004
	10. 출산/육아휴가지수	출산휴가기간(주)	ILO SES DB (C7b)
		출산휴가 법적 보장여부	
		출산수당(평균임금%)	OECD Employment outlook 2001
	11. 육아시설활용도	Proportion of young children using formal child-care arrangement (3세 이하)	OECD Employment outlook 2001
		3세-의무교육	

5. 소결: 요약

제 3 장에서는 각국 노사관계를 평가할 수 있는 도구인 평가모형과 평가지표를 개발하여 제시하였다. 평가모형은 시스템 접근의 투입–과정–산출 모형과 윤리적 접근의 효율성–형평성 구분을 중심으로 설계하였으며, 효율성과 형평성의 적절한 균형상태를 규범적인 지향점으로 간주하였다. 이러한 접근방식은 각 노사관계 변수들의 인과적 관계를 잘 드러낼 수 있을 뿐 아니라 바람직한 지향점(desirability) 역시 명확하게 드러내 줌으로써 정책적 목적의 활용에 잘 부합될 것으로 판단된다.

한편, 평가지표는 기존에 개발된 지표들 중 충분한 검증이 이루어진 대표적인 지표들을 주로 활용하였다. 그러나 일부 지표는 측정 대상인 OECD 국가들의 자료 확보 가능성이 어려운 경우 대리지표를 활용하기도 하였다. 또한 계량화 목적의 지표 개발이나 자료 확보가 곤란한 '전략적' 변수들은 부득이 평가지표에서 누락시켰다.

다음 장에서는 설계된 평가지표들을 이용하여 각국 노사관계의 효율성–형평성의 균형 정도와 변화에 대해 평가하게 될 것이다.

CHAPTER 4

한국과 OECD 국가의 노사관계 비교평가

Chapter 04

한국과 OECD 국가의 노사관계 비교평가

이 번 장에서는 앞서 개발한 평가지표를 활용하여 횡단분석 및 종단분석을 통해 OECD 국가들의 노사관계를 비교 평가해 보기로 한다. 각 평가결과에 대한 설명은 한국을 중심으로 하며 평가결과의 시사점을 간략하게 제시한다.

횡단분석에서 사용되는 각국 자료는 2005년도를 기준으로 하여 수집된 것이며, 당해연도 자료가 없을 경우 근접연도의 자료를 기입하였다. 종단분석에 사용되는 각국 자료는 1993년, 1999년, 2005년도를 기준으로 수집하되, 당해연도 자료가 없을 경우 횡단분석의 경우와 같은 방법으로 자료를 처리하였다.

1. 자료 수집과 분석방법

아래에서는 3장에서 정한 효율성과 형평성에 관한 36개 지표들에 대한 3개연도(1993년, 1999년, 2005년)에 걸친 자료들의 원천들에 대해 소개한다.

1) 자료 수집

① OECD Statistics, beta 1.0.(http://stats.oecd.org/wbos/Default.aspx)

• OECD Statistics 개요: 이 DB는 OECD의 방대한 통계자료를 사용자들이 편리하게 접근하여 활용할 수 있도록 설계한 무료 온라인 사이트이다.

그림 4-1 OECD Statistics의 첫 화면

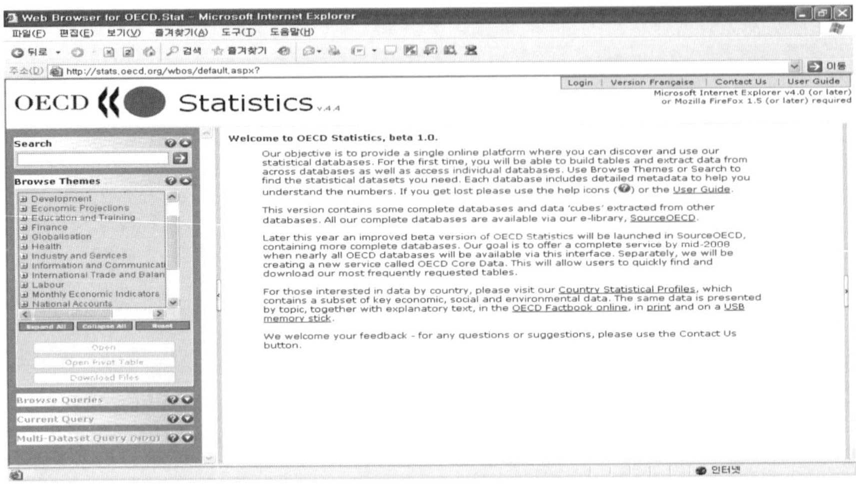

이 사이트에서는 OECD국가별, 시기별, 분야별, 세부지표별 자료를 사용자가 스스로 선택하여, 테이블을 작성할 수 있을 뿐만 아니라, 그 도표의 내용을 엑셀파일 형태로 다운로드받을 수 있는 편리한 기능을 제공한다.

• OECD Statistics에서 입수한 자료: 정규직 해고의 자유, 비정규직 활용의 자유, 집단해고의 자유, 단위 노동비용, 적극적 노동시장정책 정부지출비율, 정부의 사회보장지출, 최저임금수준 등이다.

② SourceOECD(http://oberon.sourceoecd.org)

• SourceOECD 개요: 이 DB는 OECD의 출판물, 통계자료, 워킹페이퍼 등을 광범위하게 제공하고 있다. 유의할 것은 위에서 소개한 OECD Statistics는 무료접속이 가능한 반면, SourceOECD는 OECD와의 계약을 맺고 있는 기관에서만 접속이 가능하다는 점이다. 출판물과 워킹페이퍼 등의 문서자료는 원문서비스가 제공되고 있으며, 통계자료는 도표자료와 함께 검색자가 원하는 통계치만을 추출할 수 있는 기능도 지원한다. 특히, 이 DB는 노사관계와 관련한 국가별 비교지표들을 매년 발표하고 있는 고용전망보고서(Employment Outlook)와 경제전망보고서(Economic Outlook)의 원문

그림 4-2 SourceOECD의 첫 화면

을 내려받을(down load) 수 있다.

• 본 보고서가 SourceOECD에서 입수한 자료: GDP대비 교육부문 공공지출, 교섭분권성, 노동생산성증가율, 노동비용감소, 실질경제성장, 비정규직 비율, 노조조직률, 단체협약적용률, 연평균노동시간, 고용수준, 실업보상수준, 출산수당수준, 육아시설활용도이다.

③ ILO SES(http://www.ilo.org/dyn/sesame/ifpses.CheckLogin)

• ILO SES(Socio-economic security Database)개요: 이것은 ILO의 사회안전부서(Social Security Department)에서 구축하고 있는 국제 사회경제적 안전 데이터베이스(Global Socio-Economique Security database)의 하위 DB이다. ILO SES는 자유로운 접근을 제한하고 있기 때문에, 이 DB를 사용하기 위해서는 담당자에게 메일(bonnet@ilo.org)을 보내 ID와 패스워드를 발급받아야 한다. 여기에는 노동시장안전, 고용안전, 직무안전, 기술재생산안전,

그림 4-3 ILO SES의 첫 화면

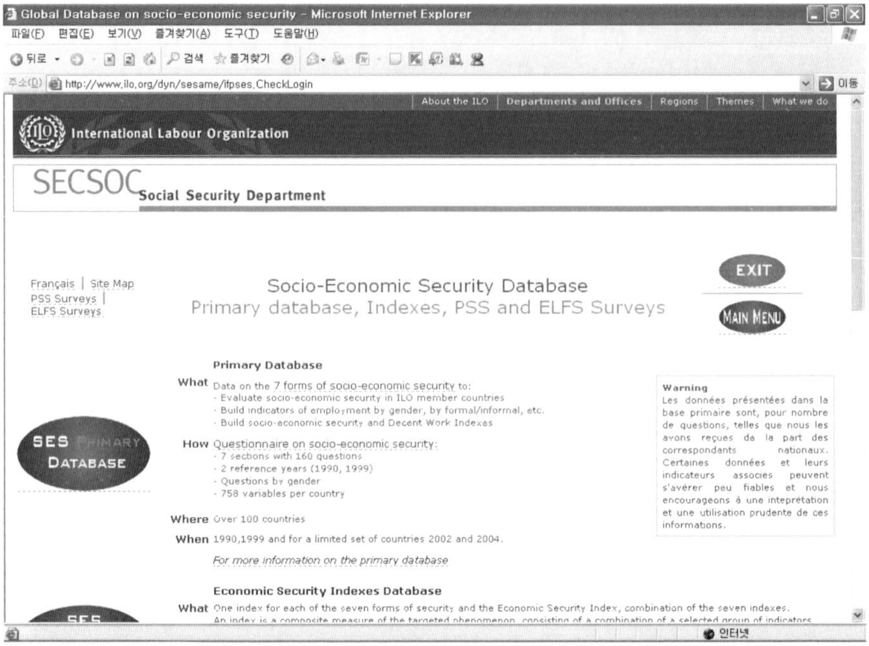

작업안전, 대표권안전, 소득안전의 7개 분야에 대한 각종 지표들의 자료를 제공하고 있다.

• 본 보고서가 ILO SES에서 입수한 자료: GDP대비 교육훈련공공지출, 문맹률, 국가차원 사회적 대화기구 유무, 산재사망률, 출산휴가기간 및 출산휴가법정보장 여부이다.

④ ILO Laborsta(http://laborsta.ilo.org/)

• ILO Laborsta의 개요: 이 DB는 ILO의 공식적 노동통계 사이트로서, 약 200개 국가나 지역에 대한 노동관련 통계를 제공하고 있다. 이 DB의 중 연도별 통계(Yearly statistics)가 가장 대표적인 자료원천인데, 이것은 경제활동인구, 고용, 실업, 근로시간, 임금, 노동비용, 소비자물가지수, 산업재해, 파업 등에 대한 1969년부터의 연도별 데이터를 제공하고 있다. 자료는 직접보기와 다운로드가 모두 가능하다.

그림 4-4 ILO Laborsta의 첫 화면

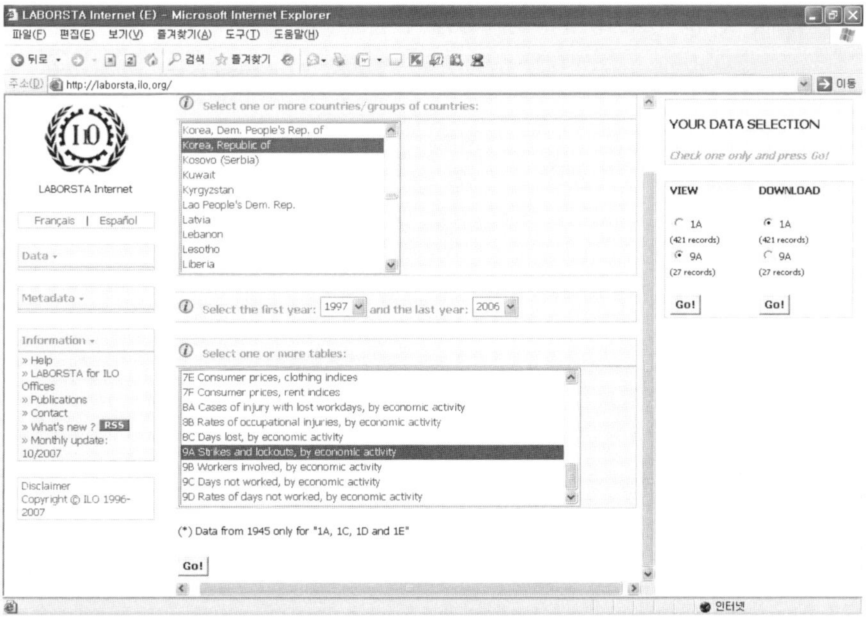

• 본 보고서가 ILO Laborsta 에서 입수한 자료: 파업건수, 파업참여자수, 천인당 노동손실일수이다.

2) 분석 방법

위에서 소개한 몇 가지 데이터베이스 등을 통해 효율성 구성지표 18개와 형평성 구성지표 18개의 통계치를 획득하여 그 원점수를 지표별로 기입하는 작업이 끝나면, 그 다음 분석 작업은 국가별 순위의 산출을 위해 일정한 평가기준에 따라 점수를 합산하는 것이다. 이때, 서로 단위가 다른 여러 지표들의 원점수를 어떤 기준에 따라 합산할 것인지를 결정해야 하는데, 분석에서 채택한 방법은 평균과 표준편차를 활용한 표준화방식이다(〈그림 4-5〉 참조).

원점수의 표준화 방법에 대한 활용 사례를 형평성-산출(EQO) 지표의

그림 4-5 분석에서 채택한 원점수의 표준화 방법

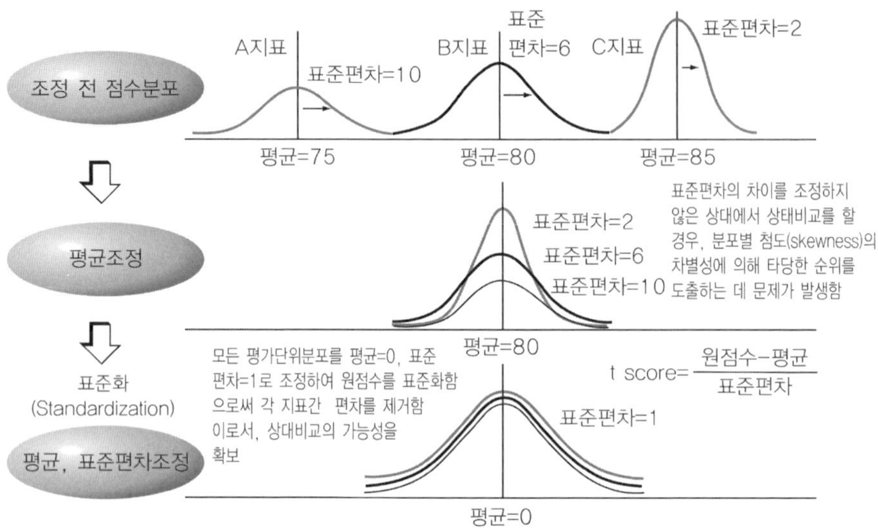

하나인 고용수준(EQO4) 지수를 산출 과정을 통해 살펴보자. EQO4는 실업률과 고용률의 하위지표로 구성하고 있다. 이 두 하위지표의 평균과 표준편차는 각각 실업률(평균: 9.1133, 표준편차: 4.90916), 고용률(평균: 70.6467, 표준편차: 7.88822)로 나타난다. 따라서 각 지표의 원점수를 그대로 평균하여 고용수준지표로 활용하는 것은 심각한 오류를 발생시킨다. 이와 같은 오류를 방지하고 개별지표들의 특성을 유지하면서도, 평균과 표준편차를 일정하게 조정하여 상대적 비교가 가능하도록 하는 작업이 바로 표준화 점수를 활용하는 방식이다. 즉, [표준화 점수=(원 점수−평균)/표준편차]의 공식을 활용하여, 개별 지표 점수를 평균이 '0'이고, 표준편차가 '1'인 표준화 점수로 변환하게 되면, 각 지표의 분포특성을 정규화할 수 있다. 〈표 4−1〉에서 보면, 실업률과 고용률을 표준화하면 평균과 표준편차가 각각 '0'과 '1'로 통일화된 것을 확인할 수 있다.

표 4-1 원점수와 표준화점수의 기술통계: 실업률과 고용률의 예

		N	최소값	최대값	평 균	표준편차
원 점 수	실 업 률	30	1.70	22.80	9.1133	4.90916
	고 용 률	30	56.20	87.70	70.6467	7.88822
표 준 화	표준화(실업률)	30	-1.51010	2.78799	.0000000	1.00000000
	표준화(고용률)	30	-1.83142	2.16187	.0000000	1.00000000

원점수를 표준화 점수로 변환하는 작업이 완료되면, 각 표준화 점수들을 순위산출모형에 대입하여 각각 효율성(투입, 과정, 산출)과 형평성(투입, 과정, 산출)의 지수를 산출하게 된다. 그 점수를 기준으로 효율성 순위와 형평성 순위를 도출할 수 있다.

마지막으로 최종순위는 효율성순위와 형평성순위를 평균한 값을 기준으로 산출하되, 그 순위평균 값이 동일한 경우에는 효율성지수와 형평성지수의 평균값이 큰 경우에 우선순위를 부여하여 도출하였다.

2. 횡단분석 결과

〈표 4-2〉와 〈그림 4-6〉은 개발된 노사관계 지표에 기반한 평가결과를 나타내고 있다.

먼저 〈표 4-2〉의 최종순위를 살펴보자. 최종순위가 높은 순으로 살펴보면, 덴마크, 스웨덴, 노르웨이, 아이슬랜드, 스위스 등이 1~5위를 차지하고 있다. 반면 순위가 낮은 쪽을 살펴보면, 이탈리아, 포르투갈, 스페인, 멕시코, 터키 등이 26위에서 30위까지를 점하고 있다. OECD 내의 전통적인 주요 국가들의 최종순위를 살펴보면 미국이 20위, 일본 19위, 독일 10위, 프랑스 12위, 영국 9위 등으로 나타났다. 한국은 최종순위에서 22위를 차지하였다.

표 4-2 노사관계 지표 평가결과

국 가	효율성 지표					형평성 지표					최종순위	
	EFI	EFP	EFO	EF평균	순위	EQI	EQP	EQO	EQ평균	순위	순위평균	조정순위
호 주	0.086(13)	0.202(15)	0.042(16)	0.11	12	-0.443(23)	0.084(15)	-0.169(21)	-0.176	18	15	14
오스트리아	-0.691(27)	0.269(13)	-0.333(24)	-0.251	22	0.36(10)	0.842(4)	0.169(13)	0.457	9	15.5	16
벨 기 에	-0.379(22)	-0.826(27)	-0.48(27)	-0.562	28	1.054(3)	0.492(10)	0.422(7)	0.656	5	16.5	21
캐 나 다	0.361(7)	0.505(8)	-0.592(28)	0.091	13	-0.555(25)	-1.348(26)	-0.023(15)	-0.642	25	19	25
체 코	0.03(15)	0.192(16)	0.432(5)	0.218	10	-0.329(21)	-0.261(18)	-0.177(22)	-0.256	21	15.5	18
덴 마 크	0.451(6)	0.754(1)	-0.072(19)	0.377	4	1.504(1)	0.668(7)	0.781(1)	0.985	1	2.5	1
핀 란 드	0.108(12)	-0.253(18)	-0.793(30)	-0.313	25	1.01(4)	0.492(10)	0.388(9)	0.63	6	15.5	15
프 랑 스	-0.295(18)	-0.724(25)	-0.434(26)	-0.484	26	0.573(7)	1.076(2)	0.591(4)	0.747	4	15	12
독 일	-0.339(21)	-0.3(19)	0.329(6)	-0.104	20	0.609(6)	0.529(9)	0.371(11)	0.503	8	14	10
그 리 스	-0.656(26)	-0.794(26)	0.627(2)	-0.275	23	-0.025(15)	0.178(14)	-0.536(27)	-0.128	15	19	24
헝 가 리	0.344(8)	0.342(12)	0.32(7)	0.335	6	-0.139(19)	-0.524(21)	-0.067(16)	-0.243	20	13	8
아이슬랜드	0.458(5)	0.688(2)	-0.664(29)	0.161	11	0.409(9)		0.381(10)	0.395	11	11	4
아일랜드	0.042(14)	-0.301(20)	0.49(4)	0.077	14	-0.083(16)	-0.26(17)	-0.072(17)	-0.138	16	15	13
이탈리아	-0.431(23)	-0.834(28)	-0.303(23)	-0.523	27	0.235(11)	0.668(7)	-0.315(26)	0.196	12	19.5	26
일 본	0.254(10)	0.613(6)	0.192(10)	0.353	5	-0.619(26)	-1.223(25)	-0.237(24)	-0.693	26	15.5	19
한 국	0.8(3)	-0.575(24)	0.518(3)	0.248	9	-1.485(30)	-0.435(20)	-0.996(28)	-0.972	27	18	22
룩셈부르크	-0.708(28)	0.49(9)	0.079(15)	-0.046	18	-0.133(18)	0.258(13)	0.391(8)	0.172	13	15.5	17
멕 시 코	0.324(9)	-0.563(23)	-0.275(22)	-0.171	21	-1.02(27)	-0.958(23)	-1.217(29)	-1.065	29	25	29
네덜란드	-0.337(20)	0.384(11)	-0.1(21)	-0.018	16	0.564(8)	0.761(5)	0.558(5)	0.628	7	11.5	6
뉴질랜드	0.915(2)	0.64(5)	0.137(12)	0.564	1	-0.398(22)	-1.429(28)	-0.013(14)	-0.613	24	12.5	7
노르웨이	-0.296(19)	-0.09(17)	0.318(8)	-0.023	17	0.612(5)	1.136(1)	0.704(3)	0.817	3	10	3
폴 란 드	-0.101(17)	-0.312(21)	0.244(9)	-0.056	19	-0.257(20)	-0.087(16)	-0.212(23)	-0.185	19	19	23
포르투갈	-0.777(29)	-0.942(29)	-0.386(25)	-0.701	30	0.018(13)	0.96(3)	0.261(12)	0.413	10	20	27
슬로바키아	-0.087(16)	0.24(14)	0.781(1)	0.311	7	-0.103(17)	-0.614(22)	-0.121(19)	-0.279	22	14.5	11
스 페 인	-0.554(25)	-0.321(22)	-0.03(17)	-0.302	24	-1.04(28)	0.761(5)	-0.147(20)	-0.142	17	20.5	28
스 웨 덴	-0.447(24)	0.447(10)	0.145(11)	0.049	15	1.462(2)	0.492(10)	0.764(2)	0.906	2	8.5	2
스 위 스	0.115(11)	0.656(4)	0.081(14)	0.284	8	0.112(12)	-0.379(19)	0.538(6)	0.09	14	11	5
터 키	-0.84(30)	-1.03(30)	-0.078(20)	-0.649	29	-0.489(24)	-0.958(23)	-1.698(30)	-1.048	28	28.5	30
영 국	0.759(4)	0.513(7)	0.128(13)	0.467	3	0.003(14)	-1.371(27)	-0.116(18)	-0.495	23	13	9
미 국	0.975(1)	0.669(3)	-0.041(18)	0.534	2	-1.407(29)	-1.556(29)	-0.285(25)	-1.083	30	16	20

1. 조정순위는 효율성순위와 형평성순위를 평균한 값을 기준으로 산출. 평균값이 동일한 경우에는 효율성지표와 형평성지표의 평균값이 높은 경우 우선순위부여.

그림 4-6 OECD 각국의 노사관계 배치도

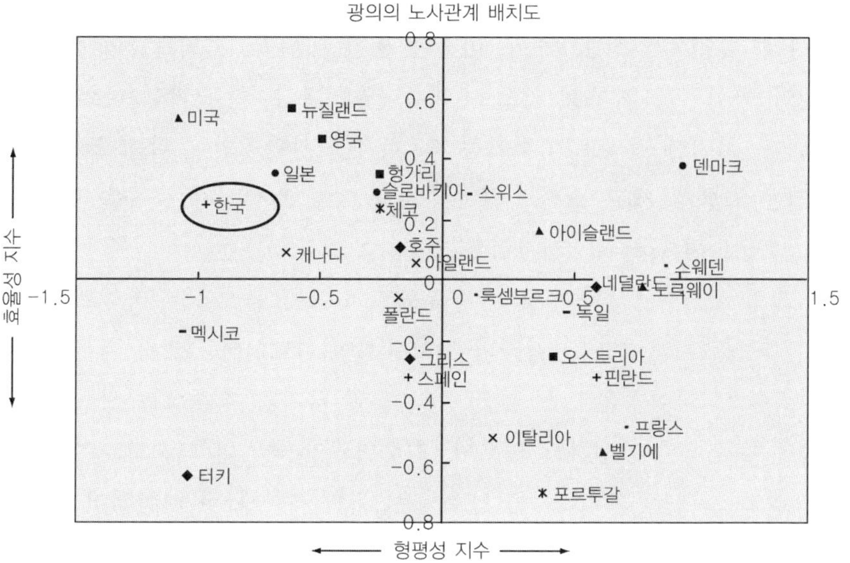

효율성 지표의 순위를 살펴보면, 뉴질랜드, 미국, 영국, 덴마크, 일본 등이 1~5위를 차지하고 있고, 프랑스, 이탈리아, 벨기에, 터키, 포르투갈 등이 26~30위를 차지하고 있다. 한국의 효율성 지표 순위는 9위이다. 반면 형평성 순위를 살펴보면, 덴마크, 스웨덴, 노르웨이, 프랑스, 벨기에 등이 1~5위를 차지하고 있고, 일본, 한국(27위), 터키, 멕시코, 미국 등이 26~30위를 차지하고 있다. 효율성 지표의 상위는 주로 영어문화권(이른바 영미권) 국가들이 차지한 반면 형평성 지표의 상위는 주로 유럽의 서북부의 소국들이 차지하고 있음을 알 수 있다.

한국의 순위를 살펴보면, 한국의 노사관계는 효율성 측면에서는 9위로 상대적으로 높은 순위를 나타낸 반면 형평성 측면에서는 최하위권인 28위를 기록하여 이를 종합한 경과 최종순위가 22위로 나타났다. 이를 해석해보면 효율성 측면에서 보면 기업별 노조와 분권화된 교섭구조를 원형으로 하고 있다는 점이 평가순위에 긍정적으로 작용한 반면, 노사간 신뢰부족으로 인한 교섭 및 조정비용의 증가 등은 효율성을 저해하는 것으로 해석할 수 있다. 반면 형평성 측면에서는 OECD국가들 내에서 의견개진에 대한 기반이나 보호장치가 상대적으로 미흡할 뿐만 아니라, 사회보장의 혜택수준도 낮아 하위권을 기록할 것으로 예측되었는데 분석 결과도 다르지 않게 나타났다. 이러한 결과로 미루어볼 때, 한국 노사관계의 순위를 끌어올리기 위해서는 효율성 제고 노력도 중요하지만 이를 형평성과 균형을 갖추도록 하는 노력이 필요하다는 시사점을 얻을 수 있다.

〈그림 4-6〉은 형평성을 수평축으로 하고 효율성을 수직축으로 하여 평가결과를 표시한 OECD 각국의 노사관계 배치도이다. 1위를 기록한 덴마크와 스위스, 아이슬랜드, 스웨덴 등의 몇몇 국가가 효율성과 형평성을 모두 높은 수준에서 달성하고 있으며, 최하위권인 터키와 멕시코가 두드러지게, 그리고 스페인, 그리스, 폴란드 등은 다소 약하게 두 지향점이 모두 낮은 수준을 보여주고 있다. 반면 대부분의 국가는 한 가지 지향점을 높은 수준에서 달성하면 다른 지향점은 낮은 수준을 나타내고 있는 것을 확인할 수 있다. 미국, 한국, 일본 등을 비롯한 11개 국가들이 상대적으로 높은 효율성과 낮은 형평성이라는 '효율성 쏠림' 현상을 드러내고 있다면, 포르투갈, 이탈리아, 벨기에 등을 비롯한 10개 국가들은 반대로 상대적으로 높은 형평성과 낮은 효율성이라는 '형평성 쏠림' 현상을 보여주고 있다. 별도의 상관관계 분석 결과 효율성과 형평성은 상관계수=-0.316, 유의확률(양측)=0.089인 부의 상관관계를 지니고 있는 것으로 확인되었다.

이러한 결과로부터 유추할 수 있는 시사점은 한 국가의 노사관계를 발전시켜 나가는 데 있어, 효율성과 형평성의 가치를 균형적으로 발전시키는 것이 쉽지 않은 과제임을 간접적으로 제시한다고 볼 수 있다.

한국의 경우 1990년대 후반의 경제위기를 거치면서 효율성 중심의 가치가 노사관계를 재편하는 데 상당한 영향을 미친 점을 감안하면, 이와 같은 결과는 효율성과 형평성의 균형을 달성하기 위한 방향성을 찾는데도 나름대로의 시사점을 제공할 수 있을 것이다.

3. 종단분석 결과

이 절에서는 앞서의 횡단분석에서 나타난 결과들에 대한 시사점을 구체화하기 위한 종단분석의 결과를 소개한다.

1) 종단분석의 의의

종단분석이란 연구대상에 대한 반복적인 관찰을 통해 시점의 변화에 따른 변화추이를 분석하는 방법이다. 본 연구에서 종단분석은 아래와 같은 몇 가지 의의를 가진다.

첫째, 각 시점의 국가별 노사관계 수준을 평가하고 그 변화과정을 살펴봄으로써, OECD국가들의 노사관계의 진화과정을 탐색할 수 있는 기회를 가질 수 있다. 특히, 한국의 경우 1997년 IMF경제위기를 기준으로 노사관계에 어떠한 변화가 발생했는지를 객관적으로 확인할 수 있는 기회를 제공할 것이다.

둘째, 본 연구에서 개발한 노사관계 평가지표의 타당성을 간접적으로 확인할 수 있다. 종단분석의 결과는 각 국가의 상대적 노사관계 수준변화를 시계열적으로 탐색할 수 있으므로, 연구의 결과 도출된 개별국가의 노사관계 패턴변화를 실제 해당국가의 역사적 사실에 비추어 적절하게 설명할 수 있다면 평가지표가 그 내용타당성을 어느 정도 확보하고 있음을 간접적으로 확인할 수 있을 것이다.

셋째, 각 국가별 노사관계 수준의 변화패턴을 확인함으로써, 향후 각국의 노사관계 주체들이 발전시키기 위해 노력해야 할 변화의 지향점을 제시할 수 있다. 본 연구의 노사관계 평가지표는 크게 '효율성과 형평성 동시추구'라는 지향점을 바탕으로 설계되었다. 따라서 연구의 결과 포착된 개별국가의 노사관계 진화패턴을 기준으로 효율성과 형평성의 상대적 변화를 확인할 수 있으므로, 각 국가가 향후에 상대적으로 집중해서 발전시켜야 할 노사관계의 내용들을 선택할 수 있는 기회를 제공할 수 있는 것이다. 예를 들어, 특정국가가 전반적으로 높은 효율성과 낮은 형평성을 특징으로 하면서도 과거 몇 년간의 변화패턴이 지속적으로 효율성만 증가하고 형평성이 감소하는 불균형이 강화되고 있다면, 앞으로는 형평성을 집중적으로 강화하여야만 균형적 노사관계를 달성할 수 있음을 지적할 수 있을 것이다.

2) 측정시점 설정 및 데이터 구축

종단분석을 위해서는 일정한 기간 동안 반복적으로 측정된 자료가 구성되어야 한다. 가장 이상적으로는 본 연구의 평가지표를 모두 포괄하는 자료로서, 20~30년 이상의 국가별 데이터가 연도별도 결측치 없이 존재하는 경우를 생각해 볼 수 있다. 그러나 노사관계와 관련한 상당수의 지표들은 일반 거지경제지표에 비해 시계열 자료를 확보하는 데 한계가 있는 것이 사실이다. 따라서 본 연구에서는 아래와 같은 데이터 형성전략을 설정하였다.

첫째, 본 연구에서는 1990년대부터 최근시점까지의 국가별 노사관계 수준의 변화과정을 살펴보기 위하여, 각각 1993년·1999년·2005년을 기준 측정시점으로 설정하였다. 세 시점을 기준시점으로 설정한 이유는 다음과 같다. 먼저, 효율성과 형평성의 2차원적 평가기준을 활용하여 각 국가별 노사관계의 다각적인 변화과정을 살펴보기 위해서는 세 시점 이상의 시계열을 활용하는 것이 바람직할 것으로 판단하였다. 두 시점 시계열만을 활용하는 경우에는 일방향의 변화패턴만을 확인할 수 있기 때문에, 노사관계 상태의 다각적인 변화과정을 살펴보기 어렵게 된다. 특히, 한국의 경우 IMF 경제위기를 통해 새로운 노사관계시스템이 형성되었음을 지적하는 논의들이 존재하기 때문에, 본 연구에서는 한국의 노사관계 변화를 기준으로 경제위기 이전(t_1), 경제위기 후(t_2), 최근(t_3)의 노사관계 수준을 비교평가해 볼 필요성이 있다.

둘째, 자료 확보의 가능성을 확대하기 위해, 각 기준연도를 중심으로 세 가지 시계열구간도 함께 설정하였다. 즉, 세 기준시점(1993년·1999년·

2005년)의 지표별 데이터가 존재하지 않는 경우 각 기준시점이 속하는 시계열구간[t_1(1990－1996), t_2(1997－2001), t_3(2002－2006)]내의 시점이 가까운 데이터를 기준시점을 대표하는 값으로 처리하였다. 예를 들어 효율성－투입(EFI)의 구성지표인 정규직해고의 자유(EFI1), 비정규직활용의 자유(EFI2), 집단해고의 자유(EFI3) 지표는 1990년, 1998년, 2003년에만 측정되었으므로 그 외 연도 데이터는 존재하지 않는다. 따라서 각각 1990년·1998년·2003년의 값을 순서대로 1993년·1999년·2005년의 데이터로 활용한 것이다.

마지막으로, 일정한 원칙을 통해 결측치를 복원하였다. 본 연구자료는 종단자료의 성격상 두 가지 종류의 결측이 존재한다. 먼저 특정 국가의 세 시점 값 중에서 일부 시점의 자료가 존재하지 않는 경우이다. 이 경우에는 위에서 설명한 시계열구간에 포함되는 가장 근접한 값을 복원하여 분석하였다. 또한 시계열구간에 근접값이 존재하지 않는 경우에는 다른 시점의 값 중에서 근접한 값을 복원하였다. 예를 들어, 교육훈련 공공지출(EFI6의 하위지표)에서 보면 원천자료가 각 시계열구간에 포함되는 1990년, 1999년, 2002년의 값을 제공하고 있는데, 폴란드의 경우 1990년도의 자료가 결측이다. 따라서 폴란드의 1990년도 자료는 1999년도의 값을 활용하였다. 이와 같이 근접 값을 활용한 결측 복원의 내용은 부록의 각 지표의 값을 나타내는 표의 하단에 각주 처리하여 표시하였다. 두 번째 형태의 결측은 특정 지표에서 일정한 국가의 데이터가 전혀 존재하지 않는 경우이다. 예를 들어, 정규직해고의 자유(EFI1)·비정규직활용의 자유(EFI2)·집단해고의 자유(EFI3) 지표는 OECD에서 회원국가들의 1990년, 1998년, 2003년의 데이터를 제공하고 있는데, 아이슬랜드와 룩셈부르크는 모든 시점에서 값을 제공하고 있지 않다. 이와 같이 특정국가의 자료가 제공되지 않는 결측의 경우에는 해당지표가 포함되는 상위지표를 구성하는 나머지 구성지표들의 평균값을 해당상위지표의 값으로 계산하였다. 즉, 아이슬랜드의 효율성－투입지표(EFI)의 값은 효율성－투입의 7가지 구성지표 중 아이슬랜드의 데이터가 존재하는 지표(노동운동통제정도－EFI4, 정부의교육부문지출－EFI6)들의 평균값이 적용된 것이다. 이와 같은 계산 방법은 결측이 있는 지표와 유사한 개념을 포함하고 있는 다른 지표들의 평균값을 복원하여 계산한 것과 동일한 결과를 가지게 된다.

3) 분석 결과

종단분석의 결과는 크게 세 가지 측면으로 구분하여 설명하고자 한다. 첫째, 각각 효율성과 형평성의 순위를 도출하여 이를 설명하였다. 둘째, 효율성과 형평성을 통합하여 최종순위를 산출하였다. 마지막으로, 효율성과 형평성의 상대적 위치를 보여주고 있는 노사관계 배치도를 중심으로 OECD국가들의 노사관계 유형을 크게 4가지 유형으로 구분하여 설명하였다.

(1) 효율성과 형평성의 순위

본 연구는 노사관계를 하나의 시스템으로 가정하기 때문에, 노사관계를 투입(I)·과정(P)·산출(O)의 시스템 지표로 구분하고 있다. 또한, 앞서 설명한 것처럼 평가의 지향점은 효율성(EF)과 형평성(EQ)으로 구분한다. 〈표 4-3〉과 〈표 4-4〉는 각각 노사관계의 효율성과 형평성의 지수와 순위를 나타내고 있다.[1] 아래에서는 효율성과 형평성의 지수(시스템 지수 포함)와 순위를 살펴보도록 한다.

먼저, 〈표 4-3〉의 효율성 지수와 순위를 살펴보자. 첫째, 효율성-투입(EFI)지수(구성지표: 정규직해고의 자유, 비정규직 활용의 자유, 집단해고의 자유, 노동운동 통제정도, 노조분권성, 정부의 교육부문지출, 문맹률 역코딩의 7개 지표)를 살펴보자. EFI에서는 세 시점 모두에서 미국이 1위를 고수하고 있으며, 그 외에도 뉴질랜드·영국·한국·캐나다 등이 상위권을 형성하고 있다. 터키가 세 시점 연속 최하위를 기록하고 있으며, 포르투갈·그리스·룩셈부르크 등이 하위권을 형성하고 있다. 둘째, 효율성-과정(EFP)지수(구성지표: 교섭분권성(집권성 수준의 역코딩), 교섭분권성(중앙조정의 역코딩), 노사관

1) 개별 구성 지표의 원점수와 표준화점수는 본서의 부록에서 확인할 수 있다.

계생산성(IMD설문점수), 노사관계의 협조성(WEF설문점수))는 EFI에 비해 상대적으로 시점별 변동이 큰 것이 특징인데, 상대적으로 룩셈부르크·뉴질랜드·미국 등이 상위권을 형성하고 있으며, 그리스가 최하위를 기록하였다. 한국은 EFI에 비하여 EFP에서 상당히 낮은 순위(17·23·20위)를 받고 있음을 확인할 수 있다. 이처럼 한국이 EFP에서 중간 이하의 수준을 유지하고 있는 것은, IMD와 WEF와 같은 국가경쟁력 발표기구에서 사용자들의 노동조합(또는 근로자)에 대한 인식을 측정한 값에서 하위권을 형성하고 있기 때문이다. 셋째, 효율성－산출(EFO)지수(구성지표: 노동생산성증가율, 노동비용감소율, 실질경제성장률, 파업건수 역코딩, 파업참여자수 역코딩, 1000인당 노동손실일수 역코딩, 비정규직 비율)는 한국이 세 시점 모두에서 대체로 상위권(3·1·3위)을 유지하고 있을 뿐, 한 시점에서 상위권을 유지하던 터키·멕시코·호주 등은 다른 시점에서는 하위권으로 변동하는 등 시점별 변동이 크게 나타나고 있는 시스템지표 중 하나이다. 다만, 프랑스·이탈리아와 같은 국가들은 세 시점 모두에서 최하위권을 기록하고 있다. 마지막으로 EFI, EFP, EFO 지수를 평균하여 산출한 효율성(Efficiency)지수를 살펴보면, 미국·뉴질랜드·일본·한국·스웨덴 등이 상위권을 형성하고 있으며, 그리스, 이탈리아, 포르투갈 등이 최하위권을 형성하였다. 특히, 프랑스는 세 시점에서 각각 19위·27위·30위를 기록하고 있어, 효율성의 급격한 하락을 경험한 것으로 파악되었다.

다음으로 〈표 4－4〉의 형평성 지수와 순위에 대하여 살펴보자. 첫째, 형평성－투입(EQI) 지수(구성지표: 노조조직률, ILO핵심협약비준정도, 적극적 노동시장정책 정부지출비율, 정부의 사회보장지출비율)는 스웨덴·덴마크·핀란드·벨기에 등이 상위권을 형성하고 있으며, 한국·미국·멕시코·터기 등이 하위권으로 분류되었다. 한국은 EFI를 구성하는 대부분의 지표에서 최하위권을 기록하여, 세 시점 모두에서 최하위인 30위를 기록하고 있다. 특히, 사회보장지출에서는 OECD평균인 약 20%수준의 1/4수준인 4~6%를 나타내고 있어 매우 취약한 사회보장이 이루어지고 있음을 확인할 수 있다. 둘째, 형평성－과정(EFP)지수(구성지표: 단체협약적용률, 국가차원 사회적 대화기구 유

표 4-3 효율성 지수와 순위(괄호 안의 수는 각 국가별 순위를 나타냄, 지수는 소수점 4자리에서 반올림)

국가	효율성-투입(EFI)			효율성-과정(EFP)			효율성-산출(EFO)			효율성(Efficiency) 지수			효율성 순위		
	t1	t2	t3	t1	t2	t3	t1	t2	t3	t1	t2	t3	t1	t2	t3
호주	0.134 (11)	0.058 (13)	0.072 (14)	-0.327 (23)	-0.191 (19)	0.164 (14)	0.344 (5)	-0.386 (26)	-0.407 (27)	0.050	-0.173	-0.057	12	23	19
오스트리아	-0.416 (25)	-0.440 (26)	-0.430 (25)	0.441 (5)	0.246 (13)	0.296 (12)	-0.117 (20)	0.127 (11)	0.053 (14)	-0.030	-0.023	-0.027	17	19	17
벨기에	-0.329 (22)	-0.218 (20)	-0.157 (18)	-0.311 (22)	-0.901 (29)	-0.982 (29)	-0.278 (24)	0.057 (16)	-0.164 (22)	-0.306	-0.354	-0.434	26	24	25
캐나다	0.606 (5)	0.552 (5)	0.550 (5)	0.304 (8)	0.413 (9)	0.539 (10)	0.226 (7)	-0.222 (24)	-0.339 (26)	0.379	0.247	0.250	6	9	11
체코	-0.083 (16)	-0.039 (15)	-0.078 (16)	0.438 (6)	0.322 (10)	0.639 (8)	-0.187 (21)	0.017 (19)	0.550 (4)	0.056	0.100	0.370	11	13	5
덴마크	0.365 (6)	0.517 (7)	0.514 (6)	0.000 (16)	0.422 (8)	0.656 (7)	-0.002 (18)	-0.334 (25)	-0.192 (23)	0.121	0.201	0.326	10	10	8
핀란드	0.130 (12)	0.064 (12)	0.183 (11)	-0.776 (28)	-0.654 (26)	-0.554 (23)	0.163 (10)	0.265 (6)	0.156 (12)	-0.161	-0.109	-0.072	22	21	20
프랑스	0.101 (13)	-0.047 (16)	-0.118 (17)	0.113 (11)	-0.826 (28)	-0.764 (25)	-0.426 (27)	-0.887 (30)	-1.507 (30)	-0.070	-0.587	-0.796	19	27	30
독일	-0.142 (19)	-0.133 (17)	-0.179 (19)	0.102 (13)	-0.169 (18)	-0.513 (22)	-0.223 (22)	-0.140 (23)	-0.029 (19)	-0.088	-0.147	-0.240	20	22	23
그리스	-0.639 (28)	-0.670 (28)	-0.605 (28)	-1.238 (30)	-1.472 (30)	-1.046 (30)	-0.534 (28)	0.112 (12)	0.014 (15)	-0.803	-0.677	-0.546	30	29	27
헝가리	0.206 (10)	0.316 (8)	0.254 (8)	-0.267 (21)	0.602 (6)	0.583 (9)	-0.309 (25)	-0.044 (21)	0.193 (10)	-0.123	0.291	0.343	21	7	6
아이슬랜드	0.089 (14)	0.526 (6)	0.431 (7)	0.247 (9)	-0.009 (16)	0.899 (1)	-0.342 (26)	-0.031 (20)	-0.779 (28)	-0.002	0.162	0.184	15	11	12
아일랜드	0.280 (8)	0.168 (11)	0.112 (12)	-0.563 (25)	-0.350 (21)	-0.199 (18)	0.182 (9)	0.212 (8)	0.282 (9)	-0.034	0.010	0.065	18	17	14
이탈리아	-0.486 (27)	-0.416 (25)	-0.282 (23)	-0.165 (19)	-0.730 (27)	-0.923 (27)	-1.017 (30)	-0.851 (29)	-0.935 (29)	-0.556	-0.666	-0.714	28	28	29
일본	0.325 (7)	0.222 (9)	0.235 (9)	0.983 (2)	0.670 (4)	0.698 (4)	0.023 (16)	0.041 (18)	0.404 (6)	0.444	0.311	0.446	3	4	3
한국	0.705 (4)	0.692 (4)	0.701 (4)	-0.013 (17)	-0.434 (23)	-0.310 (20)	0.563 (3)	0.660 (1)	0.594 (3)	0.418	0.306	0.328	4	6	7
룩셈부르크	-0.456 (26)	-0.486 (27)	-0.518 (27)	1.263 (1)	0.969 (2)	0.681 (6)	0.061 (13)	0.309 (4)	-0.065 (20)	0.290	0.264	0.032	8	8	16
멕시코	-0.176 (20)	-0.292 (23)	-0.290 (24)	0.063 (14)	0.032 (15)	-0.626 (24)	0.244 (6)	0.307 (5)	0.328 (8)	0.043	0.016	-0.196	13	16	22
네덜란드	-0.219 (21)	-0.226 (21)	-0.243 (21)	0.205 (10)	0.193 (14)	-0.012 (16)	-0.011 (19)	0.199 (10)	0.121 (13)	-0.008	0.056	-0.044	16	14	18
뉴질랜드	0.865 (2)	0.905 (2)	0.746 (2)	0.060 (15)	1.010 (1)	0.684 (5)	0.688 (2)	0.483 (2)	-0.018 (18)	0.538	0.799	0.471	2	1	2
노르웨이	-0.072 (15)	-0.138 (18)	-0.188 (20)	-0.345 (24)	-0.319 (20)	-0.286 (19)	0.421 (4)	0.205 (9)	-0.010 (17)	0.001	-0.084	-0.162	14	20	21
폴란드	-0.129 (18)	-0.002 (14)	-0.074 (15)	-0.028 (18)	-0.136 (17)	-0.151 (17)	-0.546 (29)	0.076 (14)	0.672 (2)	-0.235	-0.021	0.149	24	18	13
포르투갈	-0.929 (29)	-0.897 (29)	-0.833 (29)	-0.917 (29)	-0.604 (25)	-0.917 (26)	-0.252 (23)	0.263 (7)	-0.136 (21)	-0.699	-0.413	-0.629	29	25	28
슬로바키아	-0.125 (17)	-0.259 (22)	0.112 (13)	0.407 (7)	0.275 (12)	0.239 (13)	0.226 (8)	0.068 (15)	0.440 (5)	0.169	0.028	0.264	9	15	10
스페인	-0.415 (24)	-0.370 (24)	-0.439 (26)	-0.699 (27)	-0.510 (24)	-0.450 (21)	0.043 (14)	-0.513 (27)	-0.325 (25)	-0.357	-0.464	-0.405	27	26	24
스웨덴	-0.344 (23)	-0.183 (19)	-0.252 (22)	-0.171 (20)	0.306 (11)	0.112 (15)	0.024 (15)	0.359 (3)	0.330 (7)	-0.164	0.161	0.063	23	12	15
스위스	0.213 (9)	0.201 (10)	0.195 (10)	0.819 (3)	0.614 (5)	0.483 (11)	0.107 (12)	0.109 (13)	0.170 (11)	0.380	0.308	0.283	5	5	9
터키	-1.337 (30)	-1.289 (30)	-1.474 (30)	-0.590 (26)	-0.400 (22)	-0.948 (28)	1.188 (1)	-0.586 (28)	0.990 (1)	-0.246	-0.758	-0.477	25	30	26
영국	0.760 (3)	0.741 (3)	0.732 (3)	0.106 (12)	0.693 (3)	0.754 (2)	0.143 (11)	-0.129 (22)	-0.252 (24)	0.337	0.435	0.411	7	3	4
미국	0.960 (1)	0.962 (1)	1.017 (1)	0.729 (4)	0.500 (7)	0.735 (3)	0.006 (17)	0.046 (17)	-0.006 (16)	0.565	0.503	0.582	1	2	1

표 4-4 형평성 지수와 순위(괄호 안의 수는 각 국가별 순위를 나타냄, 지수는 소수점 4자리에서 반올림)

국가	형평성-투입(EQI)			형평성-과정(EQP)			형평성-산출(EQO)			형평성(Equity)지수			형평성 순위		
	t1	t2	t3	t1	t2	t3	t1	t2	t3	t1	t2	t3	t1	t2	t3
호주	-0.236 (21)	-0.366 (23)	-0.543 (23)	0.070 (15)	0.050 (15)	0.050 (15)	-0.348 (24)	-0.243 (24)	-0.156 (20)	-0.171	-0.186	-0.216	19	19	21
오스트리아	0.275 (10)	0.173 (14)	0.382 (9)	0.856 (3)	0.807 (4)	0.807 (4)	0.162 (13)	0.244 (13)	0.045 (14)	0.431	0.408	0.412	10	10	10
벨기에	0.800 (4)	0.868 (4)	0.907 (3)	0.497 (10)	0.458 (10)	0.458 (10)	0.355 (10)	0.326 (8)	0.341 (10)	0.551	0.551	0.569	7	6	7
캐나다	-0.537 (25)	-0.716 (26)	-0.783 (27)	-0.498 (25)	-0.507 (24)	-0.507 (24)	0.155 (14)	0.122 (15)	0.043 (15)	-0.293	-0.367	-0.415	23	24	23
체코	-0.216 (20)	-0.331 (22)	-0.336 (22)	-0.382 (22)	-0.296 (18)	-0.296 (18)	-0.233 (23)	-0.178 (21)	-0.130 (19)	-0.277	-0.269	-0.254	22	23	22
덴마크	1.376 (2)	1.473 (2)	1.569 (1)	0.518 (9)	0.633 (7)	0.633 (7)	0.704 (2)	0.782 (1)	0.826 (2)	0.866	0.963	1.009	2	1	1
핀란드	0.991 (3)	0.869 (3)	0.866 (5)	0.497 (10)	0.458 (10)	0.458 (10)	0.414 (7)	0.285 (11)	0.390 (9)	0.634	0.537	0.571	4	7	6
프랑스	0.344 (9)	0.427 (8)	0.338 (10)	1.080 (2)	1.041 (2)	1.041 (2)	0.420 (6)	0.449 (6)	0.446 (7)	0.615	0.639	0.608	5	5	5
독일	0.561 (6)	0.574 (6)	0.500 (7)	0.653 (5)	0.494 (9)	0.494 (9)	0.364 (9)	0.342 (7)	0.273 (11)	0.526	0.470	0.422	8	9	9
그리스	0.068 (16)	0.177 (13)	0.106 (14)	0.126 (14)	0.126 (14)	0.126 (14)	-0.624 (27)	-0.593 (27)	-0.613 (27)	-0.143	-0.097	-0.127	18	16	18
헝가리	0.136 (13)	-0.181 (21)	-0.161 (21)	-0.314 (20)	-0.238 (17)	-0.238 (17)	-0.160 (21)	-0.181 (22)	-0.176 (21)	-0.113	-0.200	-0.192	16	21	20
아이슬랜드	0.608 (5)	0.745 (5)	0.875 (4)	- -	- -	- -	0.515 (5)	0.579 (4)	0.601 (4)	0.561	0.662	0.738	6	4	4
아일랜드	0.148 (11)	0.223 (12)	-0.017 (18)	-0.312 (17)	-0.312 (19)	-0.312 (19)	-0.232 (22)	-0.041 (18)	0.003 (16)	-0.132	-0.043	-0.109	17	15	16
이탈리아	0.102 (14)	0.424 (9)	0.233 (11)	0.653 (5)	0.633 (7)	0.633 (7)	-0.435 (26)	-0.410 (26)	-0.198 (22)	0.107	0.216	0.223	13	12	13
일본	-0.879 (26)	-0.860 (27)	-0.707 (26)	-0.741 (26)	-0.704 (26)	-0.704 (26)	0.043 (17)	-0.073 (19)	-0.216 (24)	-0.526	-0.546	-0.542	25	25	25
한국	-1.899 (30)	-1.586 (30)	-1.751 (30)	-0.449 (23)	-0.470 (23)	-0.470 (23)	-1.174 (29)	-1.330 (30)	-1.225 (29)	-1.174	-1.129	-1.148	30	29	29
룩셈부르크	0.139 (12)	-0.143 (17)	0.129 (13)	0.178 (13)	0.206 (13)	0.206 (13)	0.367 (8)	0.298 (9)	0.480 (6)	0.228	0.120	0.272	11	14	12
멕시코	-0.941 (27)	-1.274 (28)	-1.344 (28)	-0.312 (17)	-0.312 (19)	-0.312 (19)	-0.818 (28)	-1.096 (28)	-1.061 (28)	-0.690	-0.894	-0.906	27	28	28
네덜란드	0.409 (8)	0.315 (11)	0.423 (8)	0.612 (7)	0.727 (5)	0.727 (5)	0.530 (4)	0.541 (5)	0.504 (5)	0.517	0.528	0.551	9	8	8
뉴질랜드	-0.306 (23)	-0.655 (25)	-0.599 (25)	-1.276 (27)	-1.663 (28)	-1.663 (28)	-0.146 (20)	0.012 (17)	-0.032 (18)	-0.576	-0.769	-0.765	26	27	26
노르웨이	0.546 (7)	0.503 (7)	0.625 (6)	1.102 (1)	1.101 (1)	1.101 (1)	0.617 (3)	0.672 (2)	0.680 (3)	0.755	0.759	0.802	3	3	3
폴란드	0.065 (17)	-0.158 (18)	-0.126 (20)	-0.179 (16)	-0.122 (16)	-0.122 (16)	0.082 (16)	-0.138 (20)	-0.306 (26)	-0.010	-0.139	-0.184	15	18	19
포르투갈	-0.269 (22)	-0.082 (16)	0.164 (12)	0.810 (4)	0.925 (3)	0.925 (3)	0.005 (18)	0.125 (14)	0.143 (12)	0.182	0.323	0.411	12	11	11
슬로바키아	0.072 (15)	0.361 (10)	0.031 (15)	-1.411 (28)	-1.374 (27)	-1.374 (27)	0.184 (12)	0.257 (12)	-0.004 (17)	-0.385	-0.252	-0.449	24	22	24
스페인	-0.122 (18)	-0.046 (15)	-0.022 (19)	0.612 (7)	0.727 (5)	0.727 (5)	-0.388 (25)	-0.298 (25)	-0.214 (23)	0.034	0.128	0.164	14	13	14
스웨덴	1.806 (1)	1.749 (1)	1.527 (2)	0.362 (12)	0.458 (10)	0.458 (10)	0.771 (1)	0.656 (3)	0.840 (1)	0.980	0.954	0.942	1	2	2
스위스	-0.468 (24)	-0.178 (20)	0.011 (16)	-0.336 (21)	-0.414 (22)	-0.414 (22)	0.188 (11)	0.297 (10)	0.427 (8)	-0.205	-0.098	0.008	21	17	15
터키	-0.987 (28)	-0.518 (24)	-0.556 (24)	-0.312 (17)	-0.312 (19)	-0.312 (19)	-1.306 (30)	-1.324 (29)	-1.502 (30)	-0.869	-0.718	-0.790	28	26	27
영국	-0.210 (19)	-0.175 (19)	0.008 (17)	-0.471 (24)	-0.530 (25)	-0.530 (25)	0.142 (15)	0.114 (16)	0.140 (13)	-0.180	-0.197	-0.127	20	20	17
미국	-1.436 (29)	-1.421 (29)	-1.636 (29)	-1.844 (29)	-1.791 (29)	-1.791 (29)	-0.113 (19)	-0.210 (23)	-0.299 (25)	-1.131	-1.141	-1.242	29	30	30

무, 기업수준 종업원참여제도 수준)는 노르웨이가 세 시점 모두에서 1위를 기록하고 있으며, 그 뒤로는 프랑스·포르투갈·오스트리아 등이 상위권을 형성하고 있다. 미국·뉴질랜드·슬로바키아·일본 등이 하위권으로 분류되었다. 한국은 세 시점 모두에서 23위를 기록하였다. 셋째, 효율성－산출(EQO)은 가장 많은 구성지표(산재사망 역코딩, 노동분배, 고용수준, 지니계수 역코딩, 최저임금수준, 소비자물가상승률 역코딩, 남녀평등, 실업보상지수, 출산/육아휴가지수, 육아시설활용도)를 포함하고 있는데, 분석결과 형평성 지수는 스웨덴·덴마크·노르웨이·네덜란드 등이 상위권을 형성하고 있으며, 터키·한국·멕시코·그리스 등이 하위권을 형성하고 있다. EQO는 세 시점에서 상대적으로 급격한 변동을 나타낸 국가를 찾아보기 힘들다. 마지막으로, EQI·EQP·EQO의 평균으로 산출된 형평성(equity) 지수를 살펴보자. 형평성은 덴마크·스웨덴·노르웨이·핀란드 등 노르딕 국가들이 최상위권을 형성하고 있는 것으로 나타났으며, 미국·한국·멕시코·터키 등이 최하위권을 형성하고 있다. 한국은 세 시점에서 30·29·29위를 기록하고 있어, 형평성의 개선이 시급한 것으로 확인되었다.

(2) 최종순위 결과

〈표 4－5〉는 본 연구의 기준시점별 최종순위와 각 시점별 순위변화를 나타내고 있다. 먼저, 최종순위 산출방식을 간략히 소개하면 다음과 같다. 최종순위는 두 가지 산출기준을 순차적으로 적용하였다. 첫 번째 산출기준은 효율성과 형평성의 순위이다. 〈표 4－2〉와 〈표 4－3〉의 가장 오른쪽 열에 위치하고 있는 효율성과 형평성 순위의 평균값을 최종순위로 산출하였다. 이 순위평균 산출방식에 따르면 동일한 순위를 나타내는 국가들이 존재하게 된다. 따라서 동일한 순위를 나타내는 국가들간의 순위를 결정하기 위해서, 두 번째 순위산출 기준으로 각각 효율성 지수와 형평성 지수의 평균값을 활용하였다(〈표 4－3〉과 〈표 4－4〉 오른쪽에서 2번째 열 참조). 아래서는 최종순위 결과에 대하여 살펴보자(〈표 4－5〉 참조).

먼저, 덴마크는 세 시점 모두에서 최종순위 1위를 고수하고 있다. 형평성에서 최상위권을 지속적으로 유지하는 동시에 효율성에서도 각각 시점별로 10·8·8위의 상위권을 유지함으로써, 최종순위 1위를 지속할 수 있었다. 그 뒤를 이어 2005년이 기준연도인 t_3를 기준으로 보면, 아이슬랜드와 스웨덴이 2, 3위를 기록하고 있다. 영국은 t1에서는 11위였지만 t_2에서 8위, t_3에서는 4위를 기록해 총 연구기간 동안 총 순위가 7계단이나 상승하였다. 또한, 헝가리도 각 시점별로 23·10·9위를 기록하여, 하위권에서 상위권으로 도약한 것으로 나타났다. 이와 같은 급격한 순위상승은 효율성이 투입·과정·산출 부분에서 모두 가파르게 향상되었다는 점에서 그 이유를 찾을 수 있다.

하위권 국가들을 살펴보면, 터키가 30위로 최하위를 유지하고 있으며, 그 뒤로 멕시코, 그리스, 이탈리아 등의 국가가 효율성과 형평성이 모두 낮아 하위권으로 밀린 경우이다. 호주의 경우에는 t_1에서는 17위로 중위권이었지만 그 순위가 t_2와 t_3에서는 27위, 26위로 급락하였다. 호주는 형평성에서는 시점별 변화가 거의 없지만, 특히 효율성－산출(EFO)에서 급격한 하락을 나타내고 있는 것이 순위하락에 큰 영향을 미친 것으로 판단된다. 호주의 경우 세 시점에서 노동생산성 증가율의 하락, 근로자당 인건비와 단위노동비용의 증가, 실질경제성장률의 하락 등이 나타났다. 또한, 프랑스는 t_1에서 상위권인 6위를 기록하다가 t_2에서는 16위, t_3에서는 22로 하락하여 최대 하락폭을 기록하였다. 프랑스도 호주와 마찬가지로 형평성에서는 거의 변화가 없지만, 효율성의 모든 부분에서 큰 폭의 하락을 나타내었다. 프랑스의 효율성 하락에 주요한 영향을 미친 변수로는 정규직 해고의 어려움 증가, 정부의 교육부문 지출의 감소, 노사관계 생산성과 협조성의 급락, 높은 노동쟁의 등을 들 수 있다.

마지막으로 한국의 경우에는 세 시점에서 각각 21위, 20위, 23위를 기록하였다. 본 연구에서는 IMF경제위기를 기점으로 한국의 노사관계가 효율성이 강화될 것으로 예측하였다. 그러나 연구결과에 의하면, 오히려 효율성 순위가 상위권에서 약간 하락하였으며, 형평성은 최하위권을 유지하고 있는 양상을 보여주었다.

표 4-5 노사관계 지표 최종순위 및 순위변화(국가순서는 t3순위를 기준으로 정렬)

	최종순위*			시점간 순위변화		
	t_1	t_2	t_3	$t_1 \rightarrow t_2$	$t_2 \rightarrow t_3$	$t_1 \rightarrow t_3$
덴 마 크	1	1	1	0	0	0
아이슬랜드	4	3	2	1	1	2
스 웨 덴	5	2	3	3	−1	2
영 국	11	8	4	3	4	7
노르웨이	2	7	5	−5	2	−3
스 위 스	9	6	6	3	0	3
네덜란드	7	4	7	3	−3	0
핀 란 드	8	9	8	−1	1	0
헝 가 리	23	10	9	13	1	14
오스트리아	10	12	10	−2	2	0
체 코	20	23	11	−3	12	9
룩셈부르크	3	5	12	−2	−7	−9
일 본	14	13	13	1	0	1
뉴질랜드	13	11	14	2	-3	−1
아일랜드	22	17	15	5	2	7
미 국	16	18	16	−2	2	0
독 일	12	15	17	−3	−2	−5
벨 기 에	18	14	18	4	−4	0
폴 란 드	24	22	19	2	3	5
캐 나 다	15	19	20	−4	−1	−5
슬로바키아	19	24	21	−5	3	−2
프 랑 스	6	16	22	−10	−6	−16
한 국	21	20	23	1	−3	−2
스 페 인	26	25	24	1	1	2
포르투갈	28	21	25	7	−4	3
호 주	17	27	26	−10	1	−9
이탈리아	27	26	27	1	−1	0
그 리 스	29	29	28	0	1	1
멕 시 코	25	28	29	−3	−1	−4
터 키	30	30	30	0	0	0

주: 최종순위는 효율성 순위(〈표 4-3〉 참조)와 형평성 순위(〈표 4-4〉 참조)를 평균한 값을 기준으로 산출. 단, 앞의 평균값이 동일한 경우 효율성 지수(〈표 4-3〉 참조)와 형평성 지수(〈표 4-4〉 참조)의 평균값이 높은 경우 우선순위를 부여함.

(3) 노사관계 배치도상의 변화

〈그림 4－7〉은 효율성과 형평성을 두 축으로 하는 노사관계 배치도이다. 종단연구의 결과를 노사관계 배치도상에 표현해 보면, 몇 가지 패턴을 발견할 수 있다.

첫째, 노사관계의 배치도상에서 각 국가의 노사관계 위치는 시점의 변화에도 불구하고 일정한 영역을 유지하면서 변화한다는 점이다. 1990년대 초반부터 1990년대 후반을 거쳐 2000년대 중반에 이르는 상대적으로 장기간의 변화이지만, 대부분 국가들의 노사관계 위치는 일정한 사분면 내의 영역을 유지하고 있는 것을 확인할 수 있다.

그렇다면 위 노사관계 배치도상의 각 사분면을 이론적으로 구분해보자. 정치경제학 분야의 논의에 의하면 세계화된 경제 환경에서 성공하기 위해서는 유일최선의 자본주의 유형만이 존재하지 않는다고 한다. 특히, Hall & Soskice(2001)에 의하면, 자본주의 유형은 크게 자유시장경제(Liberal Market

그림 4-7 노사관계 배치도상의 종단적 변화(세로축: 효율성, 가로축: 형평성, 시점변화: 1993년→1999년→2005년)

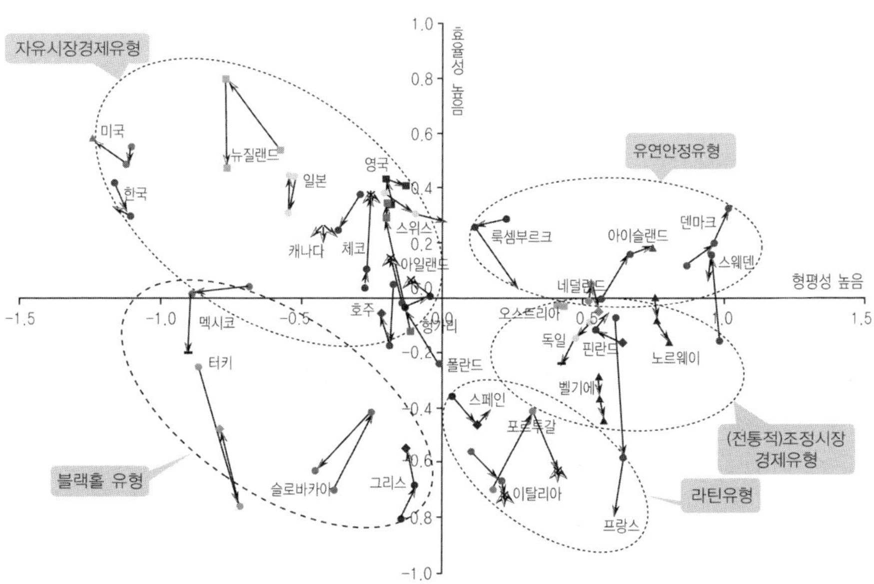

Economy: LME)와 조정시장경제(Coordinated Market Economy: CME)로 구분된다. 이들은 경쟁력 및 경제적 성과와 관련된 핵심 행위자를 기업으로 보며, 기업에 대한 관계적 견해에 기반하여 노사관계, 교육훈련체계, 자본시장 및 기업지배구조, 기업간 관계 등에서 성공적인 조율을 이룰 수 있는 국가가 성공할 수 있음을 지적하고 있다. 결국, 이들의 논의는 광의의 노사관계와 직간접적으로 연계되어 있는 사회경제시스템의 구성요소들을 일정한 논리를 바탕으로 얼마나 잘 조율해낼 수 있는가가 성공의 관건이 되는 것이다.

위와 같은 논리에 따르자면, 한 국가의 사회경제시스템은 두 가지 자본주의 유형(LME와 CME) 중 하나의 유형을 선택하여, 선택한 유형의 원리에 입각하여 각종 시스템의 구성요소들을 적합(fit)시켜야만 좋은 성과를 낼 수 있을 것이다. 실제로 Hall & Soskice(2001: 45)는 두 가지 이념형 사이의 중간에 위치하는 혼합형 국가들(hybrids)은 좋은 성과를 낼 수 없을 것으로 예측하였다. 그러나 최근 덴마크의 경제사회적 성공을 설명하는 연구들(Madsen, 2004; Campbell & Peterson, 2007)은 이와 같은 주장에 반대하고 있다. 이들의 주장에 의하면, 덴마크는 LME와 CEM의 속성을 모두 가지고 있는 특유의 유연안정성 모델을 통해 좋은 성과를 나타냈다는 것이다. 즉, 효율성을 담보할 수 있는 유연한 노동시장(Flexible labor market)과 형평성을 확보할 수 있는 충분한 복지시스템(generous welfare system)의 유기적인 결합이 덴마크의 사회경제적 경쟁력의 원천임을 강조하고 있다.

본 연구에서는 위와 같은 논쟁이 발생한 원인을 국가의 사회경제시스템을 일차원적 개념으로 규정한 것에서 찾는다. 즉, 기존의 논의에서는 1차원적 사고에 바탕하여 자유시장경제의 전형과 조정시장경제의 전형을 양극단으로 보고, 일정 국가들은 양 극단 사이 어디엔가 위치할 것이라는 가정을 하고 있었다. 그러나 자유시장경제와 조정시장경제의 주된 구성논리를 각각 효율성과 형평성으로 규정하고 이를 사회경제시스템을 구성하는 두개의 차원으로 해석하면 이 논쟁을 해결할 수 있다. 즉, 본 연구에서는 각 국의 사회경제시스템을 광의의 노사관계시스템으로 인식한 후, 노사관계의 두 가지 기본원리인 효율성과 형평성을 각 차원으로 하는 이차원적

표 4-6 효율성과 형평성 기준의 노사관계유형

<table>
<tr><td colspan="2" rowspan="2"></td><td colspan="2">형평성(Equity)</td></tr>
<tr><td>저</td><td>고</td></tr>
<tr><td rowspan="4">효율성
(Efficiency)</td><td rowspan="2">고</td><td>자유시장경제(LME) 유형</td><td>유연안정(Flexicurity) 유형*</td></tr>
<tr><td>미국, 뉴질랜드, 영국, 캐나다,
아일랜드, 한국, 일본</td><td>덴마크, 아이슬랜드, 스웨덴,
네덜란드, 룩셈부르크</td></tr>
<tr><td rowspan="2">저</td><td>블랙홀(black hole) 유형</td><td>조정시장경제(CME) 유형
(& 라틴유형)</td></tr>
<tr><td>터키, 멕시코, 슬로바키아, 그리스</td><td>독일, 오스트리아, 벨기에,
노르웨이, 핀란드,
(스페인, 포르투갈,
이탈리아, 프랑스)</td></tr>
</table>

* 본 연구에서는 유연안정유형을 노사관계의 가장 이상적인 모형으로 설정하고 있음.

노사관계 배치도를 구성한다. 결국 효율성은 높으나 형평성이 낮은 국가 노사관계시스템을 자유시장경제(LME) 유형으로, 형평성은 높으나 효율성이 낮은 것은 조정시장경제(CME) 유형, 상대적으로 두 가지 기준이 모두 낮은 것을 블랙홀 유형으로 구분하며, 마지막으로 효율성과 형평성을 모두 높은 수준에서 균형있게 달성하고 있는 노사관계시스템을 유연안정(Flexicurity) 유형으로 분류한다(〈표 4-6〉 참조).

〈그림 4-7〉과 〈표 4-6〉을 대비해 보면, 미국·한국·뉴질랜드·캐나다·일본·영국 등이 자유시장경제 유형을 구성하고 있다. 형평성은 높으나 효율성이 상대적으로 낮은 조정시장경제유형은 크게 두 가지 하위유형으로 구분해볼 수 있다. 우선 전통적인 조정시장경제유형으로는 독일·오스트리아·벨기에·노르웨이 등이 있으며, 라틴유형에는 스페인, 포르투갈, 이탈리아, 프랑스가 해당된다. 효율성과 형평성이 상대적으로 모두 낮은 블랙홀 유형에는 터키·슬로바키아·멕시코 등이 해당된다. 마지막으로, 덴마크·아이슬랜드·스웨덴·네덜란드는 효율성과 형평성 수준이 모두 높은 유연안정형에 해당되는 것으로 나타난다.

앞서 언급한 것처럼, 본 종단연구가 포괄하는 약 15년간의 변화과정을 살펴보면, 대부분 국가들의 노사관계 상태는 노사관계 배치도상의 네 가지 유형 중 하나의 유형범위 내에서 크게 벗어나지 않고 있음을 확인할 수 있다. 그러면 특정 국가의 노사관계 특성은 상대적으로 장기적인 시간의 흐름에도 불구하고 그 고유의 특성을 유지하고 있는 것일까? 이와 같은 현상은 역사적 제도주의에서 말하는 경로의존성(path dependence)의 개념으로 설명될 수 있다(Thelen, 1999). 즉, 경로의존성이란 역사적 조건들이 오늘의 의사결정을 제약하는 것을 의미하는데, 결국 한 국가의 노사관계시스템은 역사적으로 형성된 고유의 제도적 조정방식과 문화에 배태되어 있다는 점에서 쉽게 변화하지 않고 일정한 패턴을 유지하게 된다.

둘째, 첫 번째 특징과 함께 일관성을 유지하고 있는 패턴은 네 가지 노사관계 유형 중에서 LME형과 CME형에 대부분의 국가들이 몰려 있다는 것이다. 다시 말하면, 〈그림 4-7〉에서 보면, LME형에서 CME형으로 우하향하는 패턴을 형성하고 있는 것을 확인할 수 있다. 따라서 아래서는 효율성과 형평성간에 어떤 상관관계를 가지는지를 직접 분석하여 보았다. 〈표 4-7〉은 효율성과 형평성간의 관계를 각각 노사관계 지표 값과 순위로 구분하여 시계열별로 살펴본 결과를 제시하고 있다. Pearson 이변량 상관계수를 분석한 결과, 모든 경우에서 음의 유의한 상관관계를 나타내고 있는 것으로 나타났다. 또한, 〈그림 4-8〉은 각각 세 시점의 효율성과 형평성의 상관관계를 그림으로 표현한 것이다.

이와 같은 결과는 본 연구에서 이상적인 노사관계 상태로 설정하고 있는 효율성과 형평성 양자를 모두 높은 수준에서 실현하는 노사관계 유형(현실적으로는 유연안정성 유형)을 달성하는 것이 어려운 과제임을 간접적으

표 4-7 효율성과 형평성간의 상관관계

	형평성과 효율성 지표 간 상관관계			형평성과 효율성 순위 간 상관관계		
시 계 열	t_1	t_2	t_3	t_1	t_2	t_3
상관계수 (유의확률)	-0.399** (0.014)	-0.308** (0.049)	-0.372** (0.021)	-0.479*** (0.004)	-0.390* (0.017)	-0.409** (0.012)

주: *은 0.1, **은 0.05, ***은 0.01 수준(one-tailed test)에서 유의함을 의미함.

그림 4-8 효율성과 형평성간의 상관관계(ef:효율성 지수, eq:형평성 지수, 순서대로 t1, t2, t3)

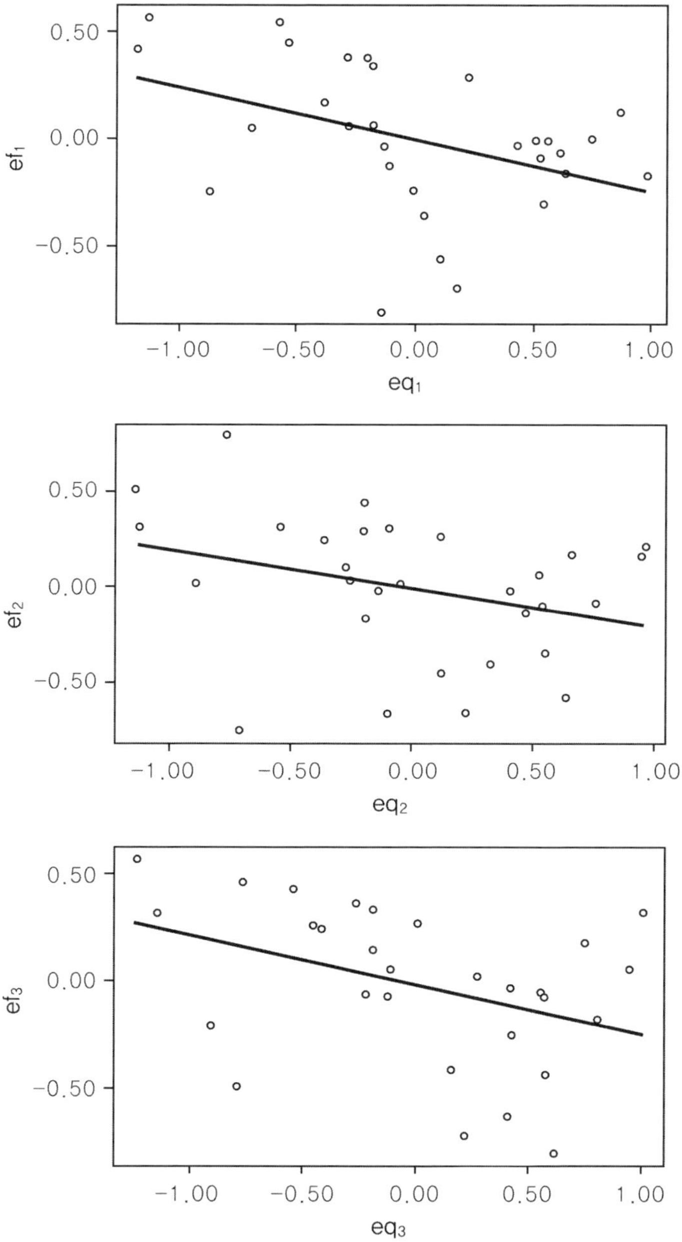

로 제시하고 있다고 판단된다.

셋째, 위와 같은 일관적 패턴에도 불구하고 몇몇 국가들은 특기할 만한 변화추이를 보여주고 있다.

먼저 본 연구에서 가장 이상적인 형태로 가정하고 있는 효율성과 형평성의 동반상승을 보여주고 있는 대표적인 국가가 덴마크이다. 덴마크는 앞서도 언급한 것처럼 유연한 노동시장과 충분한 복지시스템의 동반적 발전을 통해 유연안정성 모형의 대표주자로 관심을 끌고 있는데, 이를 가능하게 해 주는 주요한 정책기제로서 적극적 노동시장정책의 중요성이 지적되고 있다(Madsen, 2004). 본 연구의 결과를 보면, 덴마크의 노동시장의 유연성과 노동력의 질적 수준을 나타내주는 효율성－투입(EFI) 순위가 세 시점에서 각각 6위, 7위, 6위로 상위권을 유지하고 있고, 적극적 노동시장정책에 대한 정부지출에서는 세 시점에서 순서대로 2위, 2위, 1위를 기록하고 있는 것을 확인할 수 있다. 또한, 정부의 사회보장지출도 2위, 4위, 3위순으로 상위권을 유지하고 있다. 이를 종합해보면, 덴마크의 유연안정성 모형의 근간을 이루는 황금삼각형(golden triangle)의 선순환적 진화가 지속되고 있음을 확인할 수 있다.

다음으로 스웨덴은 효율성의 상당한 개선을 통해 조정시장형유형에서 유연안정형 모형으로 진입한 모습을 보여준다. 스웨덴은 특히, 1993년에서 1999년 사이에 효율성－과정(EFP)과 효율성－산출(EFO)에서 급격한 향상을 보여주고 있다. 좀 더 구체적으로 살펴보면, 이 기간에 스웨덴의 사용자들이 평가한 노사관계의 생산성(t_1 : 14위 → t_2 : 8위)과 협조성(t_1 :14위 → t_2 : 5위)이 상당부분 개선되었다. 또한 노동비용절감이 20위에서 9위로 상승하였으며, 실질경제성장률은 1993년 －2.0%에서 1999년 4.4%로 29위에서 8위로 향상되었다. 또한 노동쟁의 부분에서서는 파업, 파업참가자수, 1000인당 노동손실일수가 모두 감소하여 상당한 안정화가 이루어졌다(〈부록 2〉 참조). 이와 같은 효율성의 향상은 제도적으로 보장된 자율성에 바탕을 둔 강력한 사회적 파트너들간의 계약전통과 이들간의 교섭을 통해 효율성과 형평성을 조화시키는 대안을 마련하는 스웨덴형 유연안정성(Swedish flexicurity)의 특성에서 비롯된 것으로 이해할 수 있다(Dominique, 2006). 또한, 유연안정모형의 지속성을 유지시켜줄 수 있는 핵심적 요소로 지적되고 있는 적극적노동시장정책과 교육훈련에 대한 지속적 투자에 있어서도, 상위권을 형성하고 있다는 점이 주목해볼 만한 특징이다.

반면, 프랑스는 다른 국가들에 비해 상당히 큰 폭의 효율성 감소를 보여주고 있다는 점에서 주목된다. 프랑스가 OECD국가들 중에서 효율성이 가장 낮은 국가로 쇠락한 이유는 무엇일까? 프랑스는 갈등적 노사관계를 나타내는 모든 지표에서 모두 높은 점수를 기록하고 있다. 특히, 프랑스 사용자들이 설문에서 평가한 노사관계의 생산성이 세 시점에서 16 · 29 · 29위를, 노사관계의 협조성이 18 · 30 · 30위로 급격히 하락했을 뿐만 아니라, 파업건수는 29 · 30 · 30위, 파업참여자수는 25 · 27 · 30위로 악화되는 등 갈등적 노사관계의 인식과 현실에서 모두 개선의 여지를 보여주지 못하고 있다는 점이다. 이와 같은 특징은 프랑스 노사관계의 문제점으로 계속 지적되고 있는 비제도화된 노사관계(Goetschy & Jobert, 2004)가 근본적 원인임을 다시 한 번 보여준다.

4. 소 결

지금까지 횡단분석과 종단분석을 통해 OECD 국가들의 노사관계를 분석해 보았다. 여기서는 본 분석의 결과를 해석하는 데 있어 주의해야 할 사항 내지 한계점을 정리하고 분석의 시사점을 약술한다. 먼저, 분석의 한계점은 크게 두 가지로 요약할 수 있다.

첫째, 본 연구의 노사관계 지표는 t값을 활용한 표준화 변환에 의한 지표산출방식을 따르고 있으므로, 효율성과 형평성의 최종 지표점수는 OECD국가들의 상대적인 위치를 나타내는 것으로 이해하여야 한다. 이와 같은 평가방식은 모든 국가들에서 나타나고 있는 동일한 변화의 패턴을 상대적으로 과소평가하게 되는 경향을 갖게 될 수밖에 없다. 따라서 세계화와 이를 가속화시키고 있는 신자유주의의 확산이 OECD 대부분의 국가들에게 동일한 변화를 가져왔다면, 한 국가에서 나타난 중대한 변화가 전체적인 비교에 있어서는 상대적으로 적은 변화로 평가될 수 있다.

둘째, 자료의 한계이다. 앞서 밝힌 것처럼 노사관계 관련지표들은 상대적으로 그 자료의 축적수준이 최근에 와서야 향상되고 있기 때문에, 종단연구에서 완벽한 자료를 활용하는 데 한계가 있었다. 특히, OECD 30개 국가 중에서 각종 지표의 결측이 가장 많은 국가는 아이슬랜드인데, 아이슬랜드는 각각 효율성 18개와 형평성 18개 지표 중 효율성 7개와 형평성 7개 지표가 결측이다. 이와 같은 결측문제는 측정된 지표의 수준에 따라 해당국가의 평가지수가 과소 또는 과대평가될 수 있는 한계를 부여한다.

이러한 문제점에도 불구하고, 본 연구는 중요한 이론적·정책적 시사점을 제공하였다. 먼저 이론적 시사점은 효율성과 형평성의 균형이 최선의 결과를 낳는다는 본 연구의 핵심적 가설을 연구의 결과가 입증하고 있다는 것이다. 유연안정형 국가들이 효율성과 형평성 모두에서 우수한 성과를 거두고 있음을 연구결과를 통해 확인할 수 있는데, 이것은 혼합형(hybrid)이 최적의 성과를 내지 못한다는 Hall & Soskice(2001)의 주장에 배치되는 발견이다.

또한, 이와 같은 연구결과는 다음과 같은 정책적 시사점을 제공한다. 즉, 정부는 효율성과 형평성을 동시에 추구하는 정책적 지향점을 설정하고, 각각 효율성과 형평성을 구성하는 지표들을 관리해야 한다는 것이다. 특히, 한국의 경우 효율성은 상위권을 형성하고 있지만 형평성은 최하위권에 머물고 있으므로, 형평성을 단계적으로 끌어올릴 수 있는 정책적 방안의 마련과 실행이 시급한 것으로 평가된다. 문제는 〈표 4-7〉 및 〈그림 4-8〉에서 보는 바와 같이, 효율성과 형평성을 동시에 달성하는 것이 그리 용이하지 않다는 것이다. 유연안정형 국가들이 자신들이 과거에서부터 보유하고 있던 역사적 맥락을 유지하면서도, 매우 창의적인 정책적 조합과 노사관계 당사자들의 자발적인 노력을 통해 효율성과 형평성의 균형적 발전을 달성하고 있음을 되새겨 보아야 할 것이다.

표 4-8 한국의 노사관계 지표별 순위(종합)

구 분	구성지표	구성지표 순위(t1)	구성지표 순위(t2)	구성지표 순위(t3)	구 분	구성지표	구성지표 순위 (t1)	구성지표 순위 (t2)	구성지표 순위 (t3)
효율성 투입 지표 (EFI)	1. 정규직 해고의 자유	14	16	16	형평성 투입 지표 (EQI)	1. 노조조직률	27	29	29
	2. 비정규직 활용의 자유	10	16	16		2. ILO 핵심협약 비준 정도	30	29	29
	3. 집단해고의 자유	4	4	3		3. 정부 노동시장정책 지출	18	18	24
	4. 노동운동 통제정도	2	2	2		4. 정부 사회보장 지출	30	30	30
	5. 노조분권성	1	1	1					
	6. 정부 교육부문 지출	20	14	14					
	7. 문 맹 률	19	19	19					
	효율성-투입 순위	4	4	4		형평성-투입 순위	30	30	30
효율성 과정 지표 (EFP)	1. 교섭분권성(수준)	1	1	1	형평성 과정 지표 (EQP)	1. 단체협약 적용률	23	25	25
	2. 교섭분권성(조정)	1	1	1		2. 국가차원 사회적 대화기구 유무*	1	1	1
	3. 노사관계의 생산성	27	30	30		3. 기업수준 종업원참여 수준	10	10	10
	4. 노사관계의 협조성	28	29	25					
	효율성-과정 순위	17	23	20		형평성 과정 순위	23	23	23
효율성 산출 지표 (EFO)	1. 노동생산성증가율	4	2	4	형평성 산출 지표 (EQO)	1. 산재사망	28	28	28
	2. 노동비용감소	25	5	18		2. 연평균노동시간	30	30	30
	3. 실질경제성장	3	2	9		3. 노동분배	24	24	23
	4. 파업건수	17	19	23		4. 고용수준	12	21	15
	5. 파업참여자수	21	23	25		5. 지니계수	15	25	15
	6. 노동손실일수	11	25	24		6. 최저임금수준	20	20	20
	7. 비정규직비율	5	6	2		7. 소비자물가상승률	17	10	19
						8. 남녀평등	28	30	28
						9. 실업보상지수	25	25	27
						10. 출산/육아휴가지수	17	17	17
						11. 육아시설활용도	23	23	23
	효율성-산출 순위	3	1	3		형평성-산출 순위	29	30	29
	효율성 전체 순위	4	6	7		형평성 전체 순위	30	29	29

주*: 국가차원 사회적 대화기구 유무의 순위는 '기구 유무'로만 순위 측정이 가능하였음. 참고로, 30개국 중 사회적 대화기구가 존재하는 나라는 26개국이고, 기구가 없는 나라는 뉴질랜드, 슬로바키아, 미국 등 3개국이며, 아이슬랜드는 자료가 제공되지 않음.

표 4-9 효율성 세부지표별 한국의 순위

구 분	구성지표	구성지표 순위 (t1)	구성지표 순위 (t2)	구성지표 순위 (t3)	하위지표	하위지표 순위 (t1)	하위지표 순위 (t2)	하위지표 순위 (t3)
효율성 투입지표(EFI)	1. 정규직 해고의 자유	14	16	16	Difficulty of dismissal*	15	15	15
					Notice and severance pay for no-fault individual dismissals*	5	5	5
					Regular procedural inconveniences*	21	23	24
	2. 비정규직 활용의 자유	10	16	16	Fixed-term contracts*	8	8	8
					Temporary work agencies (TWAs)*	11	17	22
	3. 집단해고의 자유	4	4	3	Collective dismissals*	4	4	3
	4. 노동운동 통제정도	2	2	2	Trade union right index*	2	2	2
	5. 노조분권성	1	1	1	노동조합정상조직집권성*	1	1	1
	6. 정부 교육부문 지출	20	14	14	교육훈련공공지출(GDP대비%)	24	25	26
					교육공공지출(GDP대비%)	26	24	24
					공사교육기관지출(GDP대비%)	8	2	1
	7. 문 맹 률	19	19	19	Illiteracy rate(%)*	19	19	19
효율성 과정 지표(EFP)	1. 교섭분권성(수준)	1	1	1	Centralization*	1	1	1
	2. 교섭분권성(조정)	1	1	1	Coordination*	1	1	1
	3. 노사관계의 생산성	27	30	30	IMD설문점수	27	30	30
	4. 노사관계의 협조성	28	29	25	WEF설문점수	28	29	25
효율성 산출 지표(EFO)	1. 노동생산성증가율	4	2	4	Labour productivity for the total economy	4	2	4
	2. 노동비용감소	25	5	18	Compensation per employee*	25	8	24
					unit labor cost*	15	5	7
	3. 실질경제성장	3	2	9	GDP, at constant prices	3	2	9
	4. 파업건수	17	19	23	파업건수(strikes and lockouts)*	17	19	23
	5. 파업참여자수	21	23	25	참여자수(Workers involved)*	21	23	25
	6. 노동손실일수	11	25	24	1000인당 노동손실일수(strikes and lockouts)*	11	25	24
	7. 비정규직비율	5	6	2	temporary employment(%)	5	6	2

표 4-10 형평성 세부지표별 한국의 순위

구 분	구성지표	구성지표 순위 (t1)	구성지표 순위 (t2)	구성지표 순위 (t3)	하위지표	하위지표 순위 (t1)	하위지표 순위 (t2)	하위지표 순위 (t3)
형평성 투입 지표(EQI)	1. 노조조직률	27	29	29		27	29	29
	2. ILO핵심협약비준정도	30	29	29	6개 협약비준여부합계	30	29	29
	3. 정부의 노동시장정책 지출	18	18	24	적극적노동시장정책(ALMP) 정부지출비율	18	18	24
	4. 정부의 사회보장지출	30	30	30		30	30	30
형평성 과정 지표(EQP)	1. 단체협약 적용률	23	25	25		23	25	25
	2. 국가차원 사회적 대화기구 유무	1	1	1		1	1	1
	3. 기업수준 종업원참여 수준	10	10	10		10	10	10
형평성 산출 지표(EQO)	1. 산재사망	28	28	28	Injuries:Deaths(Per 100,000 Wkers)	28	28	28
	2. 연평균노동시간	30	30	30		30	30	30
	3. 노동분배	24	24	23	노동소득분배율	25	24	24
					피용자보수	20	22	22
	4. 고용수준	12	21	15	실업률*	3	14	5
					고용률	24	25	23
	5. 지니계수*	15	25	15		15	25	15
	6. 최저임금수준	20	20	20	minimum relative to median wages of full-time workers	20	20	20
	7. 소비자물가상승률*	17	10	19		17	10	19
	8. 남녀평등	28	30	28	Ratio of estimated? female to male earned income	27	23	25
					Female professional and technical workers (as % of total)	27	30	28
	9. 실업보상지수	25	25	27	Initial net replacement rate	22	22	27
					Unemployment insurance benefit duration	22	22	22
					Average of net replacement rates over 60 months of unemployment	25	25	26
	10. 출산/육아휴가지수	17	17	17	출산휴가기간(주)	25	25	26
					출산휴가법적보장여부	1	1	1
					출산수당(평균임금%)	1	1	1
	11. 육아시설활용도	23	23	23	Proportion of young children using formal child-care arrangement(3세이하)	17	17	17
					3세-의무교육	23	23	23

CHAPTER 5

추가분석

Chapter 05

추가분석[1)]

이 장에서는 제 2 장에서 소개된 국제경영개발원(IMD)과 세계경제포럼(WEF)의 국가경쟁력 평가지표들 중 노사관계 관련 지표들을 재구성하여 평가한 결과를 소개한다. 첫 번째의 협의의 노사관계 지표는 노사갈등의 측정에 초점을 맞추되, 파업 수준 같은 객관적 평가지표와 경영자의 노사협력(갈등) 인식 같은 주관적 평가지표를 함께 구성하여 평가한다. 두 번째의 IMD와 WEF의 노사관계 관련 지표를 재구성한 지표는 갈등/협력 수준과 더불어 노동규제, 동기부여, 교육훈련, 해고규제 등과 같은 지표들을 추가하여 평가를 수행하였다.

1. 추가분석의 의의

경제적 세계화의 심화로 인해 국가별 제도와 관행의 차이를 수량화시켜 비교하는 경향이 확산되었는데, 사회과학계에서는 경제학과 경영학에서 이러한 경향이 가장 두드러져 왔으며, 실무 차원에서는 공사부문의 국제기구나 상업적인 국제 컨설팅 회사 등에서 이러한 경향이 두드러지게 나타났다. IMD와 WEF 그리고 IPS의 국가경쟁력 평가지표는 민간부문의 국제기관에 의해 주도된 국가경쟁력 평가활동의 일환으로 개발된 것이라 할 수 있으며, 특히 국제적으로 활동하는 기업들이 투자 지역을 선별할 때 유용한

1) 이번 장은 본서의 저자들이 참여한 노동부의 "우리나라 노사관계 평가기준 연구" 보고서(2006. 11)에 기반을 두고 있다.

도구로 활용될 수 있다.

세 기관의 국가경쟁력 평가지표 안에는 주로 효율성 측면에서 노동시장 및 노사관계를 평가하는 항목들이 포함되어 있으며 이를 통해 각국 노사관계를 평가하고 있다. 그런데 노사관계론의 시각에서 보자면 이 지표들은 몇 가지 약점들을 지니고 있는 것으로 평가할 수 있다. 첫째, 지표들이 단편적이고 자의적이어서 구성타당성에 대한 논란을 야기할 수 있다. 둘째, 응답률이 낮은 소수의 경영자에 대한 의견 조사 결과를 통해 노사관계의 협력성 정도를 측정하고 있다는 조사방법의 부적절성, 셋째, 경로의존성 효과가 두드러지는 국가 단위의 비교분석에서 단기간에 급격한 순위변동이 야기된다는 검증결과의 신뢰성 문제 등이 그것이다. 한편 이 지표는 정책적 차원에서도 중요한 의의와 문제점을 야기할 수 있다. 무엇보다 큰 문제점은 이러한 타당성과 신뢰성 문제에도 불구하고 희소성을 지닌 국제적 비교지표라는 점 때문에 국내의 정책형성 부문과 언론 등에서 중요한 참조의 대상으로 활용되어 왔다는 점에 있다.

이 장에서 이루어지는 추가 분석은 IMD, WEF, IPS의 지표의 문제점을 보완하거나 재구성하는 방법으로 구성한 별도의 지표들을 기반으로 각국 노사관계를 비교 평가함으로써 그 무비판적 활용에 대해 경종을 울리는 역할을 할 수 있을 것이다.

한편, 이 장의 분석에 사용된 자료는 별도의 언급이 없는 한 2005년도 자료를 사용하였다.

2. 협의의 노사관계 지표(갈등지표) 평가 결과

이 절에서는 노사갈등과 관련된 객관적 지표와 주관적 지표(국제적 평가기관들의 인지적 평가 지표)들을 통합하여 협의의 노사관계 지표를 구축하여 평가한 결과를 소개한다.

1) 지표의 설계

협의의 노사관계 지표는 노사관계의 갈등적 측면에 초점을 맞추고 있는 분석틀이다. 이 관점은 한 국가의 노사관계 수준을 갈등관리측면에서 접근하여 협력적이고 생산적인 노사관계의 형성을 그 평가기준으로 설정한다. 따라서 그 평가의 내용도 경영자들의 입장에서 해당 국가 노동조합의 협력성(또는 생산성 기여정도 등) 수준을 평가한 점수를 국가간에 비교하거나, 실제 발생한 갈등의 수준을 비교하기 위하여 파업의 발생정도·참가자수·노동손실일수와 같은 지표를 기준으로 평가한다. 여기서는 전자를 협의의 노사관계에 대한 주관적 지표, 후자를 객관적 지표로 설정하고, 각각의 순위를 부여한 후, 이 순위를 평균하여 최종적인 갈등순위를 도출하는 방식을 취한다(〈그림 5－1〉 참조).

〈표 5－1〉은 협의의 노사관계를 구성하는 지표들의 하위지표 및 자료원천을 나타내고 있다. 각 구성지표에 대한 구체적인 설명은 아래와 같다.

그림 5-1 협의의 노사관계 지표(갈등지표)의 순위 산출방식

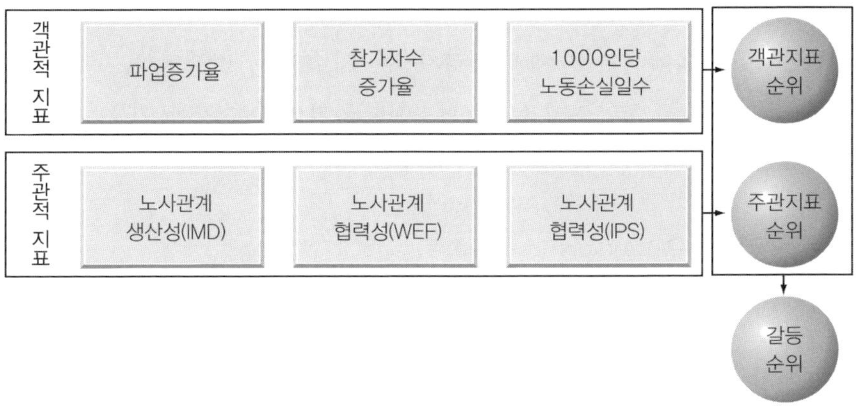

표 5-1 협의의 노사관계 지표 구성

구 분	구성지표	하위지표	자료원천
객관적 지표	strikes and lockouts	파업증가율	http://laborsta.ilo.org등
	Workers involved	참여자수증가율	http://laborsta.ilo.org등
	Rates of days not worked	1000인당 노동손실일수	http://laborsta.ilo.org등
주관적 지표	노사관계의 생산성	IMD설문점수	IMD 2005
	노사관계의 협조성 I	WEF설문점수	WEF 2005-2006
	노사관계의 협조성 II	IPS설문점수	IPS 2006

(1) 쟁의행위(strikes and lockouts)

쟁의행위는 파업과 직장폐쇄의 발생 수를 의미한다. 여기서는 2001년~2005년간 확보가능한 최근 연도의 쟁의행위수가 과거 3년간 수에 비해 얼마나 변화했는지를 계산한 파업수 증가율을 분석에 활용하였다. 이와 같이 파업수의 수준이 아니라 파업수의 증가율을 사용한 이유는 각 국가의 통계산출방식이 매우 다양하게 존재하여, 집계된 국가간 파업수를 직접 비교하는 것이 큰 문제를 지니고 있기 때문이다. 국가별로 통계산출방식이 다르다는 것은 통계치 산출시 포함하는 쟁의행위의 판단기준이 상이함을 의미한다. 즉, 쟁의행위에 참여한 근로자 수, 지속일수, 발생영역(불법성, 공공부문 여부, 특정산업 제외 여부 등) 등에 따라 국가별로 다양한 기준을 설정하고 있음으로 인해 국가별 직접적인 비교가 어려운 것이다.

(2) 참여자수(Workers involved)

파업 참여자수도 쟁의행위와 같은 방식의 계산을 통해 참여자수 증가율을 분석에 활용하였다.

(3) 1000인당 노동손실일수(Rates of days not worked)

1000인당 노동손실일수((노동손실일수×1000)/피고용자수)는 2000년 이후 확보 가능한 최근연도 자료를 그대로 활용하였다. 쟁의행위나 참여자수는 통계치의 직접비교가 어려워 증가율로 변환하여 활용한 반면, 1000인당 노동손실일수는 국가 전체의 피고용자수 규모를 반영한 지표이므로 상대적으로 그 비교 가능성을 확보한 것으로 볼 수 있기 때문이다.

(4) 노사관계의 생산성

IMD에서 경영자들을 대상으로 실시한 설문조사 결과를 사용하였다. "노사관계가 적대적인가 아니면 생산적인가?"에 대한 물음에 대하여 생산적일수록 높은 점수를 부여하고 있다. 자세한 내용은 제 2 장의 〈표 2-5〉를 참고하기 바란다.

(5) 노사관계의 협조성 I

WEF에서 설문조사를 통해 산출한 수치를 사용하였다. 노사관계의 협력성 지표로 노사간 협력하는 정도가 높을수록 높은 점수를 나타내고 있다. 구체적인 설명은 제 2 장의 〈표 2-13〉을 참고하기 바란다.

(6) 노사관계의 협조성 II

IPS에서 설문조사를 통해 산출한 수치를 사용하였다. 노사관계의 협력성 지표로 노사간 협력하는 정도가 높을수록 높은 점수를 나타내고 있다. 구체적인 설명은 제 2 장의 〈표 2-23〉을 참고하기 바란다.

이러한 지표 구성은 세 기관의 지표가 지닌 주관성을 개선할 수 있다는 장점이 있다.

2) 평가 결과

〈표 5-2〉는 협의의 노사관계 지표, 즉 갈등지표에 대한 평가결과를 나타내고 있다. 한국의 평가결과를 요약하면 다음과 같다. 먼저 한국은 파

표 5-2 협의의 노사관계 지표(갈등지표)의 평가결과

국 가	객관적 지표					주관적 지표					갈등순위	
	파업수증가	참가자수증가	1000인당 손실일수	쟁의행위종합	순 위	IMD	WEF	IPS	경영자인식	순 위	순위평균	조정순위
프랑스	-0.306(16)	1.845(3)	0.559(4)	0.699	5	1.712(3)	2.214(1)	0.45(11)	1.459	2	3.5	1
벨기에	-0.518(24)	3.188(1)	-0.299(12)	0.791	4	1.18(5)	1.132(4)	0.06(13)	0.791	8	6	2
폴란드	-0.21(12)	0.769(5)	-0.385(24)	0.058	9	2.001(2)	1.538(2)	0.27(12)	1.27	3	6	3
그리스						0.675(7)	0.996(7)	0.711(6)	0.794	7	7	4
한 국	-0.354(17)	0.086(11)	0.01(5)	-0.086	14	2.452(1)	1.132(4)	1.543(2)	1.709	1	7.5	5
체 코	0.229(7)			0.229	7	-0.425(18)	0.185(13)	1.533(3)	0.431	10	8.5	6
캐나다	-0.039(10)	1.962(2)	0.718(3)	0.88	3	-0.389(17)	0.455(9)	-0.341(18)	-0.092	15	9	7
스페인	-0.078(11)	-0.629(18)	1.109(2)	0.134	8	0.603(9)	0.455(9)	-0.191(15)	0.289	12	10	8
이탈리아	0.022(9)	-0.606(17)	-0.17(8)	-0.251	20	1.442(4)	1.538(2)	0.581(9)	1.187	4	12	9
아이슬랜드	-1.129(28)	0.728(6)	4.749(1)	1.45	2	-0.615(21)	-0.762(23)		-0.688	22	12	10
핀란드	3.838(1)	1.038(4)	-0.282(11)	1.531	1	-0.831(25)	-1.033(26)	-0.592(20)	-0.818	23	12	11
멕시코	0.045(8)	-0.171(13)	-0.365(20)	-0.164	15	0.612(8)	0.455(9)	0.621(7)	0.563	9	12	12
헝가리	0.885(3)	-0.641(20)	-0.352(19)	-0.036	11	-0.254(16)	-0.086(15)	0.881(5)	0.181	13	12	13
호 주	-0.433(21)	0.352(7)	-0.16(7)	-0.081	13	-0.236(15)	0.455(9)	-0.471(19)	-0.084	14	13.5	14
미 국	0.347(6)	0.095(10)	-0.346(18)	0.032	10	-0.128(14)	-0.356(17)	-0.612(21)	-0.365	19	14.5	15
터 키	-0.553(25)	-0.707(21)	-0.316(13)	-0.525	25	-0.056(12)	1.132(4)	2.014(1)	1.03	5	15	16
포르투갈	-0.457(23)	-0.351(14)	-0.326(15)	-0.378	24	0.828(6)	0.591(8)	1.062(4)	0.827	6	15	17
오스트리아	2.514(2)	-0.861(26)	-0.385(24)	0.423	6	-1.192(28)	-1.303(27)	-0.271(16)	-0.922	25	15.5	18
룩셈부르크	0.579(4)	-0.861(26)	-0.385(24)	-0.222	16	-0.083(13)	-0.897(24)		-0.49	20	18	19
독 일	-0.763(26)	-0.761(22)	-0.375(23)	-0.633	27	0.449(10)	0.185(13)	0.551(10)	0.395	11	19	20
뉴질랜드	-0.222(13)	-0.455(16)	-0.365(20)	-0.347	21	-0.606(20)	-0.356(17)	0.01(14)	-0.317	18	19.5	21
아일랜드	-0.42(19)	0.009(12)	-0.316(13)	-0.243	18	-0.669(22)	-0.356(17)		-0.513	21	19.5	22
영 국	-0.259(14)	-0.638(19)	-0.219(9)	-0.372	23	-0.425(18)	-0.491(20)	0.601(8)	-0.105	17	20	23
덴마크	-0.272(15)	0.344(8)	-0.234(10)	-0.054	12	-1.3(29)	-1.574(29)	-1.503(24)	-1.459	30	21	24
일 본	-0.421(20)	0.129(9)	-0.385(24)	-0.226	17	-1.021(27)	-1.574(29)	-0.271(16)	-0.955	26	21.5	25
슬로바키아	-1.356(29)	-0.861(26)	-0.385(24)	-0.867	29	0.017(11)	-0.221(16)		-0.102	16	22.5	26
스웨덴	0.45(5)	-0.837(24)	-0.365(20)	-0.251	19	-0.696(23)	-0.491(20)	-1.784(25)	-0.99	27	23	27
네덜란드	-0.371(18)	-0.394(15)	-0.341(17)	-0.369	22	-0.768(24)	-0.627(22)	-1.944(26)	-1.113	28	25	28
노르웨이	-1.122(27)	-0.761(22)	-0.053(6)	-0.645	28	-0.876(26)	-0.897(24)	-0.752(22)	-0.842	24	26	29
스위스	-0.435(22)	-0.84(25)	-0.336(16)	-0.537	26	-1.4(30)	-1.438(28)	-1.052(23)	-1.297	29	27.5	30

1. 파업수증가, 참가자수증가는 과거 3년대비 최근연도의 증가율임.(예, 2002~2004년대비 2005년 값)
2. 조정순위는 객관적 지표와 주관적 지표의 순위를 평균한 값을 기준으로 산출. 동위인 경우, 객관적 지표와 주관적 지표의 평균값이 높은 경우에 우선순위부여
3. ( )안의 수치는 해당 국가의 순위를 의미함.

업수 증가율에서는 30개국 중에서 17위, 참가자수 증가율은 11위, 1000인당 노동손실일수는 5위를 기록하였으며, 이와 같이 쟁의행위와 관련한 세 가지 지표의 값을 평균한 쟁의행위종합점수를 기준으로 평가한 객관적 갈등지수에서는 중위권인 14위(t=−0.086)를 나타내었다. 반면 경영자들의 각 국가에 대한 노사관계의 협력성 및 생산성에 대한 평가를 기준으로 한 주관적 갈등지수는 IMD지표가 1위, WEF는 4위, IPS는 2위를 나타내어, 이를 종합하고 있는 주관적 갈등지수는 단연 최상위에 해당하는 1위(t=1.709)를 기록하고 있다. 최종적으로 객관적 및 주관적 갈등 지표의 순위를 평균하여 갈등순위를 도출한 결과 한국은 30개국 중에서 5위를 기록하여 노사관계의 갈등적 영역에서는 상위권을 형성하고 있음을 확인할 수 있었다. 여타 몇몇 국가들의 순위를 살펴보자. 먼저 프랑스가 객관적 지표와 주관적 지표에서 각각 5위와 2위를 기록하여 최종순위 1위를 기록하였다. 이와 같은 결과는

그림 5-2 협의의 노사관계 배치도

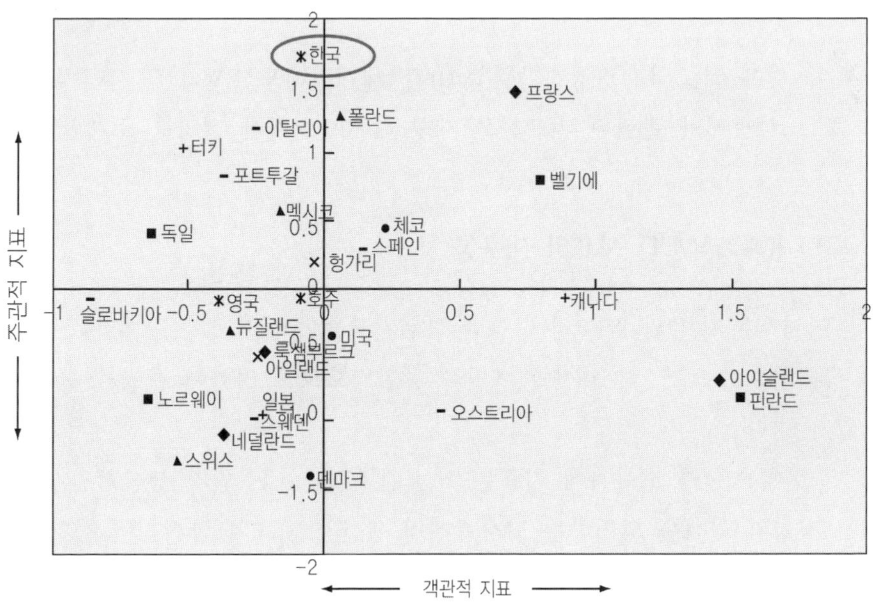

1. 그리스는 최근에 쟁의행위와 관련한 통계를 발표하고 있지 않아 그림에서는 제외하였음.
2. 배치도의 위치는 객관적 지표와 주관적 지표의 t값을 기준으로 함.

비제도화된 프랑스 노사관계의 특성을 잘 반영하고 있는 결과로 해석할 수 있다. 반면 스위스, 네덜란드, 덴마크, 스웨덴과 같이 코포라티즘적 성격을 가진 국가들은 전반적으로 하위권을 형성하고 있다.

협의의 노사관계 지표를 평가한 결과 한국은 객과적 지표에서는 중위권을 나타냈지만, 주관적 지표에서는 최상위권을 나타내고 있다(〈그림 5-2〉 참조). 이러한 결과는 한국에서 노사관계의 의식적 측면을 구성하는 노사문화의 건전한 발전이 매우 필요하다는 것을 말해 주고 있다. 특히, 세계경쟁력을 발표하는 기관에서 조사한 한국 경영자들의 노사관계에 대한 인식은 최하위권에서 벗어나고 있지 못한 것이 사실이다. 따라서 노사관계의 제도적 측면에 대한 개선과 함께 노사간의 불신적 인식을 전환할 수 있는 계기가 필요함을 이 결과를 통해 지적할 수 있다.

3. 재구성한 IMD · WEF 노사관계 지표 평가 결과

이 절에서는 국제경영개발원(IMD)과 세계경제포럼(WEF)의 경쟁력 지표 중 노사관계와 관련된 지표들을 재구성하여 평가한 결과를 소개한다.

1) IMD · WEF 지표의 재구성

여기서는 IMD와 WEF의 다양한 하위지표들 중에서 노사관계와 관련성이 상대적으로 높은 몇 가지 지표들을 종합적으로 고려하여 순위를 산정해 보고자 한다.

먼저 IMD의 노사관계 지표는 '노사관계가 적대적인가 생산적인가?'에 대한 경영자 인식을 의미하는 노사관계의 생산성 지표와 함께 기업가치, 노동규제, 노동쟁의, 노동자 동기부여, 종업원 훈련과 같은 지표들을 추가로 구성하였다. 기업가치는 총 기업가치가 종업원가치를 충분히 고려하고 있는지에 대한 설문점수이며, 노동자 동기부여는 종업원이 기업목표를 자신의 목표와 동일시하는 정도이다. 이와 같은 지표는 기업에서 종업원 훈련을 우선시하는 정도인 종업원 훈련지표와 함께 기업의 인적자원투자에 대한 중요성인식을 측정하고 있는 것으로 파악할 수 있다. 또한, 채용과 해고의 제한 및 최저임금과 같은 규제가 기업활동을 저해하지 않는 정도에 대한 설문조사 점수인 노동규제를 포함하였다. 마지막으로는 연간 1000인당 노동손실일수가 적을수록 바람직한 노사관계를 형성하는 것으로 구성하였다.

둘째, WEF 노사관계 지표는 노사간 협력하는 정도에 대한 경영자들의 인식을 대표하는 노사관계 협력성 지표와 함께, 보수와 생산성, 인센티브 보상의 정도, 임금결정의 유연성, 종업원 훈련정도, 채용과 해고관행의 지표를 포함하였다. 종업원 훈련정도와 채용과 해고 관행은 IMD의 지표와 유사한 반면 WEF 노사관계 지표는 보수가 생산성과 연동되는 정도를 나타내는 보수와 생산성 지표, 상여금 등의 유연임금 제도의 보상정도를 나타내는 인센티브 보상의 정도, 중앙교섭보다 개별기업에서 임금교섭이 이루어질수록 점수가 높은 임금결정의 유연성과 같이 임금제도 및 결정방식의 유연성을 중요한 구성지표로 활용하고 있다는 점이 특징이다.

재구성한 IMD와 WEF의 노사관계 지표는 두 가지 모두 효율성 가치를 주된 지향점으로 설정하고 있는 것으로 판단된다. 두 가지 문헌이 국가경쟁력의 차원에서 해당 국가가 기업 활동의 효율성과 유연성을 어느 정도

표 5-3 IMD 노사관계 지표의 재구성

지 표	설 명	자료성격
노동쟁의	연간 1000명당 노동손실일수(낮을수록 순위 높음)	경 성
기업가치	기업가치가 종업원의 가치를 충분히 고려할수록 순위 높음	서베이
노동규제	고용/해고관행, 최저임금이 유연할수록/기업활동을 저해하지 않을수록 순위 높음	서베이
노동자동기부여	종업원이 기업목표를 자신의 목표와 동일시하는 정도	서베이
노사관계	노사관계가 적대적인가 생산적인가(생산적일수록 순위 높음)	서베이
종업원 훈련	기업에서 종업원 훈련을 우선시하는 정도가 높을수록 순위 높음	서베이

자료: IMD(2006), IMD 세계경쟁력연감 2006.

표 5-4 WEF 노사관계 지표의 재구성

지 표	설 명	자료성격
노사관계 협력성	노사간 협력하는 정도가 높을수록 순위 높음	서베이
보수와 생산성	보수가 생산성과 연동되는 정도가 강할수록 순위 높음	서베이
인센티브 보상의 정도	현금보상이 봉급에 대해서만 이루어지는가 아니면 상여금, 스톡옵션 등 전체보상에서의 비중이 높은가. 다양한 형태의 보상비중이 높을수록 순위 높음	서베이
임금결정의 유연성	임금이 중앙집중교섭에 의해 결정되는가 아니면 개별기업에서 이루어지는가. 개별기업에서 이루어질수록 순위 높음	서베이
종업원훈련정도	인적자원에 대한 기업의 투자가 이루어지는 정도가 높을수록 순위 높음	서베이
채용과 해고 관행	노동자에 대한 해고와 채용이 규제되는가 아니면 사용자가 유연하게 결정하는가. 사용자의 재량에 의한 유연성이 높을수록 순위 높음.	서베이

자료: WEF(2005), WEF 세계경쟁력연감 2005－2006.

보장하고 지원하고 있는지를 평가하고 있다는 점에서 당연한 결과로 이해할 수 있다.

재구성한 IMD와 WEF의 세부지표 및 이에 대한 설명은 〈표 5－3〉과 〈표 5－4〉를 참고할 수 있다.

2) 평가 결과

〈표 5－5〉와 〈표 5－6〉은 각각 IMD와 WEF의 노사관계 지표에 대한 평가결과를 나타내고 있다. 먼저 IMD 노사관계 지표에 대한 평가결과를 살펴보자. 2006년에 발행된 IMD 세계경쟁력연감은 총 61개 국가의 경쟁력을 평가하고 있다. 이 중에서 노사관계와 직접적으로 관련된다고 판단되는 6개의 구성지표를 투입하여 평가한 결과가 〈표 5－5〉이다. 한국은 61개 국가 중에서 47위를 나타내고 있어 하위권으로 분류됨을 확인할 수 있다. 구성지표별 순위는 경영자들이 평가한 노동자의 동기부여 정도가 32위

(t=0.066)를 기록하여 중위권을 형성하고 있고, 기업가치·노동규제·노동쟁의·종업업훈련 정도는 40위권을 기록하고 있으며, 노사관계에 대한 경영자들의 인식이 최하위인 61위(t=−2.15)를 기록하고 있다.

〈표 5−6〉은 2005년에 발간된 WEF 세계경쟁력연감에서 활용한 노사관계 관련 지표를 종합적으로 반영한 WEF 노사관계 지표에 대한 평가결과를 나타내고 있다. WEF는 IMD와 달리 세계 117개국을 평가대상으로 하고 있다. 한국은 종합평가결과 117개국 중에서 18위를 나타내어 상위권에 해당하는 노사관계를 구축하고 있는 것으로 평가되었다. IMD와는 달리 보수와 생산성, 인센티브 보상정도 및 종업원 훈련정도에 있어 각각 21위, 14위, 17위를 기록하여 상위권을 형성하였고, 임금결정 유연성과 채용과 해고관행에 있어서도 중상위권을 기록하였다. 다만 WEF도 경영자들이 평가한 노사관계의 협력성에서는 76위(t=−0.586)를 기록하여 순위하락에 큰 영향을 미치고 있다.

IMD와 WEF의 평가결과를 비교해보면 몇 가지 시사점을 도출할 수 있다. 첫째, 유사한 지표를 활용하여 노사관계를 평가하였음에도 불구하고 산출된 순위에 있어 매우 다른 양상을 보여준다. IMD와 WEF가 각각 2006년과 2005년에 발생한 자료에 근거하고 있다는 점에서 직접비교에 문제가 없는 것은 아니지만, 61개국을 평가대상으로 한 IMD에서는 47위를 기록한 반면, 117개국을 평가대상으로 한 WEF에서는 오히려 18위라는 좋은 순위를 기록하였다. 둘째, 세부 구성지표간에서 현격한 차이를 보이고 있다. IMD와 WEF가 종업원 훈련 정도를 모두 평가하고 있는데, IMD는 한국을 43위(t=−0.545)로 평가한 반면 WEF는 17위(t=1.395)로 평가하고 있다는 것이다. 이러한 결과는 IMD나 WEF와 같은 평가기관에서 주로 설문조사에 의존하여 평가점수를 수집하고 있는 문제점이 반영된 결과로 해석된다.

표 5-5 IMD 노사관계 지표에 대한 평가결과

국 가	기업가치	노동규제	동기부여	노동쟁의	노사관계	종업원훈련	평 균	순 위
DENMARK	2.086(1)	2.026(3)	2.201(1)	0.216(36)	1.956(1)	2.066(1)	1.758	1
HONG KONG	1.084(10)	2.223(1)	1.875(2)	0.328(1)	1.895(2)	0.407(24)	1.302	2
AUSTRIA	1.546(4)	0.63(20)	1.647(3)	0.028(46)	1.59(3)	1.546(3)	1.164	3
SWITZERLAND	0.83(13)	1.58(5)	1.402(6)	0.311(22)	1.389(5)	1.389(5)	1.15	4
ICELAND	1.689(3)	2.061(2)	1.516(4)	-0.559(49)	1.319(7)	0.78(15)	1.135	5
SINGAPORE	0.775(15)	1.858(4)	0.889(14)	0.328(1)	1.59(3)	0.898(13)	1.056	6
JAPAN	1.161(7)	0.815(16)	1.093(9)	0.327(7)	1.302(8)	1.477(4)	1.029	7
NORWAY	1.865(2)	0.45(23)	0.905(13)	0.209(38)	1.215(9)	1.232(8)	0.979	8
IRELAND	0.83(13)	0.352(24)	1.476(5)	0.291(28)	1.363(6)	0.937(11)	0.875	9
FINLAND	1.139(9)	-0.158(31)	1.19(7)	0.263(32)	0.744(15)	1.605(2)	0.797	10
MALAYSIA	0.478(21)	1.18(8)	0.775(16)	0.327(7)	0.762(13)	0.918(12)	0.74	11
USA	0.269(27)	1.203(6)	0.995(11)	0.291(28)	0.605(19)	1.055(9)	0.736	12
AUSTRALIA	0.985(11)	0.751(18)	0.921(12)	0.227(35)	0.622(18)	0.712(16)	0.703	13
CANADA	0.875(12)	0.954(11)	1.011(10)	-0.142(48)	0.631(17)	0.515(21)	0.641	14
TAIWAN	0.632(18)	0.618(21)	0.848(15)	0.328(1)	0.57(20)	0.584(18)	0.597	15
SWEDEN	1.304(5)	-0.715(42)	0.163(27)	0.195(42)	0.971(12)	1.34(7)	0.543	16
NETHERLANDS	1.183(6)	-0.622(38)	0.424(21)	0.312(20)	1.023(11)	0.839(14)	0.527	17
BAVARIA	1.161(7)	-0.958(50)	1.158(8)	0.32(16)	0.073(29)	1.389(5)	0.524	18
THAILAND	0.709(16)	1.024(10)	0.057(33)	0.326(11)	0.43(23)	0.358(26)	0.484	19
LUXEMBOURG	0.621(19)	-0.234(33)	0.563(18)		0.735(16)	0.496(22)	0.436	20
ESTONIA	-0.447(41)	1.192(7)	0.074(30)	0.312(20)	0.526(22)	0.427(23)	0.347	21
NEW ZEALAND	0.709(16)	-0.187(32)	0.465(19)	0.3(25)	0.396(24)	0.103(31)	0.298	22
CHINA	0.291(26)	1.059(9)	-0.008(37)	0.328(1)	-0.293(38)	0.368(25)	0.291	23
ZHEJIANG	0.181(29)	0.833(15)	0.652(17)		-0.241(36)	-0.093(35)	0.266	24
COLOMBIA	0.522(20)	0.717(19)	0.074(30)		0.308(25)	-0.427(41)	0.239	25
SCOTLAND	0.016(33)	-0.796(45)	0.009(35)	0.147(44)	1.154(10)	0.604(17)	0.189	26
CZECH REP.	-0.304(37)	0.097(29)	0.343(22)		0.762(13)	0.005(33)	0.18	27
CHILE	0.17(31)	0.062(30)	0.318(23)	0.275(31)	0.3(26)	-0.123(36)	0.167	28
GERMANY	0.335(25)	-1.294(58)	0.18(26)	0.316(17)	-0.197(35)	0.996(10)	0.056	29
U.K.	-0.193(35)	0.27(25)	-0.073(38)	0.243(34)	0.544(21)	-0.535(42)	0.043	30
INDIA	0.357(24)	-0.541(37)	0.049(34)	0.204(39)	-0.188(33)	-0.133(37)	-0.042	31
ISRAEL	-0.16(34)	0.867(14)	0.286(24)	-1.166(51)	-0.188(33)	0.103(31)	-0.043	32
BELGIUM	0.412(22)	-0.946(48)	0.261(25)	0.297(27)	-0.799(47)	0.28(29)	-0.082	33
SLOVAK REP.	-1.096(53)	0.89(12)	-0.725(44)	0.328(1)	0.239(28)	-0.201(38)	-0.094	34
HUNGARY	-1.063(52)	0.763(17)	0.009(35)	0.323(14)	0.256(27)	-1.124(50)	-0.139	35

ILE-DE-FRANCE	-0.337(38)	-0.929(47)	0.131(29)	0.31(23)	-1.008(51)	0.545(20)	-0.215	36
MAHARASHTRA	0.181(29)	-1.057(52)	-0.423(41)	0.327(7)	-0.807(48)	0.221(30)	-0.26	37
PHILIPPINES	0.192(28)	-0.674(41)	-0.725(44)	0.315(18)	-0.868(50)	-0.378(40)	-0.356	38
CATALONIA	-0.348(39)	-0.425(35)	-0.407(40)	0.307(24)	-0.284(37)	-1.026(47)	-0.364	39
TURKEY	-0.766(47)	0.172(26)	-0.244(39)	0.315(18)	-0.52(42)	-1.163(51)	-0.368	40
JORDAN	-0.7(45)	0.885(13)	-1.124(50)		-0.101(31)	-0.938(46)	-0.396	41
SOUTH AFRICA	0.159(32)	-1.085(53)	-1.19(52)	0.215(37)	-1.2(54)	0.584(18)	-0.419	42
FRANCE	-0.282(36)	-1.132(54)	-0.627(42)	0.299(26)	-1.374(57)	0.299(28)	-0.469	43
ROMANIA	-1.768(58)	0.16(28)	-1.524(56)	0.322(15)	-0.546(43)	0.329(27)	-0.504	44
SPAIN	-0.931(51)	-0.518(36)	-0.652(43)	-0.117(47)	-0.363(39)	-1.212(52)	-0.632	45
RUSSIA	-1.68(57)	0.462(22)	-1.646(58)	0.326(11)	-0.668(46)	-0.653(45)	-0.643	46
KOREA	-0.546(44)	-0.906(46)	0.066(32)	0.149(43)	-2.15(61)	-0.545(43)	-0.655	47
BULGARIA	-0.436(40)	0.172(26)	-1.32(54)		-0.415(40)	-1.281(55)	-0.656	48
SLOVENIA	-1.548(56)	-1.3(59)	-0.961(49)	0.252(33)	-0.424(41)	-0.015(34)	-0.666	49
MEXICO	-0.788(48)	-0.981(51)	-0.872(48)	0.202(40)	-0.555(44)	-1.075(49)	-0.678	50
LOMBARDY	-0.843(50)	-0.755(44)	-0.725(44)	0.202(40)	-1.139(53)	-1.311(56)	-0.762	51
PORTUGAL	-1.195(54)	-0.732(43)	-1.222(53)	0.291(28)	-0.607(45)	-1.899(60)	-0.894	52
ITALY	-1.251(55)	-0.373(34)	-0.847(47)	0.086(45)	-1.322(55)	-1.792(59)	-0.916	53
GREECE	-0.469(42)	-0.645(40)	-1.124(50)		-0.86(49)	-1.585(58)	-0.937	54
SAO PAULO	0.412(22)	-1.311(60)	0.449(20)	-4.767(52)	-0.162(32)	-0.594(44)	-0.996	55
INDONESIA	-0.821(49)	-1.201(55)	-1.41(55)	0.326(11)	-2.001(60)	-1.252(54)	-1.06	56
BRAZIL	-0.469(42)	-1.271(57)	0.147(28)	-4.767(52)	-0.049(30)	-0.27(39)	-1.113	57
VENEZUELA	-0.722(46)	-1.734(61)	-1.777(60)	0.328(1)	-1.609(58)	-1.212(52)	-1.121	58
POLAND	-2.142(61)	-1.259(56)	-1.695(59)	0.327(7)	-1.086(52)	-1.065(48)	-1.153	59
ARGENTINA	-1.911(59)	-0.946(48)	-1.524(56)	-1.08(50)	-1.923(59)	-1.497(57)	-1.48	60
CROATIA	-1.944(60)	-0.639(39)	-1.777(60)		-1.322(55)	-2.007(61)	-1.538	61

표 5-6 WEF 노사관계 지표에 대한 평가결과

국 가	노사관계 협력성	보수와 생산성	인센티브 보상정도	임금결정 유연성	종업원 훈련정도	채용과 해고관행	평 균	순 위
SINGAPORE	2.603(1)	2.616(1)	1.564(8)	1.158(10)	1.693(7)	2.485(1)	2.02	1
UNITED STATES	1.009(19)	2.067(4)	2.687(1)	1.267(7)	1.99(4)	1.775(7)	1.799	2
HONG KONG	1.879(6)	2.616(1)	1.003(23)	1.594(1)	0.998(24)	2.367(2)	1.743	3
SWITZERLAND	2.168(4)	1.792(6)	1.789(3)	0.939(18)	1.693(7)	1.894(3)	1.712	4
TAIWAN	1.444(11)	2.342(3)	1.116(20)	1.376(4)	1.593(10)	0.947(22)	1.47	5
UNITED KINGDOM	1.154(15)	1.517(7)	2.126(2)	1.048(13)	1.593(10)	0.711(30)	1.358	6

DENMARK	2.313(2)	1.105(14)	1.34(10)	-0.808(94)	2.089(1)	1.894(3)	1.322	7
ICELAND	1.444(11)	1.105(14)	1.228(14)	-0.481(80)	1.395(17)	1.894(3)	1.097	8
JAPAN	2.313(2)	1.105(14)	0.218(45)	1.048(13)	2.089(1)	-0.236(62)	1.09	9
MALAYSIA	1.589(8)	1.929(5)	1.003(23)	0.721(30)	0.998(24)	0.238(43)	1.08	10
CANADA	0.139(46)	1.105(14)	1.789(3)	0.721(30)	1.395(17)	0.593(35)	0.957	11
ESTONIA	0.139(46)	1.517(7)	0.779(29)	1.376(4)	0.503(31)	0.711(30)	0.837	12
NEW ZEALAND	1.009(19)	1.242(10)	0.554(31)	0.939(18)	1.098(22)	0.001(52)	0.807	13
U. ARAB EMIRATES	1.154(15)	0.693(31)	0.106(51)	1.485(2)	-0.192(58)	1.421(8)	0.778	14
SLOVAK REP.	0.864(23)	1.242(10)	-0.231(61)	0.721(30)	0.304(37)	1.184(16)	0.681	15
CHILE	0.719(25)	1.105(14)	0.891(26)	1.267(7)	0.503(31)	-0.472(78)	0.669	16
ISRAEL	0.139(46)	0.555(35)	1.116(20)	0.175(55)	1.296(21)	0.711(30)	0.665	17
KOREA	-0.586(76)	0.968(21)	1.228(14)	0.611(38)	1.395(17)	0.356(40)	0.662	18
EL SALVADOR	0.864(23)	0.83(27)	0.218(45)	0.611(38)	-0.39(69)	1.302(11)	0.573	19
AUSTRIA	2.024(5)	0.555(35)	1.34(10)	-2.447(116)	1.891(6)	0.001(52)	0.561	20
THAILAND	1.009(19)	0.83(27)	0.554(31)	-0.262(74)	0.602(29)	0.474(37)	0.534	21
HUNGARY	0.719(25)	0.968(21)	0.442(35)	0.83(23)	0.007(44)	0.238(43)	0.534	22
QATAR	1.154(15)	0.143(46)	-0.231(61)	1.158(10)	-0.192(58)	1.066(19)	0.516	23
KYRGYZ REP.	0.284(40)	1.517(7)	-0.231(61)	0.939(18)	-0.886(92)	1.302(11)	0.488	24
KAZAKHSTAN	0.284(40)	1.105(14)	-0.568(82)	0.721(30)	-0.588(75)	1.894(3)	0.475	25
LUXEMBOURG	1.589(8)	0.006(51)	0.891(26)	-0.699(91)	1.593(10)	-0.709(86)	0.445	26
CZECH REP.	0.429(33)	1.105(14)	0.218(45)	0.502(44)	0.701(27)	-0.354(73)	0.433	27
AUSTRALIA	0.139(46)	0.693(31)	1.34(10)	-0.372(76)	1.098(22)	-0.354(73)	0.424	28
KUWAIT	0.719(25)	-0.269(61)	0.442(35)	1.267(7)	-0.489(73)	0.829(24)	0.416	29
COSTA RICA	1.299(13)	0.143(46)	0.667(30)	-0.59(85)	0.602(29)	0.356(40)	0.413	30
CHINA	-0.006(55)	1.242(10)	0.106(51)	0.284(53)	-0.291(64)	0.829(24)	0.361	31
LATVIA	-0.006(55)	0.968(21)	0.106(51)	0.83(23)	0.007(44)	0.119(48)	0.337	32
ARMENIA	0.719(25)	0.693(31)	-0.68(85)	0.721(30)	-0.787(86)	1.302(11)	0.328	33
RUSSIAN FED.	-0.151(62)	0.555(35)	-0.007(54)	0.721(30)	-0.588(75)	1.421(8)	0.325	34
MOLDOVA	0.574(32)	1.242(10)	-0.343(70)	0.393(49)	-0.886(92)	0.711(30)	0.282	35
IRELAND	1.009(19)	0.281(43)	1.34(10)	-1.901(110)	1.395(17)	-0.472(78)	0.275	36
AZERBAIJAN	0.139(46)	0.693(31)	-0.343(70)	0.284(53)	-0.192(58)	1.066(19)	0.274	37
NORWAY	1.589(8)	0.006(51)	0.442(35)	-1.136(101)	1.593(10)	-0.945(93)	0.258	38
FINLAND	1.734(7)	-0.269(61)	1.228(14)	-2.665(117)	1.593(10)	-0.236(62)	0.231	39

VIETNAM	0.284(40)	0.968(21)	-0.231(61)	0.502(44)	-0.687(82)	0.474(37)	0.218	40
MONGOLIA	-0.151(62)	0.83(27)	-0.68(85)	1.048(13)	-0.687(82)	0.947(22)	0.218	41
EGYPT	-0.296(68)	0.281(43)	-0.231(61)	1.048(13)	-0.092(52)	0.119(48)	0.138	42
NETHERLANDS	1.299(13)	-0.681(83)	1.789(3)	-2.01(111)	1.593(10)	-1.182(103)	0.135	43
GEORGIA	0.284(40)	0.006(51)	-0.905(95)	1.158(10)	-1.084(101)	1.302(11)	0.127	44
UKRAINE	-0.006(55)	0.418(39)	-0.231(61)	0.065(63)	-0.787(86)	1.184(16)	0.107	45
SPAIN	0.139(46)	-0.132(56)	1.228(14)	-0.153(72)	0.503(31)	-1.064(100)	0.087	46
INDIA	0.139(46)	0.006(51)	0.554(31)	0.502(44)	0.701(27)	-1.419(108)	0.081	47
LITHUANIA	-0.151(62)	0.968(21)	-0.343(70)	0.939(18)	-0.192(58)	-0.827(87)	0.066	48
SWEDEN	1.154(15)	-0.406(71)	1.003(23)	-1.791(108)	1.99(4)	-1.655(112)	0.049	49
ALBANIA	0.284(40)	0.83(27)	-1.578(110)	0.83(23)	-1.282(109)	1.184(16)	0.045	50
JORDAN	0.429(33)	0.143(46)	-0.792(91)	1.048(13)	-0.092(52)	-0.472(78)	0.044	51
JAMAICA	-0.586(76)	-0.406(71)	0.218(45)	0.611(38)	0.007(44)	0.238(43)	0.014	52
GERMANY	0.429(33)	-0.132(56)	1.789(3)	-2.338(114)	2.089(1)	-1.773(114)	0.011	53
BULGARIA	-0.731(82)	0.418(39)	-0.456(74)	0.721(30)	-0.787(86)	0.829(24)	-0.001	54
COLOMBIA	0.719(25)	-0.681(83)	-0.68(85)	0.611(38)	-0.291(64)	0.001(52)	-0.053	55
FRANCE	-1.746(115)	0.281(43)	1.677(7)	-0.372(76)	1.494(16)	-1.655(112)	-0.054	56
SLOVENIA	-0.151(62)	0.418(39)	0.33(42)	-0.372(76)	0.503(31)	-1.064(100)	-0.056	57
BOTSWANA	0.429(33)	-0.406(71)	-0.456(74)	0.175(55)	0.007(44)	-0.117(57)	-0.062	58
DOMINICAN REP.	0.719(25)	-0.406(71)	-0.231(61)	0.175(55)	-0.886(92)	0.119(48)	-0.085	59
POLAND	-1.021(95)	0.418(39)	0.33(42)	0.065(63)	0.007(44)	-0.354(73)	-0.092	60
BAHRAIN	-0.006(55)	-0.269(61)	-0.456(74)	1.376(4)	-0.588(75)	-0.827(87)	-0.128	61
TUNISIA	0.284(40)	-0.132(56)	-0.456(74)	-1.355(104)	0.403(36)	0.474(37)	-0.13	62
NIGERIA	-1.166(102)	-0.132(56)	-0.007(54)	-0.372(76)	0.007(44)	0.829(24)	-0.14	63
PAKISTAN	0.429(33)	-1.368(107)	-0.456(74)	0.83(23)	-1.183(107)	0.829(24)	-0.153	64
MEXICO	0.139(46)	-0.269(61)	0.442(35)	0.065(63)	-0.39(69)	-0.945(93)	-0.16	65
TURKEY	-0.586(76)	0.006(51)	-0.568(82)	0.175(55)	0.106(42)	-0.354(73)	-0.204	66
ROMANIA	-2.036(117)	0.968(21)	0.218(45)	0.721(30)	-0.291(64)	-0.827(87)	-0.208	67
KENYA	-1.166(102)	-0.681(83)	-0.68(85)	0.065(63)	-0.092(52)	1.302(11)	-0.209	68
GAMBIA	0.429(33)	-0.681(83)	-1.578(110)	0.83(23)	-0.886(92)	0.593(35)	-0.216	69
GHANA	0.719(25)	-0.681(83)	-0.68(85)	-1.355(104)	-0.092(52)	0.711(30)	-0.23	70
INDONESIA	-0.151(62)	0.143(46)	-0.231(61)	-0.808(94)	-0.291(64)	-0.236(62)	-0.262	71
PERU	-0.876(89)	-0.269(61)	-0.119(59)	0.83(23)	-0.588(75)	-0.59(83)	-0.269	72

PORTUGAL	-0.006(55)	-0.269(61)	0.554(31)	-0.59(85)	-0.192(58)	-1.182(103)	-0.281	73
TAJIKISTAN	-0.006(55)	0.555(35)	-1.466(107)	-0.262(74)	-1.58(114)	1.066(19)	-0.282	74
BELGIUM	-0.586(76)	-0.681(83)	1.228(14)	-2.119(113)	1.693(7)	-1.419(108)	-0.314	75
UGANDA	-0.876(89)	-1.78(115)	-1.353(104)	1.485(2)	-0.787(86)	1.421(8)	-0.315	76
CYPRUS	0.429(33)	-0.544(76)	-0.456(74)	-0.808(94)	0.007(44)	-0.59(83)	-0.327	77
BRAZIL	-0.586(76)	-0.544(76)	0.33(42)	-0.918(98)	0.503(31)	-0.827(87)	-0.34	78
CROATIA	-1.021(95)	-0.544(76)	-0.007(54)	0.175(55)	-0.687(82)	0.001(52)	-0.347	79
TRINIDAD AND TOBAGO	-1.311(107)	-1.093(102)	0.218(45)	-0.044(70)	-0.092(52)	0.238(43)	-0.348	80
MALAWI	-0.296(68)	-0.544(76)	-0.792(91)	0.065(63)	-0.39(69)	-0.354(73)	-0.385	81
NICARAGUA	-0.296(68)	-0.406(71)	-1.129(99)	0.611(38)	-1.084(101)	-0.117(57)	-0.404	82
CAMBODIA	-0.731(82)	0.143(46)	-1.129(99)	-0.044(70)	-0.787(86)	0.119(48)	-0.405	83
MACEDONIA, FYR	-1.166(102)	-0.269(61)	-0.68(85)	0.611(38)	-0.489(73)	-0.59(83)	-0.431	84
SOUTH AFRICA	-1.166(102)	-0.544(76)	1.564(8)	-1.682(106)	0.998(24)	-1.773(114)	-0.434	85
BOSNIA AND HERZEGOVINA	-0.731(82)	-0.269(61)	-1.466(107)	0.939(18)	-0.886(92)	-0.236(62)	-0.441	86
MOROCCO	-1.021(95)	-0.269(61)	-0.905(95)	0.175(55)	-0.588(75)	-0.117(57)	-0.454	87
MAURITIUS	-0.006(55)	-0.819(91)	-0.007(54)	-2.01(111)	0.304(37)	-0.236(62)	-0.462	88
PANAMA	-1.601(114)	-0.269(61)	1.228(14)	-1.027(99)	-0.192(58)	-0.945(93)	-0.468	89
PHILIPPINES	-1.021(95)	-0.544(76)	0.442(35)	-0.59(85)	0.304(37)	-1.419(108)	-0.471	90
MADAGASCAR	-0.876(89)	-0.132(56)	-1.129(99)	0.393(49)	-0.886(92)	-0.236(62)	-0.477	91
URUGUAY	-0.586(76)	-1.231(104)	-0.343(70)	0.065(63)	-0.787(86)	-0.117(57)	-0.5	92
GREECE	-0.441(73)	-0.544(76)	0.442(35)	-1.682(106)	0.205(41)	-1.064(100)	-0.514	93
BANGLADESH	-0.441(73)	-0.956(94)	-1.129(99)	0.393(49)	-1.282(109)	0.238(43)	-0.53	94
MALTA	-1.166(102)	-0.956(94)	-0.456(74)	0.175(55)	0.106(42)	-0.945(93)	-0.54	95
CAMEROON	-0.151(62)	-0.956(94)	-1.241(103)	-0.153(72)	-0.588(75)	-0.236(62)	-0.554	96
BENIN	-0.296(68)	-0.956(94)	-1.353(104)	0.393(49)	-1.679(116)	0.356(40)	-0.589	97
ARGENTINA	-0.731(82)	-0.819(91)	0.442(35)	-1.027(99)	-0.291(64)	-1.3(105)	-0.621	98
GUATEMALA	-0.731(82)	-0.956(94)	-0.456(74)	-0.59(85)	-0.886(92)	-0.236(62)	-0.642	99
NAMIBIA	-1.021(95)	-1.093(102)	-0.119(59)	-0.699(91)	0.007(44)	-0.945(93)	-0.645	100
ITALY	-1.021(95)	-0.681(83)	1.116(20)	-1.791(108)	-0.092(52)	-1.419(108)	-0.648	101
TANZANIA	0.139(46)	-0.956(94)	-1.466(107)	-0.481(80)	-1.084(101)	-0.117(57)	-0.661	102
GUYANA	-1.456(112)	-1.643(112)	-1.017(97)	0.175(55)	-0.985(100)	0.829(24)	-0.683	103
MOZAMBIQUE	-0.441(73)	-1.368(107)	-0.792(91)	-0.59(85)	-0.687(82)	-0.236(62)	-0.686	104

HONDURAS	-0.731(82)	-0.819(91)	-0.231(61)	-0.699(91)	-0.886(92)	-0.827(87)	-0.699	105
SERBIA AND MONTENEGRO	-1.311(107)	-0.681(83)	-1.353(104)	0.065(63)	-1.183(107)	0.001(52)	-0.744	106
BOLIVIA	-1.311(107)	-0.956(94)	-1.017(97)	0.502(44)	-1.382(112)	-0.827(87)	-0.832	107
CHAD	-1.021(95)	-0.956(94)	-1.802(115)	0.502(44)	-1.778(117)	-0.236(62)	-0.882	108
ECUADOR	-0.876(89)	-1.505(110)	-0.568(82)	-0.481(80)	-1.084(101)	-0.945(93)	-0.91	109
ETHIOPIA	-1.311(107)	-1.643(112)	-1.802(115)	0.83(23)	-1.481(113)	-0.236(62)	-0.94	110
ZIMBABWE	-1.456(112)	-1.505(110)	0.891(26)	-2.338(114)	0.304(37)	-1.892(116)	-0.999	111
VENEZUELA	-1.311(107)	-1.231(104)	-0.007(54)	-0.808(94)	-0.588(75)	-2.247(117)	-1.032	112
MALI	-0.296(68)	-1.78(115)	-1.69(113)	-0.481(80)	-1.58(114)	-0.472(78)	-1.05	113
SRI LANKA	-1.746(115)	-1.643(112)	-0.792(91)	-0.481(80)	-0.39(69)	-1.3(105)	-1.059	114
EAST TIMOR	-0.876(89)	-1.231(104)	-1.69(113)	-0.59(85)	-1.084(101)	-0.945(93)	-1.069	115
ALGERIA	-0.876(89)	-1.368(107)	-1.802(115)	-1.136(101)	-1.084(101)	-0.472(78)	-1.123	116
PARAGUAY	-0.731(82)	-1.78(115)	-1.578(110)	-1.245(103)	-1.282(109)	-1.3(105)	-1.32	117

4. 소결: 분석 결과의 비교

5장의 평가 결과를 간략히 요약해 보면, 먼저 협의의 노사관계 지표(갈등지표) 평가 결과 한국은 OECD 가맹 30개국 중 갈등수준이 5위로 나타났다. 파업수준에 대한 객관적 지표의 평가 결과에서는 30개국 중 14위로 나타난 반면, IMD, WEF, IPS 등에서 실시한 경영자 설문조사 결과를 평균한 주관적 지표의 평가 결과는 1위로 나타났다. 즉, 한국 노사갈등의 갈등 수준은 객관적인 파업 수준에 대한 지표 차원에서는 중위권이지만, 경영자들이 느끼는 주관적 인식에서는 극도로 갈등적인 것으로 나타났다.

한편, IMD보고서의 노동시장 및 노사관계 관련 지표 중 노사관계 평가에 활용 가능한 지표들을 6개 선정하여 평가한 결과 한국의 순위는 47위로 중하위권에 머물렀다. 이는 기존의 60위와 다소 다른 결과이다. WEF보고서의 노사관계 관련지표를 7개 추출하여 계산한 결과 한국의 순위는 18위로 117개국 중 중상위권으로 평가되었다. 이는 기존의 81위와 큰 차이가

나는 결과이다. 한편, 재구성된 지표 둘다 '효율성' 관점에서 재구성된 것임에도 불구하고 큰 폭의 순위 격차를 보이고 있음은 이들 지표들의 타당성과 측정의 신뢰성에 의문을 품게 할 수도 있다.

결과적으로 5장의 추가분석 결과는 2장에서 소개한 IMD와 WEF보고서에서 노사관계를 평가한 결과와 상당한 차이를 보인다. 이는 제 1 절에서 지적한 대로 노사관계의 구성개념이나 조사방법의 차이가 평가 결과에 상당한 영향을 줄 수 있음을 방증하는 것이기도 하다.

아울러 제 2 장, 제 4 장, 제 5 장의 분석 결과를 비교해 보아도 흥미로운 차이를 확인할 수 있다. IMD나 WEF 보고서에서와 같이 주관적 갈등 수준만을 비교할 때 한국의 노사관계는 비교적 높은 갈등 수준을 나타내는데 이는 노사관계의 전반적인 저효율성을 예측하게 할 수 있는 결과이다. 그러나 5장의 분석 결과에서 객관적 지표를 포함하자 갈등 수준은 완화되었고, 노사관계의 효율성 관련 지표들을 포함하여 분석하자 순위 변경이 상당한 폭으로 이루어지는 결과를 낳았다. 제 4 장의 분석과 비교해보면, IMD와 WEF의 지표나 재구성 지표들을 노사관계의 효율성 측면에서 구성된 지표들로 간주할 수 있으며, 분석 결과들의 차이는 갈등 수준을 제외한 효율성

표 5-7 기존 비교지표와 개발된 비교지표의 평가결과(한국의 순위)

	IMD 보고서중 노사관계부문 평가	WEF 보고서중 노사관계 부문 평가	협의의 노사관계 평가	IMD 노사관계 지표 재구성 평가	WEF 노사관계 지표 재구성 평가	노사관계 평가지표에 따른 평가
구성지표	주관 + 객관 2개	주관 1개	갈등지표 (객관 + 주관) 6개	6개지표로 재구성	7개지표로 재구성	효율성 + 형평성 36개지표
대상국가	60개국	117개국	OECD 30개국	60개국	117개국	OECD 30개국
순 위	인식 60위 실태 45위	81위	5위 (객관: 14위 주관: 1위)	47위	18위	22위 (효율: 9위 형평: 28위)

지표들의 구성상 차이를 반영하고 있다고 할 수 있다. 반면 제 4 장의 형평성 분석 결과는 제 2 장과 제 5 장의 분석 결과에서 자연스럽게 제기될 수 있는 질문인 '한국 노사관계는 왜 갈등적인가?'에 대한 답변을 얼마간 예시하고 있다고도 볼 수 있다. 즉, 효율성－형평성간의 갭, 혹은 낮은 형평성이 잠재적 혹은 현재적 갈등 수준을 끌어올릴 수 있는 한 요인이라는 점이다.

마지막으로 분석 결과들의 차이는 본서에서 이루어진 주된 작업 중 하나인 국가 단위의 노사관계 평가지표 설계 작업의 정당성을 방증해 준다고도 볼 수 있다. 제 2 장의 분석이나 제 5 장의 추가분석에 대비하여 제 4 장의 분석을 비교해 보면 지표의 개념적 타당성이나 자료의 신뢰성 면에서 진일보했음을 확인할 수 있기 때문이다.

CHAPTER 6

결 론

Chapter 06

결 론

1. 분석 결과의 요약

본서에서는 투입－과정－산출의 시스템 모델과 효율성－형평성을 구분하는 노사관계의 지향성 관점을 통합한 평가모형에 기반하여 총 36개의 평가지표(효율성 18개, 형평성 18개)를 구축한 후 이 지표들에 관련된 30개 OECD 국가들의 시점별 자료들을 수집하여 분석에 임하였다. 분석 결과는 다음과 같이 요약할 수 있다.

첫째, 효율성과 형평성의 균형이 최선의 결과를 낳는다는 본 연구의 핵심적 가설이 연구의 결과를 통해 입증되었다는 것이다. 이는 덴마크, 스웨덴 등 '유연안정형' 국가들이 효율성과 형평성 모두에서 우수한 성과를 거두고 있음을 통해 확인할 수 있다. 이러한 결과는 혼합형(hybrid)이 최적의 성과를 내지 못한다는 Hall & Soskice(2001)의 주장에 배치되는 발견이어서 주목된다.

둘째, 하지만 각국 노사관계의 비교 분석 결과 효율성과 형평성이 부의 상관관계를 형성하는 경향이 있음을 확인하였다. 이러한 결과는 한 국가의 노사관계를 발전시켜 나가는 데 있어, 효율성과 형평성의 가치를 균형적으로 발전시키는 것이 어려운 과제임을 간접적으로 제시한다고 볼 수 있다. 이는 결국 정부나 노사가 효율성과 형평성을 동시에 추구하는 지향점을 설정하고, 균형상태를 지속적으로 관리하는 의식적 노력이 필요하다는 점을 시사한다.

셋째, 횡단분석과 종단분석 결과 한국의 노사관계는 효율성 측면에서는 중상위권이지만 형평성 측면에서는 최하위권이고 이를 종합한 최종순위는 하위권으로 나타났다. 종래의 통념에 의하면 한국의 노사관계는 비교적 높은 갈등 수준으로 인해 효율성이 상당히 낮을 것으로 여겨졌지만, 다른 투입요인들 및 기업별 노조와 분권적 교섭구조 등의 요인들의 긍정적 효과가 갈등 수준의 부정적 영향을 완충한 것으로 나타났다. 외려 낮은 순위에 결정적인 영향을 준 것은 갈등 수준이라기보다 전반적으로 낮은 형평성 수준이었다. 이러한 분석 결과는 또한 높은 갈등 수준의 원인을 설명해 줄 수 있는 여지를 제공하는 동시에 노사관계 정책의 방향에도 중요한 시사를 준다.

넷째, IMD나 WEF 등의 비교지표에 기반한 평가 결과와 이번에 개발된 평가지표의 평가 결과간에는 노사관계의 개념뿐 아니라 구성지표, 분석방법 등에서 차이가 있었으며 이로 인해 확연히 다른 평가결과와 시사점이 도출될 수 있음이 확인되었다. 이는 경제적 세계화의 심화로 인해 중요성이 더욱 커진 국가 단위 노사관계의 비교에 있어서 적절한 비교 지표의 구축, 활용, 참조가 중요해졌으며, 기존 지표 및 평가 결과에 대한 비판적인 재검토가 필요함을 제기하는 것이다.

2. 분석 결과의 시사점

개발된 노사관계 평가지표에 의거하여 한국과 OECD 국가들의 노사관계를 비교 평가한 결과에 입각해 보면, 한국의 노사관계는 효율성과 형평성이 불균형을 이루고 있는 대표적인 나라에 속한다. 그리고 주된 원인은 형평성의 투입, 과정, 산출의 대부분 지표들에서 한국의 위치가 열악하기 때문이다. 이러한 결과로 미루어 보았을 때 한국 노사관계에서는 형평성 제고에 초점을 맞춤으로써 효율성과 형평성의 균형을 확보하려는 노력이 필요하다고 볼 수 있다.

1) 한국 노사관계의 시스템 차원 발전 방향에 대한 시사점

본서의 규범적 가정에 따를 경우 효율성과 형평성의 균형을 확보하는 것이 한국 노사관계 시스템의 주요 과제가 될 것이다. 즉, 한국의 노사관계는 시스템 차원에서는 현재와 같은 효율성 주도적이고 효율성과 형평성이 상충하는 체제에서 〈그림 6-1〉에서 설정하는 것처럼 효율성과 형평성, 성장과 복지가 상호보완을 통해 선순환적으로 균형을 유지하는 체제로 발전해 나가는 것이 바람직하리라는 시사점을 제시할 수 있다.[1)]

최근의 노사관계 모형론으로 각광받는 조정시장경제(Coordinated Market Economy)와 자유시장체제(Liberal Market Economy)에 관한 논의를 보면, 조정시장경제(LME)는 형평성에서 상대적으로 강점이 있으며 자유시장경제

그림 6-1 한국 노사관계의 이상적 지향점

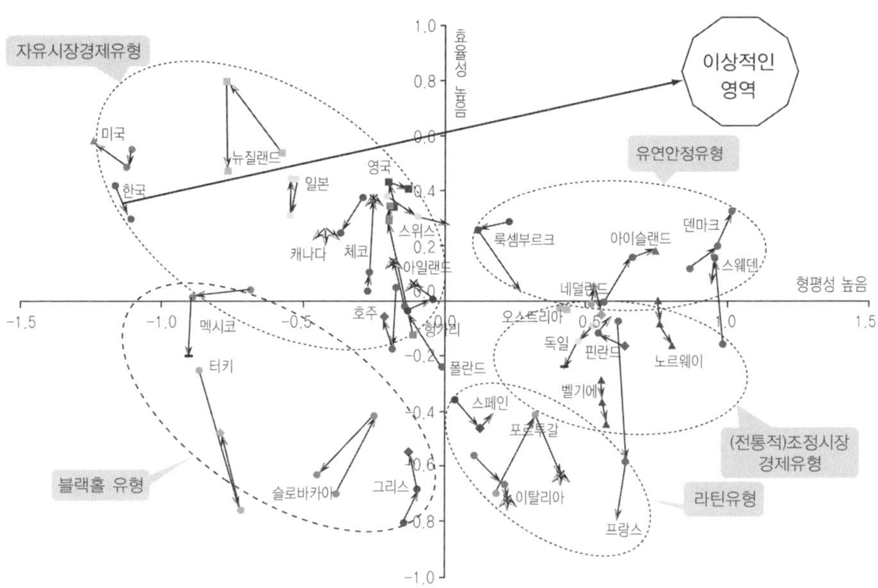

1) 물론 국가별 노사관계 유형들의 장기적 안정성에서 보듯이 하나의 시스템 유형에서 다른 유형으로 이동하는 데에는 장기적인 시간이 소요되고 기존 경로를 수정하기 위한 노사정의 응집된 노력이 필요하다.

(CME)는 효율성에서 상대적으로 강세를 보이고 있다. 한편, 유럽식 조정시장경제(CME)는 장기고용에 의한 숙련형성과 경제전반의 조정능력을 중시하는 전통산업을 주축으로 하는 국가에 적합하며, 영미식 자유시장체제(LME)는 유연한 노동시장과 경영자의 자유로운 혁신과 창의성이 중시되는 첨단산업을 성장의 기반으로 하는 국가에 적합하다(Hall & Soskice, 1999).

우리나라 산업구조는 제조업에서 서비스업으로, 전통산업에서 지식기반 첨단산업으로 산업구조 비중이 변화하고 있으며 앞으로 첨단, 지식산업의 비중은 더욱 커질 것으로 예측된다. 이러한 점을 고려할 때, 한국이 추구해야 할 노사관계 모형은 조정시장경제(CME)나 자유시장체제(LME)의 장점을 모두 취할 수 있는 이중적 형태로 구성되는 것이 바람직할 것이다.

전통산업의 경우 그 역사가 오래된 성숙기에 접어든 산업들로서 경영자의 혁신보다는 근로자의 숙련과 산업차원에서의 조율능력에 더 많이 의존하는 것이 경쟁력 강화에 더 중요하다. 따라서 이러한 전통산업의 경우에는 조정시장경제(CME) 국가군의 특성을 적용하는 것이 바람직하다. 반면, 지식기반 첨단산업은 경영진의 창의력과 혁신, 그리고 경영자율성을 최대한 발휘하게 하는 노사자율주의(voluntarism)를 원칙으로 하는 자유시장경제(LME)와 유사한 환경을 조성하는 것이 바람직하다.

다만, 한국의 경우, (1) 국가 크기가 중규모이어서 노사정간의 조율기능을 발휘하기가 미국과 같은 대국에 비해 용이하다는 점, (2) 산업화 이후 국가가 주도하는 일종의 조정시장경제체제를 유지하여 왔으므로 자유시장경제체제보다는 조정시장경제체제에의 적응이 쉬울 것이라는 점, (3) 노사간의 불신과 갈등으로 인한 산업피해액이 상대적으로 큰 점을 감안할 때 노사갈등을 조정하는 기능이 강력한 조정시장경제체제가 분규 완화에 기여할 것이라는 점, (4) 해외의존도가 높은 경제구조를 가지고 있어 급격한 환경변화에 대한 국내 경제주체들의 일사분란한 조율이 중시된다는 점, (5) 형평성의 개선이 향후 노사관계의 주요 정책 방향이 되어야 한다는 점 등을 고려할 때 조정시장경제체제가 주축이 되고 부문에 따라서 자유시장경제체제가 가미된 수정된 조정시장경제 모형이 이상적인 노사관계 모형이라고 판단된다.

2) 노사관계 제도·정책 차원의 발전 방향에 대한 시사점

OECD 국가들과의 비교를 통해 드러난 취약한 형평성의 개선이 제도 정책적 발전 방향의 주된 이슈가 될 것이다. 형평성 개선을 포함한 노사관계의 제도·정책적 개선 방향은 다음과 같이 설정할 수 있다.

첫째, 국제기준을 충족시키는 수준으로 노동기본권이 신장되어야 한다. 국제 수준의 노동기본권 보장은 현재 당면한 문제인 노사갈등의 한 원인을 제거하고, 노사관계의 효율성-형평성간 불균형 문제를 당사자 차원에서 개선해 나갈 수 있는 제도적 근거를 제공한다는 점에서 중요한 의미가 있다. 한국은 세계 제12위의 통상대국으로 이번의 노사관계 평가 결과에서도 OECD 내에서 국제 수준의 효율성을 지니고 있는 것으로 확인되었으므로 이러한 기본권 시장이 경제발전에 큰 부담이 될 것으로는 보여지지 않는다. 따라서 예를 들어 ILO 87호 및 98호 협약에 대한 조속한 비준을 목표로 삼아 국내 제도들을 정비해 나갈 필요가 있을 것이다.

둘째, 각급의 노사정 협의와 초기업 수준의 단체교섭, 그리고 사업장 수준의 노사협의가 활성화될 수 있도록 제도 개선과 정책적 지원이 이루어져야 한다. 먼저 중앙 차원의 노사정 협의와 관련해서는 노사정 협의를 활성화할 수 있는 구조적 여건이 여전히 미성숙 상태임을 고려하여 상설적 협의 틀을 강화하기보다는 사안별 협의가 충실히 이루어질 수 있도록 제도를 조정할 필요가 있다. 또한 산별 노사관계의 확산과 지역별 노사정 조율의 필요성이 증대하고 있는 사정을 고려하여 산업업종별 정책협의와 지역별 노사정 협의를 강화하고 이 과정에서 중앙 차원의 협의와 산업업종 및 지역 차원의 노사정 협의간의 연계 관계를 확보할 필요가 있다. 이렇게 함으로써 노사정 관계의 전반적인 조율성을 개선하고 그 효과가 중앙 차원의 노사정 협의의 구조적 여건을 성숙시키는 효과를 가지도록 할 수 있게 된다. 두 번째로, 산업업종별 단체교섭에 대해서는 이를 강제하는 것은 곤란하더라도 이를 촉진할 수 있는 제도와 정책적 대안들은 검토될 필요가 있다. 예를 들어 앞서 제안된 것처럼 산업별 최저 기준에 관한 산별 단체협약의 효력 확장 허용이나 정부의 재정 지원을 통한 산업업종별 사업자단체들의 노사관계 조율 기능 강화 등은 바람직한 정책 대안이 될 수 있을 것이다. 아울러 앞서의 첨단산업 노사관계 모형에서 언급한 것처럼 직종·업종 차원의 종사자단체의 단결권과 대변 역할을 일부 제도화하는 것이 검토될 필요가 있으며, 이들과 업종·지역 차원 사업자단체간의 중위 수준 사회적 대화를 촉진할 수 있도록 제도·정책적 검토가 이루어져야 한다. 세 번째로, 사업장 차원에서는 노사협의회의 기능 강화를 검토할 필요가 있다. 노사관계 평가 결과에서 나타난 부진한 형평성의 중요한 원인 중 하나는 제도화된 집단적 노사관계의 취약성에 있다고 할 수 있다. OECD 국가들 내에서 29위에 머물고 있는 낮은 노조 조직률을 감안할 때, 이를 보완할 수 있도록 사업장 차원의 집단적 이해대변 기제의 기능이 확충되어야 한다. 이와 관련해서는 '근로자참여및협력에관한법률'의 노사협의회의 대표 메커니즘과 협의권, 그리고 협의내용을 보완·확충하는 제도적 지원이 필요할 것이다. 그러나 사업장 차원의 비노조대변기구의 기능 확충은 낮은 노조 조직율을 감안하여 비노조대변기구가 노조의 근로자 대표성을 제고하는 데 순기능적이 될 수 있도록 방향을 설계하는 것이 바람직하다.

셋째, 노동시장 취약층에 대한 보호의 개선과 사회보장의 확충이 이루어져야 한다. 한국의 사회보장체계의 능력은 그간의 제도 개선에도 불구하고 OECD 내에서 여전히 최하위에 머무르고 있다. 효과적인 사회보장체계는 다각적으로 노사관계와 노동시장에 긍정적 영향을 줄 수 있다. 우선 당면한 과제인 노동시장 양극화를 완화, 해소하는 데 사회보장의 역할이 크다. 현재의 양극화에서는 차별적 요소도 크게 존재하지만 합리적 차별의 요소도 존재하며, 전자는 제품시장 및 노동시장 내부의 공정성을 개선하는 유인과 동기부여를 통해 문제를 해결해야 하지만, 후자에 대해서는 사회보장과 같은 시장 외적인 제도적 장치들에 의해 문제가 해소될 수 있기 때문이다. 두 번째로 사회보장의 확충을 통해서 유연안전성을 추구하는 국가들에서 나타나는 효율성과 형평성의 균형 효과를 기대할 수 있다. 즉, 포괄적이고 관대한 사회보장을 통해서 형평성의 개선뿐 아니라 기업과 노동시장에서의 변화에 대한 저항을 현저히 감소시킴으로써 기업이 기대하는 유연성과 효율성을 제고할 수 있다. 마지막으로 비정규직을 비롯한 노동시장 취약층에 대한 효과적인 보호가 이루어질 수 있는 제도 개선이 필요하다. 그러나 이에 대한 제도 개선이 단순히 물량적 의미만 강하거나 기업 활동에 경직된 규제만을 부여하는 형태가 되어서는 곤란하며, 제품시장과 노동시장의 공정성 제고를 유도할 수 있는 제도 개선 형태가 함께 고려되어야 바람직할 것이다. 원하청간의 공정거래질서를 위한 제도 개선이나 동일노동 동일임금 원리의 실무적 적용을 용이하게 하는 정책적 지원 등이 여기에 해당될 수 있다.

참고문헌

김동원 외(2006). 우리나라 노사관계 평가기준 연구. 노동부 연구용역보고서.

김동원 외(2005). 주요국 노사관계 안정과 산업경쟁력의 상관관계 분석. 2005년 용역보고서. 산업자원부.

Aidt, Toke and Zafiris Tzannatos(2002). Unions and Collective Bargaining: Economic Effects in Global Environments. The World Bank: Washington D.C.

Botero, Juan, Simeon Djankov, Rafael La Porta, Florencio Lopez-de-Silanes and Shliefer(2003). The Regulation of Labor. NBER Working Paper 9756, Natioal Bureau of Economic Research.

Baccaro, Lucio and Chang-hee Lee(2003). "IFP/Dialogue Technical Note: Strengthening Industrial Relations and Social Dialogue in the Republic of Korea." International Labour Office. Geneva.

Budd, J. W.(2004). Employment with a human face: Balancing efficiency, equity, and voice. Ithaca and London: Cornell University Press.

Calmfors, Lars & John Driffill(1988). "Bargaining Structure, Corporation and Macroeconomic Performance." Economic Policy. 6: pp. 14-47.

Cameron, David R.(1984). "Social Democracy, Labour Quiescence and the Representation of Economic Interest in Advanced Capitalist Society." In J. H. Goldthorpe(ed.), Order and Conflict in Contemporary Capitalism. Oxford: Oxford Univ. Press, pp. 143-78.

Campbell, J. L. & Pederson, O. K.(2007). Institutional Competitiveness in the global economy: Denmark, the United States, and the warieties of capitalism. Regulation & Governance. 1. 230–246.

Campbell, J. L. & Pederson, O. K.(2007). The Varieties of Capitalism and Hybrid Success: Denmark in the Global Economy. Comparative Political Studies. 40(3): 307–332.

Chataignier, Anne(2005). Statistical indicator relating to social dialogue: A com–pilation of multiple country databases, ILO Statistical and Development and Analysis Group Policy Integration Department Working Paper No. 56.

Compston, Hugh(1997). "Union Power, Policy Making, and Unemployment in Western Europe, 1972–93." Comparative Political Studies. Vol. 30: pp. 732–751.

Crepaz, Markus M. L.(1992). "Corporatism in Decline?: An Empirical Analysis of the Impact of Corporatism on Macroeconomic Performance and Industrial Disputes in 18 Industrialized Democracies." Comparative Political Studies. vol. 25(2): pp. 139–168.

Dominique(2006). Thematic article on "Flexicurity": Swenden. European Employment Observatory. 〈http://www.eu–employment–observatory.net/resources/reports/Sweden–FlexicurityAR06.pdf〉, Accessed on Sep. 2007.

Esping–Andersen, Gosta(1990). The Three Worlds of Welfare Capitalsim. Prinston Univ. Press.

Flanagan, R. J.(1999). "Macroeconomic Performance and Collective Bargaining: An International Perspective." Journal of Economic Literature. 37: pp. 1150–1175.

Foster, Michael and Macro Mira d'Ercole(2005). Income Distribution and Poverty in OECD Countries in the Second Half of the 1990s. OECD Sicial, Employment and Migration Working Papers.

Freeman, Richard B.(2000). Single Peaked vs. Diversified Capitalism: The Relation between Economic Institutions and Outcomes. NBER Working Paper Series 7556. http://www.nber.org/papers/w7556.

Frege, Calora M.(2002). "A Critical Assessment of the Theoritical and Empirical Research on German Works Councils." British Journal of Industrial Relations. 40(2): pp. 221–248.

Goetschy, J. & A. Jobert(2004). France. In G.J. Bamber, R. D. Lansbury and N. Wailes. International and Comparative Industrial Relations: Globalisation and the Developed Market Economies. Sydney, Allen and Unwin (4 edn).

Hall, Peter A. & Daniel W. Gingerish(2004). Varieties of Capitalism and Institutional Complementarities in the Macroeconomy: An Empirical Analysis. MPIfG Discussion Paper 2004/5.

Hall, P. A. & Soskice, D.(2001). Varieties of Capitalism: The Institutional Foundations of Comparative Advantage. New York: Oxford University Press.

Hicks, Alexander and Lane Kenworthy(1998). "Cooperation and Political Economic Performance in Affluent Democratic Capitalism." American Journal of Sociology. 103(6): pp. 1631－72.

Hicks, Alexander and Duane Swank(1992). "Politics, Institutions, and Welfare Spending in Industrialized Democracies 1960－1982." American Political Science Review. 86: pp. 658－674.

Hibbs JR., Douglas A.(1988). On the Political Economy of Long－Run Trends in Strike Activity, British Journal of Political Science. 8: pp. 153－75.

Ghai, Dharam(2003). "Decent Work: Concept and indicators." International Labour Review. vol. 142(2): pp. 113－145.

Golden, M. P. Lange and M. Wallerstein(1997). "Union Centralization among Advanced Industrial Societies: An Empirical Study." mimeo.

IMD(2001－2005). The World Competetitiveness Yearbook. Various issues, Geneva, Switzland.

IPS(2006). IPS National Competetitiveness Research 2006 Report. Seoul, Korea.

Japan Center for Economic Research(2006). Potential Competetitiveness Ranking 2005.

Kenworthy, Lane(1995). In Search of National Economic Success: Balancing Competition and Coorporation. Thousand Oaks, CA: Sage.

Kenworthy, Lane(1996). "Unions, Wages, and the Common Interest." Comparative Political Studies. 28: pp. 491－524.

Kenworthy, Lane(2001). "Wage Setting Measures: A Survey and Assessment." World Politics. vol. 54: pp. 57－98.

Kenworthy, Lane & Kittel, Bernard(2003). "Indicators of Social Dialogue: Concepts and Measurements. Working Paper No. 5, ILO Policy Integration Departement.

Kim, Dong－one(1993). "An Analysis of Labour Disputes in Korea and Japan: The Search for an Alternative Model." European Sociological Review.

9 (2): 139－54.

Kim, Dong－one(2006). "Industrial Relations in Asia: Old Regimes and New Orders." In Michael J. Morley, Patrick Gunnigle, and David G. Collings (eds.), *Global Industrial Relations*. London: Routledge.

Kim, Dong－one and Seoungsu Kim(2003). "Globalization, Financial Crisis and Industrial Relations: The Case of South Korea." *Industrial Relations*. 42 (3): 341－67.

Kittel, Bernard(2000). "Gesamtwirtschaftliche Leistungseffekte betrieblicher Arbeitnehmervertretung im internationalen Vergleich" in Industrielle Beziehungen. vol. 7: pp. 181－202.

Kuruvilla, Sarosh, Subesh Das, Hyunji Kwon & Soonwon Kwon(2002). Trade Union Growth and Decline in Asia. British Journal of Industrial Relations. 40(3): pp. 431－61.

Kuruvilla, Sarosh(2003). Social Dialogue for Decent Work. ILO International Institute for Labour Studies Discussion Paper 149.

Kusera, David(2004). Measuring trade union rights: A conutry－level indicator constructed from coding violations recorded in textual sources. ILO Policy Integration Department.

Lange, Peter and Geoffrey Garrett(1985). "The Politics of Growth: Strategic Interaction and Economic Performance in the Advanced Industrial Democracies, 1974－1980." Journal of Politics. vol. 47: pp. 792－827.

Lehmbruch, Gerhard(1984). "Concertation and Stucture of Corporatist Networks." In J. H. Goldthorpe(ed.), Order and Conflict in Contemporary Capitalism. Oxford: Oxford Univ. Press.

Lijphart, Arend and Marcus M. L. Crepaz(1991), "Corporatism and Consensus Democracy in Eighteen Countries: Conceptual and Empirical Linkages." British Journal of Political Science. vol. 21: pp. 235－246.

Madsen, P. K.(2004). The Danish Road to "Flexicurity": Where are we? And how did we get there?. A TLM.NET conference. Quality in Labour Market Transitions: A European Challenge. 25－26 November 2004.

Michell, Neil J. Theoretical and Empirical Issues in the Comparative Measurement of Union Power and Corporatism.

Nicoletti, Giueppe and Stefano Scarpetta and Olivier Boylaud(2000). Summary Indicators of Product Market Regulation with An Extension to Employment Protection Legislation, OECD Economic Department

Working Papers No. 226.

OECD(1994). Ch. 5 Collective Bargaining: Levels and Coverage(Traxler의 초고에 기반해 쓰여짐), in Employment Outlook 1994.

OECD(1997). "Economic Performance and the Structure of Collective Bargaining." OECD Employment Outlook(Paris: OECD): pp. 167–194.

OECD(1999). "Chap. 2 Employment Protection and Labour Market Performance." OECD Employment Outlook(Paris: OECD): pp. 48–101.

OECD(2004). "Ch. 3 Wage–setting Institutions and Outcomes." OECD Employment Outlook(Paris: OECD): pp. 127–181.

OECD Washington Center(2006). Labour Market Statistics and Indicators. Source: http://www.oecdwash.org/DATA/online.htm
http://www1.oecd.org/scripts/cde/members/lfsindicatorsauthenticate.asp
accessed at August 3, 2006.

Pontusson, Jonas(2000). "Labor Market Institutions and Wage Distribution." In Iverson et al.(eds.), Unions, Employers, and Central Banks: Macroeconomic Coordination and Institutional Change in Social Market Economy. Cambridge Univ. Press.

Salamon(2001). Industrial Relations: Theory and Practice. London: Prentice Hall.

Soskice, David(1990). "Wage Determination: The Changing Role of Institutions in Advanced Industrilized Countries." Oxford Review of Economic Policy. vol. 6 No. 4, pp. 36–61.

Siaroff, Alen(1999). Corporatism in 24 Industrial Democracies: Meaning and Measurement. European Journal of Political Research. vol. 36: pp. 175–205.

Tálos, Emmerich & Bernhard Kittel(2001). Gesetzgebung in Österreich. Netzwerke, Akteure und Interaktionen in Politischen Entscheidungsprozessen. Wien: Wiener Universitätsverlag.

Traxler, Blaschke and Kittel(2001). National Labor Relations in Internationalized Markets. Oxford Univ. Press.

Wallerstein, Michael & Miriam Golden(2000). "Postwar Wage Setting in the Nordic Countries." In Iverson et al.(eds.), Unions, Employers, and Central Banks. Cambriage Univ. Press.

WEF(2001–2005). The Global Competetitiveness Report. Various issues, Geneva, Switzland.

Western, Bruce(1997). Between Class and Market: Postwar Unionization in the

Capitalist Democracies. Princeton Univ. Press.
Voos, Paula B. and Haejin Kim(2001). "Studies on High Performance Work Practices." In the U.S.: Implications for Korea, *Korean Journal of Industrial Relations*. 11(2): 21－55.

부 록

1. 노사관계 평가기준 및 한국 노사관계 발전방향에 관한 국제세미나의 패널 의견
2. OECD 국가별 노사관계 평가결과 지표별 자료

부록 01

노사관계 평가기준 및 한국 노사관계 발전방향에 관한 국제세미나의 패널 의견

국가별 노사관계 순위평가에 대한 제언

"Reflections on International Ranking of Labour-management Relations"

히로마사 스즈키(와세다대)

세계적인 순위 평가 경향

최근 기업과 국가를 평가할 때, 규모, 재무적 가치 또는 1인당 국민소득 등의 기준에 따른 순위를 결정하는 경향이 증가하고 있다. 이러한 경향은 금융분야에서 가장 두드러지게 나타나고 있다. 대규모 초국적 기업들은 매출액, 운영이익 및 주가 등에 의해 순위가 매겨지곤 한다. 특히 이 부문에서 기업의 순위를 매기는 무디스나 S&P와 같은 평가기관들은 투자자들과 금융기관들을 위해 대기업들의 건전성을 평가한다. 이와 같은 평가의 결과는 특정한 기업에게 자본시장으로부터 자금을 확보할 수 있는 능력을 부여하거나 제한함으로써 해당 기업의 가치에 상당한 영향을 미치게 된다.

이와 같이 잘 알려진 평가 기관들이 존재한다는 의미는 일반인들로 하여금 쉽게 다양한 재무적·경제적 자료를 얻을 수 있음을 나타낼 뿐만 아니라, 재무시장이 서로 밀접하게 연계되어 있고 세계화되어 있는지를 보여준다. 기관투자자들은 밀물과 썰물처럼 특정국가에 대한 투자와 철수를 반복하고 있으며, 이들은 면밀히 기업성과를 조사하고 감시하며 평가한다.

세계적인 순위평가 경향을 파악함으로써 두 가지 기본적인 변화를 감지할 수 있다.

- 기업성과의 모든 측면에 대한 양적 자료의 활용가능성이다.
- 세계적인 경쟁으로부터의 거대한 압력이다. 상품시장은 자본시장에 비하여 덜 세계화되었다고는 하지만 기업들은 세계시장에서의 강력한 경쟁압력 아래 놓여 있다.

거시 경제적 수준에서, 사전에 결정된 기준에 따라 다양한 국가들의 성과를 평가한다는 것은 더욱 어려워 보인다. 그리고 실제로 일정정도 한계가 있다. 물론 1인당 국민소득이나 경제성장률과 같은 대략적인 경제지표들이 최근에 활용되고 있으나, 몇몇 기초적인 지표 외에, 실질적으로 비교 가능한 자료는 매우 희소하며 활용하기가 어렵다.

예를 들어, 해외직접투자(FDI), 가격·임금통계 또는 고용률과 같은 몇몇 집합적 자료들은 국가간 비교를 하기에 그리 용이하지 않을 뿐만 아니라, 국제기구(UN, IMF, World Bank, ILO, OECD)가 수집하여 제시한 자료는 각 기관 회원국들의 성과를 비교평가하기에는 그리 명확한 것 같지는 않다.

그러나 국가수준에서 수많은 민간 또는 공공기관들은 이미 출간된 국가·국제 자료들을 활용하여, 그들 국가의 성과를 평가하고자 한다. 일본에서는 공공기관인 JETRO(The Japan External Trade Organization, 일본무역진흥기구)가 주로 선진국들을 대상으로 국가위험도를 평가하고 있다. 민간기관인 일본생산성본부는 각 연도의 국가별 노동생산성을 산출해왔다.

사실상 대부분의 국가들은 세계화된 시장에서 경쟁하고 있기에, 각 국가는 성과와 경쟁력을 평가할 수 있는 척도를 알아야 할 필요를 느끼고 있다. 이것은 아마도 IMD와 WEF의 국가경쟁력 순위가 적어도 일본 내에서 대중매체의 상당한 주목을 받는 이유가 될 것이다.

만약 사회적 측면 또는 사회적 지표를 만들어 내기 위한 시도로 방향을 전환한다면, 이 분야의 최근 연구들을 고려한다고 해도 양적 자료의 확보뿐만 아니라 개념적 틀을 설정하는 작업도 여전히 만만치 않은 것이다. 예를 들어, "사회복지(social welfare)"의 구성요소가 무엇인지에 대해 개인의 나이, 성별 및 사회적 계층에 따라 다양한 판단과 가치를 지닐 것이다. 여기서는 양적인 측면에서 사회적 지표를 구성한 최근의 두 가지 시도에 대해서만 언급하고자 한다.

첫 번째 사례는 "양질의 노동(decent work)" 개념을 파악하기 위한 ILO의 노력이다. 초반에 ILO는 고용, 사회적 보호 및 사회적 대화의 세 가지 광범위한 구성차원을 개발하였다. 그러나 이를 명확하게 지표화하는 작업은 보이는 것처럼 간단하지 않았다. 어떤 연구자들은 여성참여도에서부터 위생이나 영양요인까지 수십 개의 핵심지표들을 개발하였다. 예를 들어 고용과 관련하여, 실업률과 고용률 사이에는 자영업, 불완전고용부터 비정규직 및 완전고용에 이르는 다양한 형태가 존재한다. 선진국에서도 제대로 된 자료는 한정되어 있으며, 아마도 시간제 근로자들은 제외되어 있을 가능성이 높다. 고용과 실업을 분류할 때, 정식으로 고용되어 있지 않더라도, 그 사이에 존재하는 다양한 그리고 취약한 고용형태를 고려하지 않는다면, 이는 정당하게 분류했다고 볼 수 없을 것이다.

두 번째 사례는 "고용의 질(quality of employment)"에 대하여 지수로 개념화한 작업이다. 이에 대하여 EU의 전문가들의 경우 2002년에 8개 핵심지표와 23개 상황적 지표를 구성하였다. 그 중에서, 선택된 핵심지표는 다음과 같다.

① 본질적 근무조건(Intrinsic job quality)
② 기술, 평생학습 및 경력개발(Skills, life-long learning and career development)
③ 남녀 평등(Gender equality)
④ 보건안전(Health and safety)
⑤ 유연성과 안정성(Flexibility and security)
⑥ 노동시장 진입과 접근성(Inclusion and access to the labour market)
⑦ 노동조직 및 직장가정균형(Work organization and work-life balance)
⑧ 사회적 대화 및 근로자 참여(Social dialogue and worker involvement)
⑨ 다양성과 차별(Diversity and discrimination)
⑩ 전반적 직무성과(Overall work performance)

측정 가능한 지표를 명시하고자 했던 흔적은 보이나 회원국들로부터 필요한 데이터를 수집하기 어려운 이유 때문에 포기하였다. 이는 폭넓게 받아들여

질 수 있는 사회적 지표들을 고안해 내는 것이 불가능함을 의미하는 것인가? 그러나 한편으로 이와 같은 사회적 지표들을 구축하는 데 있어 두 가지 접근방법이 있다는 것을 보여준다.

1) 첫 번째 접근방법은 대략적이기는 하지만 포괄적인 지표를 고안해 내는 것이다. 국제기구들은 이 같은 자료를 확보하고 있다. 예를 들면, 인구동태 통계(vital statistics)와 함께, 절대빈곤선(하루에 1 또는 2달러), 지니계수, 인간개발지수 등이다. 이와 같은 지표들은 개별 국가들에 대한 광범위한 문제점들의 영역을 찾는 데 실마리를 제공하는 장점을 가진다.

2) 또 다른 접근방법은 균형 잡힌 표본에 의한 하나의 지표를 활용하는 것이다. 교육 분야에서, OCED의 PISA(Programme for International Student Assessment) 조사가 이와 같은 방법의 대표적인 예인데, 이것은 국가 간 차이를 적절히 비교할 수 있도록 해 준다.

C 국제적 순위평가와 노사관계 연구

전통적으로, 노사관계 연구들은 국가별 상황에 따른 노사관계의 행위적·경제적 성과에 초점을 맞추어 왔다. 국가별 비교의 경우에, 이와 같은 연구들에 의해 추구된 최종적인 결과는 여러 국가들의 노사관계 모델이나 몇몇 종류의 분류법이 되고는 하였다.

대표적인 사례로서 던롭(J. Dunlop)의 노사관계 시스템이 있는데, 이는 최근에 와서도 비교 노사관계의 좋은 분석틀을 제공한다. 그럼에도 불구하고, 노사관계 당사자들, 국가 상황(기술, 시장, 권력구조) 및 노사관계 산출물로서의 규범형성 등을 구성요소로 설정하고 있는 던롭의 분석틀은 노사관계의 국가순위를 평가하는 데는 쉽게 적용할 수 없다.

사실상, 던롭의 개념적 분석틀은 한 국가의 노사관계가 그 국가의 역사와 제도적 환경에 배태되어 있다는 기본가정에 입각하고 있다. 개별 당사자들(사용자들/노동조합들)은 경쟁력, 임금과 근로조건의 향상, 기업에서의 의사결정 참여 및 정치적 영향력과 같은 다양한 목적을 추구한다. 따라서 노사관계의 결과는 국가별 순위를 부여하기 위한 명확한 기준들로 축약될 수 없다.

던롭의 분석틀에 대한 동의여부를 떠나서, 많은 노사관계 문헌들은 몇몇 국가 모델들(예, 미국모델, 독일모델)의 특성을 분류하는 경향을 보이는데, 이러한 경향은 우리에게도 마찬가지로 적용된다.

그러나, 최근에 와서는 노사관계의 유형분류 이상을 추구하기 위한 연구들이 증가하고 있다. 예를 들면, OECD는 경제적 효율성 측면에서 국가 노사관계를 분석하였다. 그 예로, 전문가들은 회원 국가들의 경제적 성과와 교섭구조를 분석하였다. 게다가, 고용보호와 같은 노사관계의 핵심적 특징들은 해고에 대한 강한 규제가 경제적 성과와 노동시장의 유연성을 해치는지를 파악하기 위해 연구되어 왔다. 이러한 연구들은 전반적으로 결정적인 결론을 제시하지 못하였다.

지속적으로 증가하고 있는 질적·양적 자료들을 감안하면, 경제사회적 지표에 따른 국가별 순위평가를 위한 비교연구는 향후 노사관계 분야에서도 지속적으로 이루어질 가능성이 있다. 현재까지는 이와 같은 연구에 있어 두 가지 주요한 장애요인이 존재한다.

먼저, 형평성, 참여 또는 복지와 같은 사회적 측면에서 비교 가능한 자료가 충분하지 않다. 이때, 집합적인 국가자료는 명확한 것이 될 수 없다. 새로운 국가별 "표본" 연구나 패널자료(예, OECD의 PISA조사)가 요구된다고 판단된다.

둘째, 많은 선진국에서 노동조합 조직률과 단체교섭 적용률이 감소하고 있는 상황을 감안하여 노조부문과 비노조부문 사이를 구분하는 데 특별한 관심을 기울여야 할 것이다.

C 국제노사관계 순위 평가

초안 보고서(2006년 노동부 보고서)에서는 세 가지 분류기준이 있다. 우리가 각 하위 구성요소별로 어떻게 가중치를 부여하고 계산할 것인지를 알 수 없다는 점에서, 주로 일본을 중심으로, 순위와 관련된 사항을 중점적으로 논의하고자 한다.

(1) 협력적 노사관계 지수(갈등지수)

이 지수는 두 가지 하위 지수로 구성된다. 하나는 파업통계에 기초한 객관적 하위지수이며 다른 하나는 IMD, WEF, IPS에서 수집한 것으로 관리자들의 평가를 합산한 주관적 지수이다. 갈등지수는 이 두 가지 하위지수의 평균으로 만들어졌다.

객관적 지수와 주관적 지수 사이의 큰 격차를 보자면, 한국은 객관적 지수에서는 14위로 중위권이지만 주관적 지수에서는 최고의 갈등수준을 나타내고 있다. 객관적 지수에서 20위를 나타내고 있는 이탈리아는 주관적 지수에서는 4위이다. 일본은 객관적 지수에서 17위이지만 주관적 지수는 26위이다.

최종 순위 상위 3개국(프랑스, 벨기에, 폴란드)과 하위 3개국(스위스, 노르웨이, 네덜란드)은 주관적 지수와 객관적 지수가 일관되게 나타난다. 이 표(2006년 보고서 131쪽 〈표 5-1〉)에서, 파업통계가 많은 국가들은 갈등적인 사회적 긴장상태를 실질적으로 반영하고 있는지에 대하여 의문이 제기될 수 있을 것이다. 일본의 경우, 파업은 정상적인 노사관계에서 거의 자취를 감추었다. 단지 산발적인 파업사례가 외국계 기업의 지사나 민간어학학원과 같은 제한적인 부문에서 발생한다. 이와 같은 파업 자료는 일반적인 사회의 분위기를 나타내는 좋은 지표가 되기 어렵다. 아마도, 이와 같은 시나리오는 30년 전(1975년 이전)에 비하여 급격하게 파업수준이 감소한 유럽의 여러 국가들에서도 발견될 수 있을 것이다.

주관적인 지수는 일반적으로 국가 노사관계의 안정성에 대한 전통적이고 일화적인(anecdotal) 증거와 맞아떨어진다. 몇몇 유럽 국가들의 사례에서는 공공부문, 준공공부문 및 민간부분을 분리해야 할 필요성이 있다. 전자는 이들 국가들에서 나타나고 있는 민영화 움직임으로 인해 더욱더 갈등적이다.

(2) IMD와 WEF의 노사관계 지수

IMD와 WEF 지수는 주로 국제경쟁력과 관련된 것이기에 경제적 효율성이 주로 관리자들과 관료들의 의견에 의해서 평가되었을 것으로 가정할 수 있다.

IMD와 WEF의 표(2006년 보고서 134-135쪽 〈표 5-2〉, 〈표 5-3〉)에서는 순위의 일관성을 찾아보기 힘들다. 예를 들어, 영국은 IMD에서는 중위권이지만 WEF에서는 최상위권(6위)이다. 다른 예로는 포르투갈이 IMD에서는 하위권(52위)이지만, WEF에서는 중위권(73위)이다. 게다가, 각 평가 항목들을 보면 놀라운 면을 발견할 수 있다. 예를 들어, 아일랜드는 채용과 해고관행에서 매우 낮은 순위(WEF에서 78위)를 나타내고 있으며, 반면 독일은 보수와 생산성에서 상대적으로 낮은 순위(WEF에서 56위)를 보여준다. 그러나 전반적인 순위는 많은 유럽 국가들이 노사관계 지수에 있어 상대적으로 낮게 평가된 것을 보여준다. 한 가지 의심해 볼 수 있는 것은 유럽 국가들의 노동시장이 경직적이라는 광범위한 견해(OECD 문헌을 통해 전파된)들이 관리자들의 관점에 일정한 영향을 미쳤을 수도 있다는 것이다.

(3) 노사관계 평가결과

의심의 여지 없이, 가장 중요한 지표들이 부록의 표(2006년 보고서 170－171쪽)에 포함되어 있으며, 이것은 효율성 지수와 형평성 지수를 조화시키고 있다.

전반적인 결과들은 노동시장의 경직성이 경제적 효율성을 방해한다는 전통적인 지식에 상당히 근접해 있다. 그 역도 성립하는데, 앵글로－색슨 국가들은 덜 규제적이므로 형평성에서 낮은 점수를 받고 있다.

그러나 전통적인 지식에 대한 상당한 일치성을 뛰어넘어, 하위 구성 지표의 선택과 각 구성 지표에 부여한 가중치에 대해서는 의문점이 남는다. 특히, 형평성 지수는 매우 이질적이며 하위지표가 상대적으로 다양하다. 각 하위지표가 선택된 이유와 절차와 함께 자료의 확보가능성과 질적 자료가 양적 지표에 어떻게 가중되었는지가 의문이다.

직무평가의 경우, 평가요소의 선택과 가중치 부여는 전문가 집단에 의해서 이루어지는 기준직무에 대한 신중한 평가라는 실용적인 방법에 의해 결정된다. 각 하위 구성 지표의 선택과 가중치부여에 대한 전문가들의 견해는 본 보고서의 흥미로운 순위평가 결과를 뒷받침해줄 수 있을 것이다. 이 표는 각 국가들의 장점과 약점을 보여준다. 기업별 노조의 특징과 한계점들을 고려하면, 높은 효율성과 상대적으로 낮은 수준의 형평성을 나타내고 있는 일본의 순위는 어느 정도 일리가 있는 것이다.

C 한국 노사관계를 위한 몇 가지 정책적 제안

마지막으로 한국 노사관계 개선을 위한 몇 가지 정책 제안들을 개발하고자 하며, 주요 목적은 토론을 위한 몇 가지 쟁점을 제시하고자 하는 것이다. 그리고 이러한 제안은 한국 노사관계 발전에 대한 원거리 관찰에 기초하고 있다.

노사관계에 대한 국가별 평가는 오늘날 대부분의 국가들이 세계시장에서 서로 경쟁하고 있고 그들의 상대적 지위를 향상시키기 위해 노력하고 있다는 면에서 흥미로운 것이다. 초국적 시장과 인터넷으로 연결된 시대에 있어, 어떠한 불안정성이나 스캔들도 자본의 막대한 움직임과 주가의 상상하지 못할 정도의 하락을 불러일으킬 수 있다. 1997－1998년의 아시아 경제위기와 "엔론(Enron)"사태 등을 회상하는 것만으로도 충분히 짐작할 수 있는 것이다. 초국적 투자자들은 세계 어느 곳에서나 주요한 부정적(또는 긍정적) 정보들을 주시하고 있다.

노사관계에 있어서 대규모의 파업이나 잠재적인 긴장상태는 투자자들과 외국인 경영자들에게 영향을 미칠 수 있는 요인 중 하나이다. 따라서 정부에서는 노사분쟁을 규율하고 좀 더 순조로운 사회적 분위기를 조성하기 위해 노사관계에 개입하고자 한다. 협력적 또는 평화적인 노사관계는 국가와 기업에게 분명히 바람직한 목표이지만, 실현 가능한 것인지에 대한 문제는 별도의 논의 대상이다. 아마도 노사관계에 있어 상호신뢰의 사회적 분위기는 건강한 노사관계의 조건이라기보다는 최종적인 결과물인 것 같다.

본질적으로, 노동조합과 사용자측은 그들 스스로의 구성원과 목적을 가지는 별개의 실체이다. 사용자측은 현재와 미래의 이익에 주된 관심을 가지며, 기업의 지속적인 발전과 생존에 집중한다. 노동조합은 이념적인 목표나 조합원들의 근로 및 고용조건의 향상과 같은 차별적인 목적을 추구한다.

어떠한 단체교섭에서나 관점과 이해관계의 차이는 불가피한 것이며 자연스러운 것이다. 단체교섭은 각 당사자들의 입장에서 동의할 수 있는 수준의 조건이나 타협을 찾기 위한 방법 중 하나이다. 만약 노사 간의 최초 입장차이가 매우 크다면 협상은 어려워질 것이고 지연될 것이며, 노동쟁의의 가능성도 증가할 것이다. 만약 한쪽 당사자인 노동조합이 회사의 경제적 상황에 대하여 많은 정보를 가지고 있다면 이것은 사용자측의 태도에 신뢰를 줄 것이며, 협상이 노동쟁의로 이어지기는 쉽지 않을 것이다. 여기서는 노사 당사자들의 상호이해를 향상시킬 수 있는 실행 가능한 접근법이나 사례들을 소개하고자 한다.

A. 회사정보의 공개(Disclosure of company information)

적어도 유럽에서는 노사관계 전문가들 사이에서 적절한 정보공개가 노사관계를 향상시키는 첫 번째 단계라는 합의가 형성되어 있다. 이미 1960년대에 비용구조에 관한 적절한 정보공개 없이 폐업을 하고 더 낮은 비용의 국가로 이전하는 다국적 기업에 대한 많은 논의가 존재했다. 유럽의 노동조합들과 몇몇 정부들은 다국적 기업의 그러한 행위를 규제하고자 시도하였다(OECD, Code of conduct and EU directive on European works councils, 1994). 1974년 석유파동 이후부터, 많은 유럽 정부들(예, 프랑스)은 집단해고에 대한 규제를 강화하였다. 이와 같은 노력들은 기업들로 하여금 경제적·사회적 정보를 공개할 의무를 포함한다.

오늘날 두개 이상의 국가에서 운영하면서(다른 국가에서 150인 이상 근로자를 고용하면서), 1,000인 이상 근로자를 고용하고 있는 기업들은 그들의 경제적 성과, 향후 전망, 고용, 근로조건 등에 대한 구체적인 정보를 공개하도록 요구받고 있다. 이와 같은 정보의 공개는 일반적으로 의미 있는 협의와 협상을 위해 요구되는 단계로 여겨진다. 프랑스에서는 300인 이상의 근로자를 고용하는 대기업은 매년에 걸쳐 종업원 평의회(works councils)에 매우 구체적인 “사회적 균형(social balance)” 보고서를 제출하도록 요구받고 있다.

B. 협의(Consultation)

노사간의 협의는 여러 수준에서 다양한 사안에 관하여 이루어질 수 있다. 일본의 대기업에서는 최고 경영진과 노동조합 위원장들이 정기적으로(매 2~4개월마다) 회합하며, 최근의 경영상태, 투자전망 및 거시 경제적 이슈들에 대해 논의한다. 노동조합은 경영진에게 보건, 고용 및 훈련과 같은 구체적인 사안에 대한 정보를 제공할 것을 요구한다. 공장수준에서는 양측이 안전과 위생, 근로시간 및 연장근로 동향 등에 대하여 논의한다.

상호협의의 이와 같은 메커니즘은 규제에 의한 것이 아니고 전적으로 자발적인 것이지만, 대기업에서는 잘 정비되어 있으며 기업의 상황적 조건에 대한 상호이해의 길을 마련해 준다. 역사적으로 상호협의는 민간 대기업의 노사관계를 개선시키기 위해 1955년에 시작되었으며 일본 생산성본부에 의해 전파되었다. 일본생산성본부의 지배기구는 사용자대표, 노동조합 대표 및 공익대표로 구성된다.

오늘날 임금문제도 협의 메커니즘을 통해 사실상 결정되는 경우가 종종 있을 정도로 상호협의는 상당한 제도화가 이루어졌다. 단지 이해 격차가 큰 문제들만 단체교섭에서 논의된다. 동일한 담당자들이 두 가지 메커니즘을 모두 참여한다. 상호협의의 핵심은 인사부서가 조정의 역할을 담당하는 절차적 특성과 참여자들의 안정성에 있다. 이 메커니즘의 부정적인 면은 이것이 지나치게 관례적이고 시간소모가 많다는 것이다.

독일의 종업원 평의회는 매우 높은 수준에서 규제된 공식적 기구로서, 근로자들에 의해 선출된 대표자들로 구성된다. 또한, 노사동수의 대표자들로 구성된다. 이 평의회는 고용과 근로조건에 대한 주요한 사안들에 대하여 협의한다. 이 평의회는 산업수준에서 결정된 단체협약을 위반할 수 없다.

독일의 사례에서 가장 인상적인 측면은 60년 이상의 역사를 가지는 제도의 견고함과 양당사자들의 상호신뢰이다. 종업원 평의회에 선출된 사람들은 근로자들의 고용이 기업의 흥망성쇠에 달려 있기 때문에 아마도 경영진만큼이나 책임감을 가질 것이다. 지배구조 분야의 용어에 따르면, 그들은 이해관계자에 해당된다.

C. 의사결정 참여와 공동결정
(Participation in decision－making/joint decision－making)

단체교섭과 단체협약은 노사가 대등한 지위에서 협상한다는 측면에서, 본질적으로 공동의 규범형성과정이다. 그러나 공동의사결정에 참여하는 것은 단체교섭을 제한하지 않는다. 몇몇 경우에는 훈련과 수습과정이 노사의 공동감독 하에 이루어진다. 프랑스에서는 실업보험이 사용자단체와 노동조합에 의해 공동으로 운영된다. 일본에서는 법정최저임금이 최저임금위원회에 의해 결정되는데, 이곳에서는 공익위원과 함께 사용자와 노동조합이 최저임금수준을 협상한다.

위와 같은 방법들을 통해, 근로자들의 목소리는 다양한 수준에서 수렴될 수 있으며, 이것은 순조로운 사회적 분위기를 조성하기 위한 하나의 요인이 될 수 있다.

D. 기업별 노조와 산별노조(Enterprise unions versus industrial unions)

일반적으로 한국의 노동조합의 지배적인 형태는 기업별 노조라고 알려져 있다.(1987년 이전에는 기업별 노조가 유일하게 허용되는 형태였다). 오늘날 일본에서는 기업별 노동조합의 부정적인 측면이 크게 부각되고 있다. 기본적으로 아래와 같은 문제점들이 지적되고 있다.

1) 대기업들은 대량의 비정규직 근로자들(파견근로자, 시간제근로자, 계약직 등)에게 의존하거나 생산부문을 외주화(outsourcing)함으로써, 정규직 근로자들을 축소하려는 시도가 존재한다.
2) 생산현장의 발전은 점차로 해외(미국, 유럽, 중국, 러시아)에서 이루어지고 있다. 게다가 자회사에 대한 분사가 매우 빈번하게 이루어진다.
3) 공기업들(NTT, JR 등)의 민영화는 정규직 근로자들의 수를 감소시키는 경향을 가진다.
4) 더 근본적으로, 기업별 노조들(Toyota, NTT 등)은 비정규직과 저임금 근로자들에 대한 관심이 없으며, 상대적으로 근로조건이 우수한 정규직 근로자들을 조직하고 있다.

과거 일본의 노동조합 지도자들은 그들의 취약점을 인식하고 공동의 춘계 임금협상 공식을 고안해냈다. 그러나 오늘날 춘투는 그 중요성을 상실했으며(평균임금은 많은 기간 동안 인상되지 않았다), 노동조합의 지도자들은 때때로 춘투가 기업별 노동조합의 약점을 보완하기 위해 고안되었는지를 망각하고 있다. 기업별 노동조합이 방대한 근로자 계층을 도외시하고 근로조건이 좋은 근로자들만을 조직하는 이익집단으로 변해버릴지 모른다는 우려가 존재하고 있다.

E. 알선, 조정 및 중재(Conciliation, mediation and arbitration)

일본에서 1946년에 제정된 노동조합 및 노동관계조정법은 노동쟁의가 발생하면 중앙노동위원회가 담당하는 알선, 조정 및 중재의 절차를 제공한다. 중앙노동위원회는 저명한 학자를 위원장으로 하는 삼자 구성체이다.

1960년대 이전에, 중앙노동위원회의 알선은 어려운 협상들(광산, 철도 및 공기업들)을 위한 통상적인 절차가 되었다. 이 시기에는 경영진과 좌파 노동조합 간의 대화가 거의 불가능하였는데, 이것은 양당사자가 차별적인 언어와 목표를 가졌기 때문이다.

직접 얼굴을 맞대고 토론하는 것이 일본의 언어와 상황에서는 매우 어렵다는 사실을 목격하는 것은 흥미로운 것이다. 일본의 언어는 항상 말하는 사람과 듣는 사람간에 사회적 관계에 의해 달라진다는 측면에서 매우 맥락적인 모습을 보여준다. 만약 언어가 전통적인 규범을 침해한다면, 이 토론은 공격적이고 감정적으로 흐르게 된다. 이러한 경우에는 대등한 지위에서 토론과 협상이 이루어질 여지가 거의 없게 된다.

이것은 중앙노동위원회와 같은 독립적 기관의 알선이 직접적인 대면 토론을 회피하도록 해 줌으로써, 단체교섭의 양당사자들에게 편리를 제공해 주는 이유를 부분적으로 설명해 준다.

이와 같은 맥락에서, 일본에서는 명확하고 구체적인 목적 없이 모호한 정보교환에 상당히 의존하는 경향이 있다. 상호협의의 성공은 이와 같은 접근방식을 잘 설명해 준다.

이와 유사하게, 국가수준의 비공식적 협의 기구가 석유파동 이후에 만들어졌다. 이것은 노동부 장관, 노사 양측의 최고위 대표자들의 회합으로 구성된다. 이 기구는 의사결정의 권한을 보유하지 않는 대신에, 해당 시점의 경제사회적 주요사안들에 대한 정보와 의견교환이 이루어지는 느슨한 형태의 포럼이다. 비록 고이즈미 정부(2001－2006년) 하에서는 그 실질적인 기능이 정지되었지만, 이것은 오랜 기간 동안 긍정적인 역할을 수행해 왔다. 이 포럼의 연속성은 쟁점사항에 대한 논쟁을 회피하고 노사정간의 단순한 정보교환에 그 역할을 제한하는 능력에 달려 있다.

위에서 밝힌 것들은 국제적인 경험에 비추어 노사간의 대화를 증진시킬 수 있는 접근방법들이다. 우리는 해당 당사자들이 국가수준의 현안 문제들을 충분히 논의하고자 할 때 제기되는 새로운 아이디어와 정책적 대안에 대하여 강조하고자 한다. 다양한 당사자들간의 의견교환 과정이 사회적 파트너들간의 대화를 이끌어내고 궁극적으로는 상호신뢰를 구축하는 가장 핵심적인 시발점이라고 생각한다.

한국 노사관계의 개선을 위한 정책 제언

"Improving Korean Labor Management Relations"

파울라 부스(Paula B. Voos, Rutgers대)

한국이 노사관계 증진을 위하여 채택할 수도 있는 몇 가지 조치들을 제안할 수 있도록 요청받게 되어 기쁘게 생각한다. 또한 이러한 제안들이 노사관계 평가 기준에 기반을 둔 매우 체계적인 조사결과에 기초해 있음도 기쁘게 생각한다.

오늘 제안된 노사관계 평가기준은 경제적 효율성과 경제적 형평성이라는 균형잡힌 그리고 적절한 접근방식에 기반해 있다. 이 두 가지의 목표를 동등한 가중치를 두어 평가할 때 한국은 2005년에는 OECD 30개국 중 23위인 것으로 나타났다. 가장 순위가 높은 나라들은 이른바 "유연안정성(flexicurity)"을 갖춘 나라들로서, 경제적 효율성을 증진하는 정책과 함께 근로자들에게는 안정성의 기초가 되는 관대한 사회보장체계를 제공하는 정책을 지니고 있었다.

반면에, 한국은 "자유 시장 경제(liberal market economy)"를 지닌 나라이다. 한국의 노사관계 시스템은 효율성 측면에서는 적절하지만, 형평성을 적절히 취하고 있지는 않다. 이러한 형태(configuration)는 상대적으로 높은 수준의 노사갈등을 야기하는 경향이 있다. 끝으로 국제 경영자들의 조사 결과(IMD, WEF 등)에서는 한국이 노사관계 측면에서 좋게 평가되지 않는다는 지적이 있었다.

다른 나라들과 비교해서 미국은 상대적으로 높은 효율성과 낮은 형평성을 지니고 노사갈등 역시 높은 수준인 것으로 나타났다. 결과적으로 미국은 이 보고서의 노사관계 평가지표 상으로는 중간 순위를 점하고 있다.

미국의 경험으로부터 볼 때 그러한 형태를 변화시키기는 매우 어렵다. 그럼에도 불구하고 이 논문에서 나는 한국이 고려할 수 있는 정책 제안들을 제시하고자 한다. 물론 나의 정책 제안들이 한국 노사관계의 역사와 현재의 제도적 조건 하에서 어느 정도 적용 가능하고 적절한 것인지는 여러분들이 결정해야 할 일이다. 그러나 종종 "브레인스토밍" 혹은 비관습적이고 다양한 혹은 새로운 접근방식들이 종래의 상황을 계속적으로 개선해 나가는 데 도움을 줄 수도 있다. 이 글은 그러한 취지의 산물이다. 나는 제안을 첫째, 노사관계 이니셔티브, 둘째, 거시적(macroscopic) 요인들 등의 두 가지 범주로 구분하여 제시하고자 한다.

C 노사관계 이니셔티브

한국 노사관계에 있어서 중요한 관심사 중 하나는 한국이 상당한 노사갈등을 겪고 있다는 국제적 인식을 줄이는 것이다. 이 갈등은 때로 폭력적으로 변하기도 하는 지나치게 많은 노사분규의 수와 사용자 주도의 변화에 저항하는 기업에서의 계속되는 갈등을 의미한다. 이 중심적인 관심사에 대한 접근 방식은 다양하다. 일부는 수행하기가 상대적으로 쉽지만 채택하기는 더 힘든 다른 방식들에 비해 덜 효과적일 수도 있다. 물론 노사관계 이니셔티브는 궁극적으로는 당사자들에게 의해 수용되어야 하며, 그렇지 못할 경우 그 효과성을 기대하기 힘들다. 정부가 단순히 법령만으로 노사관계를 변화시키기는 힘들다. 특히 권위주의에서 다원주의로 이행한 노사관계 환경에서는 그러하다.

따라서 노사관계의 갈등을 줄이기 위한 가능한 접근방식들과 관련하여 핵심적인 고려 사항은 '정부의 입장에서 어떤 식으로 당사자들이 이 접근방식을 채택하도록 설득하고 또 유인을 제공할 것인가' 하는 문제이다. 때로는 토론, 공표, 노동부의 리더십 등이 효과적일 수 있다. 반면 노사관계 이니셔티브를 가능하게 하거나 지원하는 법제도가 필요할 수도 있는데, 특히 재정적 유인이나 특별기금을 필요로 하는 프로젝트가 포함될 경우 그러하다.

(1) 파업 방지나 분쟁해결을 위한 조정/중재 서비스의 개선

조정/중재 서비스는 당사자들이 분쟁에서 "체면을 세우고" 합의에 필요한 타협에 동의하도록 하는 데 중요한 역할을 할 수 있다. 공적 조정인들은 분쟁해결에서 참된 전문가여야 한다. 조정인들은 이전에 노조에서 일했든, 경영자로 일했든 높게 존중받아야 하고 중립적이어야 한다. 또한 존경받아야 하고 아주 숙련되어 있어야 한다. 조정 훈련이 도움이 될 것이다. 이들의 서비스는 폭넓게 접근 가능하고 무료로 제공받을 수 있어야 한다.

조정인들은 협상이 파국(impasse)에 직면했다고 선언하는 등의 조치를 취할 수 있다면 보다 레버리지 혹은 당사자들의 합의 도달을 위해 설득할 능력을 더 지니게 될 것이다. 이를 위한 하나의 접근방식은 그러한 조정인의 선언이 파업의 원인에 대한 공공의 인식과 정부의 파업 대처를 변화시킬 수 있으리라는 희망이다. 다른 접근방식은 조정인의 파국 선언 여부에 따른 노사의 조건 변화(contingency)를 더 만들어 내는 것인데, 예를 들어 노조의 파업 수당 지불능력이나 경영자에게 파업기간의 가동능력에 변화를 주는 것이 여기에 해당된다.

조정/중재 서비스는 호혜적 교섭 기법이나 고성과 작업장 관행에 관한 무상 훈련을 제공함으로써 예방적 역할도 수행할 수 있는데, 왜냐하면 이런 기법들은 근로자들의 만족과 생산성을 모두 증진시키는 것으로 확인되기 때문이다(Voos and H. Kim 2001). 이를 위해서는 조정/중재 서비스가 무상 혹은 낮은 비용으로 훈련을 제공하는 것이 최선이고, 이 훈련의 재원 조성은 중앙 조정/중재 서비스의 능력에 달려 있다.

(2) 활력 있는 합의나 기존 협약의 효력을 유지케 하는 입법의 제공

당사자들이 협상 테이블에 앉아 합의에 이르도록 유인을 제공할 수 있는 방법 중의 하나는 모든 노사간 협약에 대해 새로운 합의에 이르지 않는 이상 효력을 유지하도록 하는 법률을 제정하는 것이다. 노사 간에 타결을 짓지 않고는 일방적으로 바꿀 수 있는 게 없게 되면 이는 경영자에게 추가적인 협상 유인을 제공하게 될 것이다. 또 이렇게 하면 파국에 이르는 분쟁 수도 줄어들 것이다.

미국의 뉴저지주(the state of New Jersey)에서는 공립학교 교사들에 관해 이런 법률이 제정되었다. 이 입법은 뉴저지주 공립학교들의 단체협약 종료 시점에서 고용주들이 일방적으로 건강보험 급여를 감축한 데 대해 격렬한 파업이 발생하고, 여기에 참가한 많은 교사들이 구속된 사건이 계기가 되었다. 현재는 단체협약의 변경에 관한 합의가 이루어지지 않은 이슈에 대해 교사들이 파업을 할 수 없으며, 기존 협약의 효력이 유지된다. 또 미국의 철도와 항공 산업에서도 법률에 의해 만일 새로운 협약 체결에 실패하는 경우 기존 협약들이 계속 효력을 지닌다. 이 법은 미국 철도 산업 특유의 장기간에 걸친 격렬한 파업의 역사 때문에 제정되었으며, 경영자들에게는 파업 없이 타결에 이르도록 하는 유인을 제공하였다.

(3) 기업 수준의 노사협의 기능 강화

한국에서는 기업 수준의 노사협의를 통해 기업들이 근로자들과 정보를 공유하고 협약이 지속되는 기간 동안에 발생할 수 있는 사안들을 다룰 수 있도록 하고 있다. 내가 알기로는 그러한 노사협의회들이 30인 이상의 모든 기업들에게 의무화되어 있고 30인 미만 기업들에게도 권장되고 있다. 따라서 핵심적인 문제는 이 기구를 어떤 식으로 그 기능을 강화함으로써 근로자들의 발언을 위한 좋은 수단으로 만들며, 궁극적으로는 기업 성과의 증진과 근로자들의 변화에 대한 저항감 해소를 위해 효과를 발휘하도록 할 수 있겠는가 하는 것이다.

첫째, 노사협의회에는 노조원, 일선 감독자, 기타 관리/행정직 근로자, 심지어 임시직(part-time), 파견/용역, 그 밖의 비정규직 노동자 등 모든 유형의 근로자들이 포괄되도록 해야 할 것이다. 한국에서는 임시직(temporary) 노동자들이 전체 노동력의 상당 부분을 차지하고 있기 때문에 이들이 기업 수준의 노사협의체에서 대변되는 것은 중요하다. 경영진뿐만 아니라 노사협의회의 다른 근로자 집단들도 그들의 관심사들이 공표되고 건설적으로 논의될 필요가 있다. 따라서 노사협의회에서 임시직 근로자들을 대변할 수 있도록 법률을 개정하는 것을 검토하길 바란다. 법률 개정 이전에는 노동부가 기업들이 자발적으로 임시직 근로자들을 노사협의회에 포괄하도록 행정지도를 할 수 있다. 노동조합들 또한 정규직뿐 아니라 임시직 근로자들을 대변하도록 노력해야 한다.

두 번째 방법은 노사협의회에게 특정 이슈들에 대한 협의권을 제공하는 것이다. 유럽의 경우 사업장평의회(works councils)에 근로자 훈련, 임시직 사용, 고용조정 등에 관한 협의권을 부여하고 있다. 이에 따라 경영진은 일방적인 조치를 취하기에 앞서 사업장평의회를 통해 근로자들과 협의를 해야 한다. 이는 한국에서 고려해야 할 기업 수준 노사협의를 강화할 수 있는 귀중한 방법이 될 것이다.

세 번째 방법은 노사협의회를 통해 근로자들이 정기적으로 만나서, 노사협의회의 의제를 결정할 수 있는 수단들을 가지고, 작업시간 중에 노사협의회의 의제와 노사협의회 대표들이 추구할 바, 그리고 유노조 사업장의 경우 근로자 대표들을 선출하는 과정에 노조가 관여하는 방법 등에 대한 보완 입법을 하는 것이다. 다른 식으로 말하면, 노사협의회의 근로자대표들이 기업 내의 각각의 직업집단에 속한 근로자들의 견해들에 대한 참된 대표자들이 될 수 있도록 해야 한다는 것이다. 물론 근로자대표들은 노사협의회에서 수행하는 역할 때문에 사용자로부터 불리한 대우를 받지 않도록 보호되어야 한다.

추가적으로는, 30인 미만의 영세소기업들의 근로자들이 산업안전, 교육훈련 등과 같은 특별히 시급한 사안들에 대해서는 노사협의를 할 수 있도록 제도화해야 할 것이다. 특히 산업안전 문제, 산업안전 교육, 산재율, 산재사망, 그리고 질병 등에 관한 지속적 개선 등에 대해서는 30인 미만 업체들에서도 정기적인 협의가 이루어져야 한다. 법률로 그러한 입법이 곤란하다면 사용자들이 자발적으로라도 그러한 노사협의 기제를 설치하도록 행정적 지도가 이루어질 필요가 있다.

(4) 폭력적인 파업이나 극단적인 노조 행동을 약화시키는 방법

다른 선진국들처럼 한국도 종종 발생하는 폭력적 파업이 사라지길 바란다. 그러나 이에 관한 한국의 조치들은 몇몇 나라들에 비해서는 효과적이지 않았는데, 그 이유는 가장 효과적인 전략을 추구하기를 주저해 왔기 때문이다. 가장 효과적인 전략이란 노동조합과 그 지도자 그리고 조합원들의 활동을 보장하는 제도들을 통해 노동조합운동의 온건화를 촉진하는 것이다. 다른 식으로 표현하면, 노동관계의 제도화를 지지하는 정책들이 파업의 폭력성을 약화시키는 경향이 있음에 유의할 필요가 있다는 것이다(D. Kim, 1993).

법률이 사용자들의 부당노동행위를 방지토록 하면 노동조합운동은 훨씬 더 온건해지고 근로자들도 극단적인 방식으로 행동하진 않을 것이다. 파업행위는 사용자의 위협과 근로자들의 절박한 감정이 존재할 때 폭력적으로 변한다. 파업 후에도 노동조합이 건재하고 근로자들은 자신의 원래 일자리로 복귀할 수 있다는 것을 알게 되면, 이들은 단체협약과 관련해서도 보다 타협적으로 될 수 있다. 심지어 파업은 단순히 의례가 될 수도 있다(ritualized).

이와 관련하여 어떠한 정부 조치들이 필요할까? 정부는 노동조합 지도자들이 폭력행위를 지도했다는 증거가 없는 한 이들을 구속하는 일을 해서는 안 된다. 노동조합 지도자들의 구속은 상황을 더욱 급진화시키고 합의 도출을 어렵게 하기 때문이다. 노동조합은 제도적으로 그 활동이 보장되어야 한다. 또한 파업은 노동조합의 생존 여부를 둘러싼 것이 되어서는 안 된다. 이를 위한 조치에는 근로자들에게 노동조합을 조직할 평화로운 수단의 창출을 허용하고, 사용자들이 노동조합을 파괴하고 무노조경영을 하게끔 하는 능력을 제한하는 것이 포함된다.

마지막으로 근로자들이 파업을 통해 자신의 일자리와 생계를 위해 절박하게 싸운다고 느끼지 않도록 해야 한다. 예를 들어 사용자가 파업 참여자를 영구히 대체하려는 시도를 제한하는 것이 그것이다. 각국들은 파업이 통제불능이 될 가능성을 줄일 수 있다. 예를 들어 미국의 사용자들은 파업기간 동안에 회사의 가동을 하지 않는데, 왜냐하면 가동 중단이 폭력을 크게 감소시키고 협상을 촉진하기 때문이다.

(5) 정부는 노사관계에서 모범적 사용자가 되어야 한다

정부는 노사관계에 관하여 민간부문에 하나의 모범례를 제공할 수 있고 긍정적인 노사관계 정책의 방법과 결과를 내보일 수도 있다. 공공부문 근로자들의 단결권을 제한할 이유는 없다. 다른 나라들에서는 통상 교사, 행정직 공무원, 우편 노동자, 경찰관, 그 밖의 공공부문 노동자들이 노동조합에 의해 대변된다. 필수 서비스에 속하는 경우 이익중재처럼 파업을 대체하는 분쟁해결 시스템을 제공하는 것이 합리적이다. 정부는 또한 근로자들이 의사결정 과정에 참여할 수 있도록 하는 장치를 설치함으로써 근로자의 참여와 협의 메커니즘에 있어서 모범을 창출할 수도 있다.

단결권을 위해 싸워야 하는 마지막 근로자 집단은 공공부문 근로자들이다. 이는 한 국가의 노사관계에 있어서는 좋지 않은 예를 낳는다. 임금과 같은 중요한 문제에 대해 근로자들의 권리를 대변할 노동조합의 결성권을 거부하게 되면 전투적 행동을 자극할 수 있기 때문이다. 정부는 공공부문 근로자 및 그 대변조직들과의 건설적인 관계의 모범을 제공함으로써 민간부문에 좋은 사례를 제공해야 한다.

정부는 또한 인적자원관리 관행, 근로자 참여, 그리고 공직윤리 등과 같은 많은 사안들에 있어서도 모범적 사용자가 될 수 있다. 예를 들어 공무원 채용고시에 있어서 시험 점수가 더 좋은 사람이 채용 후 업무에서도 더 나은 성과가 있도록 해야 한다. 시험을 채용 수단으로 삼는 합당한 이유가 거기에 있기 때문이다. 또한 정부는 법적 규제를 회피하기 위해 1년 11개월을 사용한 후, 다른 임시계약을 통해 재고용하는 식으로 임시직 근로자들을 남용해서는 곤란하다. 또 공직자의 친인척이라는 이유로 사람들을 채용하거나 정치적 기부를 한 기업들에게 관급계약을 몰아주는 일도 없어야 한다(한국인들은 미국 또한 때로 이러한 면에서 약점이 있다는 것을 인지할 것이다).

모든 사안들에 대해서 정부는 노사관계와 인적자원관리 관행에 관한 국가적으로 긍정적인 역할모델(roll model)이 될 수 있어야 한다.

(6) 기업횡단적인 단체교섭의 조율 촉진

역사적으로 한국은 기업별 노동조합주의를 강조해 왔지만 지난 10년에 걸친 변화를 통해 산업별 노동조합이 지배적인 노조형태가 되었다(D. Kim and S. Kim, 2003). 기업별 노동조합들이 단체교섭을 조율할 수 있는 방법들은 다양하며 산업별 단체교섭 구조는 단지 하나의 가능성이다.

ILO의 한국 노사관계에 대한 2003년 보고서(Baccaro and Lee, 2003)는 노사분쟁의 수와 격렬성을 줄이기 위해 기업 횡단적인 단체교섭 조율이 필요함을 특별히 강조하였다. 단체교섭의 조율성 증진은 파업의 수와 격렬성을 감소시키고 한국 노사관계에 대한 국제적 평판도 증진시킬 것이다. 조율을 증진시키는 데는 다양한 방법들이 있으며, 궁극적으로는 당사자들이 그 방법을 결정할 것이다. 당사자들은 패턴 교섭이 더 나은지 아니면 산별 단일 사용자단체를 통한 산별 단일교섭이 더 나은지 결정해야 하며, 정부가 강요할 사안은 아니다.

그러나 정부는 고용주들이 노사관계를 포함하여 공동 이익에 대해 토론하는 데 관심을 가지는 산업에서는 고용주단체의 형성을 촉진하고 가급적이면 지원할 수 있다. 예를 들어 고용주단체들이 제품 규격을 표준화하고 품질 표준을 인증하는 일을 할 수 있다. 또한 고용주단체는 해당 산업에서 필요한 숙련에 대한 훈련을 촉진하고 인증하는 유용한 기구 역할을 할 수도 있으며, 이를 통해 노동 공급의 질과 원활성을 기하는 방식으로 그리고 근로자들이 해고 뒤에도 유사한 일자리에 재취업할 수 있도록 하는 방식으로 노사 모두에게 편익을 가져다 줄 수 있다. 또한 고용주단체는 신기술과 시장 개발에 관한 정보를 공유함으로써 산업의 현대화를 촉진할 수도 있다. 또 산업의 모든 고용주들로부터 정보를 수집하여 이를 단체교섭에 참여 중인 회원들에게 제공할 수도 있다. 고용주단체는 고용주들이 노동조합과 각각 협상을 하는 경우조차도 유용한 서비스를 제공할 수 있다. 고용주단체가 개별적인 단체협상에서 자문이나 정보제공 역할을 수행하게 되면 이는 해당 산업의 고용주 집단을 대신하여 단체교섭에 실질적으로 참여할 수 있는 보다 공식적인 고용주단체로 진화할 수 있기 때문이다.

다사업장 교섭(multi-firm bargaining)은 다수의 중소 고용주들이 존재하는 산업의 노사관계를 안정화시키는 데 특별히 역할을 할 수 있다. 따라서 한국에서는 이러한 성격을 지닌 한두 산업을 선택해서, 신생 고용주단체가 노사관계에 관해서 전보다 확장된 건설적 역할을 수행할 수 있도록 돕는 공적 기금에 의한 시범 사업을 해보게 하는 것도 좋을 것이다. 이는 정부가 고용주를 돕고 그럼으로써 노사관계를 개선할 수 있는 한 가지 방법이 된다.

한국은 또한 고용주단체들과 산업별 노동조합들로 하여금 임시직, 하청, 용역/파견 노동자들을 포함한 해당 산업 내의 모든 노동자들에게 최저임금, 최저부가급여, 최저 노동기준 등 법적 효력을 갖는 산별 최저기준을 협상할 수 있도록 허용하는 것도 검토할 수 있다. 달리 말하면, 최저임금이 예를 들어 자동차 부품과 같은 특정 부문을 대상으로 한 단체협상에 의해 결정되도록 할 수 있도록 하자는 것이다. 이 산별 최저임금은 자동차 부품업의 근로조건이 백화점의 근로조건보다는 부담이 높기 때문에(onerous) 전국최저임금보다는 높은 수준일 것이다. 고용주들 입장에서는 이 산별 최저임금이 산업에서의 경쟁을 안정화하고 지속적인 노동공급을 보장하는 한은 편익을 얻을 수 있다. 선량한 고용주들은 덜 양심적이고, 낮은 임금과 노동기준을 추구하는 경쟁자에 의한 '가격후려치기(under-cut)'를 방지함으로써 편익을 얻을 수 있고, 또한 제품을 구매하는 기업들의 과도한 힘으로부터도 보호받을 수 있다.

패턴교섭을 촉진할 수도 있다. 패턴교섭은 소수의 대기업들이 존재하고 그 중 한 기업이 다른 기업들에 대해 패턴을 설정할 수 있는 산업에서 등장하기 쉽다. 때로 패턴은 그 패턴 협약에서 정해진 임금/부가급여를 상회하는 임금인상률이나 다른 편법들(other rules of thumb)을 만들어 낼 수도 있다. 그러나 패턴교섭은 고용주들로 하여금 파업 행동의 가능성을 제거한 패턴교섭의 합의를 따르기로 정한 고용주들간의 합의에 다른 고용주들이 서명하도록 촉진할 수도 있다.

단체교섭의 조율성을 증진시킬 수 있는 유사하지만 다소 다른 관행으로 다수준(Multi-level) 협상도 존재할 수 있다. 이는 협상구조가 산업 혹은 다산업 고용주(예를 들어 한국의 재벌 같은)을 대상으로 한 경제적 패키지(혹은 패턴)에 대한 상위 수준 협상과, 근로자 참여 프로그램, 산업안전 및 보건, 작업규칙, 기타 사항들과 같은 사안들을 교섭하는 로컬 혹은 기업별의 하위 수준 협상으로 구분되는 경우를 의미한다. 이러한 다수준(Multi-level) 협상은 시작 단계에서 고위 수준 협상(Master Agreement)에 의해 해결할 사안들과 로컬 협상(및 파업)을 통해 해결할 사안들을 명확히 구분함으로써 산업평화를 촉진할 수 있다.

단체교섭의 조율을 증진시키는 이 모든 수단들은 심각한 고려의 대상이 될 가치가 있다.

검토 가능한 거시적 요인들

사회보장, 교육, 정치 참여 기회의 시스템들과 같은 거시적 요인들 또한 노사관계에 영향을 미친다. 근로자가 실업에 따르는 고통 때문에 불안을 느낀다면 그들은 일자리의 변화에 대해 저항할 것이며, 이는 특히 경영진이 제안한 변화가 효율성은 증진시키되 일자리는 줄이는 기능을 할 경우에 그러할 것이다. 근로자들이 고용보장에 덜 관심을 기울이게 되기 위해서는 소득보장을 필요로 한다. 노사관계 측면에서 경영자들에 의해 높은 평가를 얻은 나라들의 많은 수가 바로 이러한 종합적인 접근방식을 취했던 나라들이었다. 스웨덴 노동조합들은 매우 유연해서 일자리 보장에 얽매이지는 않는데, 이들이 이럴 수 있는 것은 실직 근로자에 대한 재훈련 프로그램과 소득보호가 가능하다는 것을 알기 때문이다.

이는 큰 주제로 한국의 근로자들의 전반적인 경제 및 사회적 보장을 증진하는 데는 여러 방식이 존재할 수 있다(사회보장은 아주 폭넓은 의미로 정의될 수도 있고, 미국에서처럼 퇴직이나 영구적인 장애가 발생한 상황에서의 특수한 소득시스템을 지칭하는 것으로 이해될 수도 있다). 나로서는 이 정도의 언급을 해 두는 것만이 가능할 것이다.

(1) 소득보조 및 사회보장시스템 개선

선진 산업국가들은 그들의 시민들에게 폭넓은 소득 지원과 사회보장을 제공할 수 있는 다양한 체계를 창조하였다. 각국의 사회보장 체계는 독일과 미국의 사회보장 체계가 그렇듯이 상당한 나라별 차이가 존재한다. 한국은 경제적 의미에서 고소득을 지닌 발전된 나라가 되었기 때문에 시민들에게 보다 많은 경제사회적 보장을 제공할 수 있는 자원이 생겼다. 그러한 포괄적인 사회보장 체계는 근로자들이 변화에 덜 저항하도록 하고, 생산성을 증가시키고 노사갈등을 감소시키는 작업 재조직화를 용이하게 할 수 있다.

따라서 한국은 연금, 의료보험, 근로자 재훈련, 산재보험, 실업보험, 그리고 노동시장에 참여할 수 없는 가구들에 대한 지원 체계들을 재검토해야 한다. 그리고 그 목표는 시민의 안전성을 증진하고 변화에의 저항을 감소시키는 포괄적인 사회안전망을 제공하는 것이 되어야 한다. 이 보고서는 한국이 형평성에서 그렇게 낮은 순위를 차지하는 한 이유가 OECD 국가들의 1/4 정도의 자원만을 사회보험체계에 쓰고 있는데 있음을 확인시켜주고 있다.

근로자, 소기업 경영자 및 거기에서 일하는 근로자들에게 동시에 사회보장 급여를 제공하는 시민저축체계(national citizen's saving system)의 논리 하에서는 근로자나 고용주들에게 부과되는 세금이 증가해야 할 이유는 없다. 의료보험, 연금, 실업급여, 재훈련, 아동복지, 그리고 다른 사회적 안전망들은 보다 적절하게 재원이 조성되어야 한다. 예를 들어 한국의 근로자들의 연금에 대한 기여금은 국제 기준으로 볼 때 은퇴자들을 적절히 지원하기에는 너무나 낮은 수준이다. 그러나 이럴 이유는 없다.

또한 한국 기업들과 경영자들은, 예를 들어 연금의 포괄성 개선을 위해 정부에 임금액에 대한 일정 비율의 기여금을 낸다는 의미에서 조세 의무를 지더라도 그들이 조세에 따른 비용을 궁극적으로 전부 부담하는 것인지가 경제학적으로 불분명하다는 점을 인정해야 한다. 즉, 기업들은 종종 그런 비용의 일부를 소비자들에 떠넘기거나 근로자들에게 전가할 수도 있다. 그래서 많은 경제학자들은 고용주들이 사회보험을 위해 비용을 지불한다는 생각이 환상이라고 믿고 있다. 물론 그런 환상은 사회보장체계에 관한 토론에 있어서 정치적으로 중요한 환상일 수는 있겠지만 말이다.

기업조직들이 평생 고용을 제공하지 않는 세계적 추세를 고려할 때 한국이 개별 고용주가 아니라 국가적인 사회보장 체계를 강조하는 것은 현명해 보인다. 최근 기업들의 추세로 볼 때는 정규직, 비정규직, 자영자, 심지어 소기업 경영자까지 포괄하는 국가적인 사회보장체계가 합리적이다.

예를 들어 미국의 퇴직보장 시스템에서는 고용주와 근로자 각각 소득의 6.2%(총 12.4%)를 기여금으로 기금에 납부한다. 근로자의 경우 시간제이든 극단적인 단기 근로자이든 관계없이 1주일 만 일하면 그 취업상의 지위에 관계없이 이 기금에 불입할 수 있도록 되어 있다. 이 시스템은 특수고용직(독립계약자, independent contractors)도 포괄하고 있어서 소기업경영주와 마찬가지로 법인세 및 근로소득세를 내도록 되어 있다. 퇴직보장시스템의 기금은 매우 간편해서 현재는 사실상 모든 공공부문 근로자들도 포괄하고 있다. 따라서 이 시스템 하에서는 사적연금(private pensions)이 공적연금을 대체하는 것이 아니라 보충하고 있다고 할 수 있다.

미국의 체계는 일단 개인이 생애 중 2.5년간을 전일제나 시간제로 일했을 경우에는 최저급여를 제공받을 자격을 얻게 되고 의료보험에 지불한 것보다는 많은 급여를 제공받을 수 있다는 점에서 재분배적이기도 하다. 최저급여는 높은 수준은 아니지만 미국의 저비용 지역에서 독립적으로 살 수 있기에는 충분하다. 반면, 고소득 근로자들은 이 보편적인 퇴직보장체계에 지불한 금액만큼 급여를 제공받지 못할 수도 있다. 결국 고소득 근로자들은 최소한도로 충족되는 급여를 지급받기 위하여 기여금을 내고 있다고 할 수 있는데, 이는 모든 다른 사회보험시스템의 중요한 측면이기도 하다.

반면 미국의 의료보험체계는 보다 심각한 문제를 안고 있다. 한 고용주에게 머물며 급여를 의지할 수 있는 근로자 수는 점점 줄어드는 시대에 보험이 개별 고용주에게 연계되어 있기 때문이다. 더욱이 기업들은 임시직 근로자, 시간제 근로자, 자영자, 하청 근로자 등과 같은 많은 근로자 집단을 수혜 대상에서 배제하고 있다.

이런 문제는 보편적인 의료보험체계에서는 덜 발생할 것이다. 내가 알기로 한국은 훌륭한 전국민 의료보험체계를 지니고 있다. 그러나 현재로서는 의료보험의 급여 지급, 특히 중병(serious illnesses)에 대한 급여 지급이 적정한지에 대해 재검토할 필요가 있다. 의료보험의 전체적인 중점은 보충적인 보험을 구입하기에 충분한 고소득을 지니는지에 관계 없이 진실로 심각한 상황들이 의료보험 혜택 범위 내에 포괄되어 사람들이 살 수 있는 처방을 받는 것을 보장받는 것이다.

나는 한국 사회보험체계에 대해 심층적인 코멘트를 할 수 있을 만큼 충분한 지식을 지니고 있지 않기 때문에 잘못 언급한 점이 있다면 이해를 구하고 싶다. 나의 한국인 학생들이 내게 말하길 비정규직 근로자들은 4대 사회보험에 의무적으로 가입되어 있지는 않다고 말해 주었다. 이 점이 맞다면, 비정규직 근로자들도 4대 사회보험의 수혜자가 될 수도 있도록 해야 한다고 권고하고 싶다. 4대 사회보험은 특수고용직, 자영자, 그리고 소기업 경영주에게도 적용되어야 한다. 이들 또한 한국의 근로 인구의 일부이기 때문이다.

요약하자면, 한국의 현행 사회보장체계는 유사한 수준의 인당 국민소득을 지닌 다른 나라들의 그것에 비해 많은 보장을 제공하고 있지 않다. 따라서 이 이슈는 노사관계를 개선할 수 있는 노력의 일부로서 집중적인 조명을 받아야 마땅하다. 궁극적으로 소득 격차 문제는 노사관계 이슈에 국한되지는 않지만 노사관계 상으로도 심각한 결과를 낳는 문제이다.

(2) 임시직 혹은 비정규직 근로자 수의 감소

한국에서는 1997년 금융위기를 겪은 후부터 비정규직 고용이 현저히 증가하였다. 이제는 위기로부터 벗어났으므로 현재와 같이 광범위하게 비정규직이 활용되지는 않는 고용구조로 되돌아갈 필요가 있다.

분명 비정규직 고용은 제품/서비스 수요가 매우 가변적인 경제적 환경에서는 기업들에게 비용 감소를 가능하게 하고 또 노동력을 한 기업 활동 부문에서 다른 부문으로 신속히 재배치할 수 있도록 해 준다는 점에서 일부 바람직한 측면이 있다. 그러나 비정규직 고용은 근로자들의 충성심을 감소시키고 근로의욕과 직무 성과를 낮추며, 숙련과 기업특수적 인적자본의 축적을 지체시킨다. 또 정규직 중심의 노동조합들이 모든 근로자들의 이익을 고려하기 어렵게 하기도 한다. 또한 비정규직 고용은 마찰실업 수준을 상승케 한다(마찰실업에 따른 비용은 일차적으로 근로자들이 부담하게 되지만 이를 통해 나라 전체의 산출도 감소된다).

많은 한국 고용주들의 수량적 유연성에 대한 높은 관심은 고부가가치 제품 및 서비스에 특별히 중요한 다른 형태의 유연성에 대한 충분한 관심의 부족과 함께 나타나고 있다(D. Kim, 2006). 혁신, 창의성, 기업시민행동 등은 자율경영팀, 노동조합의 전략적 의사결정 참여, 그리고 지식 근로자들을 일시적으로 빌려다 쓰는 생산 투입물(임시직 노동)이 아닌 기업시민으로 만드는 것을 포함하는, 숙련개발적인 인적자원관리 관행을 강조함으로써 증진된다.

이미 나는 비정규직 근로자들이 모든 노동보험(employment-related social insurance systems) 및 관련 조세에 의해 포괄되도록 요구함으로써 비정규직 고용에 대한 한 유인을 제거할 수 있기를 제안하였다. 비정규직 고용 규모를 줄일 수 있는 다른 추가적인 방법은 비정규직 근로자를 사용하는 기업들에게 부가적으로 세금을 부과하는 것이다.

예를 들어 비정규직 근로자를 활용하는 고용주에게 고용보험에 대해 추가적인 기여금을 지불하도록 한다면, 이 기금은 실업급여를 개선하는 데 활용될 수 있는 동시에 실업 창출에 기여하는 비정규직 고용에 대한 의지를 좌절시킬 수 있을 것이다. 나는 한국이 최근에 2년 이상 계속 근무한 비정규직의 부당해고에 대한 보호를 개선함으로써 비정규직과 정규직간의 불평등을 줄이는 데 몇 가지 진전을 본 것을 알고 있다. 이 불평등은 기업이 경제적 곤경에 처해 있을 때 정규직 근로자들의 해고를 보다 쉽게 만듦으로써 또한 감소해 왔다. 나는 한국이 정규직과 비정규직간의 법률적 보호의 차이를 더욱 줄여서 비정규직의 규모를 훨씬 많이 줄일 수 있기를 기대한다. 이렇게 되는 것이 노사관계의 개선에도 도움이 될 것이다.

C 결 어

이 논문에 포함된 정책 제안들은 일부 관찰자들 눈에는 친노동적이거나 균형을 이루지 못한 내용들로 보일 수도 있다. 이러한 제안들이 제시된 것은 한국의 노사관계가 효율성과 형평성간에 불균형을 이루고 있다는 이 보고서의 발견에 근거한다. 그러나 때로는 형평성의 증진이 파업, 사회적 갈등, 그리고 보다 일반적으로는 효율성을 증진시키는 산업적 변화에 대한 근로자들의 저항을 감소시킴으로써 효율성에 기여할 수 있다는 것이 나의 신념이기도 하다. 그리고 이러한 제안의 내용들은 유연하고도 동시에 안전한(flexicurity) 노동시스템을 지닌 나라들에서 수행했던 바이기도 하다.

동시에 이 보고서의 필자들이 현명하게 결론을 맺고 있는 것처럼 국가 차원의 노사관계시스템의 변화는 점진적으로 이루어진다. 미국처럼 한국 역시 자유시장경제(liberal market economy) 유형에 머물러 있을 것이다.

그러나 한국은 국가소득의 일부를 보다 나은 사회보장 시스템을 구축하는 데 사용할 수 있고, 자영자, 임시직, 정규직 등 모든 종류의 노동자들에게 보다 양질의 일자리를 제공할 수 있다. 그리고 한국은 노사관계 관행을 개선하고, 사용자단체를 강화하며, 단체교섭의 조율과 파업의 감소를 위한 수단을 강구하기 위해 노력할 수 있다. 이러한 중요한 노력들을 잘 수행할 수 있길 바란다.

부록 2
OECD 국가별 노사관계 평가결과 지표별 자료

효율성(Efficiency)

국가	Country	EFI			EFP			EFO			효율성(Efficiency)			Rank		
		t1	t2	t3	t1	t2	t3	t1	t2	t3	t1	t2	t3	t1	t2	t3
호주	AUSTRALIA	0.134	0.058	0.072	-0.327	-0.191	0.164	0.344	-0.386	-0.407	0.050	-0.173	-0.057	12	23	19
오스트리아	AUSTRIA	-0.416	-0.440	-0.430	0.441	0.246	0.296	-0.117	0.127	0.053	-0.030	-0.023	-0.027	17	19	17
벨기에	BELGIUM	-0.329	-0.218	-0.157	-0.311	-0.901	-0.982	-0.278	0.057	-0.164	-0.306	-0.354	-0.434	26	24	25
캐나다	CANADA	0.606	0.552	0.550	0.304	0.413	0.539	0.226	-0.222	-0.339	0.379	0.247	0.250	6	9	11
체코	CZECH REPUBLIC	-0.083	-0.039	-0.078	0.438	0.322	0.639	-0.187	0.017	0.550	0.056	0.100	0.370	11	13	5
덴마크	DENMARK	0.365	0.517	0.514	0.000	0.422	0.656	-0.002	-0.334	-0.192	0.121	0.201	0.326	10	10	8
핀란드	FINLAND	0.130	0.064	0.183	-0.776	-0.654	-0.554	0.163	0.265	0.156	-0.161	-0.109	-0.072	22	21	20
프랑스	FRANCE	0.101	-0.047	-0.118	0.113	-0.826	-0.764	-0.426	-0.887	-1.507	-0.070	-0.587	-0.796	19	27	30
독일	GERMANY	-0.142	-0.133	-0.179	0.102	-0.169	-0.513	-0.223	-0.140	-0.029	-0.088	-0.147	-0.240	20	22	23
그리스	GREECE	-0.639	-0.670	-0.605	-1.238	-1.472	-1.046	-0.534	0.112	0.014	-0.803	-0.677	-0.546	30	29	27
헝가리	HUNGARY	0.206	0.316	0.254	-0.267	0.602	0.583	-0.309	-0.044	0.193	-0.123	0.291	0.343	21	7	6
아이슬랜드	ICELAND	0.089	0.526	0.431	0.247	-0.009	0.899	-0.342	-0.031	-0.779	-0.002	0.162	0.184	15	11	12
아일랜드	IRELAND	0.280	0.168	0.112	-0.563	-0.350	-0.199	0.182	0.212	0.282	-0.034	0.010	0.065	18	17	14
이탈리아	ITALY	-0.486	-0.416	-0.282	-0.165	-0.730	-0.923	-1.017	-0.851	-0.935	-0.556	-0.666	-0.714	28	28	29
일본	JAPAN	0.325	0.222	0.235	0.983	0.670	0.698	0.023	0.041	0.404	0.444	0.311	0.446	3	4	3
한국	KOREA	0.705	0.692	0.701	-0.013	-0.434	-0.310	0.563	0.660	0.594	0.418	0.306	0.328	4	6	7
룩셈부르크	LUXEMBOURG	-0.456	-0.486	-0.518	1.263	0.969	0.681	0.061	0.309	-0.065	0.290	0.264	0.032	8	8	16
멕시코	MEXICO	-0.176	-0.292	-0.290	0.063	0.032	-0.626	0.244	0.307	0.328	0.043	0.016	-0.196	13	16	22
네덜란드	NETHERLANDS	-0.219	-0.226	-0.243	0.205	0.193	-0.012	-0.011	0.199	0.121	-0.008	0.056	-0.044	16	14	18
뉴질랜드	NEW ZEALAND	0.865	0.905	0.746	0.060	1.010	0.684	0.688	0.483	-0.018	0.538	0.799	0.471	2	1	2
노르웨이	NORWAY	-0.072	-0.138	-0.188	-0.345	-0.319	-0.286	0.421	0.205	-0.010	0.001	-0.084	-0.162	14	20	21
폴란드	POLAND	-0.129	-0.002	-0.074	-0.028	-0.136	-0.151	-0.546	0.076	0.672	-0.235	-0.021	0.149	24	18	13
포르투갈	PORTUGAL	-0.929	-0.897	-0.833	-0.917	-0.604	-0.917	-0.252	0.263	-0.136	-0.699	-0.413	-0.629	29	25	28
슬로바키아	SLOVAK REPUBLIC	-0.125	-0.259	0.112	0.407	0.275	0.239	0.226	0.068	0.440	0.169	0.028	0.264	9	15	10
스페인	SPAIN	-0.415	-0.370	-0.439	-0.699	-0.510	-0.450	0.043	-0.513	-0.325	-0.357	-0.464	-0.405	27	26	24
스웨덴	SWEDEN	-0.344	-0.183	-0.252	-0.171	0.306	0.112	0.024	0.359	0.330	-0.164	0.161	0.063	23	12	15
스위스	SWITZERLAND	0.213	0.201	0.195	0.819	0.614	0.483	0.107	0.109	0.170	0.380	0.308	0.283	5	5	9
터키	TURKEY	-1.337	-1.289	-1.474	-0.590	-0.400	-0.948	1.188	-0.586	0.990	-0.246	-0.758	-0.477	25	30	26
영국	UNITED KINGDOM	0.760	0.741	0.732	0.106	0.693	0.754	0.143	-0.129	-0.252	0.337	0.435	0.411	7	3	4
미국	UNITED STATES	0.960	0.962	1.017	0.729	0.500	0.735	0.006	0.046	-0.006	0.565	0.503	0.582	1	2	1

EFI

국가	Country	정규직해고의 자유			비정규직 활용의 자유			집단해고의 자유			노동운동 통제정도			노조분권성			정부의 교육부문지출			문맹율			EFI			Rank		
		t1	t2	t3	t1	t2	t3	t1	t2	t3	t1	t2	t3	t1	t2	t3	t1	t2	t3	t1	t2	t3	t1	t2	t3	t1	t2	t3
호주	AUSTRALIA	1.004	0.664	0.664	0.854	0.611	0.620	0.128	0.128	0.140	0.312	0.312	0.312	-0.585	-0.585	-0.585	-0.910	-0.783	-0.718				0.134	0.058	0.072	11	13	14
오스트리아	AUSTRIA	-0.580	-0.705	-0.262	0.518	0.210	0.183	-0.256	-0.256	-0.252	-0.925	-0.925	-0.925	-2.526	-2.526	-2.526	0.377	0.648	0.308	0.483	0.471	0.463	-0.416	-0.440	-0.430	25	26	25
벨기에	BELGIUM	0.407	0.463	0.456	-1.241	-0.418	-0.546	-1.153	-1.153	-1.167	-0.490	-0.490	-0.490	-0.585	-0.585	-0.585	0.277	0.188	0.774	0.483	0.471	0.463	-0.329	-0.218	-0.157	22	20	18
캐나다	CANADA	0.759	0.824	0.845	1.248	1.073	1.095	0.128	0.128	0.140	-0.273	-0.273	-0.273	0.708	0.708	0.708	1.226	0.983	0.924	0.446	0.417	0.408	0.606	0.552	0.550	5	5	5
체코	CZECH REPUBLIC	-0.868	-1.048	-1.183	-0.100	0.888	0.905	0.897	0.897	0.924	0.384	0.384	0.384				-0.728	-1.316	-1.421				-0.083	-0.039	-0.078	16	15	16
덴마크	DENMARK	0.558	0.673	0.718	-0.295	0.241	0.240	-0.897	-0.897	-0.906	-0.055	-0.055	-0.055	1.355	1.355	1.355	1.407	1.828	1.781	0.483	0.471	0.463	0.365	0.517	0.514	6	7	6
핀란드	FINLAND	-0.293	-0.087	-0.025	0.223	-0.130	-0.141	0.384	0.384	0.402	-0.708	-0.708	-0.708	0.708	0.708	0.708	0.113	-0.189	0.585	0.483	0.471	0.463	0.130	0.064	0.183	12	12	11
프랑스	FRANCE	-0.056	-0.130	-0.329	-0.362	-1.199	-1.332	0.897	0.897	0.924	-0.418	-0.418	-0.418	-0.585	-0.585	-0.585	0.751	0.637	0.449	0.483	0.471	0.463	0.101	-0.047	-0.118	13	16	17
독일	GERMANY	-0.186	-0.422	-0.550	-0.689	-0.222	0.018	-0.513	-0.513	-0.775	-0.669	-0.669	-0.669	0.708	0.708	0.708	-0.130	-0.284	-0.445	0.483	0.471	0.463	-0.142	-0.133	-0.179	19	17	19
그리스	GREECE	-0.218	-0.141	-0.271	-1.204	-1.847	-1.110	-0.256	-0.256	-0.252	-0.490	-0.490	-0.490				-1.234	-0.969	-1.149	-0.429	-0.318	-0.360	-0.639	-0.670	-0.605	28	28	28
헝가리	HUNGARY	0.240	0.244	0.233	-0.179	0.796	0.430	0.128	0.128	0.140	0.602	0.602	0.602				0.132	-0.155	-0.150	0.311	0.283	0.271	0.206	0.316	0.254	10	8	8
아이슬랜드	ICELAND							n/a	n/a	n/a	-0.490	-0.490	-0.490				0.669	1.543	1.353				0.089	0.526	0.431	14	6	7
아일랜드	IRELAND	0.581	0.584	0.560	1.248	1.073	0.810	0.641	0.641	0.663	-0.925	-0.925	-0.925	0.062	0.062	0.062	-0.133	-0.730	-0.847	0.483	0.471	0.463	0.280	0.168	0.112	8	11	12
이탈리아	ITALY	0.397	0.391	0.346	-1.598	-1.199	-0.267	-1.922	-1.922	-1.952	-0.708	-0.708	-0.708	0.708	0.708	0.708	-0.456	-0.340	-0.291	0.180	0.160	0.188	-0.486	-0.416	-0.282	27	25	23
일본	JAPAN	-0.135	-0.248	-0.315	0.466	0.241	0.411	1.538	1.538	1.578	0.819	0.819	0.819	0.062	0.062	0.062	-0.802	-1.076	-1.145				0.325	0.222	0.235	7	9	9
한국	KOREA	-0.010	-0.124	-0.236	0.506	0.184	0.110	1.153	1.153	1.186	2.491	2.491	2.491	1.355	1.355	1.355	-0.292	-0.094	0.138	-0.266	-0.119	-0.141	0.705	0.692	0.701	4	4	4
룩셈부르크	LUXEMBOURG							n/a	n/a	n/a	-0.708	-0.708	-0.708				-1.143	-1.220	-1.309	0.483	0.471	0.463	-0.456	-0.486	-0.518	26	27	27
멕시코	MEXICO	-0.102	-0.111	-0.137	-0.731	-1.292	-1.503	-0.769	-0.769	-0.775	2.636	2.636	2.636				-0.347	-0.276	0.039	-1.746	-1.939	-2.000	-0.176	-0.292	-0.290	20	23	24
네덜란드	NETHERLANDS	-0.484	-0.771	-0.917	0.120	0.472	0.439	0.000	0.000	0.009	-0.708	-0.708	-0.708	-0.585	-0.585	-0.585	-0.358	-0.460	-0.399	0.483	0.471	0.463	-0.219	-0.226	-0.243	21	21	21
뉴질랜드	NEW ZEALAND	0.760	0.801	0.440	1.169	0.981	0.360	2.691	2.691	2.755	-0.490	-0.490	-0.490	0.708	0.708	0.708	0.352	0.740	0.705				0.865	0.905	0.746	2	2	2
노르웨이	NORWAY	0.000	-0.062	-0.143	-0.571	-0.849	-0.800	0.128	0.128	0.140	-0.273	-0.273	-0.273	-1.879	-1.879	-1.879	1.606	1.497	1.173	0.483	0.471	0.463	-0.072	-0.138	-0.188	15	18	20
폴란드	POLAND	0.086	0.007	-0.065	-0.257	0.703	0.436	-1.153	-1.153	-1.167	-0.055	-0.055	-0.055				0.194	0.098	0.026	0.410	0.391	0.380	-0.129	-0.002	-0.074	18	14	15
포르투갈	PORTUGAL	-2.246	-2.074	-2.034	-0.414	-0.695	-0.641	-0.641	-0.641	-0.644	-0.925	-0.925	-0.925	-0.585	-0.585	-0.585	0.133	0.360	0.454	-1.828	-1.716	-1.457	-0.929	-0.897	-0.833	29	29	29
슬로바키아	SLOVAK REPUBLIC	-1.054	-1.312	-0.319	0.696	0.426	1.000	-0.256	-0.256	0.532	-0.055	-0.055	-0.055				-0.474	-0.801	-0.921	0.392	0.444	0.435	-0.125	-0.259	0.112	17	22	13
스페인	SPAIN	-1.299	-0.418	-0.471	-0.573	-0.860	-1.199	-0.128	-0.128	-0.121	0.017	0.017	0.017	-0.585	-0.585	-0.585	-0.140	-0.443	-0.626	-0.195	-0.173	-0.086	-0.415	-0.370	-0.439	24	24	26
스웨덴	SWEDEN	-0.526	-0.622	-0.752	-0.783	0.138	0.100	-1.538	-1.538	-1.559	-0.708	-0.708	-0.708	-0.585	-0.585	-0.585	1.246	1.561	1.275	0.483	0.471	0.463	-0.344	-0.183	-0.252	23	19	22
스위스	SWITZERLAND	0.852	0.960	1.023	0.735	0.467	0.455	-0.897	-0.897	-0.906	-0.708	-0.708	-0.708	0.708	0.708	0.708	0.320	0.407	0.329	0.483	0.471	0.463	0.213	0.201	0.195	9	10	10
터키	TURKEY	-0.405	-0.454	-0.384	-1.283	-1.939	-2.169	1.410	1.410	0.663							-2.853	-1.906	-1.827	-3.555	-3.555	-3.651	-1.337	-1.289	-1.474	30	30	30
영국	UNITED KINGDOM	1.085	1.192	1.073	1.248	1.073	1.000	0.128	0.128	0.140	1.906	1.906	1.906	0.708	0.708	0.708	-0.238	-0.296	-0.166	0.483	0.471	0.463	0.760	0.741	0.732	3	3	3
미국	UNITED STATES	1.733	1.927	2.036	1.248	1.073	1.095	0.128	0.128	0.140	1.617	1.617	1.617	0.708	0.708	0.708	0.325	0.318	0.506				0.960	0.962	1.017	1	1	1

EFP

국가	Country	교섭분권성(수준)			교섭분권성(조정)			노사관계의 생산성			노사관계의 협조성			EFP			Rank		
		t1	t2	t3	t1	t2	t3	t1	t2	t3	t1	t2	t3	t1	t2	t3	t1	t2	t3
호주	AUSTRALIA	0.242	0.211	0.211	0.500	0.546	0.546	-0.950	-0.503	0.353	-1.100	-1.017	-0.455	-0.327	-0.191	0.164	23	19	14
오스트리아	AUSTRIA	-0.564	-0.600	-0.600	-0.929	-0.819	-0.819	1.726	1.033	1.299	1.531	1.367	1.303	0.441	0.246	0.296	5	13	12
벨기에	BELGIUM	-0.564	-0.600	-0.600	-0.929	-1.161	-1.161	0.210	-0.983	-1.036	0.040	-0.860	-1.132	-0.311	-0.901	-0.982	22	29	29
캐나다	CANADA	1.047	1.021	1.021	1.215	1.229	1.229	-0.444	-0.198	0.362	-0.603	-0.401	-0.455	0.304	0.413	0.539	8	9	10
체코	CZECH REPUBLIC	1.047	1.021	1.021	1.215	1.229	1.229	-1.080	-0.940	0.490	0.570	-0.021	-0.185	0.438	0.322	0.639	6	10	8
덴마크	DENMARK	-0.564	0.211	0.211	-0.214	-0.819	-0.819	0.477	1.138	1.657	0.303	1.158	1.574	0.000	0.422	0.656	16	8	7
핀란드	FINLAND	-2.175	-2.220	-2.220	-1.644	-1.502	-1.502	0.444	0.667	0.472	0.270	0.437	1.033	-0.776	-0.654	-0.554	28	26	23
프랑스	FRANCE	0.242	0.211	0.211	0.500	0.546	0.546	-0.062	-1.760	-1.599	-0.227	-2.301	-2.214	0.113	-0.826	-0.764	11	28	25
독일	GERMANY	-0.564	-0.600	-0.600	-0.929	-0.819	-0.819	1.042	0.527	-0.448	0.859	0.214	-0.185	0.102	-0.169	-0.513	13	18	22
그리스	GREECE							-1.164	-1.402	-1.096	-1.311	-1.541	-0.996	-1.238	-1.472	-1.046	30	30	30
헝가리	HUNGARY	1.047	1.021	1.021	1.215	1.229	1.229	-1.595	0.178	-0.005	-1.735	-0.021	0.086	-0.267	0.602	0.583	21	6	9
아이슬랜드	ICELAND							-0.181	-0.102	1.035	0.676	0.083	0.762	0.247	-0.009	0.899	9	16	1
아일랜드	IRELAND	-1.369	-1.410	-1.410	-0.929	-0.819	-0.819	0.108	0.667	1.078	-0.060	0.162	0.356	-0.563	-0.350	-0.199	25	21	18
이탈리아	ITALY	0.242	0.211	0.211	-0.214	-0.819	-0.819	-0.262	-1.175	-1.548	-0.424	-1.135	-1.538	-0.165	-0.730	-0.923	19	27	27
일본	JAPAN	1.047	1.021	1.021	-0.929	-0.819	-0.819	2.006	1.164	1.018	1.806	1.315	1.574	0.983	0.670	0.698	2	4	4
한국	KOREA	1.047	1.021	1.021	1.215	1.229	1.229	-1.084	-2.407	-2.357	-1.232	-1.581	-1.132	-0.013	-0.434	-0.310	17	23	20
룩셈부르크	LUXEMBOURG							0.878	0.885	0.464	1.649	1.053	0.897	1.263	0.969	0.681	1	2	6
멕시코	MEXICO							0.147	-0.320	-0.798	-0.022	0.385	-0.455	0.063	0.032	-0.626	14	15	24
네덜란드	NETHERLANDS	-0.564	-0.600	-0.600	-0.929	-0.819	-0.819	1.250	1.138	0.745	1.063	1.053	0.627	0.205	0.193	-0.012	10	14	16
뉴질랜드	NEW ZEALAND	1.047	1.021	1.021	1.215	1.229	1.229	-0.936	1.156	0.132	-1.086	0.634	0.356	0.060	1.010	0.684	15	1	5
노르웨이	NORWAY	-1.772	-1.815	-1.815	-1.286	-1.161	-1.161	0.930	0.868	0.933	0.748	0.830	0.897	-0.345	-0.319	-0.286	24	20	19
폴란드	POLAND	1.047	1.021	1.021	1.215	1.229	1.229	-1.445	-1.280	-1.317	-0.929	-1.515	-1.538	-0.028	-0.136	-0.151	18	17	17
포르투갈	PORTUGAL	-1.369	-1.410	-1.410	-0.929	-0.819	-0.819	-0.607	-0.049	-0.849	-0.763	-0.139	-0.591	-0.917	-0.604	-0.917	29	25	26
슬로바키아	SLOVAK REPUBLIC	0.242	0.211	0.211	0.500	0.546	0.546	0.250	0.300	-0.022	0.636	0.044	0.221	0.407	0.275	0.239	7	12	13
스페인	SPAIN	-0.564	-0.600	-0.600	-0.214	-0.137	-0.137	-0.934	-0.547	-0.610	-1.084	-0.755	-0.455	-0.699	-0.510	-0.450	27	24	21
스웨덴	SWEDEN	-0.564	-0.600	-0.600	-0.214	-0.137	-0.137	0.131	0.868	0.694	-0.037	1.092	0.491	-0.171	0.306	0.112	20	11	15
스위스	SWITZERLAND	0.242	0.211	0.211	-0.929	-0.819	-0.819	2.083	1.383	1.103	1.882	1.682	1.438	0.819	0.614	0.483	3	5	11
터키	TURKEY							-0.511	-0.687	-0.763	-0.669	-0.113	-1.132	-0.590	-0.400	-0.948	26	22	28
영국	UNITED KINGDOM	1.047	1.021	1.021	1.215	1.229	1.229	-0.842	0.492	0.276	-0.994	0.031	0.491	0.106	0.693	0.754	12	3	2
미국	UNITED STATES	1.047	1.021	1.021	1.215	1.229	1.229	0.414	-0.110	0.336	0.241	-0.139	0.356	0.729	0.500	0.735	4	7	3

EFO

국가	Country	노동생산성 증가율			노동비용감소			실질경제 성장률			Strikes and Lockouts			Worker Involved			Rates of Days not Worked			비정규직 비율			EFO			Rank		
		t1	t2	t3	t1	t2	t3	t1	t2	t3	t1	t2	t3	t1	t2	t3	t1	t2	t3	t1	t2	t3	t1	t2	t3	t1	t2	t3
호주	AUSTRALIA	0.471	0.178	-0.899	0.630	0.482	-0.430	1.084	0.127	-0.137	-0.074	-0.902	-0.732	-0.273	-1.207	-0.404	0.229	-0.996	0.163				0.344	-0.386	-0.407	5	26	27
오스트리아	AUSTRIA	-0.322	-0.104	-0.105	-0.464	0.008	0.241	-0.372	-0.107	-0.609	0.371	0.583	0.552	0.324	0.497	0.466	0.445	0.684	0.384	-0.800	-0.669	-0.560	-0.117	0.127	0.053	20	11	14
벨기에	BELGIUM	-0.891	-0.156	-0.334	-0.260	-0.393	0.042	-0.879	-0.194	-1.050	0.352	0.453	0.214	0.322	0.452	0.270	0.355	0.533	0.299	-0.944	-0.298	-0.589	-0.278	0.057	-0.164	24	16	22
캐나다	CANADA	-0.154	0.299	-0.564	0.805	0.744	0.369	0.400	0.673	-0.119	0.094	-0.256	-0.192	0.207	-0.089	-1.169	0.081	-2.902	-0.699	0.152	-0.024	0.002	0.226	-0.222	-0.339	7	24	26
체코	CZECH REPUBLIC	-0.334	0.567	2.534	-0.131	-0.030	-1.166	-0.478	-0.868	1.508	0.372	0.534	0.475	0.330	0.454	0.423				-0.881	-0.554	-0.473	-0.187	0.017	0.550	21	19	4
덴마크	DENMARK	-0.306	-0.226	0.216	0.200	0.004	-0.066	-0.537	-0.379	0.040	0.213	-1.609	-1.515	0.260	0.219	0.178	0.212	-0.033	0.235	-0.060	-0.316	-0.430	-0.002	-0.334	-0.192	18	25	23
핀란드	FINLAND	0.972	-0.536	0.297	0.412	0.144	0.467	-0.863	0.094	-0.125	0.281	0.451	-0.381	0.304	0.441	0.059	-0.903	0.495	0.283	0.935	0.762	0.492	0.163	0.265	0.156	10	6	12
프랑스	FRANCE	-0.594	-0.408	-0.299	-0.361	-0.215	-0.118	-0.934	-0.137	-1.085	-0.705	-4.128	-4.220	0.015	-1.091	-4.211	-0.376	-0.524	-0.543	-0.029	0.296	-0.070	-0.426	-0.887	-1.507	27	30	30
독일	GERMANY	-0.601	-0.663	-0.419	-0.687	-0.514	0.323	-0.817	-0.577	-1.239	0.070	0.177	0.439	0.169	-0.197	0.401	0.423	0.646	0.374	-0.116	0.147	-0.084	-0.223	-0.140	-0.029	22	23	19
그리스	GREECE	-1.606	0.512	0.277	-0.411	-0.633	-1.058	-1.132	-0.072	0.275	-0.064	0.382	0.307	0.108	0.372	0.338				-0.099	0.114	-0.056	-0.534	0.112	0.014	28	12	15
헝가리	HUNGARY	0.387	-0.462	1.420	-2.039	0.272	-1.076	-0.728	0.188	0.523	0.369	0.573	0.534	0.330	0.435	0.461	0.294	-0.356	0.351	-0.778	-0.958	-0.862	-0.309	-0.044	0.193	25	21	10
아이슬랜드	ICELAND	-0.124	-0.622	-0.480	1.344	-1.384	-2.150	0.017	0.236	1.285	0.370	0.577	0.560	0.333	0.497	0.450	-4.716	0.684	-4.657	0.381	-0.205	-0.459	-0.342	-0.031	-0.779	26	20	28
아일랜드	IRELAND	-0.384	0.872	0.040	0.649	0.941	0.736	0.535	2.439	1.280	0.339	0.518	0.524	0.317	0.362	0.427	0.084	-2.486	0.317	-0.267	-1.161	-1.352	0.182	0.212	0.282	9	8	9
이탈리아	ITALY	0.023	-0.327	-0.736	-0.264	-0.256	-0.555	-0.850	-0.608	-1.769	-0.399	-0.947	-1.344	-5.093	-2.958	-2.186	0.267	-0.486	0.173	-0.803	-0.376	-0.128	-1.017	-0.851	-0.935	30	29	29
일본	JAPAN	-0.770	-0.630	0.311	0.578	1.029	1.391	-0.406	-1.390	-0.288	0.188	0.270	0.431	0.254	0.402	0.440	0.442	0.646	0.384	-0.124	-0.038	0.160	0.023	0.041	0.404	16	18	6
한국	KOREA	0.899	2.226	1.542	-0.489	0.699	-0.096	1.821	2.026	0.440	0.267	0.181	-0.176	0.199	0.157	0.017	0.360	-1.373	-0.004	0.881	0.708	2.436	0.563	0.660	0.594	3	1	3
룩셈부르크	LUXEMBOURG	0.050	0.448	-0.730	-0.435	-0.322	-0.234	1.104	1.665	0.479	0.373	0.583	0.560	0.333	0.497	0.466	0.281	0.684	0.384	-1.275	-1.392	-1.381	0.061	0.309	-0.065	13	4	20
멕시코	MEXICO	-1.322	0.262	-0.205	0.423	-0.326	0.820	0.252	0.048	-0.108	-0.088	0.061	-0.078	0.294	0.311	0.420	0.409	0.438	0.364	1.737	1.357	1.082	0.244	0.307	0.328	6	5	8
네덜란드	NETHERLANDS	-0.667	-0.327	-0.788	0.209	0.087	0.978	-0.249	0.376	-0.894	0.364	0.534	0.526	0.307	0.279	0.425	0.130	0.476	0.341	-0.169	-0.028	0.261	-0.011	0.199	0.121	19	10	13
뉴질랜드	NEW ZEALAND	0.288	0.273	-1.227	0.935	0.613	0.521	1.933	0.581	-0.687	0.330	0.518	0.475	0.306	0.457	0.443	0.333	0.457	0.364				0.688	0.483	-0.018	2	2	18
노르웨이	NORWAY	0.150	-0.191	-0.992	1.333	0.811	0.747	0.547	-0.532	-0.491	0.364	0.552	0.557	0.325	0.494	0.464	0.371	0.627	0.058	-0.146	-0.323	-0.416	0.421	0.205	-0.010	4	9	17
폴란드	POLAND	1.623	2.705	0.009	-1.687	-1.915	0.210	0.930	0.170	1.670	-5.079	-1.286	0.542	-0.141	0.396	0.460	0.423	0.533	0.383	0.108	-0.068	1.428	-0.546	0.076	0.672	29	14	2
포르투갈	PORTUGAL	-0.785	0.144	-1.524	-0.301	-0.326	0.142	-1.308	0.112	-1.538	0.205	0.177	0.237	0.230	0.373	0.383	0.390	0.325	0.326	-0.193	1.034	1.025	-0.252	0.263	-0.136	23	7	21
슬로바키아	SLOVAK REPUBLIC	0.593	1.012	1.911	0.906	-0.210	-0.803	0.233	-0.772	1.596	0.372	0.583	0.563	0.333	0.497	0.466	0.445	0.684	0.384	-1.297	-1.316	-1.035	0.226	0.068	0.440	8	15	5
스페인	SPAIN	-0.115	-0.828	-1.301	-0.529	0.002	-0.352	-0.907	0.397	0.206	-0.513	-0.939	-1.207	-1.000	-3.689	-1.077	0.016	-1.807	-1.082	3.346	3.272	2.537	0.043	-0.513	-0.325	14	27	25
스웨덴	SWEDEN	0.392	-0.022	0.590	-0.310	0.325	0.280	-1.289	0.320	-0.247	0.349	0.563	0.526	0.297	0.462	0.464	-0.039	0.268	0.364	0.771	0.597	0.333	0.024	0.359	0.330	15	3	7
스위스	SWITZERLAND	-0.569	-0.662	-0.512	0.434	0.575	0.910	-0.592	-0.829	-0.487	0.373	0.573	0.550	0.324	0.488	0.465	0.445	0.665	0.336	0.335	-0.048	-0.070	0.107	0.109	0.170	12	13	11
터키	TURKEY	3.856	-3.237	1.904				2.517	-3.084	2.262	0.337	0.514	0.506	0.324	0.485	0.461	-1.103	0.250	0.317	1.196	1.559	0.492	1.188	-0.586	0.990	1	28	1
영국	UNITED KINGDOM	0.381	-0.196	-0.005	0.536	-0.285	-0.607	0.434	-0.210	-0.731	0.218	0.166	0.263	-0.144	-0.024	0.113	0.396	0.495	0.221	-0.821	-0.851	-1.021	0.143	-0.129	-0.252	11	22	24
미국	UNITED STATES	-0.540	0.099	0.070	0.329	-0.024	0.175	0.534	0.307	0.042	0.347	0.548	0.506	0.108	0.228	0.086	0.305	0.382	0.345	-1.040	-1.220	-1.262	0.006	0.046	-0.006	17	17	16

EFI1

국가	Country	해고어려움			해고예고			해고절차			EFI1			Rank		
		t1	t2	t3	t1	t2	t3	t1	t2	t3	t1	t2	t3	t1	t2	t3
호주	AUSTRALIA	1.094	0.740	0.788	0.685	0.705	0.653	1.233	0.548	0.551	1.004	0.664	0.664	3	7	6
오스트리아	AUSTRIA	-1.360	-1.507	-1.134	-0.274	-0.294	0.793	-0.106	-0.314	-0.444	-0.580	-0.705	-0.262	24	24	17
벨기에	BELGIUM	0.871	0.990	1.062	-0.548	-0.579	-0.743	0.898	0.979	1.048	0.407	0.463	0.456	9	9	8
캐나다	CANADA	0.648	0.740	0.788	0.731	0.753	0.700	0.898	0.979	1.048	0.759	0.824	0.845	6	4	4
체코	CZECH REPUBLIC	-0.914	-1.008	-1.134	-0.913	-0.960	-0.975	-0.776	-1.176	-1.439	-0.868	-1.048	-1.183	25	26	27
덴마크	DENMARK	1.094	1.239	1.337	-0.320	-0.199	-0.231	0.898	0.979	1.048	0.558	0.673	0.718	8	6	5
핀란드	FINLAND	0.871	-0.009	-0.036	-0.137	0.276	0.653	-1.614	-0.529	-0.693	-0.293	-0.087	-0.025	20	14	12
프랑스	FRANCE	-0.244	-0.259	-0.311	0.183	0.182	-0.231	-0.106	-0.314	-0.444	-0.056	-0.130	-0.329	15	17	21
독일	GERMANY	-0.467	-0.508	-0.585	0.685	0.419	0.374	-0.776	-1.176	-1.439	-0.186	-0.422	-0.550	18	21	24
그리스	GREECE	-0.244	-0.009	-0.311	-0.639	-0.531	-0.556	0.228	0.117	0.053	-0.218	-0.141	-0.271	19	18	18
헝가리	HUNGARY	0.202	0.241	0.239	-0.046	-0.056	-0.091	0.563	0.548	0.551	0.240	0.244	0.233	11	11	11
아이슬랜드	ICELAND													#N/A	#N/A	#N/A
아일랜드	IRELAND	0.648	0.740	0.788	0.867	0.894	0.838	0.228	0.117	0.053	0.581	0.584	0.560	7	8	7
이탈리아	ITALY	-0.467	-0.508	-0.585	1.096	1.133	1.072	0.563	0.548	0.551	0.397	0.391	0.346	10	10	10
일본	JAPAN	-0.542	-0.758	-0.860	-0.092	-0.104	-0.138	0.228	0.117	0.053	-0.135	-0.248	-0.315	17	19	19
한국	KOREA	-0.244	-0.259	-0.311	0.822	0.847	0.793	-0.609	-0.960	-1.190	-0.010	-0.124	-0.236	14	16	16
룩셈부르크	LUXEMBOURG													#N/A	#N/A	#N/A
멕시코	MEXICO	-0.840	-0.925	-1.043	-0.365	-0.388	-0.417	0.898	0.979	1.048	-0.102	-0.111	-0.137	16	15	14
네덜란드	NETHERLANDS	-0.021	-0.508	-0.585	0.685	-0.199	-0.231	-2.116	-1.607	-1.936	-0.484	-0.771	-0.917	22	25	26
뉴질랜드	NEW ZEALAND	0.351	0.408	0.055	1.233	1.275	1.211	0.697	0.720	0.053	0.760	0.801	0.440	5	5	9
노르웨이	NORWAY	-0.914	-1.008	-1.134	0.685	0.705	0.653	0.228	0.117	0.053	0.000	-0.062	-0.143	13	13	15
폴란드	POLAND	0.425	0.490	0.513	0.274	0.276	0.234	-0.441	-0.745	-0.941	0.086	0.007	-0.065	12	12	13
포르투갈	PORTUGAL	-2.475	-1.756	-1.409	-3.151	-3.289	-3.254	-1.111	-1.176	-1.439	-2.246	-2.074	-2.034	28	28	28
슬로바키아	SLOVAK REPUBLIC	-0.467	-0.508	-0.036	-0.913	-0.960	-0.975	-1.781	-2.469	0.053	-1.054	-1.312	-0.319	26	27	20
스페인	SPAIN	-0.914	-0.508	-0.585	-1.370	-0.864	-0.882	-1.614	0.117	0.053	-1.299	-0.418	-0.471	27	20	23
스웨덴	SWEDEN	-1.137	-1.257	-1.409	0.000	0.135	0.095	-0.441	-0.745	-0.941	-0.526	-0.622	-0.752	23	23	25
스위스	SWITZERLAND	1.094	1.239	1.337	0.229	0.229	0.188	1.233	1.410	1.545	0.852	0.960	1.023	4	3	3
터키	TURKEY	0.202	0.241	0.513	-1.644	-1.720	-1.720	0.228	0.117	0.053	-0.405	-0.454	-0.384	21	22	22
영국	UNITED KINGDOM	1.764	1.988	1.612	0.594	0.610	0.560	0.898	0.979	1.048	1.085	1.192	1.073	2	2	2
미국	UNITED STATES	1.987	2.238	2.435	1.644	1.703	1.630	1.568	1.841	2.042	1.733	1.927	2.036	1	1	1

EFI1-해고어려움

		DATA			T점수			T역변환			순위		
국가	Country	t1	t2	t3	t1	t2	t3	t1	t2	t3	t1	t2	t3
호주	AUSTRALIA	1.5	2	2	-1.094	-0.740	-0.788	1.094	0.740	0.788	3	6	6
오스트리아	AUSTRIA	4.25	4.25	3.75	1.360	1.507	1.134	-1.360	-1.507	-1.134	27	27	24
벨기에	BELGIUM	1.75	1.75	1.75	-0.871	-0.990	-1.062	0.871	0.990	1.062	6	5	5
캐나다	CANADA	2	2	2	-0.648	-0.740	-0.788	0.648	0.740	0.788	8	6	6
체코	CZECH REPUBLIC	3.75	3.75	3.75	0.914	1.008	1.134	-0.914	-1.008	-1.134	23	24	24
덴마크	DENMARK	1.5	1.5	1.5	-1.094	-1.239	-1.337	1.094	1.239	1.337	3	3	3
핀란드	FINLAND	1.75	2.75	2.75	-0.871	0.009	0.036	0.871	-0.009	-0.036	6	13	13
프랑스	FRANCE	3	3	3	0.244	0.259	0.311	-0.244	-0.259	-0.311	15	15	15
독일	GERMANY	3.25	3.25	3.25	0.467	0.508	0.585	-0.467	-0.508	-0.585	18	17	18
그리스	GREECE	3	2.75	3	0.244	0.009	0.311	-0.244	-0.009	-0.311	15	13	15
헝가리	HUNGARY	2.5	2.5	2.5	-0.202	-0.241	-0.239	0.202	0.241	0.239	12	11	11
아이슬랜드	ICELAND										#N/A	#N/A	#N/A
아일랜드	IRELAND	2	2	2	-0.648	-0.740	-0.788	0.648	0.740	0.788	8	6	6
이탈리아	ITALY	3.25	3.25	3.25	0.467	0.508	0.585	-0.467	-0.508	-0.585	18	17	18
일본	JAPAN	3.333	3.5	3.5	0.542	0.758	0.860	-0.542	-0.758	-0.860	21	22	22
한국	KOREA	3	3	3	0.244	0.259	0.311	-0.244	-0.259	-0.311	15	15	15
룩셈부르크	LUXEMBOURG										#N/A	#N/A	#N/A
멕시코	MEXICO	3.667	3.667	3.667	0.840	0.925	1.043	-0.840	-0.925	-1.043	22	23	23
네덜란드	NETHERLANDS	2.75	3.25	3.25	0.021	0.508	0.585	-0.021	-0.508	-0.585	14	17	18
뉴질랜드	NEW ZEALAND	2.333	2.333	2.667	-0.351	-0.408	-0.055	0.351	0.408	0.055	11	10	12
노르웨이	NORWAY	3.75	3.75	3.75	0.914	1.008	1.134	-0.914	-1.008	-1.134	23	24	24
폴란드	POLAND	2.25	2.25	2.25	-0.425	-0.490	-0.513	0.425	0.490	0.513	10	9	9
포르투갈	PORTUGAL	5.5	4.5	4	2.475	1.756	1.409	-2.475	-1.756	-1.409	28	28	27
슬로바키아	SLOVAK REPUBLIC	3.25	3.25	2.75	0.467	0.508	0.036	-0.467	-0.508	-0.036	18	17	13
스페인	SPAIN	3.75	3.25	3.25	0.914	0.508	0.585	-0.914	-0.508	-0.585	23	17	18
스웨덴	SWEDEN	4	4	4	1.137	1.257	1.409	-1.137	-1.257	-1.409	26	26	27
스위스	SWITZERLAND	1.5	1.5	1.5	-1.094	-1.239	-1.337	1.094	1.239	1.337	3	3	3
터키	TURKEY	2.5	2.5	2.25	-0.202	-0.241	-0.513	0.202	0.241	0.513	12	11	9
영국	UNITED KINGDOM	0.75	0.75	1.25	-1.764	-1.988	-1.612	1.764	1.988	1.612	2	2	2
미국	UNITED STATES	0.5	0.5	0.5	-1.987	-2.238	-2.435	1.987	2.238	2.435	1	1	1

		t1	t2	t3	t1	t2	t3	t1	t2	t3
	평균	3	3	3	0	0	0	0	0	0
	표준편차	1.12	1.00	0.91	1.00	1.00	1.00	1.00	1.00	1.00

* t1, t2, t3는 각각 1990, 1998, 2003년 자료임

* 체코, 헝가리, 한국, 맥시코, 뉴질랜드, 폴란드, 슬로바키아, 터키의 1990년도 자료는 결측이므로 1998년도 값을 활용하였음.

EFI1-해고예고

		DATA			T점수			T역변환			순위		
국가	Country	t1	t2	t3	t1	t2	t3	t1	t2	t3	t1	t2	t3
호주	AUSTRALIA	1	1	1	-0.685	-0.705	-0.653	0.685	0.705	0.653	7	7	8
오스트리아	AUSTRIA	2	2	0.857	0.274	0.294	-0.793	-0.274	-0.294	0.793	19	20	5
벨기에	BELGIUM	2.286	2.286	2.429	0.548	0.579	0.743	-0.548	-0.579	-0.743	22	23	23
캐나다	CANADA	0.952	0.952	0.952	-0.731	-0.753	-0.700	0.731	0.753	0.700	6	6	7
체코	CZECH REPUBLIC	2.667	2.667	2.667	0.913	0.960	0.975	-0.913	-0.960	-0.975	24	25	25
덴마크	DENMARK	2.048	1.905	1.905	0.320	0.199	0.231	-0.320	-0.199	-0.231	20	18	18
핀란드	FINLAND	1.857	1.429	1	0.137	-0.276	-0.653	-0.137	0.276	0.653	18	11	8
프랑스	FRANCE	1.524	1.524	1.905	-0.183	-0.182	0.231	0.183	0.182	-0.231	14	14	18
독일	GERMANY	1	1.286	1.286	-0.685	-0.419	-0.374	0.685	0.419	0.374	7	10	12
그리스	GREECE	2.381	2.238	2.238	0.639	0.531	0.556	-0.639	-0.531	-0.556	23	22	22
헝가리	HUNGARY	1.762	1.762	1.762	0.046	0.056	0.091	-0.046	-0.056	-0.091	16	16	16
아이슬랜드	ICELAND										#N/A	#N/A	#N/A
아일랜드	IRELAND	0.81	0.81	0.81	-0.867	-0.894	-0.838	0.867	0.894	0.838	4	4	4
이탈리아	ITALY	0.571	0.571	0.571	-1.096	-1.133	-1.072	1.096	1.133	1.072	3	3	3
일본	JAPAN	1.81	1.81	1.81	0.092	0.104	0.138	-0.092	-0.104	-0.138	17	17	17
한국	KOREA	0.857	0.857	0.857	-0.822	-0.847	-0.793	0.822	0.847	0.793	5	5	5
룩셈부르크	LUXEMBOURG										#N/A	#N/A	#N/A
멕시코	MEXICO	2.095	2.095	2.095	0.365	0.388	0.417	-0.365	-0.388	-0.417	21	21	21
네덜란드	NETHERLANDS	1	1.905	1.905	-0.685	0.199	0.231	0.685	-0.199	-0.231	7	18	18
뉴질랜드	NEW ZEALAND	0.429	0.429	0.429	-1.233	-1.275	-1.211	1.233	1.275	1.211	2	2	2
노르웨이	NORWAY	1	1	1	-0.685	-0.705	-0.653	0.685	0.705	0.653	7	7	8
폴란드	POLAND	1.429	1.429	1.429	-0.274	-0.276	-0.234	0.274	0.276	0.234	12	11	13
포르투갈	PORTUGAL	5	5	5	3.151	3.289	3.254	-3.151	-3.289	-3.254	28	28	28
슬로바키아	SLOVAK REPUBLIC	2.667	2.667	2.667	0.913	0.960	0.975	-0.913	-0.960	-0.975	24	25	25
스페인	SPAIN	3.143	2.571	2.571	1.370	0.864	0.882	-1.370	-0.864	-0.882	26	24	24
스웨덴	SWEDEN	1.714	1.571	1.571	0.000	-0.135	-0.095	0.000	0.135	0.095	15	15	15
스위스	SWITZERLAND	1.476	1.476	1.476	-0.229	-0.229	-0.188	0.229	0.229	0.188	13	13	14
터키	TURKEY	3.429	3.429	3.429	1.644	1.720	1.720	-1.644	-1.720	-1.720	27	27	27
영국	UNITED KINGDOM	1.095	1.095	1.095	-0.594	-0.610	-0.560	0.594	0.610	0.560	11	9	11
미국	UNITED STATES	0	0	0	-1.644	-1.703	-1.630	1.644	1.703	1.630	1	1	1

	평균	2	2	2	0	0	0	0	0	0
	표준편차	1.04	1.00	1.02	1.00	1.00	1.00	1.00	1.00	1.00

* t1, t2, t3는 각각 1990, 1998, 2003년 자료임

* 체코, 헝가리, 한국, 맥시코, 뉴질랜드, 폴란드, 슬로바키아, 터키의 1990년도 자료는 결측이므로 1998년도 값을 활용하였음.

EFI1-해고절차

		DATA			T점수			T역변환			순위		
국가	Country	t1	t2	t3	t1	t2	t3	t1	t2	t3	t1	t2	t3
호주	AUSTRALIA	0.5	1.5	1.5	-1.233	-0.548	-0.551	1.233	0.548	0.551	2	9	8
오스트리아	AUSTRIA	2.5	2.5	2.5	0.106	0.314	0.444	-0.106	-0.314	-0.444	17	18	19
벨기에	BELGIUM	1	1	1	-0.898	-0.979	-1.048	0.898	0.979	1.048	4	3	3
캐나다	CANADA	1	1	1	-0.898	-0.979	-1.048	0.898	0.979	1.048	4	3	3
체코	CZECH REPUBLIC	3.5	3.5	3.5	0.776	1.176	1.439	-0.776	-1.176	-1.439	22	24	25
덴마크	DENMARK	1	1	1	-0.898	-0.979	-1.048	0.898	0.979	1.048	4	3	3
핀란드	FINLAND	4.75	2.75	2.75	1.614	0.529	0.693	-1.614	-0.529	-0.693	25	20	21
프랑스	FRANCE	2.5	2.5	2.5	0.106	0.314	0.444	-0.106	-0.314	-0.444	17	18	19
독일	GERMANY	3.5	3.5	3.5	0.776	1.176	1.439	-0.776	-1.176	-1.439	22	24	25
그리스	GREECE	2	2	2	-0.228	-0.117	-0.053	0.228	0.117	0.053	12	12	11
헝가리	HUNGARY	1.5	1.5	1.5	-0.563	-0.548	-0.551	0.563	0.548	0.551	10	9	8
아이슬랜드	ICELAND										#N/A	#N/A	#N/A
아일랜드	IRELAND	2	2	2	-0.228	-0.117	-0.053	0.228	0.117	0.053	12	12	11
이탈리아	ITALY	1.5	1.5	1.5	-0.563	-0.548	-0.551	0.563	0.548	0.551	10	9	8
일본	JAPAN	2	2	2	-0.228	-0.117	-0.053	0.228	0.117	0.053	12	12	11
한국	KOREA	3.25	3.25	3.25	0.609	0.960	1.190	-0.609	-0.960	-1.190	21	23	24
룩셈부르크	LUXEMBOURG										#N/A	#N/A	#N/A
멕시코	MEXICO	1	1	1	-0.898	-0.979	-1.048	0.898	0.979	1.048	4	3	3
네덜란드	NETHERLANDS	5.5	4	4	2.116	1.607	1.936	-2.116	-1.607	-1.936	28	27	28
뉴질랜드	NEW ZEALAND	1.3	1.3	2	-0.697	-0.720	-0.053	0.697	0.720	0.053	9	8	11
노르웨이	NORWAY	2	2	2	-0.228	-0.117	-0.053	0.228	0.117	0.053	12	12	11
폴란드	POLAND	3	3	3	0.441	0.745	0.941	-0.441	-0.745	-0.941	19	21	22
포르투갈	PORTUGAL	4	3.5	3.5	1.111	1.176	1.439	-1.111	-1.176	-1.439	24	24	25
슬로바키아	SLOVAK REPUBLIC	5	5	2	1.781	2.469	-0.053	-1.781	-2.469	0.053	27	28	11
스페인	SPAIN	4.75	2	2	1.614	-0.117	-0.053	-1.614	0.117	0.053	25	12	11
스웨덴	SWEDEN	3	3	3	0.441	0.745	0.941	-0.441	-0.745	-0.941	19	21	22
스위스	SWITZERLAND	0.5	0.5	0.5	-1.233	-1.410	-1.545	1.233	1.410	1.545	2	2	2
터키	TURKEY	2	2	2	-0.228	-0.117	-0.053	0.228	0.117	0.053	12	12	11
영국	UNITED KINGDOM	1	1	1	-0.898	-0.979	-1.048	0.898	0.979	1.048	4	3	3
미국	UNITED STATES	0	0	0	-1.568	-1.841	-2.042	1.568	1.841	2.042	1	1	1

	평균	2	2	2	0	0	0	0	0	0
	표준편차	1.49	1.16	1.01	1.00	1.00	1.00	1.00	1.00	1.00

* t1, t2, t3는 각각 1990, 1998, 2003년 자료임

* 체코, 헝가리, 한국, 맥시코,폴란드, 슬로바키아의 1990년도 자료는 결측이므로 1998년도 값을 활용하였음.

EFI2

국가	Country	Fixed-term contracts			Temporary work agencies			EFI2			Rank		
		t1	t2	t3	t1	t2	t3	t1	t2	t3	t1	t2	t3
호주	AUSTRALIA	0.455	0.337	0.340	1.253	0.884	0.900	0.854	0.611	0.620	6	9	7
오스트리아	AUSTRIA	0.139	-0.033	-0.041	0.896	0.452	0.406	0.518	0.210	0.183	9	15	15
벨기에	BELGIUM	-2.070	0.152	0.149	-0.413	-0.987	-1.242	-1.241	-0.418	-0.546	26	20	21
캐나다	CANADA	1.243	1.263	1.290	1.253	0.884	0.900	1.248	1.073	1.095	1	1	1
체코	CZECH REPUBLIC	0.928	0.892	0.910	-1.127	0.884	0.900	-0.100	0.888	0.905	14	6	5
덴마크	DENMARK	-0.177	-0.403	-0.421	-0.413	0.884	0.900	-0.295	0.241	0.240	17	14	14
핀란드	FINLAND	-0.808	-1.144	-1.182	1.253	0.884	0.900	0.223	-0.130	-0.141	12	18	19
프랑스	FRANCE	-0.965	-1.699	-1.752	0.242	-0.699	-0.912	-0.362	-1.199	-1.332	18	24	26
독일	GERMANY	-0.965	-0.033	-0.041	-0.413	-0.411	0.077	-0.689	-0.222	0.018	22	19	18
그리스	GREECE	-1.281	-1.699	-2.132	-1.127	-1.995	-0.088	-1.204	-1.847	-1.110	25	27	24
헝가리	HUNGARY	0.770	0.707	-0.041	-1.127	0.884	0.900	-0.179	0.796	0.430	15	7	11
아이슬랜드	ICELAND										#N/A	#N/A	#N/A
아일랜드	IRELAND	1.243	1.263	0.720	1.253	0.884	0.900	1.248	1.073	0.810	1	1	6
이탈리아	ITALY	-2.070	-1.699	-0.611	-1.127	-0.699	0.077	-1.598	-1.199	-0.267	28	24	20
일본	JAPAN	0.928	0.892	0.910	0.004	-0.411	-0.088	0.466	0.241	0.411	11	13	12
한국	KOREA	0.770	0.707	0.720	0.242	-0.339	-0.500	0.506	0.184	0.110	10	16	16
룩셈부르크	LUXEMBOURG										#N/A	#N/A	#N/A
멕시코	MEXICO	-0.334	-0.588	-0.611	-1.127	-1.995	-2.395	-0.731	-1.292	-1.503	23	26	27
네덜란드	NETHERLANDS	0.297	0.707	0.720	-0.056	0.236	0.159	0.120	0.472	0.439	13	10	9
뉴질랜드	NEW ZEALAND	1.086	1.078	0.149	1.253	0.884	0.571	1.169	0.981	0.360	5	5	13
노르웨이	NORWAY	-0.808	-1.144	-1.182	-0.334	-0.555	-0.418	-0.571	-0.849	-0.800	20	22	23
폴란드	POLAND	0.612	0.522	1.290	-1.127	0.884	-0.418	-0.257	0.703	0.436	16	8	10
포르투갈	PORTUGAL	-0.177	-0.403	-0.041	-0.651	-0.987	-1.242	-0.414	-0.695	-0.641	19	21	22
슬로바키아	SLOVAK REPUBLIC	0.139	-0.033	1.100	1.253	0.884	0.900	0.696	0.426	1.000	8	12	3
스페인	SPAIN	-0.019	-0.588	-0.992	-1.127	-1.131	-1.406	-0.573	-0.860	-1.199	21	23	25
스웨덴	SWEDEN	-0.440	-0.033	-0.041	-1.127	0.308	0.241	-0.783	0.138	0.100	24	17	17
스위스	SWITZERLAND	0.455	0.337	0.340	1.015	0.596	0.571	0.735	0.467	0.455	7	11	8
터키	TURKEY	-1.439	-1.884	-1.942	-1.127	-1.995	-2.395	-1.283	-1.939	-2.169	27	28	28
영국	UNITED KINGDOM	1.243	1.263	1.100	1.253	0.884	0.900	1.248	1.073	1.000	1	1	3
미국	UNITED STATES	1.243	1.263	1.290	1.253	0.884	0.900	1.248	1.073	1.095	1	1	1

EFI2-Fixed-term contracts

		DATA			T점수			T역변환			순위		
국가	Country	t1	t2	t3	t1	t2	t3	t1	t2	t3	t1	t2	t3
호주	AUSTRALIA	1.25	1.25	1.25	-0.455	-0.337	-0.340	0.455	0.337	0.340	11	12	11
오스트리아	AUSTRIA	1.75	1.75	1.75	-0.139	0.033	0.041	0.139	-0.033	-0.041	14	15	15
벨기에	BELGIUM	5.25	1.5	1.5	2.070	-0.152	-0.149	-2.070	0.152	0.149	27	14	13
캐나다	CANADA	0	0	0	-1.243	-1.263	-1.290	1.243	1.263	1.290	1	1	1
체코	CZECH REPUBLIC	0.5	0.5	0.5	-0.928	-0.892	-0.910	0.928	0.892	0.910	6	6	6
덴마크	DENMARK	2.25	2.25	2.25	0.177	0.403	0.421	-0.177	-0.403	-0.421	17	19	20
핀란드	FINLAND	3.25	3.25	3.25	0.808	1.144	1.182	-0.808	-1.144	-1.182	21	23	24
프랑스	FRANCE	3.5	4	4	0.965	1.699	1.752	-0.965	-1.699	-1.752	23	25	26
독일	GERMANY	3.5	1.75	1.75	0.965	0.033	0.041	-0.965	-0.033	-0.041	23	15	15
그리스	GREECE	4	4	4.5	1.281	1.699	2.132	-1.281	-1.699	-2.132	25	25	28
헝가리	HUNGARY	0.75	0.75	1.75	-0.770	-0.707	0.041	0.770	0.707	-0.041	8	8	15
아이슬랜드	ICELAND										#N/A	#N/A	#N/A
아일랜드	IRELAND	0	0	0.75	-1.243	-1.263	-0.720	1.243	1.263	0.720	1	1	8
이탈리아	ITALY	5.25	4	2.5	2.070	1.699	0.611	-2.070	-1.699	-0.611	27	25	21
일본	JAPAN	0.5	0.5	0.5	-0.928	-0.892	-0.910	0.928	0.892	0.910	6	6	6
한국	KOREA	0.75	0.75	0.75	-0.770	-0.707	-0.720	0.770	0.707	0.720	8	8	8
룩셈부르크	LUXEMBOURG										#N/A	#N/A	#N/A
멕시코	MEXICO	2.5	2.5	2.5	0.334	0.588	0.611	-0.334	-0.588	-0.611	19	21	21
네덜란드	NETHERLANDS	1.5	0.75	0.75	-0.297	-0.707	-0.720	0.297	0.707	0.720	13	8	8
뉴질랜드	NEW ZEALAND	0.25	0.25	1.5	-1.086	-1.078	-0.149	1.086	1.078	0.149	5	5	13
노르웨이	NORWAY	3.25	3.25	3.25	0.808	1.144	1.182	-0.808	-1.144	-1.182	21	23	24
폴란드	POLAND	1	1	0	-0.612	-0.522	-1.290	0.612	0.522	1.290	10	11	1
포르투갈	PORTUGAL	2.25	2.25	1.75	0.177	0.403	0.041	-0.177	-0.403	-0.041	17	19	15
슬로바키아	SLOVAK REPUBLIC	1.75	1.75	0.25	-0.139	0.033	-1.100	0.139	-0.033	1.100	14	15	4
스페인	SPAIN	2	2.5	3	0.019	0.588	0.992	-0.019	-0.588	-0.992	16	21	23
스웨덴	SWEDEN	2.667	1.75	1.75	0.440	0.033	0.041	-0.440	-0.033	-0.041	20	15	15
스위스	SWITZERLAND	1.25	1.25	1.25	-0.455	-0.337	-0.340	0.455	0.337	0.340	11	12	11
터키	TURKEY	4.25	4.25	4.25	1.439	1.884	1.942	-1.439	-1.884	-1.942	26	28	27
영국	UNITED KINGDOM	0	0	0.25	-1.243	-1.263	-1.100	1.243	1.263	1.100	1	1	4
미국	UNITED STATES	0	0	0	-1.243	-1.263	-1.290	1.243	1.263	1.290	1	1	1
	평균	2	2	2	0	0	0	0	0	0			
	표준편차	1.58	1.35	1.31	1.00	1.00	1.00	1.00	1.00	1.00			

* t1, t2, t3는 각각 1990, 1998, 2003년 자료임
* 체코, 헝가리, 맥시코, 뉴질랜드, 폴란드, 슬로바키아, 터키의 1990년도 자료는 결측이므로 1998년도 값을 활용하였음.

EFI2-Temporary work agencies (TWAs)

		DATA			T점수			T역변환			순위		
국가	Country	t1	t2	t3	t1	t2	t3	t1	t2	t3	t1	t2	t3
호주	AUSTRALIA	0.5	0.5	0.5	-1.253	-0.884	-0.900	1.253	0.884	0.900	1	1	1
오스트리아	AUSTRIA	1.25	1.25	1.25	-0.896	-0.452	-0.406	0.896	0.452	0.406	10	14	13
벨기에	BELGIUM	4	3.75	3.75	0.413	0.987	1.242	-0.413	-0.987	-1.242	16	23	24
캐나다	CANADA	0.5	0.5	0.5	-1.253	-0.884	-0.900	1.253	0.884	0.900	1	1	1
체코	CZECH REPUBLIC	5.5	0.5	0.5	1.127	-0.884	-0.900	-1.127	0.884	0.900	20	1	1
덴마크	DENMARK	4	0.5	0.5	0.413	-0.884	-0.900	-0.413	0.884	0.900	16	1	1
핀란드	FINLAND	0.5	0.5	0.5	-1.253	-0.884	-0.900	1.253	0.884	0.900	1	1	1
프랑스	FRANCE	2.625	3.25	3.25	-0.242	0.699	0.912	0.242	-0.699	-0.912	11	21	23
독일	GERMANY	4	2.75	1.75	0.413	0.411	-0.077	-0.413	-0.411	0.077	16	18	16
그리스	GREECE	5.5	5.5	2	1.127	1.995	0.088	-1.127	-1.995	-0.088	20	26	18
헝가리	HUNGARY	5.5	0.5	0.5	1.127	-0.884	-0.900	-1.127	0.884	0.900	20	1	1
아이슬랜드	ICELAND										#N/A	#N/A	#N/A
아일랜드	IRELAND	0.5	0.5	0.5	-1.253	-0.884	-0.900	1.253	0.884	0.900	1	1	1
이탈리아	ITALY	5.5	3.25	1.75	1.127	0.699	-0.077	-1.127	-0.699	0.077	20	21	16
일본	JAPAN	3.125	2.75	2	-0.004	0.411	0.088	0.004	-0.411	-0.088	13	18	18
한국	KOREA	2.625	2.625	2.625	-0.242	0.339	0.500	0.242	-0.339	-0.500	11	17	22
룩셈부르크	LUXEMBOURG										#N/A	#N/A	#N/A
멕시코	MEXICO	5.5	5.5	5.5	1.127	1.995	2.395	-1.127	-1.995	-2.395	20	26	27
네덜란드	NETHERLANDS	3.25	1.625	1.625	0.056	-0.236	-0.159	-0.056	0.236	0.159	14	16	15
뉴질랜드	NEW ZEALAND	0.5	0.5	1	-1.253	-0.884	-0.571	1.253	0.884	0.571	1	1	11
노르웨이	NORWAY	3.833	3	2.5	0.334	0.555	0.418	-0.334	-0.555	-0.418	15	20	20
폴란드	POLAND	5.5	0.5	2.5	1.127	-0.884	0.418	-1.127	0.884	-0.418	20	1	20
포르투갈	PORTUGAL	4.5	3.75	3.75	0.651	0.987	1.242	-0.651	-0.987	-1.242	19	23	24
슬로바키아	SLOVAK REPUBLIC	0.5	0.5	0.5	-1.253	-0.884	-0.900	1.253	0.884	0.900	1	1	1
스페인	SPAIN	5.5	4	4	1.127	1.131	1.406	-1.127	-1.131	-1.406	20	25	26
스웨덴	SWEDEN	5.5	1.5	1.5	1.127	-0.308	-0.241	-1.127	0.308	0.241	20	15	14
스위스	SWITZERLAND	1	1	1	-1.015	-0.596	-0.571	1.015	0.596	0.571	9	13	11
터키	TURKEY	5.5	5.5	5.5	1.127	1.995	2.395	-1.127	-1.995	-2.395	20	26	27
영국	UNITED KINGDOM	0.5	0.5	0.5	-1.253	-0.884	-0.900	1.253	0.884	0.900	1	1	1
미국	UNITED STATES	0.5	0.5	0.5	-1.253	-0.884	-0.900	1.253	0.884	0.900	1	1	1
	평균	3.13	2.04	1.87	0.00	0.00	0.00	0.00	0.00	0.00			
	표준편차	2.10	1.74	1.52	1.00	1.00	1.00	1.00	1.00	1.00			

* t1, t2, t3는 각각 1990, 1998, 2003년 자료임

⋆ 한국, 멕시코, 뉴질랜드, 슬로바키아의 1990년도 자료는 결측이므로 2003년도 값을 활용하였음.

⋆ 한국, 멕시코, 뉴질랜드, 슬로바키아의 1998년도 자료는 결측이므로 2003년도 값을 활용하였음.

⋆ 한국, 멕시코, 뉴질랜드, 슬로바키아를 제외한 국가의 1990년도 자료는 결측이므로 1998년도 값을 활용하였음.

EFI3

국가	Country	DATA t1	DATA t2	DATA t3	T점수 t1	T점수 t2	T점수 t3	T역변환 t1	T역변환 t2	T역변환 t3	순위 t1	순위 t2	순위 t3
호주	AUSTRALIA	2.875	2.875	2.875	-0.128	-0.128	-0.140	0.128	0.128	0.140	9	9	10
오스트리아	AUSTRIA	3.25	3.25	3.25	0.256	0.256	0.252	-0.256	-0.256	-0.252	17	17	18
벨기에	BELGIUM	4.125	4.125	4.125	1.153	1.153	1.167	-1.153	-1.153	-1.167	25	25	25
캐나다	CANADA	2.875	2.875	2.875	-0.128	-0.128	-0.140	0.128	0.128	0.140	9	9	10
체코	CZECH REPUBLIC	2.125	2.125	2.125	-0.897	-0.897	-0.924	0.897	0.897	0.924	5	5	4
덴마크	DENMARK	3.875	3.875	3.875	0.897	0.897	0.906	-0.897	-0.897	-0.906	23	23	23
핀란드	FINLAND	2.625	2.625	2.625	-0.384	-0.384	-0.402	0.384	0.384	0.402	8	8	9
프랑스	FRANCE	2.125	2.125	2.125	-0.897	-0.897	-0.924	0.897	0.897	0.924	5	5	4
독일	GERMANY	3.5	3.5	3.75	0.513	0.513	0.775	-0.513	-0.513	-0.775	20	20	21
그리스	GREECE	3.25	3.25	3.25	0.256	0.256	0.252	-0.256	-0.256	-0.252	17	17	18
헝가리	HUNGARY	2.875	2.875	2.875	-0.128	-0.128	-0.140	0.128	0.128	0.140	9	9	10
아이슬랜드	ICELAND	n/a	n/a	n/a	n/a	n/a	n/a	n/a	n/a	n/a	#VALUE!	#VALUE!	#VALUE!
아일랜드	IRELAND	2.375	2.375	2.375	-0.641	-0.641	-0.663	0.641	0.641	0.663	7	7	6
이탈리아	ITALY	4.875	4.875	4.875	1.922	1.922	1.952	-1.922	-1.922	-1.952	28	28	28
일본	JAPAN	1.5	1.5	1.5	-1.538	-1.538	-1.578	1.538	1.538	1.578	2	2	2
한국	KOREA	1.875	1.875	1.875	-1.153	-1.153	-1.186	1.153	1.153	1.186	4	4	3
룩셈부르크	LUXEMBOURG	n/a	n/a	n/a	n/a	n/a	n/a	n/a	n/a	n/a	#VALUE!	#VALUE!	#VALUE!
멕시코	MEXICO	3.75	3.75	3.75	0.769	0.769	0.775	-0.769	-0.769	-0.775	22	22	21
네덜란드	NETHERLANDS	3	3	3	0.000	0.000	-0.009	0.000	0.000	0.009	15	15	16
뉴질랜드	NEW ZEALAND	0.375	0.375	0.375	-2.691	-2.691	-2.755	2.691	2.691	2.755	1	1	1
노르웨이	NORWAY	2.875	2.875	2.875	-0.128	-0.128	-0.140	0.128	0.128	0.140	9	9	10
폴란드	POLAND	4.125	4.125	4.125	1.153	1.153	1.167	-1.153	-1.153	-1.167	25	25	25
포르투갈	PORTUGAL	3.625	3.625	3.625	0.641	0.641	0.644	-0.641	-0.641	-0.644	21	21	20
슬로바키아	SLOVAK REPUBLIC	3.25	3.25	2.5	0.256	0.256	-0.532	-0.256	-0.256	0.532	17	17	8
스페인	SPAIN	3.125	3.125	3.125	0.128	0.128	0.121	-0.128	-0.128	-0.121	16	16	17
스웨덴	SWEDEN	4.5	4.5	4.5	1.538	1.538	1.559	-1.538	-1.538	-1.559	27	27	27
스위스	SWITZERLAND	3.875	3.875	3.875	0.897	0.897	0.906	-0.897	-0.897	-0.906	23	23	23
터키	TURKEY	1.625	1.625	2.375	-1.410	-1.410	-0.663	1.410	1.410	0.663	3	3	6
영국	UNITED KINGDOM	2.875	2.875	2.875	-0.128	-0.128	-0.140	0.128	0.128	0.140	9	9	10
미국	UNITED STATES	2.875	2.875	2.875	-0.128	-0.128	-0.140	0.128	0.128	0.140	9	9	10

		DATA t1	DATA t2	DATA t3	T점수 t1	T점수 t2	T점수 t3	T역변환 t1	T역변환 t2	T역변환 t3
	평균	3	3	3	0	0	0	0	0	0
	표준편차	0.98	0.98	0.96	1.00	1.00	1.00	1.00	1.00	1.00

* t1, t2, t3는 각각 1990, 1998, 2003년 자료임
* 1990년도 자료는 결측이므로 1998년도 값을 활용하였음.

EFI4

국가	Country	DATA t1	DATA t2	DATA t3	T점수 t1	T점수 t2	T점수 t3	T역변환 t1	T역변환 t2	T역변환 t3	순위 t1	순위 t2	순위 t3
호주	AUSTRALIA	7.44	7.44	7.44	-0.312	-0.312	-0.312	0.312	0.312	0.312	8	8	8
오스트리아	AUSTRIA	10.00	10.00	10.00	0.925	0.925	0.925	-0.925	-0.925	-0.925	27	27	27
벨기에	BELGIUM	9.10	9.10	9.10	0.490	0.490	0.490	-0.490	-0.490	-0.490	16	16	16
캐나다	CANADA	8.65	8.65	8.65	0.273	0.273	0.273	-0.273	-0.273	-0.273	13	13	13
체코	CZECH REPUBLIC	7.29	7.29	7.29	-0.384	-0.384	-0.384	0.384	0.384	0.384	7	7	7
덴마크	DENMARK	8.20	8.20	8.20	0.055	0.055	0.055	-0.055	-0.055	-0.055	10	10	10
핀란드	FINLAND	9.55	9.55	9.55	0.708	0.708	0.708	-0.708	-0.708	-0.708	21	21	21
프랑스	FRANCE	8.95	8.95	8.95	0.418	0.418	0.418	-0.418	-0.418	-0.418	15	15	15
독일	GERMANY	9.47	9.47	9.47	0.669	0.669	0.669	-0.669	-0.669	-0.669	20	20	20
그리스	GREECE	9.10	9.10	9.10	0.490	0.490	0.490	-0.490	-0.490	-0.490	16	16	16
헝가리	HUNGARY	6.84	6.84	6.84	-0.602	-0.602	-0.602	0.602	0.602	0.602	6	6	6
아이슬랜드	ICELAND	9.10	9.10	9.10	0.490	0.490	0.490	-0.490	-0.490	-0.490	16	16	16
아일랜드	IRELAND	10.00	10.00	10.00	0.925	0.925	0.925	-0.925	-0.925	-0.925	27	27	27
이탈리아	ITALY	9.55	9.55	9.55	0.708	0.708	0.708	-0.708	-0.708	-0.708	21	21	21
일본	JAPAN	6.39	6.39	6.39	-0.819	-0.819	-0.819	0.819	0.819	0.819	5	5	5
한국	KOREA	2.93	2.93	2.93	-2.491	-2.491	-2.491	2.491	2.491	2.491	2	2	2
룩셈부르크	LUXEMBOURG	9.55	9.55	9.55	0.708	0.708	0.708	-0.708	-0.708	-0.708	21	21	21
멕시코	MEXICO	2.63	2.63	2.63	-2.636	-2.636	-2.636	2.636	2.636	2.636	1	1	1
네덜란드	NETHERLANDS	9.55	9.55	9.55	0.708	0.708	0.708	-0.708	-0.708	-0.708	21	21	21
뉴질랜드	NEW ZEALAND	9.10	9.10	9.10	0.490	0.490	0.490	-0.490	-0.490	-0.490	16	16	16
노르웨이	NORWAY	8.65	8.65	8.65	0.273	0.273	0.273	-0.273	-0.273	-0.273	13	13	13
폴란드	POLAND	8.20	8.20	8.20	0.055	0.055	0.055	-0.055	-0.055	-0.055	10	10	10
포르투갈	PORTUGAL	10.00	10.00	10.00	0.925	0.925	0.925	-0.925	-0.925	-0.925	27	27	27
슬로바키아	SLOVAK REPUBLIC	8.20	8.20	8.20	0.055	0.055	0.055	-0.055	-0.055	-0.055	10	10	10
스페인	SPAIN	8.05	8.05	8.05	-0.017	-0.017	-0.017	0.017	0.017	0.017	9	9	9
스웨덴	SWEDEN	9.55	9.55	9.55	0.708	0.708	0.708	-0.708	-0.708	-0.708	21	21	21
스위스	SWITZERLAND	9.55	9.55	9.55	0.708	0.708	0.708	-0.708	-0.708	-0.708	21	21	21
터키	TURKEY										#N/A	#N/A	#N/A
영국	UNITED KINGDOM	4.14	4.14	4.14	-1.906	-1.906	-1.906	1.906	1.906	1.906	3	3	3
미국	UNITED STATES	4.74	4.74	4.74	-1.617	-1.617	-1.617	1.617	1.617	1.617	4	4	4

		t1	t2	t3	t1	t2	t3	t1	t2	t3
	평균	8	8	8	0	0	0	0	0	0
	표준편차	2.07	2.07	2.07	1.00	1.00	1.00	1.00	1.00	1.00

* t2는 mid-1990 자료임
* t1, t3의 자료는 결측이므로 mid-1990년도 값을 활용하였음.

EFI5

		DATA			T점수			T역변환			순위		
국가	Country	t1	t2	t3	t1	t2	t3	t1	t2	t3	t1	t2	t3
호주	AUSTRALIA	4.0	4.0	4.0	0.585	0.585	0.585	-0.585	-0.585	-0.585	13	13	13
오스트리아	AUSTRIA	7.0	7.0	7.0	2.526	2.526	2.526	-2.526	-2.526	-2.526	21	21	21
벨기에	BELGIUM	4.0	4.0	4.0	0.585	0.585	0.585	-0.585	-0.585	-0.585	13	13	13
캐나다	CANADA	2.0	2.0	2.0	-0.708	-0.708	-0.708	0.708	0.708	0.708	3	3	3
체코	CZECH REPUBLIC										#N/A	#N/A	#N/A
덴마크	DENMARK	1.0	1.0	1.0	-1.355	-1.355	-1.355	1.355	1.355	1.355	1	1	1
핀란드	FINLAND	2.0	2.0	2.0	-0.708	-0.708	-0.708	0.708	0.708	0.708	3	3	3
프랑스	FRANCE	4.0	4.0	4.0	0.585	0.585	0.585	-0.585	-0.585	-0.585	13	13	13
독일	GERMANY	2.0	2.0	2.0	-0.708	-0.708	-0.708	0.708	0.708	0.708	3	3	3
그리스	GREECE										#N/A	#N/A	#N/A
헝가리	HUNGARY										#N/A	#N/A	#N/A
아이슬랜드	ICELAND										#N/A	#N/A	#N/A
아일랜드	IRELAND	3.0	3.0	3.0	-0.062	-0.062	-0.062	0.062	0.062	0.062	11	11	11
이탈리아	ITALY	2.0	2.0	2.0	-0.708	-0.708	-0.708	0.708	0.708	0.708	3	3	3
일본	JAPAN	3.0	3.0	3.0	-0.062	-0.062	-0.062	0.062	0.062	0.062	11	11	11
한국	KOREA	1.0	1.0	1.0	-1.355	-1.355	-1.355	1.355	1.355	1.355	1	1	1
룩셈부르크	LUXEMBOURG										#N/A	#N/A	#N/A
멕시코	MEXICO										#N/A	#N/A	#N/A
네덜란드	NETHERLANDS	4.0	4.0	4.0	0.585	0.585	0.585	-0.585	-0.585	-0.585	13	13	13
뉴질랜드	NEW ZEALAND	2.0	2.0	2.0	-0.708	-0.708	-0.708	0.708	0.708	0.708	3	3	3
노르웨이	NORWAY	6.0	6.0	6.0	1.879	1.879	1.879	-1.879	-1.879	-1.879	20	20	20
폴란드	POLAND										#N/A	#N/A	#N/A
포르투갈	PORTUGAL	4.0	4.0	4.0	0.585	0.585	0.585	-0.585	-0.585	-0.585	13	13	13
슬로바키아	SLOVAK REPUBLIC										#N/A	#N/A	#N/A
스페인	SPAIN	4.0	4.0	4.0	0.585	0.585	0.585	-0.585	-0.585	-0.585	13	13	13
스웨덴	SWEDEN	4.0	4.0	4.0	0.585	0.585	0.585	-0.585	-0.585	-0.585	13	13	13
스위스	SWITZERLAND	2.0	2.0	2.0	-0.708	-0.708	-0.708	0.708	0.708	0.708	3	3	3
터키	TURKEY										#N/A	#N/A	#N/A
영국	UNITED KINGDOM	2.0	2.0	2.0	-0.708	-0.708	-0.708	0.708	0.708	0.708	3	3	3
미국	UNITED STATES	2.0	2.0	2.0	-0.708	-0.708	-0.708	0.708	0.708	0.708	3	3	3

	평균	3	3	3	0	0	0	0	0	0
	표준편차	1.55	1.55	1.55	1.00	1.00	1.00	1.00	1.00	1.00

EFI6

국가	Country	교육훈련공공지출			교육공공지출			공사교육기관지출			EFI6			순위		
		t1	t2	t3	t1	t2	t3	t1	t2	t3	t1	t2	t3	t1	t2	t3
호주	AUSTRALIA	-2.260	-1.643	-1.847	-0.546	-0.689	-0.689	0.077	-0.017	0.383	-0.910	-0.783	-0.718	27	24	23
오스트리아	AUSTRIA	0.301	0.745	0.435	0.853	0.284	0.284	-0.023	0.914	0.206	0.377	0.648	0.308	7	7	13
벨기에	BELGIUM	0.182	0.133	0.651	0.971	0.925	0.925	-0.321	-0.493	0.746	0.277	0.188	0.774	11	12	6
캐나다	CANADA	1.106	1.178	1.165	1.105	1.065	1.065	1.468	0.707	0.541	1.226	0.983	0.924	4	5	5
체코	CZECH REPUBLIC	-2.034	-2.170	-2.409	-0.327	-0.943	-0.943	0.176	-0.834	-0.911	-0.728	-1.316	-1.421	25	29	29
덴마크	DENMARK	1.671	2.032	2.207	0.981	1.702	1.702	1.568	1.751	1.434	1.407	1.828	1.781	2	1	1
핀란드	FINLAND	-1.843	-1.582	0.729	1.112	0.763	0.763	1.071	0.252	0.262	0.113	-0.189	0.585	15	16	8
프랑스	FRANCE	0.658	0.562	0.396	0.824	0.559	0.559	0.772	0.790	0.392	0.751	0.637	0.449	5	8	11
독일	GERMANY	-0.116	-0.235	-0.363	-0.549	-0.694	-0.694	0.275	0.076	-0.278	-0.130	-0.284	-0.445	16	18	21
그리스	GREECE	-1.188	-0.908	-0.794	-1.895	-1.258	-1.258	-0.619	-0.741	-1.394	-1.234	-0.969	-1.149	29	26	27
헝가리	HUNGARY	0.569	0.108	0.023	-0.150	-0.121	-0.121	-0.023	-0.451	-0.352	0.132	-0.155	-0.150	14	15	17
아이슬랜드	ICELAND				1.659	1.644	1.644	-0.321	1.441	1.062	0.669	1.543	1.353	6	3	2
아일랜드	IRELAND	0.122	-0.357	-0.506	-0.298	-1.039	-1.039	-0.222	-0.792	-0.994	-0.133	-0.730	-0.847	17	23	24
이탈리아	ITALY	-0.175	0.010	-0.095	-0.375	-0.548	-0.548	-0.818	-0.482	-0.231	-0.456	-0.340	-0.291	23	20	19
일본	JAPAN	-0.116	-0.786	-0.931	-1.473	-1.640	-1.640	-0.818	-0.803	-0.864	-0.802	-1.076	-1.145	26	27	26
한국	KOREA	-0.726	-0.937	-1.092	-0.823	-0.951	-0.951	0.673	1.607	2.458	-0.292	-0.094	0.138	20	14	14
룩셈부르크	LUXEMBOURG	-0.414	-0.541	-0.833				-1.872	-1.899	-1.785	-1.143	-1.220	-1.309	28	28	28
멕시코	MEXICO	-0.695	-0.070	-0.167	-0.423	-0.007	-0.007	0.077	-0.751	0.290	-0.347	-0.276	0.039	21	17	15
네덜란드	NETHERLANDS	0.063	0.010	-0.088	-0.519	-0.495	-0.495	-0.619	-0.896	-0.613	-0.358	-0.460	-0.399	22	22	20
뉴질랜드	NEW ZEALAND	0.984	1.434	1.438	-0.202	0.453	0.453	0.275	0.335	0.225	0.352	0.740	0.705	8	6	7
노르웨이	NORWAY	1.790	1.480	1.226	1.658	1.537	1.537	1.369	1.472	0.755	1.606	1.497	1.173	1	4	4
폴란드	POLAND	0.182	0.133	0.049	0.613	0.335	0.335	-0.212	-0.172	-0.306	0.194	0.098	0.026	12	13	16
포르투갈	PORTUGAL	0.301	0.317	0.507	0.220	0.583	0.583	-0.122	0.180	0.271	0.133	0.360	0.454	13	10	10
슬로바키아	SLOVAK REPUBLIC	0.134	-0.189	-0.295	-0.458	-1.121	-1.121	-1.097	-1.092	-1.348	-0.474	-0.801	-0.921	24	25	25
스페인	SPAIN	-0.116	-0.357	-0.467	-0.479	-0.789	-0.789	0.176	-0.182	-0.622	-0.140	-0.443	-0.626	18	21	22
스웨덴	SWEDEN	1.552	1.787	1.429	1.016	1.559	1.559	1.170	1.338	0.839	1.246	1.561	1.275	3	2	3
스위스	SWITZERLAND	0.122	0.255	0.259	0.363	0.570	0.570	0.474	0.397	0.159	0.320	0.407	0.329	10	9	12
터키	TURKEY				-2.601	-1.748	-1.748	-3.105	-2.064	-1.906	-2.853	-1.906	-1.827	30	30	30
영국	UNITED KINGDOM	0.122	-0.173	-0.284	-0.235	-0.140	-0.140	-0.599	-0.575	-0.073	-0.238	-0.296	-0.166	19	19	18
미국	UNITED STATES	-0.175	-0.235	-0.343	-0.020	0.203	0.203	1.170	0.986	1.657	0.325	0.318	0.506	9	11	9

EFI6-교육훈련공공지출

		DATA			T점수			T역변환			순위		
국가	Country	t1	t2	t3	t1	t2	t3	t1	t2	t3	t1	t2	t3
호주	AUSTRALIA	1.1	2.3	2.3	-2.260	-1.644	-1.847	-2.260	-1.644	-1.847	28	27	27
오스트리아	AUSTRIA	5.4	6.2	5.8	0.301	0.746	0.435	0.301	0.746	0.435	8	6	9
벨기에	BELGIUM	5.2	5.2	6.1	0.182	0.133	0.651	0.182	0.133	0.651	10	10	7
캐나다	CANADA	6.8	6.9	6.9	1.106	1.174	1.165	1.106	1.174	1.165	4	5	5
체코	CZECH REPUBLIC	1.5	1.4	1.4	-2.034	-2.170	-2.409	-2.034	-2.170	-2.409	27	28	28
덴마크	DENMARK	7.7	8.3	8.5	1.671	2.032	2.207	1.671	2.032	2.207	2	1	1
핀란드	FINLAND	1.8	2.4	6.2	-1.843	-1.582	0.729	-1.843	-1.582	0.729	26	26	6
프랑스	FRANCE	6.0	5.9	5.7	0.658	0.562	0.396	0.658	0.562	0.396	6	7	10
독일	GERMANY	4.7	4.6	4.6	-0.116	-0.235	-0.363	-0.116	-0.235	-0.363	17	18	20
그리스	GREECE	2.9	3.5	3.9	-1.188	-0.908	-0.794	-1.188	-0.908	-0.794	25	24	23
헝가리	HUNGARY	5.9	5.2	5.2	0.569	0.108	0.023	0.569	0.108	0.023	7	12	13
아이슬랜드	ICELAND										#N/A	#N/A	#N/A
아일랜드	IRELAND	5.1	4.4	4.4	0.122	-0.357	-0.506	0.122	-0.357	-0.506	13	20	22
이탈리아	ITALY	4.6	5.0	5.0	-0.175	0.010	-0.095	-0.175	0.010	-0.095	20	13	15
일본	JAPAN	4.7	3.7	3.7	-0.116	-0.786	-0.931	-0.116	-0.786	-0.931	17	23	25
한국	KOREA	3.7	3.5	3.5	-0.726	-0.937	-1.092	-0.726	-0.937	-1.092	24	25	26
룩셈부르크	LUXEMBOURG	4.2	4.1	3.9	-0.414	-0.541	-0.833	-0.414	-0.541	-0.833	22	22	24
멕시코	MEXICO	3.7	4.9	4.9	-0.695	-0.070	-0.167	-0.695	-0.070	-0.167	23	15	16
네덜란드	NETHERLANDS	5.0	5.0	5.0	0.063	0.010	-0.088	0.063	0.010	-0.088	16	13	14
뉴질랜드	NEW ZEALAND	6.5	7.3	7.3	0.984	1.434	1.438	0.984	1.434	1.438	5	4	2
노르웨이	NORWAY	7.9	7.4	7.0	1.790	1.481	1.226	1.790	1.481	1.226	1	3	4
폴란드	POLAND	5.2	5.2	5.2	0.182	0.133	0.049	0.182	0.133	0.049	10	10	12
포르투갈	PORTUGAL	5.4	5.5	5.9	0.301	0.317	0.507	0.301	0.317	0.507	8	8	8
슬로바키아	SLOVAK REPUBLIC	5.1	4.7	4.7	0.134	-0.189	-0.295	0.134	-0.189	-0.295	12	17	18
스페인	SPAIN	4.7	4.4	4.4	-0.116	-0.357	-0.467	-0.116	-0.357	-0.467	17	20	21
스웨덴	SWEDEN	7.5	7.9	7.3	1.552	1.787	1.429	1.552	1.787	1.429	3	2	3
스위스	SWITZERLAND	5.1	5.4	5.5	0.122	0.256	0.259	0.122	0.256	0.259	13	9	11
터키	TURKEY										#N/A	#N/A	#N/A
영국	UNITED KINGDOM	5.1	4.7	4.7	0.122	-0.173	-0.284	0.122	-0.173	-0.284	13	16	17
미국	UNITED STATES	4.6	4.6	4.6	-0.175	-0.235	-0.343	-0.175	-0.235	-0.343	20	18	19

	평균	5	5	5	0	0	0	0	0	0
	표준편차	1.68	1.63	1.53	1.00	1.00	1.00	1.00	1.00	1.00

* t1, t2, t3는 각각 1990, 1999, 2002년 자료임
* 폴란드의 1990년도 자료는 결측이므로 1999년도 값을 활용하였음.
* 호주, 캐나다, 체코, 헝가리, 일본, 한국, 멕시코, 뉴질랜드, 폴란드, 슬로바키아, 미국의 2002년도 자료는 결측이므로 1999년도 값을 활용하였음

EFI6-교육공공지출

		DATA			T점수			T역변환			순위		
국가	Country	t1	t2	t3	t1	t2	t3	t1	t2	t3	t1	t2	t3
호주	AUSTRALIA	4.5	4.4	4.4	-0.546	-0.689	-0.689	-0.546	-0.689	-0.689	24	20	20
오스트리아	AUSTRIA	5.9	5.4	5.4	0.853	0.284	0.284	0.853	0.284	0.284	8	13	13
벨기에	BELGIUM	6.1	6.1	6.1	0.971	0.925	0.925	0.971	0.925	0.925	7	6	6
캐나다	CANADA	6.2	6.2	6.2	1.105	1.065	1.065	1.105	1.065	1.065	4	5	5
체코	CZECH REPUBLIC	4.7	4.2	4.2	-0.327	-0.943	-0.943	-0.327	-0.943	-0.943	18	23	23
덴마크	DENMARK	6.1	6.8	6.8	0.981	1.702	1.702	0.981	1.702	1.702	6	1	1
핀란드	FINLAND	6.2	5.9	5.9	1.112	0.763	0.763	1.112	0.763	0.763	3	7	7
프랑스	FRANCE	5.9	5.7	5.7	0.824	0.559	0.559	0.824	0.559	0.559	9	10	10
독일	GERMANY	4.5	4.4	4.4	-0.549	-0.694	-0.694	-0.549	-0.694	-0.694	25	21	21
그리스	GREECE	3.1	3.9	3.9	-1.895	-1.258	-1.258	-1.895	-1.258	-1.258	28	27	27
헝가리	HUNGARY	4.9	5.0	5.0	-0.150	-0.121	-0.121	-0.150	-0.121	-0.121	14	16	16
아이슬랜드	ICELAND	6.8	6.8	6.8	1.659	1.644	1.644	1.659	1.644	1.644	1	2	2
아일랜드	IRELAND	4.7	4.1	4.1	-0.298	-1.039	-1.039	-0.298	-1.039	-1.039	17	25	25
이탈리아	ITALY	4.7	4.6	4.6	-0.375	-0.548	-0.548	-0.375	-0.548	-0.548	19	19	19
일본	JAPAN	3.5	3.5	3.5	-1.473	-1.640	-1.640	-1.473	-1.640	-1.640	27	28	28
한국	KOREA	4.2	4.2	4.2	-0.823	-0.951	-0.951	-0.823	-0.951	-0.951	26	24	24
룩셈부르크	LUXEMBOURG										#N/A	#N/A	#N/A
멕시코	MEXICO	4.6	5.1	5.1	-0.423	-0.007	-0.007	-0.423	-0.007	-0.007	20	15	15
네덜란드	NETHERLANDS	4.5	4.6	4.6	-0.519	-0.495	-0.495	-0.519	-0.495	-0.495	23	18	18
뉴질랜드	NEW ZEALAND	4.8	5.6	5.6	-0.202	0.453	0.453	-0.202	0.453	0.453	15	11	11
노르웨이	NORWAY	6.8	6.7	6.7	1.658	1.537	1.537	1.658	1.537	1.537	2	4	4
폴란드	POLAND	5.7	5.5	5.5	0.613	0.335	0.335	0.613	0.335	0.335	10	12	12
포르투갈	PORTUGAL	5.3	5.7	5.7	0.220	0.583	0.583	0.220	0.583	0.583	12	8	8
슬로바키아	SLOVAK REPUBLIC	4.6	4.0	4.0	-0.458	-1.121	-1.121	-0.458	-1.121	-1.121	21	26	26
스페인	SPAIN	4.5	4.3	4.3	-0.479	-0.789	-0.789	-0.479	-0.789	-0.789	22	22	22
스웨덴	SWEDEN	6.1	6.7	6.7	1.016	1.559	1.559	1.016	1.559	1.559	5	3	3
스위스	SWITZERLAND	5.4	5.7	5.7	0.363	0.570	0.570	0.363	0.570	0.570	11	9	9
터키	TURKEY	2.3	3.4	3.4	-2.601	-1.748	-1.748	-2.601	-1.748	-1.748	29	29	29
영국	UNITED KINGDOM	4.8	5.0	5.0	-0.235	-0.140	-0.140	-0.235	-0.140	-0.140	16	17	17
미국	UNITED STATES	5.0	5.3	5.3	-0.020	0.203	0.203	-0.020	0.203	0.203	13	14	14
	평균	5	5	5	0	0	0	0	0	0			
	표준편차	1.04	1.00	1.00	1.00	1.00	1.00	1.00	1.00	1.00			

* t1, t3는 각각 1995, 2002년 자료임
* 벨기에, 아이슬랜드, 한국의 1995년도 자료는 결측이므로 2002년도 값을 활용하였음.
* t2년도 자료는 결측이므로 2002년도 값을 활용하였음.
* 캐나다의 2002년도 자료는 결측이므로 1995년도 값을 활용하였음.

EFI6-공사교육기관지출

		DATA			T점수			T역변환			순위		
국가	Country	t1	t2	t3	t1	t2	t3	t1	t2	t3	t1	t2	t3
호주	AUSTRALIA	5.6	5.5	6.0	0.077	-0.017	0.383	0.077	-0.017	0.383	14	15	10
오스트리아	AUSTRIA	5.5	6.4	5.8	-0.023	0.914	0.206	-0.023	0.914	0.206	16	7	15
벨기에	BELGIUM	5.2	5.0	6.4	-0.321	-0.493	0.746	-0.321	-0.493	0.746	21	20	7
캐나다	CANADA	7.0	6.2	6.1	1.468	0.707	0.541	1.468	0.707	0.541	2	9	8
체코	CZECH REPUBLIC	5.7	4.7	4.6	0.176	-0.834	-0.911	0.176	-0.834	-0.911	12	26	25
덴마크	DENMARK	7.1	7.2	7.1	1.568	1.751	1.434	1.568	1.751	1.434	1	1	3
핀란드	FINLAND	6.6	5.7	5.8	1.071	0.252	0.262	1.071	0.252	0.262	6	12	13
프랑스	FRANCE	6.3	6.2	6.0	0.772	0.790	0.392	0.772	0.790	0.392	7	8	9
독일	GERMANY	5.8	5.6	5.3	0.275	0.076	-0.278	0.275	0.076	-0.278	10	14	19
그리스	GREECE	4.9	4.8	4.1	-0.619	-0.741	-1.394	-0.619	-0.741	-1.394	24	22	28
헝가리	HUNGARY	5.5	5.0	5.2	-0.023	-0.451	-0.352	-0.023	-0.451	-0.352	16	18	21
아이슬랜드	ICELAND	5.2	6.9	6.7	-0.321	1.441	1.062	-0.321	1.441	1.062	21	4	4
아일랜드	IRELAND	5.3	4.7	4.5	-0.222	-0.792	-0.994	-0.222	-0.792	-0.994	20	24	26
이탈리아	ITALY	4.7	5.0	5.3	-0.818	-0.482	-0.231	-0.818	-0.482	-0.231	26	19	18
일본	JAPAN	4.7	4.7	4.6	-0.818	-0.803	-0.864	-0.818	-0.803	-0.864	26	25	24
한국	KOREA	6.2	7.0	8.2	0.673	1.607	2.458	0.673	1.607	2.458	8	2	1
룩셈부르크	LUXEMBOURG	3.6	3.6	3.6	-1.872	-1.899	-1.785	-1.872	-1.899	-1.785	29	29	29
멕시코	MEXICO	5.6	4.8	5.9	0.077	-0.751	0.290	0.077	-0.751	0.290	14	23	11
네덜란드	NETHERLANDS	4.9	4.6	4.9	-0.619	-0.896	-0.613	-0.619	-0.896	-0.613	24	27	22
뉴질랜드	NEW ZEALAND	5.8	5.8	5.8	0.275	0.335	0.225	0.275	0.335	0.225	10	11	14
노르웨이	NORWAY	6.9	6.9	6.4	1.369	1.472	0.755	1.369	1.472	0.755	3	3	6
폴란드	POLAND	5.3	5.3	5.2	-0.212	-0.172	-0.306	-0.212	-0.172	-0.306	19	16	20
포르투갈	PORTUGAL	5.4	5.7	5.9	-0.122	0.180	0.271	-0.122	0.180	0.271	18	13	12
슬로바키아	SLOVAK REPUBLIC	4.4	4.4	4.1	-1.097	-1.092	-1.348	-1.097	-1.092	-1.348	28	28	27
스페인	SPAIN	5.7	5.3	4.9	0.176	-0.182	-0.622	0.176	-0.182	-0.622	12	17	23
스웨덴	SWEDEN	6.7	6.8	6.5	1.170	1.338	0.839	1.170	1.338	0.839	4	5	5
스위스	SWITZERLAND	6.0	5.9	5.7	0.474	0.397	0.159	0.474	0.397	0.159	9	10	16
터키	TURKEY	2.4	3.5	3.5	-3.105	-2.064	-1.906	-3.105	-2.064	-1.906	30	30	30
영국	UNITED KINGDOM	4.9	4.9	5.5	-0.599	-0.575	-0.073	-0.599	-0.575	-0.073	23	21	17
미국	UNITED STATES	6.7	6.4	7.3	1.170	0.986	1.657	1.170	0.986	1.657	4	6	2

	평균	6	5	6	0	0	0	0	0	0
	표준편차	1.01	0.97	1.07	1.00	1.00	1.00	1.00	1.00	1.00

* t1, t2, t3는 각각 1996, 2000, 2003년 자료임

* 벨기에, 그리스, 스위스의 1996년도 자료는 결측이므로 1998년도 값을 활용하였음.

* 노르웨이, 영국의 1996년도 자료는 결측이므로 2000년도 값을 활용하였음.

* 폴란드, 슬로바키아의 1996, 2000년도 자료는 결측이므로 2001년도 값을 활용하였음.

* 뉴질랜드의 1996, 2000, 2003년도 자료는 결측이므로 2002년도 값을 활용하였음.

* 룩셈부르크의 1996, 2000년도 자료는 결측이므로 2003년도 값을 활용하였음.

* 폴란드, 스위스의 2003년도 자료는 결측이므로 2002년도 값을 활용하였음.

EFI7

		DATA			T점수			T역변환			순위		
국가	Country	t1	t2	t3	t1	t2	t3	t1	t2	t3	t1	t2	t3
호주	AUSTRALIA										#N/A	#N/A	#N/A
오스트리아	AUSTRIA	0	0	0	-0.515	-0.508	-0.501	0.515	0.508	0.501	1	1	1
벨기에	BELGIUM	0	0	0	-0.515	-0.508	-0.501	0.515	0.508	0.501	1	1	1
캐나다	CANADA	0.2	0.2	0.2	-0.481	-0.457	-0.448	0.481	0.457	0.448	14	14	14
체코	CZECH REPUBLIC										#N/A	#N/A	#N/A
덴마크	DENMARK	0	0	0	-0.515	-0.508	-0.501	0.515	0.508	0.501	1	1	1
핀란드	FINLAND	0	0	0	-0.515	-0.508	-0.501	0.515	0.508	0.501	1	1	1
프랑스	FRANCE	0	0	0	-0.515	-0.508	-0.501	0.515	0.508	0.501	1	1	1
독일	GERMANY	0	0	0	-0.515	-0.508	-0.501	0.515	0.508	0.501	1	1	1
그리스	GREECE	4.99	2.94	3	0.339	0.238	0.289	-0.339	-0.238	-0.289	20	20	20
헝가리	HUNGARY	0.94	0.7	0.7	-0.355	-0.330	-0.317	0.355	0.330	0.317	17	17	17
아이슬랜드	ICELAND										#N/A	#N/A	#N/A
아일랜드	IRELAND	0	0	0	-0.515	-0.508	-0.501	0.515	0.508	0.501	1	1	1
이탈리아	ITALY	1.66	1.16	1	-0.231	-0.214	-0.238	0.231	0.214	0.238	18	18	18
일본	JAPAN										#N/A	#N/A	#N/A
한국	KOREA	4.1	2.2	2.2	0.186	0.050	0.078	-0.186	-0.050	-0.078	19	19	19
룩셈부르크	LUXEMBOURG	0	0	0	-0.515	-0.508	-0.501	0.515	0.508	0.501	1	1	1
멕시코	MEXICO	12.2	8.98	8.98	1.572	1.769	1.862	-1.572	-1.769	-1.862	21	23	23
네덜란드	NETHERLANDS	0	0	0	-0.515	-0.508	-0.501	0.515	0.508	0.501	1	1	1
뉴질랜드	NEW ZEALAND										#N/A	#N/A	#N/A
노르웨이	NORWAY	0	0	0	-0.515	-0.508	-0.501	0.515	0.508	0.501	1	1	1
폴란드	POLAND	0.4	0.3	0.3	-0.447	-0.432	-0.422	0.447	0.432	0.422	15	15	15
포르투갈	PORTUGAL	12.65	8.15	7	1.649	1.559	1.341	-1.649	-1.559	-1.341	22	21	21
슬로바키아	SLOVAK REPUBLIC	0	0	0	-0.515	-0.508	-0.501	0.515	0.508	0.501	1	1	1
스페인	SPAIN	0.4	0.3	0.3	-0.447	-0.432	-0.422	0.447	0.432	0.422	15	15	15
스웨덴	SWEDEN	12.65	8.15	7	1.649	1.559	1.341	-1.649	-1.559	-1.341	22	21	21
스위스	SWITZERLAND	0	0	0	-0.515	-0.508	-0.501	0.515	0.508	0.501	1	1	1
터키	TURKEY	22.1	15	15	3.267	3.296	3.446	-3.267	-3.296	-3.446	24	24	24
영국	UNITED KINGDOM	0	0	0	-0.515	-0.508	-0.501	0.515	0.508	0.501	1	1	1
미국	UNITED STATES										#N/A	#N/A	#N/A

	평균	3	2	2	0	0	0	0	0	0
	표준편차	5.84	3.94	3.80	1.00	1.00	1.00	1.00	1.00	1.00

* t1, t2, t3는 각각 1990, 1999, 2002년 자료임
* 캐나다, 헝가리, 한국, 멕시코, 폴란드, 스페인, 터키의 2002년도 자료는 결측이므로 1999년도 값을 활용하였음.

EFP1

		DATA			T점수			T역변환			순위		
국가	Country	t1	t2	t3	t1	t2	t3	t1	t2	t3	t1	t2	t3
호주	AUSTRALIA	2.0	2	2	-0.242	-0.211	-0.211	0.242	0.211	0.211	10	10	10
오스트리아	AUSTRIA	3.0	3	3	0.564	0.600	0.600	-0.564	-0.600	-0.600	15	16	16
벨기에	BELGIUM	3.0	3	3	0.564	0.600	0.600	-0.564	-0.600	-0.600	15	16	16
캐나다	CANADA	1.0	1	1	-1.047	-1.021	-1.021	1.047	1.021	1.021	1	1	1
체코	CZECH REPUBLIC	1.0	1	1	-1.047	-1.021	-1.021	1.047	1.021	1.021	1	1	1
덴마크	DENMARK	3.0	2	2	0.564	-0.211	-0.211	-0.564	0.211	0.211	15	10	10
핀란드	FINLAND	5.0	5	5	2.175	2.220	2.220	-2.175	-2.220	-2.220	25	25	25
프랑스	FRANCE	2.0	2	2	-0.242	-0.211	-0.211	0.242	0.211	0.211	10	10	10
독일	GERMANY	3.0	3	3	0.564	0.600	0.600	-0.564	-0.600	-0.600	15	16	16
그리스	GREECE										#N/A	#N/A	#N/A
헝가리	HUNGARY	1.0	1	1	-1.047	-1.021	-1.021	1.047	1.021	1.021	1	1	1
아이슬랜드	ICELAND										#N/A	#N/A	#N/A
아일랜드	IRELAND	4.0	4	4	1.369	1.410	1.410	-1.369	-1.410	-1.410	22	22	22
이탈리아	ITALY	2.0	2	2	-0.242	-0.211	-0.211	0.242	0.211	0.211	10	10	10
일본	JAPAN	1.0	1	1	-1.047	-1.021	-1.021	1.047	1.021	1.021	1	1	1
한국	KOREA	1.0	1	1	-1.047	-1.021	-1.021	1.047	1.021	1.021	1	1	1
룩셈부르크	LUXEMBOURG										#N/A	#N/A	#N/A
멕시코	MEXICO										#N/A	#N/A	#N/A
네덜란드	NETHERLANDS	3.0	3	3	0.564	0.600	0.600	-0.564	-0.600	-0.600	15	16	16
뉴질랜드	NEW ZEALAND	1.0	1	1	-1.047	-1.021	-1.021	1.047	1.021	1.021	1	1	1
노르웨이	NORWAY	4.5	4.5	4.5	1.772	1.815	1.815	-1.772	-1.815	-1.815	24	24	24
폴란드	POLAND	1.0	1	1	-1.047	-1.021	-1.021	1.047	1.021	1.021	1	1	1
포르투갈	PORTUGAL	4.0	4	4	1.369	1.410	1.410	-1.369	-1.410	-1.410	22	22	22
슬로바키아	SLOVAK REPUBLIC	2.0	2	2	-0.242	-0.211	-0.211	0.242	0.211	0.211	10	10	10
스페인	SPAIN	3.0	3	3	0.564	0.600	0.600	-0.564	-0.600	-0.600	15	16	16
스웨덴	SWEDEN	3.0	3	3	0.564	0.600	0.600	-0.564	-0.600	-0.600	15	16	16
스위스	SWITZERLAND	2.0	2	2	-0.242	-0.211	-0.211	0.242	0.211	0.211	10	10	10
터키	TURKEY										#N/A	#N/A	#N/A
영국	UNITED KINGDOM	1.0	1	1	-1.047	-1.021	-1.021	1.047	1.021	1.021	1	1	1
미국	UNITED STATES	1.0	1	1	-1.047	-1.021	-1.021	1.047	1.021	1.021	1	1	1

	평균	2	2	2	0	0	0	0	0	0
	표준편차	1.24	1.23	1.23	1.00	1.00	1.00	1.00	1.00	1.00

* t1, t2는 각각 1990-1994, 1995-2000년 자료임

EFP2

		DATA			T점수			T역변환			순위		
국가	Country	t1	t2	t3	t1	t2	t3	t1	t2	t3	t1	t2	t3
호주	AUSTRALIA	2.0	2	2	-0.500	-0.546	-0.546	0.500	0.546	0.546	9	9	9
오스트리아	AUSTRIA	4.0	4	4	0.929	0.819	0.819	-0.929	-0.819	-0.819	16	14	14
벨기에	BELGIUM	4.0	4.5	4.5	0.929	1.161	1.161	-0.929	-1.161	-1.161	16	23	23
캐나다	CANADA	1.0	1	1	-1.215	-1.229	-1.229	1.215	1.229	1.229	1	1	1
체코	CZECH REPUBLIC	1.0	1	1	-1.215	-1.229	-1.229	1.215	1.229	1.229	1	1	1
덴마크	DENMARK	3.0	4	4	0.214	0.819	0.819	-0.214	-0.819	-0.819	12	14	14
핀란드	FINLAND	5.0	5	5	1.644	1.502	1.502	-1.644	-1.502	-1.502	25	25	25
프랑스	FRANCE	2.0	2	2	-0.500	-0.546	-0.546	0.500	0.546	0.546	9	9	9
독일	GERMANY	4.0	4	4	0.929	0.819	0.819	-0.929	-0.819	-0.819	16	14	14
그리스	GREECE										#N/A	#N/A	#N/A
헝가리	HUNGARY	1.0	1	1	-1.215	-1.229	-1.229	1.215	1.229	1.229	1	1	1
아이슬랜드	ICELAND										#N/A	#N/A	#N/A
아일랜드	IRELAND	4.0	4	4	0.929	0.819	0.819	-0.929	-0.819	-0.819	16	14	14
이탈리아	ITALY	3.0	4	4	0.214	0.819	0.819	-0.214	-0.819	-0.819	12	14	14
일본	JAPAN	4.0	4	4	0.929	0.819	0.819	-0.929	-0.819	-0.819	16	14	14
한국	KOREA	1.0	1	1	-1.215	-1.229	-1.229	1.215	1.229	1.229	1	1	1
룩셈부르크	LUXEMBOURG										#N/A	#N/A	#N/A
멕시코	MEXICO										#N/A	#N/A	#N/A
네덜란드	NETHERLANDS	4.0	4	4	0.929	0.819	0.819	-0.929	-0.819	-0.819	16	14	14
뉴질랜드	NEW ZEALAND	1.0	1	1	-1.215	-1.229	-1.229	1.215	1.229	1.229	1	1	1
노르웨이	NORWAY	4.5	4.5	4.5	1.286	1.161	1.161	-1.286	-1.161	-1.161	24	23	23
폴란드	POLAND	1.0	1	1	-1.215	-1.229	-1.229	1.215	1.229	1.229	1	1	1
포르투갈	PORTUGAL	4.0	4	4	0.929	0.819	0.819	-0.929	-0.819	-0.819	16	14	14
슬로바키아	SLOVAK REPUBLIC	2.0	2	2	-0.500	-0.546	-0.546	0.500	0.546	0.546	9	9	9
스페인	SPAIN	3.0	3	3	0.214	0.137	0.137	-0.214	-0.137	-0.137	12	12	12
스웨덴	SWEDEN	3.0	3	3	0.214	0.137	0.137	-0.214	-0.137	-0.137	12	12	12
스위스	SWITZERLAND	4.0	4	4	0.929	0.819	0.819	-0.929	-0.819	-0.819	16	14	14
터키	TURKEY										#N/A	#N/A	#N/A
영국	UNITED KINGDOM	1.0	1	1	-1.215	-1.229	-1.229	1.215	1.229	1.229	1	1	1
미국	UNITED STATES	1.0	1	1	-1.215	-1.229	-1.229	1.215	1.229	1.229	1	1	1
	평균	3	3	3	0	0	0	0	0	0			
	표준편차	1.40	1.46	1.46	1.00	1.00	1.00	1.00	1.00	1.00			

* t1, t2는 각각 1990-1994, 1995-2000년 자료임

EFP3

국가	Country	DATA t1	DATA t2	DATA t3	T점수 t1	T점수 t2	T점수 t3	T역변환 t1	T역변환 t2	T역변환 t3	순위 t1	순위 t2	순위 t3
호주	AUSTRALIA	54.29	5.79	7.15	-0.950	-0.503	0.353	-0.950	-0.503	0.353	25	21	14
오스트리아	AUSTRIA	82.86	7.55	8.26	1.726	1.033	1.299	1.726	1.033	1.299	3	6	2
벨기에	BELGIUM	66.67	5.24	5.52	0.210	-0.983	-1.036	0.210	-0.983	-1.036	12	25	25
캐나다	CANADA	59.69	6.14	7.16	-0.444	-0.198	0.362	-0.444	-0.198	0.362	19	19	13
체코	CZECH REPUBLIC	52.90	5.29	7.31	-1.080	-0.940	0.490	-1.080	-0.940	0.490	26	24	10
덴마크	DENMARK	69.52	7.67	8.68	0.477	1.138	1.657	0.477	1.138	1.657	8	4	1
핀란드	FINLAND	69.17	7.13	7.29	0.444	0.667	0.472	0.444	0.667	0.472	9	10	11
프랑스	FRANCE	63.77	4.35	4.86	-0.062	-1.760	-1.599	-0.062	-1.760	-1.599	16	29	29
독일	GERMANY	75.56	6.97	6.21	1.042	0.527	-0.448	1.042	0.527	-0.448	5	12	20
그리스	GREECE	52.00	4.76	5.45	-1.164	-1.402	-1.096	-1.164	-1.402	-1.096	28	28	26
헝가리	HUNGARY	47.40	6.57	6.73	-1.595	0.178	-0.005	-1.595	0.178	-0.005	30	15	18
아이슬랜드	ICELAND	62.50	6.25	7.95	-0.181	-0.102	1.035	-0.181	-0.102	1.035	17	17	5
아일랜드	IRELAND	65.58	7.13	8.00	0.108	0.667	1.078	0.108	0.667	1.078	15	10	4
이탈리아	ITALY	61.63	5.02	4.92	-0.262	-1.175	-1.548	-0.262	-1.175	-1.548	18	26	28
일본	JAPAN	85.85	7.70	7.93	2.006	1.164	1.018	2.006	1.164	1.018	2	2	6
한국	KOREA	52.86	3.61	3.97	-1.084	-2.407	-2.357	-1.084	-2.407	-2.357	27	30	30
룩셈부르크	LUXEMBOURG	73.80	7.38	7.28	0.878	0.885	0.464	0.878	0.885	0.464	7	7	12
멕시코	MEXICO	66.00	6.00	5.80	0.147	-0.320	-0.798	0.147	-0.320	-0.798	13	20	23
네덜란드	NETHERLANDS	77.78	7.67	7.61	1.250	1.138	0.745	1.250	1.138	0.745	4	4	8
뉴질랜드	NEW ZEALAND	54.44	7.69	6.89	-0.936	1.156	0.132	-0.936	1.156	0.132	24	3	17
노르웨이	NORWAY	74.36	7.36	7.83	0.930	0.868	0.933	0.930	0.868	0.933	6	8	7
폴란드	POLAND	49.00	4.90	5.19	-1.445	-1.280	-1.317	-1.445	-1.280	-1.317	29	27	27
포르투갈	PORTUGAL	57.95	6.31	5.74	-0.607	-0.049	-0.849	-0.607	-0.049	-0.849	21	16	24
슬로바키아	SLOVAK REPUBLIC	67.10	6.71	6.71	0.250	0.300	-0.022	0.250	0.300	-0.022	11	14	19
스페인	SPAIN	54.46	5.74	6.02	-0.934	-0.547	-0.610	-0.934	-0.547	-0.610	23	22	21
스웨덴	SWEDEN	65.83	7.36	7.55	0.131	0.868	0.694	0.131	0.868	0.694	14	8	9
스위스	SWITZERLAND	86.67	7.95	8.03	2.083	1.383	1.103	2.083	1.383	1.103	1	1	3
터키	TURKEY	58.97	5.58	5.84	-0.511	-0.687	-0.763	-0.511	-0.687	-0.763	20	23	22
영국	UNITED KINGDOM	55.44	6.93	7.06	-0.842	0.492	0.276	-0.842	0.492	0.276	22	13	16
미국	UNITED STATES	68.85	6.24	7.13	0.414	-0.110	0.336	0.414	-0.110	0.336	10	18	15

	평균	64	6	7	0	0	0	0	0	0
	표준편차	10.68	1.15	1.17	1.00	1.00	1.00	1.00	1.00	1.00

* t1, t2, t3는 각각 1993, 1999, 2006년 자료임
* 1993년도 자료는 결측이므로 World Competitiveness Report 1990을 활용하였음.
* 슬로바키아의 1996년도 자료는 결측이므로 2006년도 자료를 활용하였음.

EFP4

국가	Country	DATA t1	DATA t2	DATA t3	T점수 t1	T점수 t2	T점수 t3	T역변환 t1	T역변환 t2	T역변환 t3	순위 t1	순위 t2	순위 t3
호주	AUSTRALIA	54.29	4.31	4.60	-1.100	-1.017	-0.455	-1.100	-1.017	-0.455	27	25	19
오스트리아	AUSTRIA	82.86	6.13	5.90	1.531	1.367	1.303	1.531	1.367	1.303	4	2	4
벨기에	BELGIUM	66.67	4.43	4.10	0.040	-0.860	-1.132	0.040	-0.860	-1.132	14	24	25
캐나다	CANADA	59.69	4.78	4.60	-0.603	-0.401	-0.455	-0.603	-0.401	-0.455	20	22	19
체코	CZECH REPUBLIC	72.43	5.07	4.80	0.570	-0.021	-0.185	0.570	-0.021	-0.185	10	17	17
덴마크	DENMARK	69.52	5.97	6.10	0.303	1.158	1.574	0.303	1.158	1.574	11	4	1
핀란드	FINLAND	69.17	5.42	5.70	0.270	0.437	1.033	0.270	0.437	1.033	12	10	5
프랑스	FRANCE	63.77	3.33	3.30	-0.227	-2.301	-2.214	-0.227	-2.301	-2.214	18	30	30
독일	GERMANY	75.56	5.25	4.80	0.859	0.214	-0.185	0.859	0.214	-0.185	6	12	17
그리스	GREECE	52.00	3.91	4.20	-1.311	-1.541	-0.996	-1.311	-1.541	-0.996	29	28	24
헝가리	HUNGARY	47.40	5.07	5.00	-1.735	-0.021	0.086	-1.735	-0.021	0.086	30	17	16
아이슬랜드	ICELAND	73.57	5.15	5.50	0.676	0.083	0.762	0.676	0.083	0.762	8	14	8
아일랜드	IRELAND	65.58	5.21	5.20	-0.060	0.162	0.356	-0.060	0.162	0.356	17	13	12
이탈리아	ITALY	61.63	4.22	3.80	-0.424	-1.135	-1.538	-0.424	-1.135	-1.538	19	26	28
일본	JAPAN	85.85	6.09	6.10	1.806	1.315	1.574	1.806	1.315	1.574	2	3	1
한국	KOREA	52.86	3.88	4.10	-1.232	-1.581	-1.132	-1.232	-1.581	-1.132	28	29	25
룩셈부르크	LUXEMBOURG	84.14	5.89	5.60	1.649	1.053	0.897	1.649	1.053	0.897	3	6	6
멕시코	MEXICO	66.00	5.38	4.60	-0.022	0.385	-0.455	-0.022	0.385	-0.455	15	11	19
네덜란드	NETHERLANDS	77.78	5.89	5.40	1.063	1.053	0.627	1.063	1.053	0.627	5	6	9
뉴질랜드	NEW ZEALAND	54.44	5.57	5.20	-1.086	0.634	0.356	-1.086	0.634	0.356	26	9	12
노르웨이	NORWAY	74.36	5.72	5.60	0.748	0.830	0.897	0.748	0.830	0.897	7	8	6
폴란드	POLAND	56.14	3.93	3.80	-0.929	-1.515	-1.538	-0.929	-1.515	-1.538	23	27	28
포르투갈	PORTUGAL	57.95	4.98	4.50	-0.763	-0.139	-0.591	-0.763	-0.139	-0.591	22	20	23
슬로바키아	SLOVAK REPUBLIC	73.14	5.12	5.10	0.636	0.044	0.221	0.636	0.044	0.221	9	15	15
스페인	SPAIN	54.46	4.51	4.60	-1.084	-0.755	-0.455	-1.084	-0.755	-0.455	25	23	19
스웨덴	SWEDEN	65.83	5.92	5.30	-0.037	1.092	0.491	-0.037	1.092	0.491	16	5	10
스위스	SWITZERLAND	86.67	6.37	6.00	1.882	1.682	1.438	1.882	1.682	1.438	1	1	3
터키	TURKEY	58.97	5.00	4.10	-0.669	-0.113	-1.132	-0.669	-0.113	-1.132	21	19	25
영국	UNITED KINGDOM	55.44	5.11	5.30	-0.994	0.031	0.491	-0.994	0.031	0.491	24	16	10
미국	UNITED STATES	68.85	4.98	5.20	0.241	-0.139	0.356	0.241	-0.139	0.356	13	20	12
	평균	66	5	5	0	0	0	0	0	0			
	표준편차	10.86	0.76	0.74	1.00	1.00	1.00	1.00	1.00	1.00			

* t1, t2, t3는 각각 1993, 1999, 2005-2006년 자료임

* 1993년도 자료는 결측이므로 World Competitiveness Report 1990을 활용하였음.

EFO1

		DATA			T점수			T역변환			순위		
국가	Country	t1	t2	t3	t1	t2	t3	t1	t2	t3	t1	t2	t3
호주	AUSTRALIA	3.6	2.6	1.0	0.471	0.178	-0.899	0.471	0.178	-0.899	6	11	26
오스트리아	AUSTRIA	1.3	1.9	1.9	-0.322	-0.104	-0.105	-0.322	-0.104	-0.105	18	15	15
벨기에	BELGIUM	-0.3	1.8	1.6	-0.891	-0.156	-0.334	-0.891	-0.156	-0.334	28	16	18
캐나다	CANADA	1.8	2.9	1.3	-0.154	0.299	-0.564	-0.154	0.299	-0.564	16	8	22
체코	CZECH REPUBLIC	1.3	3.5	5.0	-0.334	0.567	2.534	-0.334	0.567	2.534	19	5	1
덴마크	DENMARK	1.4	1.6	2.3	-0.306	-0.226	0.216	-0.306	-0.226	0.216	17	19	10
핀란드	FINLAND	5.1	0.8	2.4	0.972	-0.536	0.297	0.972	-0.536	0.297	3	24	8
프랑스	FRANCE	0.5	1.1	1.7	-0.594	-0.408	-0.299	-0.594	-0.408	-0.299	23	22	17
독일	GERMANY	0.5	0.5	1.5	-0.601	-0.663	-0.419	-0.601	-0.663	-0.419	24	28	19
그리스	GREECE	-2.4	3.4	2.3	-1.606	0.512	0.277	-1.606	0.512	0.277	30	6	9
헝가리	HUNGARY	3.4	1.0	3.7	0.387	-0.462	1.420	0.387	-0.462	1.420	8	23	5
아이슬랜드	ICELAND	1.9	0.6	1.4	-0.124	-0.622	-0.480	-0.124	-0.622	-0.480	15	25	20
아일랜드	IRELAND	1.2	4.3	2.1	-0.384	0.872	0.040	-0.384	0.872	0.040	20	4	12
이탈리아	ITALY	2.3	1.3	1.1	0.023	-0.327	-0.736	0.023	-0.327	-0.736	13	20	24
일본	JAPAN	0.0	0.6	2.4	-0.770	-0.630	0.311	-0.770	-0.630	0.311	26	26	7
한국	KOREA	4.9	7.6	3.9	0.899	2.226	1.542	0.899	2.226	1.542	4	2	4
룩셈부르크	LUXEMBOURG	2.4	3.2	1.2	0.050	0.448	-0.730	0.050	0.448	-0.730	12	7	23
멕시코	MEXICO	-1.6	2.8	1.8	-1.322	0.262	-0.205	-1.322	0.262	-0.205	29	10	16
네덜란드	NETHERLANDS	0.3	1.3	1.1	-0.667	-0.327	-0.788	-0.667	-0.327	-0.788	25	21	25
뉴질랜드	NEW ZEALAND	3.1	2.8	0.6	0.288	0.273	-1.227	0.288	0.273	-1.227	10	9	28
노르웨이	NORWAY	2.7	1.7	0.8	0.150	-0.191	-0.992	0.150	-0.191	-0.992	11	17	27
폴란드	POLAND	7.0	8.8	2.0	1.623	2.705	0.009	1.623	2.705	0.009	2	1	13
포르투갈	PORTUGAL	0.0	2.5	0.2	-0.785	0.144	-1.524	-0.785	0.144	-1.524	27	12	30
슬로바키아	SLOVAK REPUBLIC	4.0	4.6	4.3	0.593	1.012	1.911	0.593	1.012	1.911	5	3	2
스페인	SPAIN	1.9	0.1	0.5	-0.115	-0.828	-1.301	-0.115	-0.828	-1.301	14	29	29
스웨덴	SWEDEN	3.4	2.1	2.7	0.392	-0.022	0.590	0.392	-0.022	0.590	7	14	6
스위스	SWITZERLAND	0.6	0.5	1.4	-0.569	-0.662	-0.512	-0.569	-0.662	-0.512	22	27	21
터키	TURKEY	13.5	-5.8	4.3	3.856	-3.237	1.904	3.856	-3.237	1.904	1	30	3
영국	UNITED KINGDOM	3.4	1.7	2.0	0.381	-0.196	-0.005	0.381	-0.196	-0.005	9	18	14
미국	UNITED STATES	0.7	2.4	2.1	-0.540	0.099	0.070	-0.540	0.099	0.070	21	13	11

	평균	2	2	2	0	0	0	0	0	0
	표준편차	2.91	2.47	1.19	1.00	1.00	1.00	1.00	1.00	1.00

* t1, t2, t3는 각각 1993, 1999, 2006년 자료임
* 체코, 폴란드의 1993년도 자료는 결측이므로 1994년도 자료를 활용하였음.
* 헝가리, 슬로바키아의 1993년도 자료는 결측이므로 1995년도 자료를 활용하였음.

EFO2

국가	Country	Compensation per employee			unit labor cost			EFO2			Rank		
		t1	t2	t3	t1	t2	t3	t1	t2	t3	t1	t2	t3
호주	AUSTRALIA	0.484	0.406	-0.684	0.775	0.557	-0.177	0.630	0.482	-0.430	7	8	22
오스트리아	AUSTRIA	0.236	0.734	0.722	-1.163	-0.719	-0.239	-0.464	0.008	0.241	24	13	12
벨기에	BELGIUM	0.293	0.138	0.888	-0.812	-0.924	-0.805	-0.260	-0.393	0.042	17	25	16
캐나다	CANADA	0.541	0.250	-0.505	1.068	1.239	1.244	0.805	0.744	0.369	5	4	9
체코	CZECH REPUBLIC	-1.362	-0.038	-1.505	1.101	-0.021	-0.827	-0.131	-0.030	-1.166	16	17	28
덴마크	DENMARK	0.531	0.307	0.305	-0.130	-0.299	-0.438	0.200	0.004	-0.066	15	14	17
핀란드	FINLAND	0.691	0.519	0.358	0.134	-0.231	0.577	0.412	0.144	0.467	12	11	8
프랑스	FRANCE	0.616	0.608	0.386	-1.337	-1.038	-0.623	-0.361	-0.215	-0.118	21	19	19
독일	GERMANY	0.367	0.926	1.677	-1.741	-1.955	-1.031	-0.687	-0.514	0.323	27	26	10
그리스	GREECE	-0.336	-0.783	-1.233	-0.486	-0.483	-0.883	-0.411	-0.633	-1.058	22	27	26
헝가리	HUNGARY	-2.448	0.657	-0.770	-1.630	-0.113	-1.383	-2.039	0.272	-1.076	29	10	27
아이슬랜드	ICELAND	1.344	-1.384	-2.150				1.344	-1.384	-2.150	1	28	29
아일랜드	IRELAND	0.180	0.055	-0.415	1.117	1.828	1.887	0.649	0.941	0.736	6	2	6
이탈리아	ITALY	0.140	0.427	0.559	-0.669	-0.939	-1.670	-0.264	-0.256	-0.555	18	20	23
일본	JAPAN	0.765	1.635	1.307	0.392	0.423	1.474	0.578	1.029	1.391	8	1	1
한국	KOREA	-0.904	0.592	-0.809	-0.074	0.806	0.617	-0.489	0.699	-0.096	25	5	18
룩셈부르크	LUXEMBOURG	0.095	-0.045	0.355	-0.965	-0.599	-0.823	-0.435	-0.322	-0.234	23	22	20
멕시코	MEXICO	-0.704	-2.653	-0.238	1.550	2.001	1.879	0.423	-0.326	0.820	11	24	4
네덜란드	NETHERLANDS	0.472	0.265	2.042	-0.054	-0.091	-0.086	0.209	0.087	0.978	14	12	2
뉴질랜드	NEW ZEALAND				0.935	0.613	0.521	0.935	0.613	0.521	3	6	7
노르웨이	NORWAY	0.474	-0.584	-0.137	2.192	2.206	1.630	1.333	0.811	0.747	2	3	5
폴란드	POLAND	-3.361	-2.805	0.573	-0.014	-1.026	-0.154	-1.687	-1.915	0.210	28	29	13
포르투갈	PORTUGAL	-0.133	0.031	0.673	-0.469	-0.683	-0.389	-0.301	-0.326	0.142	19	23	15
슬로바키아	SLOVAK REPUBLIC	0.862	-1.190	-1.803	0.949	0.770	0.197	0.906	-0.210	-0.803	4	18	25
스페인	SPAIN	-0.289	0.683	0.347	-0.769	-0.680	-1.051	-0.529	0.002	-0.352	26	15	21
스웨덴	SWEDEN	-0.037	0.939	0.164	-0.583	-0.288	0.396	-0.310	0.325	0.280	20	9	11
스위스	SWITZERLAND	0.434	0.575	0.910				0.434	0.575	0.910	10	7	3
터키	TURKEY										#N/A	#N/A	#N/A
영국	UNITED KINGDOM	0.476	-0.161	-0.648	0.596	-0.409	-0.566	0.536	-0.285	-0.607	9	21	24
미국	UNITED STATES	0.572	-0.102	-0.371	0.087	0.054	0.722	0.329	-0.024	0.175	13	16	14

EFO2-Compensation per employee

		DATA			T점수			T역변환			순위		
국가	Country	t1	t2	t3	t1	t2	t3	t1	t2	t3	t1	t2	t3
호주	AUSTRALIA	2.6	2.7	5.1	-0.484	-0.406	0.684	0.484	0.406	-0.684	9	12	22
오스트리아	AUSTRIA	4.4	1.6	2.5	-0.236	-0.734	-0.722	0.236	0.734	0.722	16	4	6
벨기에	BELGIUM	4.0	3.7	2.2	-0.293	-0.138	-0.888	0.293	0.138	0.888	15	16	5
캐나다	CANADA	2.2	3.3	4.8	-0.541	-0.250	0.505	0.541	0.250	-0.505	7	15	20
체코	CZECH REPUBLIC	16.2	4.3	6.6	1.362	0.038	1.505	-1.362	-0.038	-1.505	26	19	26
덴마크	DENMARK	2.3	3.1	3.3	-0.531	-0.307	-0.305	0.531	0.307	0.305	8	13	14
핀란드	FINLAND	1.1	2.3	3.2	-0.691	-0.519	-0.358	0.691	0.519	0.358	4	10	11
프랑스	FRANCE	1.6	2.0	3.1	-0.616	-0.608	-0.386	0.616	0.608	0.386	5	7	10
독일	GERMANY	3.5	0.9	0.7	-0.367	-0.926	-1.677	0.367	0.926	1.677	14	3	2
그리스	GREECE	8.7	6.9	6.1	0.336	0.783	1.233	-0.336	-0.783	-1.233	23	24	25
헝가리	HUNGARY	24.3	1.8	5.3	2.448	-0.657	0.770	-2.448	0.657	-0.770	27	6	23
아이슬랜드	ICELAND	-3.7	9.0	7.8	-1.344	1.384	2.150	1.344	-1.384	-2.150	1	26	28
아일랜드	IRELAND	4.8	4.0	4.6	-0.180	-0.055	0.415	0.180	0.055	-0.415	17	17	19
이탈리아	ITALY	5.1	2.6	2.8	-0.140	-0.427	-0.559	0.140	0.427	0.559	18	11	9
일본	JAPAN	0.5	-1.6	1.4	-0.765	-1.635	-1.307	0.765	1.635	1.307	3	1	3
한국	KOREA	12.9	2.1	5.3	0.904	-0.592	0.809	-0.904	0.592	-0.809	25	8	24
룩셈부르크	LUXEMBOURG	5.5	4.3	3.2	-0.095	0.045	-0.355	0.095	-0.045	0.355	19	20	12
멕시코	MEXICO	11.4	13.5	4.3	0.704	2.653	0.238	-0.704	-2.653	-0.238	24	27	17
네덜란드	NETHERLANDS	2.7	3.2	0.1	-0.472	-0.265	-2.042	0.472	0.265	2.042	12	14	1
뉴질랜드	NEW ZEALAND										#N/A	#N/A	#N/A
노르웨이	NORWAY	2.7	6.2	4.1	-0.474	0.584	0.137	0.474	-0.584	-0.137	11	23	16
폴란드	POLAND	31.0	14.0	2.8	3.361	2.805	-0.573	-3.361	-2.805	0.573	28	28	8
포르투갈	PORTUGAL	7.2	4.0	2.6	0.133	-0.031	-0.673	-0.133	0.031	0.673	21	18	7
슬로바키아	SLOVAK REPUBLIC	-0.2	8.3	7.2	-0.862	1.190	1.803	0.862	-1.190	-1.803	2	25	27
스페인	SPAIN	8.3	1.7	3.2	0.289	-0.683	-0.347	-0.289	0.683	0.347	22	5	13
스웨덴	SWEDEN	6.5	0.8	3.5	0.037	-0.939	-0.164	-0.037	0.939	0.164	20	2	15
스위스	SWITZERLAND	3.0	2.1	2.2	-0.434	-0.575	-0.910	0.434	0.575	0.910	13	9	4
터키	TURKEY										#N/A	#N/A	#N/A
영국	UNITED KINGDOM	2.7	4.7	5.0	-0.476	0.161	0.648	0.476	-0.161	-0.648	10	22	21
미국	UNITED STATES	2.0	4.5	4.5	-0.572	0.102	0.371	0.572	-0.102	-0.371	6	21	18

	평균	6	4	4	0	0	0	0	0	0
	표준편차	7.39	3.52	1.84	1.00	1.00	1.00	1.00	1.00	1.00

* t1, t2, t3는 각각 1993, 1999, 2006년 자료임
* 체코의 1993년도 자료는 결측이므로 1994년도 자료를 활용하였음.
* 헝가리, 슬로바키아의 1993년도 자료는 결측이므로 1995년도 자료를 활용하였음.
* 폴란드의 1993년도 자료는 결측이므로 1996년도 자료를 활용하였음.

EFO2-unit labor cost

		DATA			T점수			T역변환			순위		
국가	Country	t1	t2	t3	t1	t2	t3	t1	t2	t3	t1	t2	t3
호주	AUSTRALIA	0.543	0.531	0.771	-0.775	-0.557	0.177	0.775	0.557	-0.177	8	8	14
오스트리아	AUSTRIA	0.902	0.715	0.783	1.163	0.719	0.239	-1.163	-0.719	-0.239	24	22	15
벨기에	BELGIUM	0.837	0.745	0.892	0.812	0.924	0.805	-0.812	-0.924	-0.805	22	23	20
캐나다	CANADA	0.489	0.432	0.498	-1.068	-1.239	-1.244	1.068	1.239	1.244	5	4	5
체코	CZECH REPUBLIC	0.483	0.614	0.896	-1.101	0.021	0.827	1.101	-0.021	-0.827	4	11	22
덴마크	DENMARK	0.711	0.654	0.821	0.130	0.299	0.438	-0.130	-0.299	-0.438	16	16	17
핀란드	FINLAND	0.662	0.644	0.626	-0.134	0.231	-0.577	0.134	-0.231	0.577	11	14	8
프랑스	FRANCE	0.934	0.761	0.857	1.337	1.038	0.623	-1.337	-1.038	-0.623	25	26	19
독일	GERMANY	1.009	0.893	0.935	1.741	1.955	1.031	-1.741	-1.955	-1.031	27	27	24
그리스	GREECE	0.776	0.681	0.907	0.486	0.483	0.883	-0.486	-0.483	-0.883	18	18	23
헝가리	HUNGARY	0.988	0.627	1.003	1.630	0.113	1.383	-1.630	-0.113	-1.383	26	13	26
아이슬랜드	ICELAND										#N/A	#N/A	#N/A
아일랜드	IRELAND	0.480	0.347	0.374	-1.117	-1.828	-1.887	1.117	1.828	1.887	3	3	1
이탈리아	ITALY	0.810	0.747	1.058	0.669	0.939	1.670	-0.669	-0.939	-1.670	20	24	27
일본	JAPAN	0.614	0.550	0.454	-0.392	-0.423	-1.474	0.392	0.423	1.474	10	9	4
한국	KOREA	0.700	0.495	0.618	0.074	-0.806	-0.617	-0.074	0.806	0.617	15	5	7
룩셈부르크	LUXEMBOURG	0.865	0.698	0.895	0.965	0.599	0.823	-0.965	-0.599	-0.823	23	19	21
멕시코	MEXICO	0.399	0.322	0.376	-1.550	-2.001	-1.879	1.550	2.001	1.879	2	2	2
네덜란드	NETHERLANDS	0.696	0.624	0.753	0.054	0.091	0.086	-0.054	-0.091	-0.086	14	12	12
뉴질랜드	NEW ZEALAND	0.513	0.523	0.637	-0.935	-0.613	-0.521	0.935	0.613	0.521	7	7	9
노르웨이	NORWAY	0.281	0.293	0.423	-2.192	-2.206	-1.630	2.192	2.206	1.630	1	1	3
폴란드	POLAND	0.689	0.759	0.767	0.014	1.026	0.154	-0.014	-1.026	-0.154	13	25	13
포르투갈	PORTUGAL	0.773	0.710	0.812	0.469	0.683	0.389	-0.469	-0.683	-0.389	17	21	16
슬로바키아	SLOVAK REPUBLIC	0.511	0.500	0.699	-0.949	-0.770	-0.197	0.949	0.770	0.197	6	6	11
스페인	SPAIN	0.829	0.709	0.939	0.769	0.680	1.051	-0.769	-0.680	-1.051	21	20	25
스웨덴	SWEDEN	0.794	0.653	0.661	0.583	0.288	-0.396	-0.583	-0.288	0.396	19	15	10
스위스	SWITZERLAND										#N/A	#N/A	#N/A
터키	TURKEY										#N/A	#N/A	#N/A
영국	UNITED KINGDOM	0.576	0.670	0.846	-0.596	0.409	0.566	0.596	-0.409	-0.566	9	17	18
미국	UNITED STATES	0.670	0.603	0.598	-0.087	-0.054	-0.722	0.087	0.054	0.722	12	10	6

	평균	1	1	1	0	0	0	0	0	0
	표준편차	0.19	0.14	0.19	1.00	1.00	1.00	1.00	1.00	1.00

* t1, t2, t3는 각각 1993, 1999, 2006년 자료임

* 그리스의 1993년도 자료는 결측이므로 1995년도 자료를 활용하였음.

* 캐나다, 뉴질랜드, 포르투갈의 2006년도 자료는 결측이므로 2003년도 자료를 활용하였음.

* 멕시코의 2006년도 자료는 결측이므로 2004년도 자료를 활용하였음.

* 호주, 체코, 프랑스, 그리스, 헝가리, 아일랜드, 일본, 폴란드, 미국의 2006년도 자료는 결측이므로 2005년도 자료를 활용하였음.

EFO3

국가	Country	DATA t1	DATA t2	DATA t3	T점수 t1	T점수 t2	T점수 t3	T역변환 t1	T역변환 t2	T역변환 t3	순위 t1	순위 t2	순위 t3
호주	AUSTRALIA	4.1	3.9	2.9	1.084	0.127	-0.137	1.084	0.127	-0.137	5	13	17
오스트리아	AUSTRIA	0.3	3.3	2.0	-0.372	-0.107	-0.609	-0.372	-0.107	-0.609	16	18	22
벨기에	BELGIUM	-1.0	3.0	1.2	-0.879	-0.194	-1.050	-0.879	-0.194	-1.050	25	20	26
캐나다	CANADA	2.3	5.4	2.9	0.400	0.673	-0.119	0.400	0.673	-0.119	11	4	15
체코	CZECH REPUBLIC	0.1	1.2	5.8	-0.478	-0.868	1.508	-0.478	-0.868	1.508	18	28	4
덴마크	DENMARK	-0.1	2.5	3.2	-0.537	-0.379	0.040	-0.537	-0.379	0.040	19	22	13
핀란드	FINLAND	-0.9	3.8	2.9	-0.863	0.094	-0.125	-0.863	0.094	-0.125	24	15	16
프랑스	FRANCE	-1.1	3.2	1.2	-0.934	-0.137	-1.085	-0.934	-0.137	-1.085	27	19	27
독일	GERMANY	-0.8	2.0	0.9	-0.817	-0.577	-1.239	-0.817	-0.577	-1.239	22	24	28
그리스	GREECE	-1.6	3.4	3.6	-1.132	-0.072	0.275	-1.132	-0.072	0.275	28	17	10
헝가리	HUNGARY	-0.6	4.1	4.0	-0.728	0.188	0.523	-0.728	0.188	0.523	21	11	7
아이슬랜드	ICELAND	1.3	4.2	5.4	0.017	0.236	1.285	0.017	0.236	1.285	14	10	5
아일랜드	IRELAND	2.7	10.2	5.4	0.535	2.439	1.280	0.535	2.439	1.280	8	1	6
이탈리아	ITALY	-0.9	1.9	0.0	-0.850	-0.608	-1.769	-0.850	-0.608	-1.769	23	25	30
일본	JAPAN	0.2	-0.2	2.6	-0.406	-1.390	-0.288	-0.406	-1.390	-0.288	17	29	19
한국	KOREA	6.0	9.1	3.9	1.821	2.026	0.440	1.821	2.026	0.440	3	2	9
룩셈부르크	LUXEMBOURG	4.1	8.1	4.0	1.104	1.665	0.479	1.104	1.665	0.479	4	3	8
멕시코	MEXICO	1.9	3.7	2.9	0.252	0.048	-0.108	0.252	0.048	-0.108	12	16	14
네덜란드	NETHERLANDS	0.6	4.6	1.5	-0.249	0.376	-0.894	-0.249	0.376	-0.894	15	7	25
뉴질랜드	NEW ZEALAND	6.2	5.1	1.9	1.933	0.581	-0.687	1.933	0.581	-0.687	2	5	23
노르웨이	NORWAY	2.7	2.1	2.2	0.547	-0.532	-0.491	0.547	-0.532	-0.491	7	23	21
폴란드	POLAND	3.7	4.0	6.1	0.930	0.170	1.670	0.930	0.170	1.670	6	12	2
포르투갈	PORTUGAL	-2.1	3.9	0.4	-1.308	0.112	-1.538	-1.308	0.112	-1.538	30	14	29
슬로바키아	SLOVAK REPUBLIC	1.9	1.5	5.9	0.233	-0.772	1.596	0.233	-0.772	1.596	13	26	3
스페인	SPAIN	-1.0	4.6	3.5	-0.907	0.397	0.206	-0.907	0.397	0.206	26	6	11
스웨덴	SWEDEN	-2.0	4.4	2.7	-1.289	0.320	-0.247	-1.289	0.320	-0.247	29	8	18
스위스	SWITZERLAND	-0.2	1.3	2.2	-0.592	-0.829	-0.487	-0.592	-0.829	-0.487	20	27	20
터키	TURKEY	7.7	-4.8	7.1	2.517	-3.084	2.262	2.517	-3.084	2.262	1	30	1
영국	UNITED KINGDOM	2.4	3.0	1.8	0.434	-0.210	-0.731	0.434	-0.210	-0.731	10	21	24
미국	UNITED STATES	2.7	4.4	3.2	0.534	0.307	0.042	0.534	0.307	0.042	9	9	12

	평균	1	4	3	0	0	0	0	0	0
	표준편차	2.56	2.72	1.78	1.00	1.00	1.00	1.00	1.00	1.00

* t1, t2, t3는 각각 1993, 1999, 2005년 자료임

EFO4

		DATA			T점수			T역변환			순위		
국가	Country	t1	t2	t3	t1	t2	t3	t1	t2	t3	t1	t2	t3
호주	AUSTRALIA	610	731	501	0.074	0.902	0.732	-0.074	-0.902	-0.732	25	25	26
오스트리아	AUSTRIA	3	0	4	-0.371	-0.583	-0.552	0.371	0.583	0.552	5	1	5
벨기에	BELGIUM	28	64	135	-0.352	-0.453	-0.214	0.352	0.453	0.214	10	15	21
캐나다	CANADA	381	413	292	-0.094	0.256	0.192	0.094	-0.256	-0.192	22	24	24
체코	CZECH REPUBLIC	2	24	34	-0.372	-0.534	-0.475	0.372	0.534	0.475	4	10	14
덴마크	DENMARK	218	1079	804	-0.213	1.609	1.515	0.213	-1.609	-1.515	19	29	29
핀란드	FINLAND	126	65	365	-0.281	-0.451	0.381	0.281	0.451	-0.381	16	16	25
프랑스	FRANCE	1472	2319	1851	0.705	4.128	4.220	-0.705	-4.128	-4.220	29	30	30
독일	GERMANY	413	200	48	-0.070	-0.177	-0.439	0.070	0.177	0.439	23	20	16
그리스	GREECE	596	99	99	0.064	-0.382	-0.307	-0.064	0.382	0.307	24	17	18
헝가리	HUNGARY	5	5	11	-0.369	-0.573	-0.534	0.369	0.573	0.534	7	5	8
아이슬랜드	ICELAND	4	3	1	-0.370	-0.577	-0.560	0.370	0.577	0.560	6	4	2
아일랜드	IRELAND	46	32	15	-0.339	-0.518	-0.524	0.339	0.518	0.524	13	12	11
이탈리아	ITALY	1054	753	738	0.399	0.947	1.344	-0.399	-0.947	-1.344	27	27	28
일본	JAPAN	252	154	51	-0.188	-0.270	-0.431	0.188	0.270	0.431	21	18	17
한국	KOREA	144	198	286	-0.267	-0.181	0.176	0.267	0.181	-0.176	17	19	23
룩셈부르크	LUXEMBOURG	0	0	1	-0.373	-0.583	-0.560	0.373	0.583	0.560	1	1	2
멕시코	MEXICO	629	257	248	0.088	-0.061	0.078	-0.088	0.061	-0.078	26	23	22
네덜란드	NETHERLANDS	12	24	14	-0.364	-0.534	-0.526	0.364	0.534	0.526	8	10	9
뉴질랜드	NEW ZEALAND	58	32	34	-0.330	-0.518	-0.475	0.330	0.518	0.475	15	12	14
노르웨이	NORWAY	12	15	2	-0.364	-0.552	-0.557	0.364	0.552	0.557	8	8	4
폴란드	POLAND	7443	920	8	5.079	1.286	-0.542	-5.079	-1.286	0.542	30	28	7
포르투갈	PORTUGAL	230	200	126	-0.205	-0.177	-0.237	0.205	0.177	0.237	20	20	20
슬로바키아	SLOVAK REPUBLIC	1	0	0	-0.372	-0.583	-0.563	0.372	0.583	0.563	3	1	1
스페인	SPAIN	1209	749	685	0.513	0.939	1.207	-0.513	-0.939	-1.207	28	26	27
스웨덴	SWEDEN	33	10	14	-0.349	-0.563	-0.526	0.349	0.563	0.526	11	7	9
스위스	SWITZERLAND	0	5	5	-0.373	-0.573	-0.550	0.373	0.573	0.550	1	5	6
터키	TURKEY	49	34	22	-0.337	-0.514	-0.506	0.337	0.514	0.506	14	14	12
영국	UNITED KINGDOM	211	205	116	-0.218	-0.166	-0.263	0.218	0.166	0.263	18	22	19
미국	UNITED STATES	35	17	22	-0.347	-0.548	-0.506	0.347	0.548	0.506	12	9	12

	평균	509	287	218	0	0	0	0	0	0
	표준편차	1365.26	492.22	387.01	1.00	1.00	1.00	1.00	1.00	1.00

* t1, t2, t3는 각각 1993, 1999, 2005년 자료임
* 체코의 1999년도 자료는 결측이므로 2000년도 자료를 활용하였음.
* 그리스의 1999년도 자료는 결측이므로 1998년도 자료를 활용하였음.
* 그리스의 2005년도 자료는 결측이므로 1998년도 자료를 활용하였음.
* 벨기에의 2005년도 자료는 결측이므로 2001년도 자료(http://www.eiro.eurofound.eu.int/2003/03/update/tn0303104u.html)를 활용하였음.
* 독일의 2005년도 자료는 결측이므로 2001년도 자료를 활용하였음.
* 오스트리아의 2005년도 자료는 결측이므로 2002년도 자료를 활용하였음.
* 프랑스, 멕시코, 네델란드, 터키의 2005년도 자료는 결측이므로 2003년도 자료를 활용하였음.
* 체코, 덴마크, 이탈리아, 일본, 룩셈부르크, 뉴질랜드의 2005년도 자료는 결측이므로 2004년도 자료를 활용하였음.

EFO5

국가	Country	DATA t1	DATA t2	DATA t3	T점수 t1	T점수 t2	T점수 t3	T역변환 t1	T역변환 t2	T역변환 t3	순위 t1	순위 t2	순위 t3
호주	AUSTRALIA	489600	461100	228265	0.273	1.207	0.404	-0.273	-1.207	-0.404	28	28	26
오스트리아	AUSTRIA	6869	0	30	-0.324	-0.497	−0.466	0.324	0.497	0.466	7	1	3
벨기에	BELGIUM	8500	12145	51530	-0.322	-0.452	-0.270	0.322	0.452	0.270	10	11	20
캐나다	CANADA	101784	158612	428644	-0.207	0.089	1.169	0.207	-0.089	-1.169	20	25	28
체코	CZECH REPUBLIC	2500	11500	11500	-0.330	-0.454	-0.423	0.330	0.454	0.423	4	10	15
덴마크	DENMARK	58764	75170	75710	-0.260	-0.219	-0.178	0.260	0.219	0.178	17	22	21
핀란드	FINLAND	23193	14993	106796	-0.304	-0.441	-0.059	0.304	0.441	0.059	14	12	24
프랑스	FRANCE	257100	429710	1226450	-0.015	1.091	4.211	0.015	-1.091	-4.211	25	27	30
독일	GERMANY	132555	187749	17097	-0.169	0.197	-0.401	0.169	-0.197	0.401	22	26	17
그리스	GREECE	181737	33633	33633	-0.108	-0.372	-0.338	0.108	0.372	0.338	23	17	19
헝가리	HUNGARY	2574	16685	1425	-0.330	-0.435	-0.461	0.330	0.435	0.461	5	13	7
아이슬랜드	ICELAND	13	0	4256	-0.333	-0.497	-0.450	0.333	0.497	0.450	2	1	10
아일랜드	IRELAND	12764	36505	10227	-0.317	-0.362	-0.427	0.317	0.362	0.427	11	18	13
이탈리아	ITALY	4384000	935000	695300	5.093	2.958	2.186	-5.093	-2.958	-2.186	30	29	29
일본	JAPAN	64007	25673	6998	-0.254	-0.402	-0.440	0.254	0.402	0.440	18	14	12
한국	KOREA	108500	92026	117912	-0.199	-0.157	-0.017	0.199	0.157	0.017	21	23	25
룩셈부르크	LUXEMBOURG	0	0	0	-0.333	-0.497	-0.466	0.333	0.497	0.466	1	1	1
멕시코	MEXICO	31708	50195	12208	-0.294	-0.311	-0.420	0.294	0.311	0.420	16	19	16
네덜란드	NETHERLANDS	20662	58900	10800	-0.307	-0.279	-0.425	0.307	0.279	0.425	12	20	14
뉴질랜드	NEW ZEALAND	21803	10747	6127	-0.306	-0.457	-0.443	0.306	0.457	0.443	13	9	11
노르웨이	NORWAY	6604	651	591	-0.325	-0.494	-0.464	0.325	0.494	0.464	6	5	5
폴란드	POLAND	383200	27149	1592	0.141	-0.396	-0.460	-0.141	0.396	0.460	26	15	9
포르투갈	PORTUGAL	83100	33500	21740	-0.230	-0.373	-0.383	0.230	0.373	0.383	19	16	18
슬로바키아	SLOVAK REPUBLIC	37	0	0	-0.333	-0.497	-0.466	0.333	0.497	0.466	3	1	1
스페인	SPAIN	1076800	1132655	404759	1.000	3.689	1.077	-1.000	-3.689	-1.077	29	30	27
스웨덴	SWEDEN	29318	9481	604	-0.297	-0.462	-0.464	0.297	0.462	0.464	15	8	6
스위스	SWITZERLAND	6901	2255	338	-0.324	-0.488	-0.465	0.324	0.488	0.465	8	6	4
터키	TURKEY	6908	3263	1535	-0.324	-0.485	-0.461	0.324	0.485	0.461	9	7	8
영국	UNITED KINGDOM	385000	140900	92600	0.144	0.024	-0.113	-0.144	-0.024	0.113	27	24	22
미국	UNITED STATES	181900	72600	99700	-0.108	-0.228	-0.086	0.108	0.228	0.086	24	21	23
	평균	268947	134427	122279	0	0	0	0	0	0			
	표준편차	808017.46	270625.52	262182.49	1.00	1.00	1.00	1.00	1.00	1.00			

* t1, t2, t3는 각각 1993, 1999, 2005년 자료임
* 스위스의 1993년도 자료는 결측이므로 1994년도 자료를 활용하였음.
* 체코의 1999, 2005년도 자료는 결측이므로 1996년도 자료를 활용하였음.
* 그리스의 1999, 2005년도 자료는 결측이므로 1998년도 자료를 활용하였음.
* 벨기에의 2005년도 자료는 결측이므로 2001년도 자료를 활용하였음.
* 룩셈부르크의 2005년도 자료는 결측이므로 2002년도 자료를 활용하였음.
* 프랑스, 네델란드, 터키의 2005년도 자료는 결측이므로 2003년도 자료를 활용하였음.
* 오스트리아, 덴마크, 아이슬랜드, 아일랜드, 이탈리아, 일본, 뉴질랜드의 2005년도 자료는 결측이므로 2004년도 자료를 활용하였음.

EFO6

		DATA			T점수			T역변환			순위		
국가	Country	t1	t2	t3	t1	t2	t3	t1	t2	t3	t1	t2	t3
호주	AUSTRALIA	79	89	46	-0.229	0.996	-0.163	0.229	-0.996	0.163	18	24	22
오스트리아	AUSTRIA	0	0	0	-0.445	-0.684	-0.384	0.445	0.684	0.384	1	1	1
벨기에	BELGIUM	33	8	17.61	-0.355	-0.533	-0.299	0.355	0.533	0.299	12	9	17
캐나다	CANADA	133	190	226	-0.081	2.902	0.699	0.081	-2.902	-0.699	22	28	26
체코	CZECH REPUBLIC										#N/A	#N/A	#N/A
덴마크	DENMARK	85	38	31	-0.212	0.033	-0.235	0.212	-0.033	0.235	19	20	19
핀란드	FINLAND	493	10	21	0.903	-0.495	-0.283	-0.903	0.495	0.283	26	11	18
프랑스	FRANCE	300	64	193.39	0.376	0.524	0.543	-0.376	-0.524	-0.543	25	23	25
독일	GERMANY	8	2	2	-0.423	-0.646	-0.374	0.423	0.646	0.374	5	6	6
그리스	GREECE										#N/A	#N/A	#N/A
헝가리	HUNGARY	55	55	6.8	-0.294	0.356	-0.351	0.294	-0.356	0.351	15	21	10
아이슬랜드	ICELAND	1,887	0	1052	4.716	-0.684	4.657	-4.716	0.684	-4.657	28	1	28
아일랜드	IRELAND	132	168	14	-0.084	2.486	-0.317	0.084	-2.486	0.317	21	27	15
이탈리아	ITALY	65	62	44	-0.267	0.486	-0.173	0.267	-0.486	0.173	17	22	21
일본	JAPAN	1	2	0	-0.442	-0.646	-0.384	0.442	0.646	0.384	4	6	1
한국	KOREA	31	109	81	-0.360	1.373	0.004	0.360	-1.373	-0.004	11	25	24
룩셈부르크	LUXEMBOURG	60	0	0	-0.281	-0.684	-0.384	0.281	0.684	0.384	16	1	1
멕시코	MEXICO	13	13	4	-0.409	-0.438	-0.364	0.409	0.438	0.364	7	15	7
네덜란드	NETHERLANDS	115	11	9	-0.130	-0.476	-0.341	0.130	0.476	0.341	20	13	12
뉴질랜드	NEW ZEALAND	41	12	4	-0.333	-0.457	-0.364	0.333	0.457	0.364	13	14	7
노르웨이	NORWAY	27	3	68	-0.371	-0.627	-0.058	0.371	0.627	0.058	10	8	23
폴란드	POLAND	8	8	0.04	-0.423	-0.533	-0.383	0.423	0.533	0.383	5	9	5
포르투갈	PORTUGAL	20	19	12	-0.390	-0.325	-0.326	0.390	0.325	0.326	9	17	14
슬로바키아	SLOVAK REPUBLIC	0	0	0	-0.445	-0.684	-0.384	0.445	0.684	0.384	1	1	1
스페인	SPAIN	157	132	306	-0.016	1.807	1.082	0.016	-1.807	-1.082	23	26	27
스웨덴	SWEDEN	177	22	4	0.039	-0.268	-0.364	-0.039	0.268	0.364	24	18	7
스위스	SWITZERLAND	0	1	10	-0.445	-0.665	-0.336	0.445	0.665	0.336	1	5	13
터키	TURKEY	566	23	14	1.103	-0.250	-0.317	-1.103	0.250	0.317	27	19	15
영국	UNITED KINGDOM	18	10	34	-0.396	-0.495	-0.221	0.396	0.495	0.221	8	11	20
미국	UNITED STATES	51	16	8	-0.305	-0.382	-0.345	0.305	0.382	0.345	14	16	11
	평균	163	36	80	0	0	0	0	0	0			
	표준편차	365.65	53.00	208.71	1.00	1.00	0.98	1.00	1.00	0.98			

* t1, t2, t3는 각각 1995, 1999, 2004년 자료임
* 벨기에, 프랑스의 2004년도 자료는 결측이므로 2001년도 자료를 활용하였음.
* 일본, 터키의 2004년도 자료는 결측이므로 2003년도 자료를 활용하였음.

EFO7

		DATA			T점수			T역변환			순위		
국가	Country	t1	t2	t3	t1	t2	t3	t1	t2	t3	t1	t2	t3
호주	AUSTRALIA										#N/A	#N/A	#N/A
오스트리아	AUSTRIA	5.99	7.94	8.90	-0.800	-0.669	-0.560	-0.800	-0.669	-0.560	21	22	21
벨기에	BELGIUM	5.09	10.28	8.70	-0.944	-0.298	-0.589	-0.944	-0.298	-0.589	25	17	22
캐나다	CANADA	12.00	12.00	12.80	0.152	-0.024	0.002	0.152	-0.024	0.002	9	11	11
체코	CZECH REPUBLIC	5.48	8.67	9.50	-0.881	-0.554	-0.473	-0.881	-0.554	-0.473	24	21	20
덴마크	DENMARK	10.66	10.16	9.80	-0.060	-0.316	-0.430	-0.060	-0.316	-0.430	12	18	18
핀란드	FINLAND	16.94	16.94	16.20	0.935	0.762	0.492	0.935	0.762	0.492	4	5	6
프랑스	FRANCE	10.86	14.01	12.30	-0.029	0.296	-0.070	-0.029	0.296	-0.070	11	8	13
독일	GERMANY	10.31	13.08	12.20	-0.116	0.147	-0.084	-0.116	0.147	-0.084	14	9	15
그리스	GREECE	10.41	12.86	12.40	-0.099	0.114	-0.056	-0.099	0.114	-0.056	13	10	12
헝가리	HUNGARY	6.13	6.13	6.80	-0.778	-0.958	-0.862	-0.778	-0.958	-0.862	20	24	23
아이슬랜드	ICELAND	13.45	10.86	9.60	0.381	-0.205	-0.459	0.381	-0.205	-0.459	7	16	19
아일랜드	IRELAND	9.36	4.85	3.40	-0.267	-1.161	-1.352	-0.267	-1.161	-1.352	19	25	27
이탈리아	ITALY	5.98	9.79	11.90	-0.803	-0.376	-0.128	-0.803	-0.376	-0.128	22	20	16
일본	JAPAN	10.26	11.91	13.90	-0.124	-0.038	0.160	-0.124	-0.038	0.160	15	13	10
한국	KOREA	16.60	16.60	29.70	0.881	0.708	2.436	0.881	0.708	2.436	5	6	2
룩셈부르크	LUXEMBOURG	3.00	3.40	3.20	-1.275	-1.392	-1.381	-1.275	-1.392	-1.381	27	28	28
멕시코	MEXICO	22.00	20.68	20.30	1.737	1.357	1.082	1.737	1.357	1.082	2	3	4
네덜란드	NETHERLANDS	9.97	11.97	14.60	-0.169	-0.028	0.261	-0.169	-0.028	0.261	17	12	9
뉴질랜드	NEW ZEALAND										#N/A	#N/A	#N/A
노르웨이	NORWAY	10.12	10.12	9.90	-0.146	-0.323	-0.416	-0.146	-0.323	-0.416	16	19	17
폴란드	POLAND	11.72	11.72	22.70	0.108	-0.068	1.428	0.108	-0.068	1.428	10	15	3
포르투갈	PORTUGAL	9.82	18.65	19.90	-0.193	1.034	1.025	-0.193	1.034	1.025	18	4	5
슬로바키아	SLOVAK REPUBLIC	2.86	3.88	5.60	-1.297	-1.316	-1.035	-1.297	-1.316	-1.035	28	27	25
스페인	SPAIN	32.15	32.72	30.40	3.346	3.272	2.537	3.346	3.272	2.537	1	1	1
스웨덴	SWEDEN	15.90	15.90	15.10	0.771	0.597	0.333	0.771	0.597	0.333	6	7	8
스위스	SWITZERLAND	13.15	11.85	12.30	0.335	-0.048	-0.070	0.335	-0.048	-0.070	8	14	13
터키	TURKEY	18.58	21.95	16.20	1.196	1.559	0.492	1.196	1.559	0.492	3	2	6
영국	UNITED KINGDOM	5.86	6.80	5.70	-0.821	-0.851	-1.021	-0.821	-0.851	-1.021	23	23	24
미국	UNITED STATES	4.48	4.48	4.02	-1.040	-1.220	-1.262	-1.040	-1.220	-1.262	26	26	26

	평균	11	12	13	0	0	0	0	0	0
	표준편차	6.31	6.29	6.94	1.00	1.00	1.00	1.00	1.00	1.00

* t1, t2, t3는 각각 1993, 1999, 2004년 자료임
* 슬로바키아의 1993년도 자료는 결측이므로 1994년도 자료를 활용하였음.
* 오스트리아, 멕시코의 1993년도 자료는 결측이므로 1995년도 자료를 활용하였음.
* 캐나다, 핀란드, 헝가리, 노르웨이, 스웨덴, 미국의 1993년도 자료는 결측이므로 1999년도 자료를 활용하였음.
* 폴란드의 1993, 1999년도 자료는 결측이므로 2001년도 자료를 활용하였음.
* 한국의 1993, 1999년도 자료는 결측이므로 2001년도(OECD ECONOMIC SURVEY 2007) 자료를 활용하였음.
* 미국의 2004년도 자료는 결측이므로 2001년도 자료를 활용하였음.
* 아이슬랜드 2004년도 자료는 결측이므로 2002년도 자료를 활용하였음.
* 독일, 룩셈부르크의 2004년도 자료는 결측이므로 2003년도 자료를 활용하였음.
* 한국의 2004년도 자료는 결측이므로 2004년도(OECD ECONOMIC SURVEY 2007) 자료를 활용하였음.

형평성(Equity)

국가	Country	EQI			EQP			EQO			형평성(Equity)			Rank		
		t1	t2	t3	t1	t2	t3	t1	t2	t3	t1	t2	t3	t1	t2	t3
호주	AUSTRALIA	-0.236	-0.366	-0.543	0.070	0.050	0.050	-0.348	-0.243	-0.156	-0.171	-0.186	-0.216	19	19	21
오스트리아	AUSTRIA	0.275	0.173	0.382	0.856	0.807	0.807	0.162	0.244	0.045	0.431	0.408	0.412	10	10	10
벨기에	BELGIUM	0.800	0.868	0.907	0.497	0.458	0.458	0.355	0.326	0.341	0.551	0.551	0.569	7	6	7
캐나다	CANADA	-0.537	-0.716	-0.783	-0.498	-0.507	-0.507	0.155	0.122	0.043	-0.293	-0.367	-0.415	23	24	23
체코	CZECH REPUBLIC	-0.216	-0.331	-0.336	-0.382	-0.296	-0.296	-0.233	-0.178	-0.130	-0.277	-0.269	-0.254	22	23	22
덴마크	DENMARK	1.376	1.473	1.569	0.518	0.633	0.633	0.704	0.782	0.826	0.866	0.963	1.009	2	1	1
핀란드	FINLAND	0.991	0.869	0.866	0.497	0.458	0.458	0.414	0.285	0.390	0.634	0.537	0.571	4	7	6
프랑스	FRANCE	0.344	0.427	0.338	1.080	1.041	1.041	0.420	0.449	0.446	0.615	0.639	0.608	5	5	5
독일	GERMANY	0.561	0.574	0.500	0.653	0.494	0.494	0.364	0.342	0.273	0.526	0.470	0.422	8	9	9
그리스	GREECE	0.068	0.177	0.106	0.126	0.126	0.126	-0.624	-0.593	-0.613	-0.143	-0.097	-0.127	18	16	18
헝가리	HUNGARY	0.136	-0.181	-0.161	-0.314	-0.238	-0.238	-0.160	-0.181	-0.176	-0.113	-0.200	-0.192	16	21	20
아이슬랜드	ICELAND	0.608	0.745	0.875				0.515	0.579	0.601	0.561	0.662	0.738	6	4	4
아일랜드	IRELAND	0.148	0.223	-0.017	-0.312	-0.312	-0.312	-0.232	-0.041	0.003	-0.132	-0.043	-0.109	17	15	16
이탈리아	ITALY	0.102	0.424	0.233	0.653	0.633	0.633	-0.435	-0.410	-0.198	0.107	0.216	0.223	13	12	13
일본	JAPAN	-0.879	-0.860	-0.707	-0.741	-0.704	-0.704	0.043	-0.073	-0.216	-0.526	-0.546	-0.542	25	25	25
한국	KOREA	-1.899	-1.586	-1.751	-0.449	-0.470	-0.470	-1.174	-1.330	-1.225	-1.174	-1.129	-1.148	30	29	29
룩셈부르크	LUXEMBOURG	0.139	-0.143	0.129	0.178	0.206	0.206	0.367	0.298	0.480	0.228	0.120	0.272	11	14	12
멕시코	MEXICO	-0.941	-1.274	-1.344	-0.312	-0.312	-0.312	-0.818	-1.096	-1.061	-0.690	-0.894	-0.906	27	28	28
네덜란드	NETHERLANDS	0.409	0.315	0.423	0.612	0.727	0.727	0.530	0.541	0.504	0.517	0.528	0.551	9	8	8
뉴질랜드	NEW ZEALAND	-0.306	-0.655	-0.599	-1.276	-1.663	-1.663	-0.146	0.012	-0.032	-0.576	-0.769	-0.765	26	27	26
노르웨이	NORWAY	0.546	0.503	0.625	1.102	1.101	1.101	0.617	0.672	0.680	0.755	0.759	0.802	3	3	3
폴란드	POLAND	0.065	-0.158	-0.126	-0.179	-0.122	-0.122	0.082	-0.138	-0.306	-0.010	-0.139	-0.184	15	18	19
포르투갈	PORTUGAL	-0.269	-0.082	0.164	0.810	0.925	0.925	0.005	0.125	0.143	0.182	0.323	0.411	12	11	11
슬로바키아	SLOVAK REPUBLIC	0.072	0.361	0.031	-1.411	-1.374	-1.374	0.184	0.257	-0.004	-0.385	-0.252	-0.449	24	22	24
스페인	SPAIN	-0.122	-0.046	-0.022	0.612	0.727	0.727	-0.388	-0.298	-0.214	0.034	0.128	0.164	14	13	14
스웨덴	SWEDEN	1.806	1.749	1.527	0.362	0.458	0.458	0.771	0.656	0.840	0.980	0.954	0.942	1	2	2
스위스	SWITZERLAND	-0.468	-0.178	0.011	-0.336	-0.414	-0.414	0.188	0.297	0.427	-0.205	-0.098	0.008	21	17	15
터키	TURKEY	-0.987	-0.518	-0.556	-0.312	-0.312	-0.312	-1.306	-1.324	-1.502	-0.869	-0.718	-0.790	28	26	27
영국	UNITED KINGDOM	-0.210	-0.175	0.008	-0.471	-0.530	-0.530	0.142	0.114	0.140	-0.180	-0.197	-0.127	20	20	17
미국	UNITED STATES	-1.436	-1.421	-1.636	-1.844	-1.791	-1.791	-0.113	-0.210	-0.299	-1.131	-1.141	-1.242	29	30	30

EQI

국가	Country	노조조직율			ILO핵심협약 비준정도			적극적 노동시장정책 정부지출비율			정부의 사회보장지출			EQI			Rank		
		t1	t2	t3	t1	t2	t3	t1	t2	t3	t1	t2	t3	t1	t2	t3	t1	t2	t3
호주	AUSTRALIA	-0.114	-0.418	-0.418	0.214	-0.180	-0.867	-0.634	-0.634	-0.463	-0.409	-0.232	-0.424	-0.236	-0.366	-0.543	21	23	23
오스트리아	AUSTRIA	0.232	0.159	0.159	0.214	-0.180	0.502	-0.343	-0.343	-0.051	0.996	1.055	0.920	0.275	0.173	0.382	10	14	9
벨기에	BELGIUM	0.578	1.071	1.071	0.798	0.494	0.502	0.860	0.860	1.064	0.963	1.049	0.991	0.800	0.868	0.907	4	4	3
캐나다	CANADA	-0.459	-0.274	-0.274	-0.954	-1.527	-1.552	-0.634	-0.634	-0.779	-0.101	-0.428	-0.527	-0.537	-0.716	-0.783	25	26	27
체코	CZECH REPUBLIC	0.183	-0.322	-0.322	0.214	-0.180	-0.183	-1.017	-1.017	-0.948	-0.243	0.192	0.109	-0.216	-0.331	-0.336	20	22	22
덴마크	DENMARK	1.615	1.936	1.936	0.214	0.494	0.502	2.336	2.336	2.664	1.337	1.128	1.173	1.376	1.473	1.569	2	2	1
핀란드	FINLAND	1.467	2.032	2.032	0.798	0.494	0.502	0.587	0.587	0.603	1.112	0.364	0.327	0.991	0.869	0.866	3	3	5
프랑스	FRANCE	-1.596	-1.138	-1.138	0.798	0.494	0.502	0.914	0.914	0.628	1.259	1.438	1.360	0.344	0.427	0.338	9	8	10
독일	GERMANY	-0.558	-0.418	-0.418	0.798	0.494	0.502	1.006	1.006	0.797	1.000	1.214	1.118	0.561	0.574	0.500	6	6	7
그리스	GREECE	-0.509	-0.322	-0.322	0.798	0.494	0.502				-0.086	0.360	0.136	0.068	0.177	0.106	16	13	14
헝가리	HUNGARY	1.023	-0.658	-0.658	0.214	0.494	0.502	-0.798	-0.798	-0.851	0.105	0.237	0.364	0.136	-0.181	-0.161	13	21	21
아이슬랜드	ICELAND	2.258	2.416	2.416	0.214	0.494	0.502				-0.649	-0.675	-0.292	0.608	0.745	0.875	5	5	4
아일랜드	IRELAND	0.430	0.207	0.207	0.214	1.168	0.502	0.477	0.477	-0.027	-0.529	-0.960	-0.749	0.148	0.223	-0.017	11	12	18
이탈리아	ITALY	-0.163	0.062	0.062	0.798	1.168	0.502	-0.215	-0.215	-0.245	-0.012	0.681	0.613	0.102	0.424	0.233	14	9	11
일본	JAPAN	-0.855	-0.562	-0.562	-0.954	-1.527	-0.867	-0.816	-0.816	-0.948	-0.890	-0.535	-0.451	-0.879	-0.860	-0.707	26	27	26
한국	KOREA	-1.250	-1.090	-1.090	-3.291	-2.201	-2.237	-0.616	-0.616	-1.239	-2.441	-2.438	-2.437	-1.899	-1.586	-1.751	30	30	30
룩셈부르크	LUXEMBOURG	0.380	0.014	0.014	0.214	-0.180	0.502	-0.616	-0.616	-0.294	0.578	0.209	0.293	0.139	-0.143	0.129	12	17	13
멕시코	MEXICO	0.035	-0.754	-0.754	-0.370	-0.854	-0.867	-1.181	-1.181	-1.506	-2.250	-2.309	-2.248	-0.941	-1.274	-1.344	27	28	28
네덜란드	NETHERLANDS	-0.855	-0.514	-0.514	0.798	0.494	0.502	1.261	1.261	1.670	0.433	0.021	0.033	0.409	0.315	0.423	8	11	8
뉴질랜드	NEW ZEALAND	0.430	-0.514	-0.514	-0.954	-1.527	-0.867	-0.561	-0.561	-0.609	-0.137	-0.018	-0.405	-0.306	-0.655	-0.599	23	25	25
노르웨이	NORWAY	0.825	0.975	0.975	0.798	0.494	0.502	0.022	0.022	0.264	0.540	0.522	0.759	0.546	0.503	0.625	7	7	6
폴란드	POLAND	-0.459	-0.898	-0.898	0.798	0.494	0.502	-0.561	-0.561	-0.512	0.484	0.335	0.405	0.065	-0.158	-0.126	17	18	20
포르투갈	PORTUGAL	-0.509	-0.466	-0.466	0.214	0.494	0.502	-0.525	-0.525	0.118	-0.258	0.167	0.501	-0.269	-0.082	0.164	22	16	12
슬로바키아	SLOVAK REPUBLIC	0.726	0.110	0.110	-0.370	1.168	0.502				-0.140	-0.196	-0.520	0.072	0.361	0.031	15	10	15
스페인	SPAIN	-1.546	-0.898	-0.898	0.798	0.494	0.502	0.022	0.022	0.337	0.238	0.197	-0.027	-0.122	-0.046	-0.022	18	15	19
스웨덴	SWEDEN	1.862	2.176	2.176	0.798	0.494	0.502	2.682	2.682	1.646	1.882	1.646	1.783	1.806	1.749	1.527	1	1	2
스위스	SWITZERLAND	-0.904	-0.754	-0.754	-0.370	0.494	0.502	-0.252	-0.252	0.288	-0.347	-0.202	0.009	-0.468	-0.178	0.011	24	20	16
터키	TURKEY	-0.756	-0.034	-0.034	-0.370	0.494	0.502				-1.837	-2.015	-2.136	-0.987	-0.518	-0.556	28	24	24
영국	UNITED KINGDOM	-0.163	-0.130	-0.130	-0.370	-0.180	0.502	-0.379	-0.379	-0.366	0.072	-0.012	0.027	-0.210	-0.175	0.008	19	19	17
미국	UNITED STATES	-1.349	-0.994	-0.994	-2.707	-2.875	-3.606	-1.017	-1.017	-1.239	-0.672	-0.796	-0.704	-1.436	-1.421	-1.636	29	29	29

EQP

국가	Country	단체협약적용율			국가차원 사회적대화 기구유무			기업수준 종업원참여제도 정도			EQP			Rank		
		t1	t2	t3	t1	t2	t3	t1	t2	t3	t1	t2	t3	t1	t2	t3
호주	AUSTRALIA	0.834	0.774	0.774	0.334	0.334	0.334	-0.958	-0.958	-0.958	0.070	0.050	0.050	15	15	15
오스트리아	AUSTRIA	1.442	1.295	1.295	0.334	0.334	0.334	0.793	0.793	0.793	0.856	0.807	0.807	3	4	4
벨기에	BELGIUM	1.239	1.121	1.121	0.334	0.334	0.334	-0.083	-0.083	-0.083	0.497	0.458	0.458	10	10	10
캐나다	CANADA	-0.870	-0.896	-0.896	0.334	0.334	0.334	-0.958	-0.958	-0.958	-0.498	-0.507	-0.507	25	24	24
체코	CZECH REPUBLIC	-1.397	-1.139	-1.139	0.334	0.334	0.334	-0.083	-0.083	-0.083	-0.382	-0.296	-0.296	22	18	18
덴마크	DENMARK	0.428	0.774	0.774	0.334	0.334	0.334	0.793	0.793	0.793	0.518	0.633	0.633	9	7	7
핀란드	FINLAND	1.239	1.121	1.121	0.334	0.334	0.334	-0.083	-0.083	-0.083	0.497	0.458	0.458	10	10	10
프랑스	FRANCE	1.239	1.121	1.121	0.334	0.334	0.334	1.668	1.668	1.668	1.080	1.041	1.041	2	2	2
독일	GERMANY	0.834	0.356	0.356	0.334	0.334	0.334	0.793	0.793	0.793	0.653	0.494	0.494	5	9	9
그리스	GREECE				0.334	0.334	0.334	-0.083	-0.083	-0.083	0.126	0.126	0.126	14	14	14
헝가리	HUNGARY	-1.194	-0.966	-0.966	0.334	0.334	0.334	-0.083	-0.083	-0.083	-0.314	-0.238	-0.238	20	17	17
아이슬랜드	ICELAND													#N/A	#N/A	#N/A
아일랜드	IRELAND				0.334	0.334	0.334	-0.958	-0.958	-0.958	-0.312	-0.312	-0.312	17	19	19
이탈리아	ITALY	0.834	0.774	0.774	0.334	0.334	0.334	0.793	0.793	0.793	0.653	0.633	0.633	5	7	7
일본	JAPAN	-1.600	-1.487	-1.487	0.334	0.334	0.334	-0.958	-0.958	-0.958	-0.741	-0.704	-0.704	26	26	26
한국	KOREA	-1.600	-1.661	-1.661	0.334	0.334	0.334	-0.083	-0.083	-0.083	-0.449	-0.470	-0.470	23	23	23
룩셈부르크	LUXEMBOURG	0.023	0.078	0.078	0.334	0.334	0.334				0.178	0.206	0.206	13	13	13
멕시코	MEXICO				0.334	0.334	0.334	-0.958	-0.958	-0.958	-0.312	-0.312	-0.312	17	19	19
네덜란드	NETHERLANDS	0.428	0.774	0.774	0.334	0.334	0.334	1.073	1.073	1.073	0.612	0.727	0.727	7	5	5
뉴질랜드	NEW ZEALAND	0.023	-1.139	-1.139	-2.893	-2.893	-2.893	-0.958	-0.958	-0.958	-1.276	-1.663	-1.663	27	28	28
노르웨이	NORWAY	0.428	0.426	0.426	0.334	0.334	0.334	2.544	2.544	2.544	1.102	1.101	1.101	1	1	1
폴란드	POLAND	-0.788	-0.618	-0.618	0.334	0.334	0.334	-0.083	-0.083	-0.083	-0.179	-0.122	-0.122	16	16	16
포르투갈	PORTUGAL	0.428	0.774	0.774	0.334	0.334	0.334	1.668	1.668	1.668	0.810	0.925	0.925	4	3	3
슬로바키아	SLOVAK REPUBLIC	-0.383	-0.270	-0.270	-2.893	-2.893	-2.893	-0.958	-0.958	-0.958	-1.411	-1.374	-1.374	28	27	27
스페인	SPAIN	0.428	0.774	0.774	0.334	0.334	0.334	1.073	1.073	1.073	0.612	0.727	0.727	7	5	5
스웨덴	SWEDEN	0.834	1.121	1.121	0.334	0.334	0.334	-0.083	-0.083	-0.083	0.362	0.458	0.458	12	10	10
스위스	SWITZERLAND	-0.383	-0.618	-0.618	0.334	0.334	0.334	-0.958	-0.958	-0.958	-0.336	-0.414	-0.414	21	22	22
터키	TURKEY				0.334	0.334	0.334	-0.958	-0.958	-0.958	-0.312	-0.312	-0.312	17	19	19
영국	UNITED KINGDOM	-0.788	-0.966	-0.966	0.334	0.334	0.334	-0.958	-0.958	-0.958	-0.471	-0.530	-0.530	24	25	25
미국	UNITED STATES	-1.681	-1.522	-1.522	-2.893	-2.893	-2.893	-0.958	-0.958	-0.958	-1.844	-1.791	-1.791	29	29	29

EQO

국가	Country	산재사망 t1	산재사망 t2	산재사망 t3	연평균 노동시간 t1	연평균 노동시간 t2	연평균 노동시간 t3	노동분배 t1	노동분배 t2	노동분배 t3	고용수준 t1	고용수준 t2	고용수준 t3	지니계수 t1	지니계수 t2	지니계수 t3	최저임금수준 t1	최저임금수준 t2	최저임금수준 t3
호주	AUSTRALIA	−0.589	−0.538	−0.634	0.054	0.056	0.007	−0.023	0.195	0.108	0.013	0.203	0.466	−1.187	−1.372	0.260	1.634	1.541	1.383
오스트리아	AUSTRIA	−0.140	−0.226	−0.205	0.592	0.603	0.355	0.682	0.669	0.352	0.402	0.393	0.191	0.199	1.112	0.735			
벨기에	BELGIUM	0.241	0.062	0.043	0.985	1.007	0.924	0.277	0.259	0.418	−0.737	−0.565	−0.607	0.272	0.466	0.735	0.741	0.722	0.450
캐나다	CANADA	−0.123	0.116	−0.001	0.102	0.031	−0.022	0.957	0.662	0.325	0.033	0.163	0.262	0.227	−0.072	−0.126	0.093	0.157	−0.112
체코	CZECH REPUBLIC				−1.160	−1.361	−1.263	−0.247	−0.053	−0.013	0.643	−0.148	−0.251	1.094	1.158	1.203	−1.722	−1.434	−0.474
덴마크	DENMARK	0.733	0.484	0.630	1.073	1.033	0.843	0.913	1.019	0.934	0.586	0.725	0.638	−0.737	0.128	1.027			
핀란드	FINLAND	0.714	0.503	0.501	0.133	0.049	0.085	1.123	0.285	0.181	−0.550	−0.240	−0.092	0.535	0.205	0.881			
프랑스	FRANCE	0.032	−0.096	0.175	0.442	0.635	0.866	0.441	0.412	0.510	−0.516	−0.689	−0.646	0.060	0.635	0.443	1.634	1.748	1.802
독일	GERMANY	0.502	0.431	0.403	0.995	1.240	1.375	0.782	0.648	0.524	0.159	−0.221	−0.537	0.591	0.768	0.266			
그리스	GREECE	0.359	0.258	0.414	−1.415	−1.273	−1.503	−2.548	−2.095	−2.076	−0.833	−1.228	−0.910	0.018	−0.302	−0.287	0.923	0.920	0.659
헝가리	HUNGARY	−1.625	−0.731	−0.820	−0.468	−1.272	−1.223				−0.833	−0.810	−0.730	1.010	0.651	0.845	−0.546	−0.502	0.659
아이슬랜드	ICELAND				−0.170	−0.423	−0.290	0.341	1.361	1.325	1.309	1.568	1.204						
아일랜드	IRELAND	0.611	0.298	0.437	−0.151	0.365	0.438	0.026	−0.249	−0.153	−1.186	−0.084	0.276	−0.562	0.128	−0.141	−0.007	0.053	−0.379
이탈리아	ITALY	−0.066	−0.251	−0.038	−0.448	−0.517	−0.324	−0.430	−0.952	−0.783	−0.830	−1.269	−0.658	−0.388	0.297	−0.287			
일본	JAPAN	1.292	1.084	0.935	−0.495	−0.152	−0.204	0.321	0.605	0.473	1.011	0.692	0.631	1.108	0.070	−0.123	−0.992	−0.964	−1.045
한국	KOREA	−3.765	−4.424	−4.394	−3.689	−3.172	−2.905	−0.584	−0.657	−0.609	0.201	−0.345	0.186	0.088	−0.725	0.005	−1.722	−1.632	−1.616
룩셈부르크	LUXEMBOURG	0.514	−0.014	0.137	0.436	0.579	0.817	0.031	0.082	1.211	1.108	1.657	2.166	0.829	0.682	0.735	1.105	1.202	1.145
멕시코	MEXICO	−0.555	−1.037	−1.117	−0.144	−0.644	−0.828	−1.917	−2.335	−2.091	0.193	0.227	0.064	−2.848	−3.300	−2.759	−1.640	−1.811	−2.187
네덜란드	NETHERLANDS	0.868	0.671	0.677	1.737	1.858	1.704	0.389	0.337	0.619	0.094	0.582	0.349	0.549	0.436	0.589	0.923	0.920	0.859
뉴질랜드	NEW ZEALAND	0.229	0.541	0.410	−0.282	−0.271	−0.358	−0.335	−0.441	−0.473	0.166	0.312	0.776	−0.741	0.307	−0.389	0.193	0.157	0.383
노르웨이	NORWAY	1.098	0.774	0.609	1.479	1.649	1.736	0.079	0.264	−0.286	0.680	1.038	0.625	1.150	0.190	0.881			
폴란드	POLAND	0.395	0.224	0.104	−0.843	−0.926	−1.225				−0.620	−1.276	−1.993	0.605	0.036	−0.607	0.284	−0.502	−0.188
포르투갈	PORTUGAL	−0.629	−0.206	−0.730	0.130	0.191	0.219	−0.408	0.092	0.356	0.347	0.529	0.145	−0.653	−0.625	−1.016	0.093	0.261	0.193
슬로바키아	SLOVAK REPUBLIC	−0.537	0.150	0.032	−0.281	−0.143	−0.034	−0.774	−0.651	−0.767	−0.804	−1.334	−1.530	1.723	1.604	0.806	0.440	0.515	0.288
스페인	SPAIN	−1.085	−0.466	0.016	0.224	0.191	0.293	0.116	0.104	0.061	−2.029	−1.583	−0.492	−0.318	−0.164	0.005	−0.901	−0.964	−1.254
스웨덴	SWEDEN	0.338	0.829	0.714	0.859	0.561	0.676	1.012	0.822	0.991	0.472	0.302	0.151	1.094	0.974	1.173			
스위스	SWITZERLAND	0.032	0.188	0.714	0.348	0.373	0.342	0.918	0.736	1.025	1.623	1.437	1.085	−0.444	0.143	0.005			
터키	TURKEY	−0.368	0.150	0.032	−0.549	−0.621	−0.870	−2.547	−2.553	−2.748	−0.897	−0.998	−1.548	−1.814	−1.148	−2.038	−0.263	−0.041	0.193
영국	UNITED KINGDOM	1.118	0.943	0.799	0.270	0.246	0.277	0.705	0.702	0.548	0.168	0.318	0.390	−0.122	−0.256	−0.579	−0.007	0.053	0.193
미국	UNITED STATES	0.407	0.280	0.158	0.235	0.108	0.088	0.715	0.775	0.644	0.629	0.645	0.387	−1.338	−2.024	−2.244	−0.263	−0.399	−0.950

국가	Country	소비자 물가상승률 t1	소비자 물가상승률 t2	소비자 물가상승률 t3	남녀평등 t1	남녀평등 t2	남녀평등 t3	실업보상지수 t1	실업보상지수 t2	실업보상지수 t3	출산/육아 휴가지수 t1	출산/육아 휴가지수 t2	출산/육아 휴가지수 t3	육아시설 활용도 t1	육아시설 활용도 t2	육아시설 활용도 t3	EQO t1	EQO t2	EQO t3	Rank t1	Rank t2	Rank t3
호주	AUSTRALIA	0.453	0.255	−0.225	−0.512	0.659	0.912	−0.881	−0.881	−0.944	−2.219	−2.219	−2.471	−0.575	−0.575	−0.575	−0.348	−0.243	−0.156	24	24	20
오스트리아	AUSTRIA	0.346	0.339	0.176	−0.229	−0.220	−0.887	0.098	0.098	0.101	0.334	0.334	0.295	−0.665	−0.665	−0.665	0.162	0.244	0.045	13	13	14
벨기에	BELGIUM	0.376	0.289	−0.091	−0.041	−0.448	0.098	1.013	1.013	1.044	0.068	0.068	0.029	0.710	0.710	0.710	0.355	0.326	0.341	10	8	10
캐나다	CANADA	0.445	0.238	0.109	0.598	0.670	0.675	−0.425	−0.425	−0.447	−0.161	−0.161	−0.145	−0.042	−0.042	−0.042	0.155	0.122	0.043	14	15	15
체코	CZECH REPUBLIC	−1.003	0.188	0.376	0.668	0.470	−0.145	−0.610	−0.610	−0.702	0.340	0.340	0.299	−0.330	−0.330	−0.330	−0.233	−0.178	−0.130	23	21	19
덴마크	DENMARK	0.499	0.171	0.376	0.565	0.854	0.829	1.249	1.249	1.188	0.717	0.717	0.350	1.443	1.443	1.443	0.704	0.782	0.826	2	1	2
핀란드	FINLAND	0.422	0.272	1.043	1.272	1.288	0.885	0.675	0.675	0.645	0.063	0.063	0.024	−0.248	−0.248	−0.248	0.414	0.285	0.390	7	11	9
프랑스	FRANCE	0.430	0.331	0.309	0.069	−0.070	−0.334	0.961	0.961	0.754	0.334	0.334	0.295	0.733	0.733	0.733	0.420	0.449	0.446	6	6	7
독일	GERMANY	0.246	0.331	0.309	−0.005	−0.148	0.021	0.358	0.358	0.392	0.279	0.279	0.241	−0.267	−0.267	−0.267	0.364	0.342	0.273	9	7	11
그리스	GREECE	−0.513	0.205	−0.759	−0.510	−0.665	−0.184	−0.929	−0.929	−0.678	−0.186	−0.186	−0.197	−1.224	−1.224	−1.224	−0.624	−0.593	−0.613	27	27	27
헝가리	HUNGARY	0.277	0.095	−1.092	0.857	1.050	1.079	−0.664	−0.664	−0.819	0.553	0.553	0.513				−0.160	−0.181	−0.176	21	22	21
아이슬랜드	ICELAND	0.484	0.171	0.109	0.886	0.620	0.957	0.771	0.771	0.977	−0.015	−0.015	−0.072				0.515	0.579	0.601	5	4	4
아일랜드	IRELAND	0.246	0.238	0.109	−0.975	−0.648	−0.217	−0.442	−0.442	−0.296	−0.032	−0.032	0.038	−0.078	−0.078	−0.078	−0.232	−0.041	0.003	22	18	16
이탈리아	ITALY	0.491	0.406	1.978	−1.740	−0.883	−0.871	−1.241	−1.241	−1.263	0.263	0.263	0.223	0.041	0.041	0.041	−0.435	−0.410	−0.198	26	26	22
일본	JAPAN	0.223	0.314	−0.291	−0.349	−0.810	−0.887	−0.251	−0.251	−0.433	−0.136	−0.136	−0.175	−1.257	−1.257	−1.257	0.043	−0.073	−0.216	17	19	24
한국	KOREA	0.315	0.297	−0.091	−1.336	−1.557	−1.376	−0.927	−0.927	−1.144	0.115	0.115	0.078	−1.606	−1.606	−1.606	−1.174	−1.330	−1.225	29	30	29
룩셈부르크	LUXEMBOURG	−0.160	−1.013	−1.092	−1.088	−1.089	−1.264	0.557	0.557	0.652	0.334	0.334	0.295				0.367	0.298	0.480	8	9	6
멕시코	MEXICO	0.392	0.213	0.576	−1.066	−1.400	−1.397				0.225	0.225	0.187				−0.818	−1.096	−1.061	28	28	28
네덜란드	NETHERLANDS	0.491	0.389	−0.425	−0.319	−0.337	0.098	0.651	0.651	0.667	0.334	0.334	0.295	0.114	0.114	0.114	0.530	0.541	0.504	4	5	5
뉴질랜드	NEW ZEALAND	0.415	0.188	0.509	0.398	0.993	0.696	−0.362	−0.362	−0.367	−2.219	−2.219	−2.471	0.928	0.928	0.928	−0.146	0.012	−0.032	20	17	18
노르웨이	NORWAY	−2.115	−0.232	0.176	1.246	0.481	0.773	0.681	0.681	0.566	1.319	1.319	1.165	0.556	0.556	0.556	0.617	0.672	0.680	3	2	3
폴란드	POLAND	0.139	0.196	0.176	0.972	1.200	0.858	−0.526	−0.526	−0.170	0.334	0.334	0.295				0.082	−0.138	−0.306	16	20	26
포르투갈	PORTUGAL	0.415	0.381	1.244	0.002	0.003	0.209	0.736	0.736	0.915	0.307	0.307	0.323	−0.289	−0.289	−0.289	0.005	0.125	0.143	18	14	12
슬로바키아	SLOVAK REPUBLIC	−0.428	−0.509	−0.291	0.958	1.473	0.814	0.212	0.212	−0.829	0.559	0.559	0.518	0.954	0.954	0.954	0.184	0.257	−0.004	12	12	17
스페인	SPAIN	0.215	0.196	−0.692	−0.761	−0.860	−0.550	0.186	0.186	0.217	0.334	0.334	0.295	−0.251	−0.251	−0.251	−0.388	−0.298	−0.214	25	25	23
스웨덴	SWEDEN	0.238	0.339	1.043	1.644	0.681	1.111	0.354	0.354	0.675	0.935	0.935	1.107	0.763	0.763	0.763	0.771	0.656	0.840	1	3	1
스위스	SWITZERLAND	0.338	0.314	0.776	−1.336	−0.727	−0.135	0.634	0.634	0.634	−0.426	−0.426	−0.602				0.188	0.297	0.427	11	10	8
터키	TURKEY	−4.437	−5.071	−3.895	−0.607	−1.362	−2.367				−0.274	−0.274	−0.274				−1.306	−1.324	−1.502	30	29	30
영국	UNITED KINGDOM	0.399	0.272	0.242	0.089	0.041	0.042	−0.786	−0.786	−0.278	−0.193	−0.193	−0.015	−0.084	−0.084	−0.084	0.142	0.114	0.140	15	16	13
미국	UNITED STATES	0.361	0.196	−0.692	0.648	0.743	0.558	−1.091	−1.091	−1.059	−2.219	−2.219	−0.853	0.675	0.675	0.675	−0.113	−0.210	−0.299	19	23	25

EQI1

		DATA			T점수			T역변환			순위		
국가	Country	t1	t2	t3	t1	t2	t3	t1	t2	t3	t1	t2	t3
호주	AUSTRALIA	40	25.0	25.0	-0.114	-0.418	-0.418	-0.114	-0.418	-0.418	15	17	17
오스트리아	AUSTRIA	47	37.0	37.0	0.232	0.159	0.159	0.232	0.159	0.159	12	8	8
벨기에	BELGIUM	54	56.0	56.0	0.578	1.071	1.071	0.578	1.071	1.071	8	5	5
캐나다	CANADA	33	28.0	28.0	-0.459	-0.274	-0.274	-0.459	-0.274	-0.274	18	14	14
체코	CZECH REPUBLIC	46	27.0	27.0	0.183	-0.322	-0.322	0.183	-0.322	-0.322	13	15	15
덴마크	DENMARK	75	74.0	74.0	1.615	1.936	1.936	1.615	1.936	1.936	3	4	4
핀란드	FINLAND	72	76.0	76.0	1.467	2.032	2.032	1.467	2.032	2.032	4	3	3
프랑스	FRANCE	10	10.0	10.0	-1.596	-1.138	-1.138	-1.596	-1.138	-1.138	30	30	30
독일	GERMANY	31	25.0	25.0	-0.558	-0.418	-0.418	-0.558	-0.418	-0.418	22	17	17
그리스	GREECE	32	27.0	27.0	-0.509	-0.322	-0.322	-0.509	-0.322	-0.322	20	15	15
헝가리	HUNGARY	63	20.0	20.0	1.023	-0.658	-0.658	1.023	-0.658	-0.658	5	23	23
아이슬랜드	ICELAND	88.0	84.0	84.0	2.258	2.416	2.416	2.258	2.416	2.416	1	1	1
아일랜드	IRELAND	51	38.0	38.0	0.430	0.207	0.207	0.430	0.207	0.207	9	7	7
이탈리아	ITALY	39	35.0	35.0	-0.163	0.062	0.062	-0.163	0.062	0.062	16	10	10
일본	JAPAN	25	22.0	22.0	-0.855	-0.562	-0.562	-0.855	-0.562	-0.562	24	22	22
한국	KOREA	17	11.0	11.0	-1.250	-1.090	-1.090	-1.250	-1.090	-1.090	27	29	29
룩셈부르크	LUXEMBOURG	50	34.0	34.0	0.380	0.014	0.014	0.380	0.014	0.014	11	11	11
멕시코	MEXICO	43.0	18.0	18.0	0.035	-0.754	-0.754	0.035	-0.754	-0.754	14	24	24
네덜란드	NETHERLANDS	25	23.0	23.0	-0.855	-0.514	-0.514	-0.855	-0.514	-0.514	24	20	20
뉴질랜드	NEW ZEALAND	51	23.0	23.0	0.430	-0.514	-0.514	0.430	-0.514	-0.514	9	20	20
노르웨이	NORWAY	59	54.0	54.0	0.825	0.975	0.975	0.825	0.975	0.975	6	6	6
폴란드	POLAND	33	15.0	15.0	-0.459	-0.898	-0.898	-0.459	-0.898	-0.898	18	26	26
포르투갈	PORTUGAL	32	24.0	24.0	-0.509	-0.466	-0.466	-0.509	-0.466	-0.466	20	19	19
슬로바키아	SLOVAK REPUBLIC	57	36.0	36.0	0.726	0.110	0.110	0.726	0.110	0.110	7	9	9
스페인	SPAIN	11	15.0	15.0	-1.546	-0.898	-0.898	-1.546	-0.898	-0.898	29	26	26
스웨덴	SWEDEN	80	79.0	79.0	1.862	2.176	2.176	1.862	2.176	2.176	2	2	2
스위스	SWITZERLAND	24	18.0	18.0	-0.904	-0.754	-0.754	-0.904	-0.754	-0.754	26	24	24
터키	TURKEY	27.0	33.0	33.0	-0.756	-0.034	-0.034	-0.756	-0.034	-0.034	23	12	12
영국	UNITED KINGDOM	39	31.0	31.0	-0.163	-0.130	-0.130	-0.163	-0.130	-0.130	16	13	13
미국	UNITED STATES	15	13.0	13.0	-1.349	-0.994	-0.994	-1.349	-0.994	-0.994	28	28	28

	평균	42	34	34	0	0	0	0	0	0
	표준편차	20.24	20.82	20.82	1.00	1.00	1.00	1.00	1.00	1.00

* t1, t2는 각각 1990, 2000년도 자료임
* 1990년도 자료는 F1a Workers in Trade Unions: TOTAL [%] 값을 활용하였음.
* 2000년도 자료는 OECD Employment Outlook 값을 활용하였음.
* t3자료는 결측이므로 2000년도 자료를 활용하였음

EQI2

국가	Country	DATA			T점수			T역변환			순위		
		t1	t2	t3	t1	t2	t3	t1	t2	t3	t1	t2	t3
호주	AUSTRALIA	6.0	6.0	6.0	0.214	-0.180	-0.867	0.214	-0.180	-0.867	12	20	24
오스트리아	AUSTRIA	6.0	6.0	8.0	0.214	-0.180	0.502	0.214	-0.180	0.502	12	20	1
벨기에	BELGIUM	7.0	7.0	8.0	0.798	0.494	0.502	0.798	0.494	0.502	1	4	1
캐나다	CANADA	4.0	4.0	5.0	-0.954	-1.527	-1.552	-0.954	-1.527	-1.552	26	26	28
체코	CZECH REPUBLIC	6.0	6.0	7.0	0.214	-0.180	-0.183	0.214	-0.180	-0.183	12	20	23
덴마크	DENMARK	6.0	7.0	8.0	0.214	0.494	0.502	0.214	0.494	0.502	12	4	1
핀란드	FINLAND	7.0	7.0	8.0	0.798	0.494	0.502	0.798	0.494	0.502	1	4	1
프랑스	FRANCE	7.0	7.0	8.0	0.798	0.494	0.502	0.798	0.494	0.502	1	4	1
독일	GERMANY	7.0	7.0	8.0	0.798	0.494	0.502	0.798	0.494	0.502	1	4	1
그리스	GREECE	7.0	7.0	8.0	0.798	0.494	0.502	0.798	0.494	0.502	1	4	1
헝가리	HUNGARY	6.0	7.0	8.0	0.214	0.494	0.502	0.214	0.494	0.502	12	4	1
아이슬랜드	ICELAND	6.0	7.0	8.0	0.214	0.494	0.502	0.214	0.494	0.502	12	4	1
아일랜드	IRELAND	6.0	8.0	8.0	0.214	1.168	0.502	0.214	1.168	0.502	12	1	1
이탈리아	ITALY	7.0	8.0	8.0	0.798	1.168	0.502	0.798	1.168	0.502	1	1	1
일본	JAPAN	4.0	4.0	6.0	-0.954	-1.527	-0.867	-0.954	-1.527	-0.867	26	26	24
한국	KOREA	0.0	3.0	4.0	-3.291	-2.201	-2.237	-3.291	-2.201	-2.237	30	29	29
룩셈부르크	LUXEMBOURG	6.0	6.0	8.0	0.214	-0.180	0.502	0.214	-0.180	0.502	12	20	1
멕시코	MEXICO	5.0	5.0	6.0	-0.370	-0.854	-0.867	-0.370	-0.854	-0.867	21	25	24
네덜란드	NETHERLANDS	7.0	7.0	8.0	0.798	0.494	0.502	0.798	0.494	0.502	1	4	1
뉴질랜드	NEW ZEALAND	4.0	4.0	6.0	-0.954	-1.527	-0.867	-0.954	-1.527	-0.867	26	26	24
노르웨이	NORWAY	7.0	7.0	8.0	0.798	0.494	0.502	0.798	0.494	0.502	1	4	1
폴란드	POLAND	7.0	7.0	8.0	0.798	0.494	0.502	0.798	0.494	0.502	1	4	1
포르투갈	PORTUGAL	6.0	7.0	8.0	0.214	0.494	0.502	0.214	0.494	0.502	12	4	1
슬로바키아	SLOVAK REPUBLIC	5.0	8.0	8.0	-0.370	1.168	0.502	-0.370	1.168	0.502	21	1	1
스페인	SPAIN	7.0	7.0	8.0	0.798	0.494	0.502	0.798	0.494	0.502	1	4	1
스웨덴	SWEDEN	7.0	7.0	8.0	0.798	0.494	0.502	0.798	0.494	0.502	1	4	1
스위스	SWITZERLAND	5.0	7.0	8.0	-0.370	0.494	0.502	-0.370	0.494	0.502	21	4	1
터키	TURKEY	5.0	7.0	8.0	-0.370	0.494	0.502	-0.370	0.494	0.502	21	4	1
영국	UNITED KINGDOM	5.0	6.0	8.0	-0.370	-0.180	0.502	-0.370	-0.180	0.502	21	20	1
미국	UNITED STATES	1.0	2.0	2.0	-2.707	-2.875	-3.606	-2.707	-2.875	-3.606	29	30	30

	평균	6	6	7	0	0	0	0	0	0
	표준편차	1.71	1.48	1.46	1.00	1.00	1.00	1.00	1.00	1.00

EQI3

		DATA			T점수			T역변환			순위		
국가	Country	t1	t2	t3	t1	t2	t3	t1	t2	t3	t1	t2	t3
호주	AUSTRALIA	0.39	0.39	0.45	-0.634	-0.634	-0.463	-0.634	-0.634	-0.463	20	20	17
오스트리아	AUSTRIA	0.55	0.55	0.62	-0.343	-0.343	-0.051	-0.343	-0.343	-0.051	13	13	13
벨기에	BELGIUM	1.21	1.21	1.08	0.860	0.860	1.064	0.860	0.860	1.064	6	6	4
캐나다	CANADA	0.39	0.39	0.32	-0.634	-0.634	-0.779	-0.634	-0.634	-0.779	20	20	20
체코	CZECH REPUBLIC	0.18	0.18	0.25	-1.017	-1.017	-0.948	-1.017	-1.017	-0.948	24	24	22
덴마크	DENMARK	2.02	2.02	1.74	2.336	2.336	2.664	2.336	2.336	2.664	2	2	1
핀란드	FINLAND	1.06	1.06	0.89	0.587	0.587	0.603	0.587	0.587	0.603	7	7	7
프랑스	FRANCE	1.24	1.24	0.9	0.914	0.914	0.628	0.914	0.914	0.628	5	5	6
독일	GERMANY	1.29	1.29	0.97	1.006	1.006	0.797	1.006	1.006	0.797	4	4	5
그리스	GREECE										#N/A	#N/A	#N/A
헝가리	HUNGARY	0.3	0.3	0.29	-0.798	-0.798	-0.851	-0.798	-0.798	-0.851	22	22	21
아이슬랜드	ICELAND										#N/A	#N/A	#N/A
아일랜드	IRELAND	1	1	0.63	0.477	0.477	-0.027	0.477	0.477	-0.027	8	8	12
이탈리아	ITALY	0.62	0.62	0.54	-0.215	-0.215	-0.245	-0.215	-0.215	-0.245	11	11	14
일본	JAPAN	0.29	0.29	0.25	-0.816	-0.816	-0.948	-0.816	-0.816	-0.948	23	23	22
한국	KOREA	0.4	0.4	0.13	-0.616	-0.616	-1.239	-0.616	-0.616	-1.239	18	18	24
룩셈부르크	LUXEMBOURG	0.4	0.4	0.52	-0.616	-0.616	-0.294	-0.616	-0.616	-0.294	18	18	15
멕시코	MEXICO	0.09	0.09	0.02	-1.181	-1.181	-1.506	-1.181	-1.181	-1.506	26	26	26
네덜란드	NETHERLANDS	1.43	1.43	1.33	1.261	1.261	1.670	1.261	1.261	1.670	3	3	2
뉴질랜드	NEW ZEALAND	0.43	0.43	0.39	-0.561	-0.561	-0.609	-0.561	-0.561	-0.609	16	16	19
노르웨이	NORWAY	0.75	0.75	0.75	0.022	0.022	0.264	0.022	0.022	0.264	9	9	10
폴란드	POLAND	0.43	0.43	0.43	-0.561	-0.561	-0.512	-0.561	-0.561	-0.512	16	16	18
포르투갈	PORTUGAL	0.45	0.45	0.69	-0.525	-0.525	0.118	-0.525	-0.525	0.118	15	15	11
슬로바키아	SLOVAK REPUBLIC										#N/A	#N/A	#N/A
스페인	SPAIN	0.75	0.75	0.78	0.022	0.022	0.337	0.022	0.022	0.337	9	9	8
스웨덴	SWEDEN	2.21	2.21	1.32	2.682	2.682	1.646	2.682	2.682	1.646	1	1	3
스위스	SWITZERLAND	0.6	0.6	0.76	-0.252	-0.252	0.288	-0.252	-0.252	0.288	12	12	9
터키	TURKEY										#N/A	#N/A	#N/A
영국	UNITED KINGDOM	0.53	0.53	0.49	-0.379	-0.379	-0.366	-0.379	-0.379	-0.366	14	14	16
미국	UNITED STATES	0.18	0.18	0.13	-1.017	-1.017	-1.239	-1.017	-1.017	-1.239	24	24	24

		t1	t2	t3	t1	t2	t3	t1	t2	t3
	평균	1	1	1	0	0	0	0	0	0
	표준편차	0.55	0.55	0.41	1.00	1.00	1.00	1.00	1.00	1.00

* **t1, t2, t3**는 각각 **1993, 1999, 2005**년 자료임

* 덴마크, 한국, 멕시코의 1999년도 자료는 결측이므로 2000년도 값을 활용하였음.

* 호주, 영국, 미국의 1999년도 자료는 결측이므로 2001년도 값을 활용하였음.

* 캐나다, 체코, 일본, 룩셈부르크, 뉴질랜드, 스위스의 1999년도 자료는 결측이므로 2002년도 값을 활용하였음.

* 헝가리, 이탈리아, 스페인의 1999년도 자료는 결측이므로 2004년도 값을 활용하였음.

* t1의 자료는 결측이므로1999년도에서 값을 그대로 활용하였음.

EQI4

		DATA			T점수			T역변환			순위		
국가	Country	t1	t2	t3	t1	t2	t3	t1	t2	t3	t1	t2	t3
호주	AUSTRALIA	17.1	17.9	17.9	-0.409	-0.232	-0.424	-0.409	-0.232	-0.424	23	22	22
오스트리아	AUSTRIA	26.6	25.3	26.1	0.996	1.055	0.920	0.996	1.055	0.920	6	5	6
벨기에	BELGIUM	26.4	25.3	26.5	0.963	1.049	0.991	0.963	1.049	0.991	7	6	5
캐나다	CANADA	19.2	16.7	17.3	-0.101	-0.428	-0.527	-0.101	-0.428	-0.527	17	23	25
체코	CZECH REPUBLIC	18.2	20.3	21.1	-0.243	0.192	0.109	-0.243	0.192	0.109	20	15	15
덴마크	DENMARK	28.9	25.8	27.6	1.337	1.128	1.173	1.337	1.128	1.173	2	4	3
핀란드	FINLAND	27.4	21.3	22.5	1.112	0.364	0.327	1.112	0.364	0.327	4	9	12
프랑스	FRANCE	28.3	27.6	28.7	1.259	1.438	1.360	1.259	1.438	1.360	3	2	2
독일	GERMANY	26.6	26.3	27.3	1.000	1.214	1.118	1.000	1.214	1.118	5	3	4
그리스	GREECE	19.3	21.3	21.3	-0.086	0.360	0.136	-0.086	0.360	0.136	16	10	14
헝가리	HUNGARY	20.6	20.6	22.7	0.105	0.237	0.364	0.105	0.237	0.364	13	12	11
아이슬랜드	ICELAND	15.5	15.3	18.7	-0.649	-0.675	-0.292	-0.649	-0.675	-0.292	25	25	20
아일랜드	IRELAND	16.3	13.6	15.9	-0.529	-0.960	-0.749	-0.529	-0.960	-0.749	24	27	27
이탈리아	ITALY	19.8	23.2	24.2	-0.012	0.681	0.613	-0.012	0.681	0.613	15	7	8
일본	JAPAN	13.9	16.1	17.7	-0.890	-0.535	-0.451	-0.890	-0.535	-0.451	27	24	23
한국	KOREA	3.5	5.1	5.7	-2.441	-2.438	-2.437	-2.441	-2.438	-2.437	30	30	30
룩셈부르크	LUXEMBOURG	23.8	20.4	22.2	0.578	0.209	0.293	0.578	0.209	0.293	8	13	13
멕시코	MEXICO	4.7	5.8	6.8	-2.250	-2.309	-2.248	-2.250	-2.309	-2.248	29	29	29
네덜란드	NETHERLANDS	22.8	19.3	20.7	0.433	0.021	0.033	0.433	0.021	0.033	11	17	16
뉴질랜드	NEW ZEALAND	19.0	19.1	18.0	-0.137	-0.018	-0.405	-0.137	-0.018	-0.405	18	19	21
노르웨이	NORWAY	23.5	22.2	25.1	0.540	0.522	0.759	0.540	0.522	0.759	9	8	7
폴란드	POLAND	23.1	21.2	22.9	0.484	0.335	0.405	0.484	0.335	0.405	10	11	10
포르투갈	PORTUGAL	18.1	20.2	23.5	-0.258	0.167	0.501	-0.258	0.167	0.501	21	16	9
슬로바키아	SLOVAK REPUBLIC	18.9	18.1	17.3	-0.140	-0.196	-0.520	-0.140	-0.196	-0.520	19	20	24
스페인	SPAIN	21.5	20.4	20.3	0.238	0.197	-0.027	0.238	0.197	-0.027	12	14	19
스웨덴	SWEDEN	32.5	28.8	31.3	1.882	1.646	1.783	1.882	1.646	1.783	1	1	1
스위스	SWITZERLAND	17.5	18.0	20.5	-0.347	-0.202	0.009	-0.347	-0.202	0.009	22	21	18
터키	TURKEY	7.5	7.5	7.5	-1.837	-2.015	-2.136	-1.837	-2.015	-2.136	28	28	28
영국	UNITED KINGDOM	20.4	19.1	20.6	0.072	-0.012	0.027	0.072	-0.012	0.027	14	18	17
미국	UNITED STATES	15.4	14.6	16.2	-0.672	-0.796	-0.704	-0.672	-0.796	-0.704	26	26	26

	평균	20	19	20	0	0	0	0	0	0
	표준편차	6.73	5.80	6.06	1.00	1.00	1.00	1.00	1.00	1.00

* t1, t2, t3는 각각 1995, 2000, 2003년 자료임
* 헝가리의 1995년도 자료는 결측이므로 2000년도 값을 활용하였음.
* 터키의 2000, 2003년도 자료는 결측이므로 1995년도 값을 활용하였음.

EQP1

		DATA			T점수			T역변환			순위		
국가	Country	t1	t2	t3	t1	t2	t3	t1	t2	t3	t1	t2	t3
호주	AUSTRALIA	80	80	80	0.834	0.774	0.774	0.834	0.774	0.774	5	6	6
오스트리아	AUSTRIA	95	95	95	1.442	1.295	1.295	1.442	1.295	1.295	1	1	1
벨기에	BELGIUM	90	90	90	1.239	1.121	1.121	1.239	1.121	1.121	2	2	2
캐나다	CANADA	38	32	32	-0.870	-0.896	-0.896	-0.870	-0.896	-0.896	20	18	18
체코	CZECH REPUBLIC	25	25	25	-1.397	-1.139	-1.139	-1.397	-1.139	-1.139	22	21	21
덴마크	DENMARK	70	80	80	0.428	0.774	0.774	0.428	0.774	0.774	9	6	6
핀란드	FINLAND	90	90	90	1.239	1.121	1.121	1.239	1.121	1.121	2	2	2
프랑스	FRANCE	90	90	90	1.239	1.121	1.121	1.239	1.121	1.121	2	2	2
독일	GERMANY	80	68	68	0.834	0.356	0.356	0.834	0.356	0.356	5	13	13
그리스	GREECE										#N/A	#N/A	#N/A
헝가리	HUNGARY	30	30	30	-1.194	-0.966	-0.966	-1.194	-0.966	-0.966	21	19	19
아이슬랜드	ICELAND										#N/A	#N/A	#N/A
아일랜드	IRELAND										#N/A	#N/A	#N/A
이탈리아	ITALY	80	80	80	0.834	0.774	0.774	0.834	0.774	0.774	5	6	6
일본	JAPAN	20	15	15	-1.600	-1.487	-1.487	-1.600	-1.487	-1.487	23	23	23
한국	KOREA	20	10	10	-1.600	-1.661	-1.661	-1.600	-1.661	-1.661	23	25	25
룩셈부르크	LUXEMBOURG	60	60	60	0.023	0.078	0.078	0.023	0.078	0.078	14	14	14
멕시코	MEXICO										#N/A	#N/A	#N/A
네덜란드	NETHERLANDS	70	80	80	0.428	0.774	0.774	0.428	0.774	0.774	9	6	6
뉴질랜드	NEW ZEALAND	60	25	25	0.023	-1.139	-1.139	0.023	-1.139	-1.139	14	21	21
노르웨이	NORWAY	70	70	70	0.428	0.426	0.426	0.428	0.426	0.426	9	12	12
폴란드	POLAND	40	40	40	-0.788	-0.618	-0.618	-0.788	-0.618	-0.618	18	16	16
포르투갈	PORTUGAL	70	80	80	0.428	0.774	0.774	0.428	0.774	0.774	9	6	6
슬로바키아	SLOVAK REPUBLIC	50	50	50	-0.383	-0.270	-0.270	-0.383	-0.270	-0.270	16	15	15
스페인	SPAIN	70	80	80	0.428	0.774	0.774	0.428	0.774	0.774	9	6	6
스웨덴	SWEDEN	80	90	90	0.834	1.121	1.121	0.834	1.121	1.121	5	2	2
스위스	SWITZERLAND	50	40	40	-0.383	-0.618	-0.618	-0.383	-0.618	-0.618	16	16	16
터키	TURKEY										#N/A	#N/A	#N/A
영국	UNITED KINGDOM	40	30	30	-0.788	-0.966	-0.966	-0.788	-0.966	-0.966	18	19	19
미국	UNITED STATES	18	14	14	-1.681	-1.522	-1.522	-1.681	-1.522	-1.522	25	24	24
	평균	59	58	58	0	0	0	0	0	0			
	표준편차	24.66	28.75	28.75	1.00	1.00	1.00	1.00	1.00	1.00			

* t1는 1990년 자료임
* t2, t3는 2000년도 자료임
* 체코, 헝가리, 룩셈부르크, 폴란드, 슬로바키아의 1990년도 자료는 결측이므로 2000년도 값을 활용하였음.

EQP2

		DATA			T점수			T역변환			순위		
국가	Country	t1	t2	t3	t1	t2	t3	t1	t2	t3	t1	t2	t3
호주	AUSTRALIA	1.0	1.0	1.0	0.334	0.334	0.334	0.334	0.334	0.334	1	1	1
오스트리아	AUSTRIA	1.0	1.0	1.0	0.334	0.334	0.334	0.334	0.334	0.334	1	1	1
벨기에	BELGIUM	1.0	1.0	1.0	0.334	0.334	0.334	0.334	0.334	0.334	1	1	1
캐나다	CANADA	1.0	1.0	1.0	0.334	0.334	0.334	0.334	0.334	0.334	1	1	1
체코	CZECH REPUBLIC	1.0	1.0	1.0	0.334	0.334	0.334	0.334	0.334	0.334	1	1	1
덴마크	DENMARK	1.0	1.0	1.0	0.334	0.334	0.334	0.334	0.334	0.334	1	1	1
핀란드	FINLAND	1.0	1.0	1.0	0.334	0.334	0.334	0.334	0.334	0.334	1	1	1
프랑스	FRANCE	1.0	1.0	1.0	0.334	0.334	0.334	0.334	0.334	0.334	1	1	1
독일	GERMANY	1.0	1.0	1.0	0.334	0.334	0.334	0.334	0.334	0.334	1	1	1
그리스	GREECE	1.0	1.0	1.0	0.334	0.334	0.334	0.334	0.334	0.334	1	1	1
헝가리	HUNGARY	1.0	1.0	1.0	0.334	0.334	0.334	0.334	0.334	0.334	1	1	1
아이슬랜드	ICELAND										#N/A	#N/A	#N/A
아일랜드	IRELAND	1.0	1.0	1.0	0.334	0.334	0.334	0.334	0.334	0.334	1	1	1
이탈리아	ITALY	1.0	1.0	1.0	0.334	0.334	0.334	0.334	0.334	0.334	1	1	1
일본	JAPAN	1.0	1.0	1.0	0.334	0.334	0.334	0.334	0.334	0.334	1	1	1
한국	KOREA	1.0	1.0	1.0	0.334	0.334	0.334	0.334	0.334	0.334	1	1	1
룩셈부르크	LUXEMBOURG	1.0	1.0	1.0	0.334	0.334	0.334	0.334	0.334	0.334	1	1	1
멕시코	MEXICO	1.0	1.0	1.0	0.334	0.334	0.334	0.334	0.334	0.334	1	1	1
네덜란드	NETHERLANDS	1.0	1.0	1.0	0.334	0.334	0.334	0.334	0.334	0.334	1	1	1
뉴질랜드	NEW ZEALAND	0.0	0.0	0.0	-2.893	-2.893	-2.893	-2.893	-2.893	-2.893	27	27	27
노르웨이	NORWAY	1.0	1.0	1.0	0.334	0.334	0.334	0.334	0.334	0.334	1	1	1
폴란드	POLAND	1.0	1.0	1.0	0.334	0.334	0.334	0.334	0.334	0.334	1	1	1
포르투갈	PORTUGAL	1.0	1.0	1.0	0.334	0.334	0.334	0.334	0.334	0.334	1	1	1
슬로바키아	SLOVAK REPUBLIC	0.0	0.0	0.0	-2.893	-2.893	-2.893	-2.893	-2.893	-2.893	27	27	27
스페인	SPAIN	1.0	1.0	1.0	0.334	0.334	0.334	0.334	0.334	0.334	1	1	1
스웨덴	SWEDEN	1.0	1.0	1.0	0.334	0.334	0.334	0.334	0.334	0.334	1	1	1
스위스	SWITZERLAND	1.0	1.0	1.0	0.334	0.334	0.334	0.334	0.334	0.334	1	1	1
터키	TURKEY	1.0	1.0	1.0	0.334	0.334	0.334	0.334	0.334	0.334	1	1	1
영국	UNITED KINGDOM	1.0	1.0	1.0	0.334	0.334	0.334	0.334	0.334	0.334	1	1	1
미국	UNITED STATES	0.0	0.0	0.0	-2.893	-2.893	-2.893	-2.893	-2.893	-2.893	27	27	27
	평균	1	1	1	0	0	0	0	0	0			
	표준편차	0.31	0.31	0.31	1.00	1.00	1.00	1.00	1.00	1.00			

* t2는 1999년 자료임

* t1, t3는 결측이므로 1999년 자료를 활용함

EQP3

		DATA			T점수			T역변환			순위		
국가	Country	t1	t2	t3	t1	t2	t3	t1	t2	t3	t1	t2	t3
호주	AUSTRALIA	0.00	0.00	0.00	-0.958	-0.958	-0.958	-0.958	-0.958	-0.958	18	18	18
오스트리아	AUSTRIA	0.50	0.50	0.50	0.793	0.793	0.793	0.793	0.793	0.793	6	6	6
벨기에	BELGIUM	0.25	0.25	0.25	-0.083	-0.083	-0.083	-0.083	-0.083	-0.083	10	10	10
캐나다	CANADA	0.00	0.00	0.00	-0.958	-0.958	-0.958	-0.958	-0.958	-0.958	18	18	18
체코	CZECH REPUBLIC	0.25	0.25	0.25	-0.083	-0.083	-0.083	-0.083	-0.083	-0.083	10	10	10
덴마크	DENMARK	0.50	0.50	0.50	0.793	0.793	0.793	0.793	0.793	0.793	6	6	6
핀란드	FINLAND	0.25	0.25	0.25	-0.083	-0.083	-0.083	-0.083	-0.083	-0.083	10	10	10
프랑스	FRANCE	0.75	0.75	0.75	1.668	1.668	1.668	1.668	1.668	1.668	2	2	2
독일	GERMANY	0.50	0.50	0.50	0.793	0.793	0.793	0.793	0.793	0.793	6	6	6
그리스	GREECE	0.25	0.25	0.25	-0.083	-0.083	-0.083	-0.083	-0.083	-0.083	10	10	10
헝가리	HUNGARY	0.25	0.25	0.25	-0.083	-0.083	-0.083	-0.083	-0.083	-0.083	10	10	10
아이슬랜드	ICELAND										#N/A	#N/A	#N/A
아일랜드	IRELAND	0.00	0.00	0.00	-0.958	-0.958	-0.958	-0.958	-0.958	-0.958	18	18	18
이탈리아	ITALY	0.50	0.50	0.50	0.793	0.793	0.793	0.793	0.793	0.793	6	6	6
일본	JAPAN	0.00	0.00	0.00	-0.958	-0.958	-0.958	-0.958	-0.958	-0.958	18	18	18
한국	KOREA	0.25	0.25	0.25	-0.083	-0.083	-0.083	-0.083	-0.083	-0.083	10	10	10
룩셈부르크	LUXEMBOURG										#N/A	#N/A	#N/A
멕시코	MEXICO	0.00	0.00	0.00	-0.958	-0.958	-0.958	-0.958	-0.958	-0.958	18	18	18
네덜란드	NETHERLANDS	0.58	0.58	0.58	1.073	1.073	1.073	1.073	1.073	1.073	4	4	4
뉴질랜드	NEW ZEALAND	0.00	0.00	0.00	-0.958	-0.958	-0.958	-0.958	-0.958	-0.958	18	18	18
노르웨이	NORWAY	1.00	1.00	1.00	2.544	2.544	2.544	2.544	2.544	2.544	1	1	1
폴란드	POLAND	0.25	0.25	0.25	-0.083	-0.083	-0.083	-0.083	-0.083	-0.083	10	10	10
포르투갈	PORTUGAL	0.75	0.75	0.75	1.668	1.668	1.668	1.668	1.668	1.668	2	2	2
슬로바키아	SLOVAK REPUBLIC	0.00	0.00	0.00	-0.958	-0.958	-0.958	-0.958	-0.958	-0.958	18	18	18
스페인	SPAIN	0.58	0.58	0.58	1.073	1.073	1.073	1.073	1.073	1.073	4	4	4
스웨덴	SWEDEN	0.25	0.25	0.25	-0.083	-0.083	-0.083	-0.083	-0.083	-0.083	10	10	10
스위스	SWITZERLAND	0.00	0.00	0.00	-0.958	-0.958	-0.958	-0.958	-0.958	-0.958	18	18	18
터키	TURKEY	0.00	0.00	0.00	-0.958	-0.958	-0.958	-0.958	-0.958	-0.958	18	18	18
영국	UNITED KINGDOM	0.00	0.00	0.00	-0.958	-0.958	-0.958	-0.958	-0.958	-0.958	18	18	18
미국	UNITED STATES	0.00	0.00	0.00	-0.958	-0.958	-0.958	-0.958	-0.958	-0.958	18	18	18
	평균	0	0	0	0	0	0	0	0	0			
	표준편차	0.29	0.29	0.29	1.00	1.00	1.00	1.00	1.00	1.00			

* t3는 2003년도 자료임
* t1, t2는 결측이므로 2003년도 자료를 활용함

EQO1

		DATA			T점수			T역변환			순위		
국가	Country	t1	t2	t3	t1	t2	t3	t1	t2	t3	t1	t2	t3
호주	AUSTRALIA	11.2	9.23	9.23	0.589	0.538	0.634	-0.589	-0.538	-0.634	24	25	24
오스트리아	AUSTRIA	8.6	7.5	6.77	0.140	0.226	0.205	-0.140	-0.226	-0.205	20	22	23
벨기에	BELGIUM	6.39	5.9	5.35	-0.241	-0.062	-0.043	0.241	0.062	0.043	14	18	17
캐나다	CANADA	8.5	5.6	5.6	0.123	-0.116	0.001	-0.123	0.116	-0.001	19	17	21
체코	CZECH REPUBLIC										#N/A	#N/A	#N/A
덴마크	DENMARK	3.54	3.56	1.98	-0.733	-0.484	-0.630	0.733	0.484	0.630	5	8	6
핀란드	FINLAND	3.65	3.45	2.72	-0.714	-0.503	-0.501	0.714	0.503	0.501	6	7	8
프랑스	FRANCE	7.6	6.78	4.59	-0.032	0.096	-0.175	0.032	-0.096	0.175	16	20	13
독일	GERMANY	4.88	3.85	3.28	-0.502	-0.431	-0.403	0.502	0.431	0.403	9	9	12
그리스	GREECE	5.71	4.81	3.22	-0.359	-0.258	-0.414	0.359	0.258	0.414	12	12	10
헝가리	HUNGARY	17.2	10.3	10.3	1.625	0.731	0.820	-1.625	-0.731	-0.820	27	26	26
아이슬랜드	ICELAND										#N/A	#N/A	#N/A
아일랜드	IRELAND	4.25	4.59	3.09	-0.611	-0.298	-0.437	0.611	0.298	0.437	7	10	9
이탈리아	ITALY	8.17	7.64	5.81	0.066	0.251	0.038	-0.066	-0.251	-0.038	18	23	22
일본	JAPAN	0.3	0.23	0.23	-1.292	-1.084	-0.935	1.292	1.084	0.935	1	1	1
한국	KOREA	29.6	30.8	30.8	3.765	4.424	4.394	-3.765	-4.424	-4.394	28	28	28
룩셈부르크	LUXEMBOURG	4.81	6.32	4.81	-0.514	0.014	-0.137	0.514	-0.014	0.137	8	19	15
멕시코	MEXICO	11	12	12	0.555	1.037	1.117	-0.555	-1.037	-1.117	23	27	27
네덜란드	NETHERLANDS	2.76	2.52	1.71	-0.868	-0.671	-0.677	0.868	0.671	0.677	4	5	5
뉴질랜드	NEW ZEALAND	6.46	3.24	3.24	-0.229	-0.541	-0.410	0.229	0.541	0.410	15	6	11
노르웨이	NORWAY	1.429	1.946	2.1	-1.098	-0.774	-0.609	1.098	0.774	0.609	3	4	7
폴란드	POLAND	5.5	5	5	-0.395	-0.224	-0.104	0.395	0.224	0.104	11	13	16
포르투갈	PORTUGAL	11.43	7.39	9.78	0.629	0.206	0.730	-0.629	-0.206	-0.730	25	21	25
슬로바키아	SLOVAK REPUBLIC	10.9	5.41	5.41	0.537	-0.150	-0.032	-0.537	0.150	0.032	22	15	18
스페인	SPAIN	14.07	8.83	5.5	1.085	0.466	-0.016	-1.085	-0.466	0.016	26	24	20
스웨덴	SWEDEN	5.83	1.64	1.5	-0.338	-0.829	-0.714	0.338	0.829	0.714	13	3	3
스위스	SWITZERLAND	7.6	5.2	1.5	-0.032	-0.188	-0.714	0.032	0.188	0.714	16	14	3
터키	TURKEY	9.92	5.41	5.41	0.368	-0.150	-0.032	-0.368	0.150	0.032	21	15	18
영국	UNITED KINGDOM	1.31	1.01	1.01	-1.118	-0.943	-0.799	1.118	0.943	0.799	2	2	2
미국	UNITED STATES	5.43	4.69	4.69	-0.407	-0.280	-0.158	0.407	0.280	0.158	10	11	14
	평균	8	6	6	0	0	0	0	0	0			
	표준편차	5.79	5.55	5.74	1.00	1.00	1.00	1.00	1.00	1.00			

* t1, t2, t3는 각각 1990, 1999, 2004년 자료임

* 호주, 헝가리, 일본, 한국, 멕시코, 뉴질랜드, 폴란드, 슬로바키아, 터키, 미국의 2004년도 자료는 결측이므로 1999년도 자료를 활용하였음.

* 오스트리아, 벨기에, 덴마크, 핀란드, 프랑스, 독일, 그리스, 아일랜드, 이탈리아, 룩셈부르크, 네델란드,포르투갈, 스웨덴, 스위스, 영국의 2004년도 자료는 결측이므로 2002년도 자료를 활용하였음.

EQO2

국가	Country	DATA			T점수			T역변환			순위		
		t1	t2	t3	t1	t2	t3	t1	t2	t3	t1	t2	t3
호주	AUSTRALIA	1774	1763	1730	-0.054	-0.056	-0.007	0.054	0.056	0.007	17	16	17
오스트리아	AUSTRIA	1646	1638	1656	-0.592	-0.603	-0.355	0.592	0.603	0.355	7	7	10
벨기에	BELGIUM	1552	1545	1534	-0.985	-1.007	-0.924	0.985	1.007	0.924	5	5	4
캐나다	CANADA	1763	1769	1736	-0.102	-0.031	0.022	0.102	0.031	-0.022	16	18	18
체코	CZECH REPUBLIC	2064	2088	2002	1.160	1.361	1.263	-1.160	-1.361	-1.263	28	29	28
덴마크	DENMARK	1531	1539	1551	-1.073	-1.033	-0.843	1.073	1.033	0.843	3	4	6
핀란드	FINLAND	1755	1765	1714	-0.133	-0.049	-0.085	0.133	0.049	0.085	14	17	16
프랑스	FRANCE	1682	1630	1546	-0.442	-0.635	-0.866	0.442	0.635	0.866	8	6	5
독일	GERMANY	1550	1492	1437	-0.995	-1.240	-1.375	0.995	1.240	1.375	4	3	3
그리스	GREECE	2125	2067	2053	1.415	1.273	1.503	-1.415	-1.273	-1.503	29	28	29
헝가리	HUNGARY	1899	2067	1994	0.468	1.272	1.223	-0.468	-1.272	-1.223	24	27	26
아이슬랜드	ICELAND	1828	1873	1794	0.170	0.423	0.290	-0.170	-0.423	-0.290	20	22	21
아일랜드	IRELAND	1823	1692	1638	0.151	-0.365	-0.438	-0.151	0.365	0.438	19	11	9
이탈리아	ITALY	1894	1894	1801	0.448	0.517	0.324	-0.448	-0.517	-0.324	23	23	22
일본	JAPAN	1905	1810	1775	0.495	0.152	0.204	-0.495	-0.152	-0.204	25	20	20
한국	KOREA	2667	2502	2354	3.689	3.172	2.905	-3.689	-3.172	-2.905	30	30	30
룩셈부르크	LUXEMBOURG	1683	1643	1557	-0.436	-0.579	-0.817	0.436	0.579	0.817	9	8	7
멕시코	MEXICO	1821	1923	1909	0.144	0.644	0.828	-0.144	-0.644	-0.828	18	25	24
네덜란드	NETHERLANDS	1373	1350	1367	-1.737	-1.858	-1.704	1.737	1.858	1.704	1	1	2
뉴질랜드	NEW ZEALAND	1854	1838	1809	0.282	0.271	0.358	-0.282	-0.271	-0.358	22	21	23
노르웨이	NORWAY	1434	1398	1360	-1.479	-1.649	-1.736	1.479	1.649	1.736	2	2	1
폴란드	POLAND	1988	1988	1994	0.843	0.926	1.225	-0.843	-0.926	-1.225	27	26	27
포르투갈	PORTUGAL	1756	1732	1685	-0.130	-0.191	-0.219	0.130	0.191	0.219	15	13	14
슬로바키아	SLOVAK REPUBLIC	1854	1809	1739	0.281	0.143	0.034	-0.281	-0.143	-0.034	21	19	19
스페인	SPAIN	1734	1732	1669	-0.224	-0.191	-0.293	0.224	0.191	0.293	13	14	12
스웨덴	SWEDEN	1582	1647	1587	-0.859	-0.561	-0.676	0.859	0.561	0.676	6	9	8
스위스	SWITZERLAND	1704	1690	1659	-0.348	-0.373	-0.342	0.348	0.373	0.342	10	10	11
터키	TURKEY	1918	1918	1918	0.549	0.621	0.870	-0.549	-0.621	-0.870	26	24	25
영국	UNITED KINGDOM	1723	1719	1672	-0.270	-0.246	-0.277	0.270	0.246	0.277	11	12	13
미국	UNITED STATES	1731	1751	1713	-0.235	-0.108	-0.088	0.235	0.108	0.088	12	15	15
	평균	1787	1776	1732	0	0	0	0	0	0			
	표준편차	238.44	229.15	214.08	1.00	1.00	1.00	1.00	1.00	1.00			

* t1, t2, t3는 각각 1993, 1999, 2005년 자료임
* 슬로바키아의 1993년도 자료는 결측이므로 1994년도 자료를 활용하였음.
* 오스트리아의 1993년도 자료는 결측이므로 1995년도 자료를 활용하였음.
* 폴란드의 1993, 1999년도 자료는 결측이므로 2000년도 자료를 활용하였음.
* 터키의 1993, 1999, 2005년도 자료는 결측이므로 2004 OECD Employment outlook 자료를 활용하였음.

EQO3

국가	Country	노동소득분배율			피용자보수			EQO3			Rank		
		t1	t2	t3	t1	t2	t3	t1	t2	t3	t1	t2	t3
호주	AUSTRALIA	0.091	0.266	0.199	-0.137	0.124	0.018	-0.023	0.195	0.108	19	16	17
오스트리아	AUSTRIA	0.698	0.681	0.326	0.666	0.657	0.378	0.682	0.669	0.352	9	7	14
벨기에	BELGIUM	0.221	0.239	0.386	0.332	0.280	0.451	0.277	0.259	0.418	14	15	12
캐나다	CANADA	1.027	0.681	0.284	0.888	0.644	0.366	0.957	0.662	0.325	3	8	15
체코	CZECH REPUBLIC	0.074	0.146	0.173	-0.569	-0.253	-0.199	-0.247	-0.053	-0.013	20	20	19
덴마크	DENMARK	1.001	1.160	1.032	0.826	0.877	0.835	0.913	1.019	0.934	5	2	5
핀란드	FINLAND	1.469	0.395	0.224	0.777	0.176	0.138	1.123	0.285	0.181	1	13	16
프랑스	FRANCE	0.464	0.441	0.522	0.419	0.384	0.499	0.441	0.412	0.510	10	11	10
독일	GERMANY	0.689	0.561	0.428	0.876	0.734	0.619	0.782	0.648	0.524	6	9	9
그리스	GREECE	-2.577	-2.157	-2.174	-2.519	-2.034	-1.978	-2.548	-2.095	-2.076	28	26	26
헝가리	HUNGARY										#N/A	#N/A	#N/A
아이슬랜드	ICELAND	0.472	1.519	1.406	0.209	1.202	1.244	0.341	1.361	1.325	12	1	1
아일랜드	IRELAND	-0.108	-0.323	-0.193	0.160	-0.175	-0.114	0.026	-0.249	-0.153	18	21	20
이탈리아	ITALY	-0.489	-0.922	-0.779	-0.371	-0.981	-0.788	-0.430	-0.952	-0.783	23	25	25
일본	JAPAN	0.247	0.579	0.471	0.394	0.631	0.475	0.321	0.605	0.473	13	10	11
한국	KOREA	-0.697	-0.618	-0.635	-0.470	-0.695	-0.583	-0.584	-0.657	-0.609	24	24	23
룩셈부르크	LUXEMBOURG	0.031	0.082	1.211				0.031	0.082	1.211	17	19	2
멕시코	MEXICO	-2.031	-2.442	-2.217	-1.803	-2.228	-1.966	-1.917	-2.335	-2.091	26	27	27
네덜란드	NETHERLANDS	0.334	0.303	0.607	0.443	0.371	0.631	0.389	0.337	0.619	11	12	7
뉴질랜드	NEW ZEALAND	-0.151	-0.369	-0.448	-0.519	-0.513	-0.499	-0.335	-0.441	-0.473	21	22	22
노르웨이	NORWAY	0.195	0.340	-0.397	-0.038	0.189	-0.175	0.079	0.264	-0.286	16	14	21
폴란드	POLAND										#N/A	#N/A	#N/A
포르투갈	PORTUGAL	-0.160	0.358	0.598	-0.655	-0.175	0.114	-0.408	0.092	0.356	22	18	13
슬로바키아	SLOVAK REPUBLIC	-0.645	-0.360	-0.541	-0.902	-0.942	-0.992	-0.774	-0.651	-0.767	25	23	24
스페인	SPAIN	-0.039	-0.019	-0.039	0.271	0.228	0.162	0.116	0.104	0.061	15	17	18
스웨덴	SWEDEN	1.001	0.883	1.015	1.024	0.760	0.967	1.012	0.822	0.991	2	3	4
스위스	SWITZERLAND	0.542	0.321	0.649	1.295	1.150	1.400	0.918	0.736	1.025	4	5	3
터키	TURKEY	-2.698	-2.709	-2.761	-2.396	-2.397	-2.735	-2.547	-2.553	-2.748	27	28	28
영국	UNITED KINGDOM	0.646	0.579	0.369	0.764	0.825	0.727	0.705	0.702	0.548	8	6	8
미국	UNITED STATES	0.394	0.386	0.284	1.036	1.163	1.003	0.715	0.775	0.644	7	4	6

EQO3-노동소득분배율

		DATA			T점수			T역변환			순위		
국가	Country	t1	t2	t3	t1	t2	t3	t1	t2	t3	t1	t2	t3
호주	AUSTRALIA	68.2	69.2	69.5	0.091	0.266	0.199	0.091	0.266	0.199	16	16	17
오스트리아	AUSTRIA	75.2	73.7	71.0	0.698	0.681	0.326	0.698	0.681	0.326	5	4	13
벨기에	BELGIUM	69.7	68.9	71.7	0.221	0.239	0.386	0.221	0.239	0.386	14	17	11
캐나다	CANADA	79.0	73.7	70.5	1.027	0.681	0.284	1.027	0.681	0.284	2	4	14
체코	CZECH REPUBLIC	68.0	67.9	69.2	0.074	0.146	0.173	0.074	0.146	0.173	17	18	18
덴마크	DENMARK	78.7	78.9	79.3	1.001	1.160	1.032	1.001	1.160	1.032	3	2	3
핀란드	FINLAND	84.1	70.6	69.8	1.469	0.395	0.224	1.469	0.395	0.224	1	10	16
프랑스	FRANCE	72.5	71.1	73.3	0.464	0.441	0.522	0.464	0.441	0.522	10	9	8
독일	GERMANY	75.1	72.4	72.2	0.689	0.561	0.428	0.689	0.561	0.428	6	8	10
그리스	GREECE	37.4	42.9	41.6	-2.577	-2.157	-2.174	-2.577	-2.157	-2.174	27	26	26
헝가리	HUNGARY										#N/A	#N/A	#N/A
아이슬랜드	ICELAND	72.6	82.8	83.7	0.472	1.519	1.406	0.472	1.519	1.406	9	1	1
아일랜드	IRELAND	65.9	62.8	64.9	-0.108	-0.323	-0.193	-0.108	-0.323	-0.193	20	21	20
이탈리아	ITALY	61.5	56.3	58.0	-0.489	-0.922	-0.779	-0.489	-0.922	-0.779	23	25	25
일본	JAPAN	70.0	72.6	72.7	0.247	0.579	0.471	0.247	0.579	0.471	13	6	9
한국	KOREA	59.1	59.6	59.7	-0.697	-0.618	-0.635	-0.697	-0.618	-0.635	25	24	24
룩셈부르크	LUXEMBOURG	67.5	67.2	81.4	0.031	0.082	1.211	0.031	0.082	1.211	18	19	2
멕시코	MEXICO	43.7	39.8	41.1	-2.031	-2.442	-2.217	-2.031	-2.442	-2.217	26	27	27
네덜란드	NETHERLANDS	71.0	69.6	74.3	0.334	0.303	0.607	0.334	0.303	0.607	12	15	6
뉴질랜드	NEW ZEALAND	65.4	62.3	61.9	-0.151	-0.369	-0.448	-0.151	-0.369	-0.448	21	23	22
노르웨이	NORWAY	69.4	70.0	62.5	0.195	0.340	-0.397	0.195	0.340	-0.397	15	13	21
폴란드	POLAND										#N/A	#N/A	#N/A
포르투갈	PORTUGAL	65.3	70.2	74.2	-0.160	0.358	0.598	-0.160	0.358	0.598	22	12	7
슬로바키아	SLOVAK REPUBLIC	59.7	62.4	60.8	-0.645	-0.360	-0.541	-0.645	-0.360	-0.541	24	22	23
스페인	SPAIN	66.7	66.1	66.7	-0.039	-0.019	-0.039	-0.039	-0.019	-0.039	19	20	19
스웨덴	SWEDEN	78.7	75.9	79.1	1.001	0.883	1.015	1.001	0.883	1.015	3	3	4
스위스	SWITZERLAND	73.4	69.8	74.8	0.542	0.321	0.649	0.542	0.321	0.649	8	14	5
터키	TURKEY	36.0	36.9	34.7	-2.698	-2.709	-2.761	-2.698	-2.709	-2.761	28	28	28
영국	UNITED KINGDOM	74.6	72.6	71.5	0.646	0.579	0.369	0.646	0.579	0.369	7	6	12
미국	UNITED STATES	71.7	70.5	70.5	0.394	0.386	0.284	0.394	0.386	0.284	11	11	14
	평균	67	66	67	0	0	0	0	0	0			
	표준편차	11.54	10.86	11.76	1.00	1.00	1.00	1.00	1.00	1.00			

* t1, t2, t3는 각각 1993, 1999, 2003년 자료임
* 체코의 2003년도 자료는 결측이므로 2000년도 자료를 활용하였음.
* 슬로바키아의 2003년도 자료는 결측이므로 2001년도 자료를 활용하였음.
* 호주, 벨기에, 일본, 멕시코, 뉴질랜드, 포르투갈, 스페인, 스위스의 2003년도 자료는 결측이므로 2002년도 자료를 활용하였음.

EQO3-피용자보수

		DATA			T점수			T역변환			순위		
국가	Country	t1	t2	t3	t1	t2	t3	t1	t2	t3	t1	t2	t3
호주	AUSTRALIA	48.9	49.7	49.2	-0.137	0.124	0.018	-0.137	0.124	0.018	18	17	17
오스트리아	AUSTRIA	55.4	53.8	52.2	0.666	0.657	0.378	0.666	0.657	0.378	9	8	12
벨기에	BELGIUM	52.7	50.9	52.8	0.332	0.280	0.451	0.332	0.280	0.451	13	13	11
캐나다	CANADA	57.2	53.7	52.1	0.888	0.644	0.366	0.888	0.644	0.366	4	9	13
체코	CZECH REPUBLIC	45.4	46.8	47.4	-0.569	-0.253	-0.199	-0.569	-0.253	-0.199	22	20	20
덴마크	DENMARK	56.7	55.5	56.0	0.826	0.877	0.835	0.826	0.877	0.835	6	4	5
핀란드	FINLAND	56.3	50.1	50.2	0.777	0.176	0.138	0.777	0.176	0.138	7	16	15
프랑스	FRANCE	53.4	51.7	53.2	0.419	0.384	0.499	0.419	0.384	0.499	11	11	9
독일	GERMANY	57.1	54.4	54.2	0.876	0.734	0.619	0.876	0.734	0.619	5	7	8
그리스	GREECE	29.6	33.1	32.6	-2.519	-2.034	-1.978	-2.519	-2.034	-1.978	27	25	26
헝가리	HUNGARY										#N/A	#N/A	#N/A
아이슬랜드	ICELAND	51.7	58.0	59.4	0.209	1.202	1.244	0.209	1.202	1.244	15	1	2
아일랜드	IRELAND	51.3	47.4	48.1	0.160	-0.175	-0.114	0.160	-0.175	-0.114	16	18	18
이탈리아	ITALY	47.0	41.2	42.5	-0.371	-0.981	-0.788	-0.371	-0.981	-0.788	19	24	23
일본	JAPAN	53.2	53.6	53.0	0.394	0.631	0.475	0.394	0.631	0.475	12	10	10
한국	KOREA	46.2	43.4	44.2	-0.470	-0.695	-0.583	-0.470	-0.695	-0.583	20	22	22
룩셈부르크	LUXEMBOURG										#N/A	#N/A	#N/A
멕시코	MEXICO	35.4	31.6	32.7	-1.803	-2.228	-1.966	-1.803	-2.228	-1.966	25	26	25
네덜란드	NETHERLANDS	53.6	51.6	54.3	0.443	0.371	0.631	0.443	0.371	0.631	10	12	7
뉴질랜드	NEW ZEALAND	45.8	44.8	44.9	-0.519	-0.513	-0.499	-0.519	-0.513	-0.499	21	21	21
노르웨이	NORWAY	49.7	50.2	47.6	-0.038	0.189	-0.175	-0.038	0.189	-0.175	17	15	19
폴란드	POLAND										#N/A	#N/A	#N/A
포르투갈	PORTUGAL	44.7	47.4	50.0	-0.655	-0.175	0.114	-0.655	-0.175	0.114	23	18	16
슬로바키아	SLOVAK REPUBLIC	42.7	41.5	40.8	-0.902	-0.942	-0.992	-0.902	-0.942	-0.992	24	23	24
스페인	SPAIN	52.2	50.5	50.4	0.271	0.228	0.162	0.271	0.228	0.162	14	14	14
스웨덴	SWEDEN	58.3	54.6	57.1	1.024	0.760	0.967	1.024	0.760	0.967	3	6	4
스위스	SWITZERLAND	60.5	57.6	60.7	1.295	1.150	1.400	1.295	1.150	1.400	1	3	1
터키	TURKEY	30.6	30.3	26.3	-2.396	-2.397	-2.735	-2.396	-2.397	-2.735	26	27	27
영국	UNITED KINGDOM	56.2	55.1	55.1	0.764	0.825	0.727	0.764	0.825	0.727	8	5	6
미국	UNITED STATES	58.4	57.7	57.4	1.036	1.163	1.003	1.036	1.163	1.003	2	2	3
	평균	50	49	49	0	0	0	0	0	0			
	표준편차	8.10	7.70	8.32	1.00	1.00	1.00	1.00	1.00	1.00			

* t1, t2, t3는 각각 1993, 1999, 2003년 자료임
* 체코의 2003년도 자료는 결측이므로 2000년도 자료를 활용하였음.
* 슬로바키아의 2003년도 자료는 결측이므로 2001년도 자료를 활용하였음.
* 호주, 벨기에, 일본, 멕시코, 뉴질랜드, 포르투갈, 스페인, 스위스의 2003년도 자료는 결측이므로 2002년도 자료를 활용하였음.

EQO4

국가	Country	실업률			고용율			EQO4			Rank		
		t1	t2	t3	t1	t2	t3	t1	t2	t3	t1	t2	t3
호주	AUSTRALIA	-0.365	0.071	0.536	0.390	0.335	0.397	0.013	0.203	0.466	19	15	8
오스트리아	AUSTRIA	0.987	0.877	0.517	-0.184	-0.091	-0.136	0.402	0.393	0.191	10	10	14
벨기에	BELGIUM	-0.620	-0.348	-0.393	-0.855	-0.782	-0.820	-0.737	-0.565	-0.607	23	22	23
캐나다	CANADA	-0.463	-0.096	0.073	0.529	0.422	0.451	0.033	0.163	0.262	18	16	13
체코	CZECH REPUBLIC	0.962	-0.408	-0.257	0.324	0.112	-0.244	0.643	-0.148	-0.251	6	18	20
덴마크	DENMARK	-0.347	0.417	0.558	1.519	1.033	0.719	0.586	0.725	0.638	8	5	5
핀란드	FINLAND	-1.490	-0.779	-0.389	0.389	0.299	0.204	-0.550	-0.240	-0.092	21	20	19
프랑스	FRANCE	-0.547	-0.966	-0.834	-0.486	-0.411	-0.457	-0.516	-0.689	-0.646	20	23	24
독일	GERMANY	0.233	-0.323	-1.168	0.086	-0.119	0.093	0.159	-0.221	-0.537	16	19	22
그리스	GREECE	-0.112	-1.192	-0.725	-1.554	-1.263	-1.095	-0.833	-1.228	-0.910	27	26	27
헝가리	HUNGARY	-0.610	0.037	-0.079	-1.055	-1.657	-1.381	-0.833	-0.810	-0.730	26	24	26
아이슬랜드	ICELAND	0.784	1.335	1.234	1.833	1.801	1.174	1.309	1.568	1.204	2	2	2
아일랜드	IRELAND	-1.361	0.373	0.770	-1.011	-0.542	-0.218	-1.186	-0.084	0.276	29	17	12
이탈리아	ITALY	-0.217	-1.108	-0.217	-1.442	-1.430	-1.099	-0.830	-1.269	-0.658	25	27	25
일본	JAPAN	1.343	0.650	0.724	0.679	0.735	0.538	1.011	0.692	0.631	4	6	6
한국	KOREA	1.267	0.222	0.915	-0.864	-0.912	-0.543	0.201	-0.345	0.186	12	21	15
룩셈부르크	LUXEMBOURG	1.510	1.316	1.092	0.705	1.997	3.240	1.108	1.657	2.166	3	1	1
멕시코	MEXICO	1.200	1.314	0.981	-0.814	-0.859	-0.854	0.193	0.227	0.064	13	14	18
네덜란드	NETHERLANDS	0.584	0.950	0.508	-0.396	0.213	0.190	0.094	0.582	0.349	17	8	11
뉴질랜드	NEW ZEALAND	-0.080	0.110	0.929	0.412	0.515	0.623	0.166	0.312	0.776	15	12	4
노르웨이	NORWAY	0.621	1.016	0.664	0.739	1.059	0.586	0.680	1.038	0.625	5	4	7
폴란드	POLAND	-0.999	-1.729	-2.982	-0.240	-0.822	-1.004	-0.620	-1.276	-1.993	22	28	30
포르투갈	PORTUGAL	0.738	0.713	-0.175	-0.043	0.344	0.466	0.347	0.529	0.145	11	9	17
슬로바키아	SLOVAK REPUBLIC	-1.476	-2.347	-2.544	-0.133	-0.321	-0.517	-0.804	-1.334	-1.530	24	29	28
스페인	SPAIN	-2.784	-2.178	-0.602	-1.275	-0.988	-0.381	-2.029	-1.583	-0.492	30	30	21
스웨덴	SWEDEN	-0.077	0.011	-0.210	1.021	0.594	0.512	0.472	0.302	0.151	9	13	16
스위스	SWITZERLAND	1.086	1.099	0.757	2.160	1.775	1.413	1.623	1.437	1.085	1	3	3
터키	TURKEY	0.036	-0.117	-0.898	-1.831	-1.879	-2.198	-0.897	-0.998	-1.548	28	25	29
영국	UNITED KINGDOM	-0.249	0.316	0.673	0.585	0.320	0.106	0.168	0.318	0.390	14	11	9
미국	UNITED STATES	0.445	0.767	0.540	0.813	0.522	0.234	0.629	0.645	0.387	7	7	10

EQO4-실업률

		DATA			T점수			T역변환			순위		
국가	Country	t1	t2	t3	t1	t2	t3	t1	t2	t3	t1	t2	t3
호주	AUSTRALIA	10.9	6.9	5.1	0.365	-0.071	-0.536	-0.365	0.071	0.536	21	16	13
오스트리아	AUSTRIA	4.3	3.8	5.2	-0.987	-0.877	-0.517	0.987	0.877	0.517	6	7	14
벨기에	BELGIUM	12.1	8.6	8.4	0.620	0.348	0.393	-0.620	-0.348	-0.393	25	22	23
캐나다	CANADA	11.4	7.6	6.8	0.463	0.096	-0.073	-0.463	-0.096	0.073	22	19	16
체코	CZECH REPUBLIC	4.4	8.8	8.0	-0.962	0.408	0.257	0.962	-0.408	-0.257	7	23	21
덴마크	DENMARK	10.8	5.6	5.0	0.347	-0.417	-0.558	-0.347	0.417	0.558	20	11	11
핀란드	FINLAND	16.4	10.2	8.4	1.490	0.779	0.389	-1.490	-0.779	-0.389	29	24	22
프랑스	FRANCE	11.8	11.0	10.0	0.547	0.966	0.834	-0.547	-0.966	-0.834	23	25	26
독일	GERMANY	8.0	8.5	11.2	-0.233	0.323	1.168	0.233	-0.323	-1.168	13	21	28
그리스	GREECE	9.7	11.9	9.6	0.112	1.192	0.725	-0.112	-1.192	-0.725	17	27	25
헝가리	HUNGARY	12.1	7.1	7.3	0.610	-0.037	0.079	-0.610	0.037	-0.079	24	17	17
아이슬랜드	ICELAND	5.3	2.0	2.6	-0.784	-1.335	-1.234	0.784	1.335	1.234	8	1	1
아일랜드	IRELAND	15.8	5.8	4.3	1.361	-0.373	-0.770	-1.361	0.373	0.770	27	12	6
이탈리아	ITALY	10.2	11.5	7.8	0.217	1.108	0.217	-0.217	-1.108	-0.217	18	26	20
일본	JAPAN	2.5	4.7	4.4	-1.343	-0.650	-0.724	1.343	0.650	0.724	2	10	8
한국	KOREA	2.9	6.3	3.7	-1.267	-0.222	-0.915	1.267	0.222	0.915	3	14	5
룩셈부르크	LUXEMBOURG	1.7	2.1	3.1	-1.510	-1.316	-1.092	1.510	1.316	1.092	1	2	2
멕시코	MEXICO	3.2	2.1	3.5	-1.200	-1.314	-0.981	1.200	1.314	0.981	4	3	3
네덜란드	NETHERLANDS	6.2	3.5	5.2	-0.584	-0.950	-0.508	0.584	0.950	0.508	11	6	15
뉴질랜드	NEW ZEALAND	9.5	6.8	3.7	0.080	-0.110	-0.929	-0.080	0.110	0.929	16	15	4
노르웨이	NORWAY	6.1	3.2	4.6	-0.621	-1.016	-0.664	0.621	1.016	0.664	10	5	10
폴란드	POLAND	14.0	13.9	17.7	0.999	1.729	2.982	-0.999	-1.729	-2.982	26	28	30
포르투갈	PORTUGAL	5.5	4.4	7.7	-0.738	-0.713	0.175	0.738	0.713	-0.175	9	9	18
슬로바키아	SLOVAK REPUBLIC	16.4	16.4	16.2	1.476	2.347	2.544	-1.476	-2.347	-2.544	28	30	29
스페인	SPAIN	22.8	15.7	9.2	2.784	2.178	0.602	-2.784	-2.178	-0.602	30	29	24
스웨덴	SWEDEN	9.5	7.2	7.8	0.077	-0.011	0.210	-0.077	0.011	-0.210	15	18	19
스위스	SWITZERLAND	3.8	2.9	4.3	-1.086	-1.099	-0.757	1.086	1.099	0.757	5	4	7
터키	TURKEY	8.9	7.7	10.3	-0.036	0.117	0.898	0.036	-0.117	-0.898	14	20	27
영국	UNITED KINGDOM	10.3	6.0	4.6	0.249	-0.316	-0.673	-0.249	0.316	0.673	19	13	9
미국	UNITED STATES	6.9	4.2	5.1	-0.445	-0.767	-0.540	0.445	0.767	0.540	12	8	12
	평균	9	7	7	0	0	0	0	0	0			
	표준편차	4.91	3.90	3.59	1.00	1.00	1.00	1.00	1.00	1.00			

* t1, t2, t3는 각각 1993, 1995, 2005년 자료임
* 슬로바키아의 1993년도 자료는 결측이므로 1999년도 자료를 활용하였음.

EQO4-고용률

		DATA			T점수			T역변환			순위		
국가	Country	t1	t2	t3	t1	t2	t3	t1	t2	t3	t1	t2	t3
호주	AUSTRALIA	73.7	74.9	77.3	0.390	0.335	0.397	0.390	0.335	0.397	12	12	11
오스트리아	AUSTRIA	69.2	71.5	72.3	-0.184	-0.091	-0.136	-0.184	-0.091	-0.136	18	17	17
벨기에	BELGIUM	63.9	65.9	65.9	-0.855	-0.782	-0.820	-0.855	-0.782	-0.820	23	22	24
캐나다	CANADA	74.8	75.6	77.8	0.529	0.422	0.451	0.529	0.422	0.451	10	10	10
체코	CZECH REPUBLIC	73.2	73.1	71.3	0.324	0.112	-0.244	0.324	0.112	-0.244	14	16	19
덴마크	DENMARK	82.6	80.5	80.3	1.519	1.033	0.719	1.519	1.033	0.719	3	5	4
핀란드	FINLAND	73.7	74.6	75.5	0.389	0.299	0.204	0.389	0.299	0.204	13	14	13
프랑스	FRANCE	66.8	68.9	69.3	-0.486	-0.411	-0.457	-0.486	-0.411	-0.457	21	20	21
독일	GERMANY	71.3	71.2	74.4	0.086	-0.119	0.093	0.086	-0.119	0.093	15	18	16
그리스	GREECE	58.4	62.0	63.3	-1.554	-1.263	-1.095	-1.554	-1.263	-1.095	29	27	27
헝가리	HUNGARY	62.3	58.8	60.6	-1.055	-1.657	-1.381	-1.055	-1.657	-1.381	26	29	29
아이슬랜드	ICELAND	85.1	86.7	84.6	1.833	1.801	1.174	1.833	1.801	1.174	2	2	3
아일랜드	IRELAND	62.7	67.8	71.5	-1.011	-0.542	-0.218	-1.011	-0.542	-0.218	25	21	18
이탈리아	ITALY	59.3	60.6	63.3	-1.442	-1.430	-1.099	-1.442	-1.430	-1.099	28	28	28
일본	JAPAN	76.0	78.1	78.6	0.679	0.735	0.538	0.679	0.735	0.538	8	6	7
한국	KOREA	63.8	64.8	68.5	-0.864	-0.912	-0.543	-0.864	-0.912	-0.543	24	25	23
룩셈부르크	LUXEMBOURG	76.2	88.3	103.9	0.705	1.997	3.240	0.705	1.997	3.240	7	1	1
멕시코	MEXICO	64.2	65.3	65.6	-0.814	-0.859	-0.854	-0.814	-0.859	-0.854	22	24	25
네덜란드	NETHERLANDS	67.5	73.9	75.4	-0.396	0.213	0.190	-0.396	0.213	0.190	20	15	14
뉴질랜드	NEW ZEALAND	73.9	76.4	79.4	0.412	0.515	0.623	0.412	0.515	0.623	11	9	5
노르웨이	NORWAY	76.5	80.8	79.1	0.739	1.059	0.586	0.739	1.059	0.586	6	4	6
폴란드	POLAND	68.8	65.6	64.2	-0.240	-0.822	-1.004	-0.240	-0.822	-1.004	19	23	26
포르투갈	PORTUGAL	70.3	75.0	77.9	-0.043	0.344	0.466	-0.043	0.344	0.466	16	11	9
슬로바키아	SLOVAK REPUBLIC	69.6	69.6	68.7	-0.133	-0.321	-0.517	-0.133	-0.321	-0.517	17	19	22
스페인	SPAIN	60.6	64.2	70.0	-1.275	-0.988	-0.381	-1.275	-0.988	-0.381	27	26	20
스웨덴	SWEDEN	78.7	77.0	78.4	1.021	0.594	0.512	1.021	0.594	0.512	4	7	8
스위스	SWITZERLAND	87.7	86.5	86.8	2.160	1.775	1.413	2.160	1.775	1.413	1	3	2
터키	TURKEY	56.2	57.0	53.0	-1.831	-1.879	-2.198	-1.831	-1.879	-2.198	30	30	30
영국	UNITED KINGDOM	75.3	74.8	74.6	0.585	0.320	0.106	0.585	0.320	0.106	9	13	15
미국	UNITED STATES	77.1	76.4	75.8	0.813	0.522	0.234	0.813	0.522	0.234	5	8	12
	평균	71	72	74	0	0	0	0	0	0			
	표준편차	7.89	8.08	9.37	1.00	1.00	1.00	1.00	1.00	1.00			

* t1, t2, t3는 각각 1993, 1999, 2005년 자료임
* 슬로바키아의 1993년도 자료는 결측이므로 1999년도 자료를 활용하였음.
* 벨기에의 2005년도 자료는 결측이므로 1999년도 자료를 활용하였음.
* 네델란드의 2005년도 자료는 결측이므로 2002년도 자료를 활용하였음.
* 그리스의 2005년도 자료는 결측이므로 2003년도 자료를 활용하였음.
* 멕시코, 스위스, 영국, 미국의 2005년도 자료는 결측이므로 2004년도 자료를 활용하였음.

EQO5

국가	Country	DATA t1	DATA t2	DATA t3	T점수 t1	T점수 t2	T점수 t3	T역변환 t1	T역변환 t2	T역변환 t3	순위 t1	순위 t2	순위 t3
호주	AUSTRALIA	41.2	41.3	29.3	1.187	1.372	-0.260	-1.187	-1.372	0.260	26	27	14
오스트리아	AUSTRIA	31.3	25.1	26.0	-0.199	-1.112	-0.735	0.199	1.112	0.735	14	3	8
벨기에	BELGIUM	30.8	29.3	26.0	-0.272	-0.466	-0.735	0.272	0.466	0.735	12	9	8
캐나다	CANADA	31.1	32.8	31.9	-0.227	0.072	0.126	0.227	-0.072	-0.126	13	20	19
체코	CZECH REPUBLIC	24.9	24.8	22.8	-1.094	-1.158	-1.203	1.094	1.158	1.203	4	2	1
덴마크	DENMARK	38.0	31.5	24.0	0.737	-0.128	-1.027	-0.737	0.128	1.027	24	16	3
핀란드	FINLAND	28.9	31.0	25.0	-0.535	-0.205	-0.881	0.535	0.205	0.881	11	13	4
프랑스	FRANCE	32.3	28.2	28.0	-0.060	-0.635	-0.443	0.060	0.635	0.443	16	8	12
독일	GERMANY	28.5	27.3	29.2	-0.591	-0.768	-0.266	0.591	0.768	0.266	9	5	13
그리스	GREECE	32.6	34.3	33.0	-0.018	0.302	0.287	0.018	-0.302	-0.287	17	23	21
헝가리	HUNGARY	25.5	28.1	25.2	-1.010	-0.651	-0.845	1.010	0.651	0.845	6	7	6
아이슬랜드	ICELAND										#N/A	#N/A	#N/A
아일랜드	IRELAND	36.8	31.5	32.0	0.562	-0.128	0.141	-0.562	0.128	-0.141	22	16	20
이탈리아	ITALY	35.5	30.4	33.0	0.388	-0.297	0.287	-0.388	0.297	-0.287	20	12	21
일본	JAPAN	24.8	31.9	31.9	-1.108	-0.070	0.123	1.108	0.070	-0.123	3	18	18
한국	KOREA	32.1	37.1	31.0	-0.088	0.725	-0.005	0.088	-0.725	0.005	15	25	15
룩셈부르크	LUXEMBOURG	26.8	27.9	26.0	-0.829	-0.682	-0.735	0.829	0.682	0.735	7	6	8
멕시코	MEXICO	53.1	53.8	49.9	2.848	3.300	2.759	-2.848	-3.300	-2.759	29	29	29
네덜란드	NETHERLANDS	28.8	29.5	27.0	-0.549	-0.436	-0.589	0.549	0.436	0.589	10	10	11
뉴질랜드	NEW ZEALAND	38.02	30.3	33.7	0.741	-0.307	0.389	-0.741	0.307	-0.389	25	11	23
노르웨이	NORWAY	24.5	31.1	25.0	-1.150	-0.190	-0.881	1.150	0.190	0.881	2	14	4
폴란드	POLAND	28.4	32.1	35.2	-0.605	-0.036	0.607	0.605	0.036	-0.607	8	19	25
포르투갈	PORTUGAL	37.4	36.4	38.0	0.653	0.625	1.016	-0.653	-0.625	-1.016	23	24	26
슬로바키아	SLOVAK REPUBLIC	20.4	21.9	25.5	-1.723	-1.604	-0.806	1.723	1.604	0.806	1	1	7
스페인	SPAIN	35.0	33.4	31.0	0.318	0.164	-0.005	-0.318	-0.164	0.005	19	21	15
스웨덴	SWEDEN	24.9	26.0	23.0	-1.094	-0.974	-1.173	1.094	0.974	1.173	4	4	2
스위스	SWITZERLAND	35.9	31.4	31.0	0.444	-0.143	-0.005	-0.444	0.143	0.005	21	15	15
터키	TURKEY	45.7	39.8	45.0	1.814	1.148	2.038	-1.814	-1.148	-2.038	28	26	27
영국	UNITED KINGDOM	33.6	34.0	35.0	0.122	0.256	0.579	-0.122	-0.256	-0.579	18	22	24
미국	UNITED STATES	42.3	45.5	46.4	1.338	2.024	2.244	-1.338	-2.024	-2.244	27	28	28
	평균	33	32	31	0	0	0	0	0	0			
	표준편차	7.15	6.50	6.85	1.00	1.00	1.00	1.00	1.00	1.00			

* t1, t2, t3는 각각 1993, 1999, 2004년 자료임
* 뉴질랜드, 스위스의 1993년도 자료는 결측이므로 1992년도 자료를 활용하였음.
* 오스트리아, 프랑스, 아일랜드, 룩셈부르크, 멕시코, 스페인, 터키의 1993년도 자료는 결측이므로 1994년도 자료를 활용하였음.
* 호주, 포르투갈의 1993년도 자료는 결측이므로 1995년도 자료를 활용하였음.
* 뉴질랜드의 1999년도 자료는 결측이므로 1997년도 자료를 활용하였음.
* 호주, 일본, 한국, 멕시코, 스위스의 1999년도 자료는 결측이므로 1998년도 자료를 활용하였음.
* 터키의 1999년도 자료는 결측이므로 2000년도 자료를 활용하였음.
* 일본의 2004년도 자료는 결측이므로 1998년도 자료를 활용하였음.
* 체코의 2004년도 자료는 결측이므로 2000년도 자료를 활용하였음.
* 뉴질랜드의 2004년도 자료는 결측이므로 2000년도(OECD2005. social, Employment and Migration Working Paper) 자료를 활용하였음.
* 스위스의 2004년도 자료는 결측이므로 2002년도 자료를 활용하였음.
* 헝가리, 네델란드, 폴란드, 슬로바키아, 터키, 영국의 2004년도 자료는 결측이므로 2003년도 자료를 활용하였음.
* 한국의 2004년도 자료는 한국 통계청 자료를 활용하였음.

EQO6

국가	Country	DATA			T점수			T역변환			순위		
		t1	t2	t3	t1	t2	t3	t1	t2	t3	t1	t2	t3
호주	AUSTRALIA	0.598	0.576	0.565	1.634	1.541	1.383	1.634	1.541	1.383	1	2	2
오스트리아	AUSTRIA											#N/A	#N/A
벨기에	BELGIUM	0.500	0.489	0.467	0.741	0.722	0.450	0.741	0.722	0.450	6	6	7
캐나다	CANADA	0.429	0.429	0.408	0.093	0.157	-0.112	0.093	0.157	-0.112	10	9	13
체코	CZECH REPUBLIC	0.230	0.260	0.370	-1.722	-1.434	-0.474	-1.722	-1.434	-0.474	20	19	16
덴마크	DENMARK											#N/A	#N/A
핀란드	FINLAND											#N/A	#N/A
프랑스	FRANCE	0.598	0.598	0.609	1.634	1.748	1.802	1.634	1.748	1.802	1	1	1
독일	GERMANY											#N/A	#N/A
그리스	GREECE	0.520	0.510	0.489	0.923	0.920	0.659	0.923	0.920	0.659	4	4	5
헝가리	HUNGARY	0.359	0.359	0.489	-0.546	-0.502	0.659	-0.546	-0.502	0.659	16	15	5
아이슬랜드	ICELAND											#N/A	#N/A
아일랜드	IRELAND	0.418	0.418	0.380	-0.007	0.053	-0.379	-0.007	0.053	-0.379	12	11	15
이탈리아	ITALY											#N/A	#N/A
일본	JAPAN	0.310	0.310	0.310	-0.992	-0.964	-1.045	-0.992	-0.964	-1.045	18	17	18
한국	KOREA	0.230	0.239	0.250	-1.722	-1.632	-1.616	-1.722	-1.632	-1.616	20	20	20
룩셈부르크	LUXEMBOURG	0.540	0.540	0.540	1.105	1.202	1.145	1.105	1.202	1.145	3	3	3
멕시코	MEXICO	0.239	0.220	0.190	-1.640	-1.811	-2.187	-1.640	-1.811	-2.187	19	21	21
네덜란드	NETHERLANDS	0.520	0.510	0.510	0.923	0.920	0.859	0.923	0.920	0.859	4	4	4
뉴질랜드	NEW ZEALAND	0.440	0.429	0.460	0.193	0.157	0.383	0.193	0.157	0.383	9	9	8
노르웨이	NORWAY											#N/A	#N/A
폴란드	POLAND	0.450	0.359	0.400	0.284	-0.502	-0.188	0.284	-0.502	-0.188	8	15	14
포르투갈	PORTUGAL	0.429	0.440	0.440	0.093	0.261	0.193	0.093	0.261	0.193	10	8	10
슬로바키아	SLOVAK REPUBLIC	0.467	0.467	0.450	0.440	0.515	0.288	0.440	0.515	0.288	7	7	9
스페인	SPAIN	0.320	0.310	0.288	-0.901	-0.964	-1.254	-0.901	-0.964	-1.254	17	17	19
스웨덴	SWEDEN											#N/A	#N/A
스위스	SWITZERLAND											#N/A	#N/A
터키	TURKEY	0.390	0.408	0.440	-0.263	-0.041	0.193	-0.263	-0.041	0.193	14	13	10
영국	UNITED KINGDOM	0.418	0.418	0.440	-0.007	0.053	0.193	-0.007	0.053	0.193	12	11	10
미국	UNITED STATES	0.390	0.370	0.320	-0.263	-0.399	-0.950	-0.263	-0.399	-0.950	14	14	17
	평균	0	0	0	0	0	0	0	0	0			
	표준편차	0.11	0.11	0.11	1.00	1.00	1.00	1.00	1.00	1.00			

* t1, t2, t3는 각각 1998, 1999, 2003년 자료임

* 아일랜드, 슬로바키아, 영국의 1998, 1999년도 자료는 결측이므로 2000년도 자료를 활용하였음.

* 프랑스, 그리스, 헝가리, 포르투갈의 2003년도 자료는 결측이므로 2002년도 자료를 활용하였음.

EQO7

		DATA			T점수			T역변환			순위		
국가	Country	t1	t2	t3	t1	t2	t3	t1	t2	t3	t1	t2	t3
호주	AUSTRALIA	1.8	1.5	2.7	-0.453	-0.255	0.225	0.453	0.255	-0.225	5	14	21
오스트리아	AUSTRIA	3.2	0.5	2.1	-0.346	-0.339	-0.176	0.346	0.339	0.176	15	4	13
벨기에	BELGIUM	2.8	1.1	2.5	-0.376	-0.289	0.091	0.376	0.289	-0.091	13	11	19
캐나다	CANADA	1.9	1.7	2.2	-0.445	-0.238	-0.109	0.445	0.238	0.109	6	15	16
체코	CZECH REPUBLIC	20.8	2.3	1.8	1.003	-0.188	-0.376	-1.003	0.188	0.376	28	22	8
덴마크	DENMARK	1.2	2.5	1.8	-0.499	-0.171	-0.376	0.499	0.171	0.376	1	24	8
핀란드	FINLAND	2.2	1.3	0.8	-0.422	-0.272	-1.043	0.422	0.272	1.043	8	12	3
프랑스	FRANCE	2.1	0.6	1.9	-0.430	-0.331	-0.309	0.430	0.331	0.309	7	6	10
독일	GERMANY	4.5	0.6	1.9	-0.246	-0.331	-0.309	0.246	0.331	0.309	19	6	10
그리스	GREECE	14.4	2.1	3.5	0.513	-0.205	0.759	-0.513	0.205	-0.759	27	18	27
헝가리	HUNGARY	4.1	3.4	4	-0.277	-0.095	1.092	0.277	0.095	-1.092	18	26	28
아이슬랜드	ICELAND	1.4	2.5	2.2	-0.484	-0.171	-0.109	0.484	0.171	0.109	4	24	16
아일랜드	IRELAND	4.5	1.7	2.2	-0.246	-0.238	-0.109	0.246	0.238	0.109	19	15	16
이탈리아	ITALY	1.3	-0.3	-0.6	-0.491	-0.406	-1.978	0.491	0.406	1.978	2	1	1
일본	JAPAN	4.8	0.8	2.8	-0.223	-0.314	0.291	0.223	0.314	-0.291	22	8	22
한국	KOREA	3.6	1	2.5	-0.315	-0.297	0.091	0.315	0.297	-0.091	17	10	19
룩셈부르크	LUXEMBOURG	9.8	16.6	4	0.160	1.013	1.092	-0.160	-1.013	-1.092	25	29	28
멕시코	MEXICO	2.6	2	1.5	-0.392	-0.213	-0.576	0.392	0.213	0.576	12	17	6
네덜란드	NETHERLANDS	1.3	-0.1	3	-0.491	-0.389	0.425	0.491	0.389	-0.425	2	2	24
뉴질랜드	NEW ZEALAND	2.3	2.3	1.6	-0.415	-0.188	-0.509	0.415	0.188	0.509	9	22	7
노르웨이	NORWAY	35.3	7.3	2.1	2.115	0.232	-0.176	-2.115	-0.232	0.176	29	27	13
폴란드	POLAND	5.9	2.2	2.1	-0.139	-0.196	-0.176	0.139	0.196	0.176	24	19	13
포르투갈	PORTUGAL	2.3	0	0.5	-0.415	-0.381	-1.244	0.415	0.381	1.244	9	3	2
슬로바키아	SLOVAK REPUBLIC	13.3	10.6	2.8	0.428	0.509	0.291	-0.428	-0.509	-0.291	26	28	22
스페인	SPAIN	4.9	2.2	3.4	-0.215	-0.196	0.692	0.215	0.196	-0.692	23	19	25
스웨덴	SWEDEN	4.6	0.5	0.8	-0.238	-0.339	-1.043	0.238	0.339	1.043	21	4	3
스위스	SWITZERLAND	3.3	0.8	1.2	-0.338	-0.314	-0.776	0.338	0.314	0.776	16	8	5
터키	TURKEY	65.6	64.9	8.2	4.437	5.071	3.895	-4.437	-5.071	-3.895	30	30	30
영국	UNITED KINGDOM	2.5	1.3	2	-0.399	-0.272	-0.242	0.399	0.272	0.242	11	12	12
미국	UNITED STATES	3	2.2	3.4	-0.361	-0.196	0.692	0.361	0.196	-0.692	14	19	25
	평균	8	5	2	0	0	0	0	0	0			
	표준편차	13.05	11.90	1.50	1.00	1.00	1.00	1.00	1.00	1.00			

* t1, t2, t3는 각각 1993, 1999, 2005년 자료임

* 슬로바키아 1993년도 자료는 결측이므로 1994년도 자료를 활용하였음.

EQO8

국가	Country	Woman Share			Female Pro			EQO8			Rank		
		t1	t2	t3	t1	t2	t3	t1	t2	t3	t1	t2	t3
호주	AUSTRALIA	0.785	1.395	1.003	-1.809	-0.078	0.821	-0.512	0.659	0.912	22	10	4
오스트리아	AUSTRIA	-0.413	-0.507	-1.298	-0.045	0.067	-0.476	-0.229	-0.220	-0.887	18	18	25
벨기에	BELGIUM	-0.413	-1.108	0.384	0.331	0.212	-0.188	-0.041	-0.448	0.098	17	20	14
캐나다	CANADA	0.386	0.694	0.384	0.811	0.647	0.966	0.598	0.670	0.675	10	9	11
체코	CZECH REPUBLIC	0.586	0.294	-0.679	0.751	0.647	0.389	0.668	0.470	-0.145	8	13	19
덴마크	DENMARK	1.184	1.495	1.269	-0.054	0.212	0.389	0.565	0.854	0.829	11	6	7
핀란드	FINLAND	1.184	1.495	1.092	1.359	1.081	0.677	1.272	1.288	0.885	2	2	5
프랑스	FRANCE	0.586	0.895	0.472	-0.448	-1.034	-1.140	0.069	-0.070	-0.334	14	16	22
독일	GERMANY	-0.213	-0.507	-0.059	0.203	0.212	0.100	-0.005	-0.148	0.021	16	17	17
그리스	GREECE	-0.812	-1.108	-0.325	-0.208	-0.223	-0.044	-0.510	-0.665	-0.184	21	22	20
헝가리	HUNGARY	0.586	0.294	0.472	1.128	1.805	1.687	0.857	1.050	1.079	7	4	2
아이슬랜드	ICELAND	1.184	0.594	1.092	0.588	0.647	0.821	0.886	0.620	0.957	6	11	3
아일랜드	IRELAND	-1.810	-1.509	-0.679	-0.140	0.212	0.245	-0.975	-0.648	-0.217	25	21	21
이탈리아	ITALY	-1.011	-1.108	-1.121	-2.468	-0.657	-0.621	-1.740	-0.883	-0.871	30	26	24
일본	JAPAN	-0.413	-1.108	-1.298	-0.285	-0.512	-0.476	-0.349	-0.810	-0.887	20	24	25
한국	KOREA	-1.411	-1.008	-1.121	-1.261	-2.106	-1.630	-1.336	-1.557	-1.376	28	30	28
룩셈부르크	LUXEMBOURG	-1.411	-0.608	-0.856	-0.765	-1.570	-1.673	-1.088	-1.089	-1.264	27	27	27
멕시코	MEXICO	-2.009	-1.709	-1.741	-0.122	-1.092	-1.053	-1.066	-1.400	-1.397	26	29	29
네덜란드	NETHERLANDS	-0.413	-0.307	0.384	-0.225	-0.367	-0.188	-0.319	-0.337	0.098	19	19	14
뉴질랜드	NEW ZEALAND	0.586	1.195	1.003	0.211	0.791	0.389	0.398	0.993	0.696	12	5	10
노르웨이	NORWAY	1.184	0.895	1.446	1.307	0.067	0.100	1.246	0.481	0.773	3	12	9
폴란드	POLAND	0.586	0.594	0.030	1.359	1.805	1.687	0.972	1.200	0.858	4	3	6
포르투갈	PORTUGAL	-0.413	-0.207	0.030	0.417	0.212	0.389	0.002	0.003	0.209	15	15	13
슬로바키아	SLOVAK REPUBLIC	0.985	0.995	-0.059	0.931	1.950	1.687	0.958	1.473	0.814	5	1	8
스페인	SPAIN	-1.211	-1.208	-0.767	-0.311	-0.512	-0.332	-0.761	-0.860	-0.550	24	25	23
스웨덴	SWEDEN	1.783	1.295	1.977	1.504	0.067	0.245	1.644	0.681	1.111	1	8	1
스위스	SWITZERLAND	-0.812	-0.507	0.207	-1.860	-0.947	-0.476	-1.336	-0.727	-0.135	29	23	18
터키	TURKEY	-0.013	-0.908	-2.095	-1.201	-1.816	-2.639	-0.607	-1.362	-2.367	23	28	30
영국	UNITED KINGDOM	0.386	0.594	0.561	-0.208	-0.512	-0.476	0.089	0.041	0.042	13	14	16
미국	UNITED STATES	0.785	0.694	0.295	0.511	0.791	0.821	0.648	0.743	0.558	9	7	12

EQO8-Ratio of estimated female to male earned income

		DATA			T점수			T역변환			순위		
국가	Country	t1	t2	t3	t1	t2	t3	t1	t2	t3	t1	t2	t3
호주	AUSTRALIA	40.0	0.7	0.7	0.785	1.395	1.003	0.785	1.395	1.003	7	3	6
오스트리아	AUSTRIA	34.0	0.5	0.4	-0.413	-0.507	-1.298	-0.413	-0.507	-1.298	18	18	27
벨기에	BELGIUM	34.0	0.4	0.6	-0.413	-1.108	0.384	-0.413	-1.108	0.384	18	24	11
캐나다	CANADA	38.0	0.6	0.6	0.386	0.694	0.384	0.386	0.694	0.384	14	9	11
체코	CZECH REPUBLIC	39.0	0.6	0.5	0.586	0.294	-0.679	0.586	0.294	-0.679	9	14	21
덴마크	DENMARK	42.0	0.7	0.7	1.184	1.495	1.269	1.184	1.495	1.269	2	1	3
핀란드	FINLAND	42.0	0.7	0.7	1.184	1.495	1.092	1.184	1.495	1.092	2	1	4
프랑스	FRANCE	39.0	0.6	0.6	0.586	0.895	0.472	0.586	0.895	0.472	9	7	9
독일	GERMANY	35.0	0.5	0.6	-0.213	-0.507	-0.059	-0.213	-0.507	-0.059	17	18	18
그리스	GREECE	32.0	0.4	0.6	-0.812	-1.108	-0.325	-0.812	-1.108	-0.325	23	24	20
헝가리	HUNGARY	39.0	0.6	0.6	0.586	0.294	0.472	0.586	0.294	0.472	9	14	9
아이슬랜드	ICELAND	42.0	0.6	0.7	1.184	0.594	1.092	1.184	0.594	1.092	2	11	4
아일랜드	IRELAND	27.0	0.4	0.5	-1.810	-1.509	-0.679	-1.810	-1.509	-0.679	29	29	21
이탈리아	ITALY	31.0	0.4	0.5	-1.011	-1.108	-1.121	-1.011	-1.108	-1.121	25	24	25
일본	JAPAN	34.0	0.4	0.4	-0.413	-1.108	-1.298	-0.413	-1.108	-1.298	18	24	27
한국	KOREA	29.0	0.5	0.5	-1.411	-1.008	-1.121	-1.411	-1.008	-1.121	27	23	25
룩셈부르크	LUXEMBOURG	29.0	0.5	0.5	-1.411	-0.608	-0.856	-1.411	-0.608	-0.856	27	21	24
멕시코	MEXICO	26.0	0.4	0.4	-2.009	-1.709	-1.741	-2.009	-1.709	-1.741	30	30	29
네덜란드	NETHERLANDS	34.0	0.5	0.6	-0.413	-0.307	0.384	-0.413	-0.307	0.384	18	17	11
뉴질랜드	NEW ZEALAND	39.0	0.7	0.7	0.586	1.195	1.003	0.586	1.195	1.003	9	5	6
노르웨이	NORWAY	42.0	0.6	0.8	1.184	0.895	1.446	1.184	0.895	1.446	2	7	2
폴란드	POLAND	39.0	0.6	0.6	0.586	0.594	0.030	0.586	0.594	0.030	9	11	16
포르투갈	PORTUGAL	34.0	0.5	0.6	-0.413	-0.207	0.030	-0.413	-0.207	0.030	18	16	16
슬로바키아	SLOVAK REPUBLIC	41.0	0.7	0.6	0.985	0.995	-0.059	0.985	0.995	-0.059	6	6	18
스페인	SPAIN	30.0	0.4	0.5	-1.211	-1.208	-0.767	-1.211	-1.208	-0.767	26	28	23
스웨덴	SWEDEN	45.0	0.7	0.8	1.783	1.295	1.977	1.783	1.295	1.977	1	4	1
스위스	SWITZERLAND	32.0	0.5	0.6	-0.812	-0.507	0.207	-0.812	-0.507	0.207	23	18	15
터키	TURKEY	36.0	0.5	0.4	-0.013	-0.908	-2.095	-0.013	-0.908	-2.095	16	22	30
영국	UNITED KINGDOM	38.0	0.6	0.7	0.386	0.594	0.561	0.386	0.594	0.561	14	11	8
미국	UNITED STATES	40.0	0.6	0.6	0.785	0.694	0.295	0.785	0.694	0.295	7	9	14
	평균	36	1	1	0	0	0	0	0	0			
	표준편차	5.01	0.10	0.11	1.00	1.00	1.00	1.00	1.00	1.00			

* t1, t2, t3는 각각 1996, 2000, 2004년 자료임

* 프랑스, 룩셈부르크의 2000년도 자료는 결측이므로 2006년도 자료를 활용하였음.

EQO8-Female professional and technical workers(as % of total)

		DATA			T점수			T역변환			순위		
국가	Country	t1	t2	t3	t1	t2	t3	t1	t2	t3	t1	t2	t3
호주	AUSTRALIA	25.5	48.0	55.0	-1.809	-0.078	0.821	-1.809	-0.078	0.821	28	18	5
오스트리아	AUSTRIA	46.1	49.0	46.0	-0.045	0.067	-0.476	-0.045	0.067	-0.476	15	15	21
벨기에	BELGIUM	50.5	50.0	48.0	0.331	0.212	-0.188	0.331	0.212	-0.188	12	10	18
캐나다	CANADA	56.1	53.0	56.0	0.811	0.647	0.966	0.811	0.647	0.966	7	7	4
체코	CZECH REPUBLIC	55.4	53.0	52.0	0.751	0.647	0.389	0.751	0.647	0.389	8	7	9
덴마크	DENMARK	46.0	50.0	52.0	-0.054	0.212	0.389	-0.054	0.212	0.389	16	10	9
핀란드	FINLAND	62.5	56.0	54.0	1.359	1.081	0.677	1.359	1.081	0.677	2	4	8
프랑스	FRANCE	41.4	41.4	41.4	-0.448	-1.034	-1.140	-0.448	-1.034	-1.140	24	26	27
독일	GERMANY	49.0	50.0	50.0	0.203	0.212	0.100	0.203	0.212	0.100	14	10	15
그리스	GREECE	44.2	47.0	49.0	-0.208	-0.223	-0.044	-0.208	-0.223	-0.044	19	19	17
헝가리	HUNGARY	59.8	61.0	61.0	1.128	1.805	1.687	1.128	1.805	1.687	5	2	1
아이슬랜드	ICELAND	53.5	53.0	55.0	0.588	0.647	0.821	0.588	0.647	0.821	9	7	5
아일랜드	IRELAND	45.0	50.0	51.0	-0.140	0.212	0.245	-0.140	0.212	0.245	18	10	13
이탈리아	ITALY	17.8	44.0	45.0	-2.468	-0.657	-0.621	-2.468	-0.657	-0.621	30	24	25
일본	JAPAN	43.3	45.0	46.0	-0.285	-0.512	-0.476	-0.285	-0.512	-0.476	22	21	21
한국	KOREA	31.9	34.0	38.0	-1.261	-2.106	-1.630	-1.261	-2.106	-1.630	27	30	28
룩셈부르크	LUXEMBOURG	37.7	37.7	37.7	-0.765	-1.570	-1.673	-0.765	-1.570	-1.673	25	28	29
멕시코	MEXICO	45.2	41.0	42.0	-0.122	-1.092	-1.053	-0.122	-1.092	-1.053	17	27	26
네덜란드	NETHERLANDS	44.0	46.0	48.0	-0.225	-0.367	-0.188	-0.225	-0.367	-0.188	21	20	18
뉴질랜드	NEW ZEALAND	49.1	54.0	52.0	0.211	0.791	0.389	0.211	0.791	0.389	13	5	9
노르웨이	NORWAY	61.9	49.0	50.0	1.307	0.067	0.100	1.307	0.067	0.100	4	15	15
폴란드	POLAND	62.5	61.0	61.0	1.359	1.805	1.687	1.359	1.805	1.687	2	2	1
포르투갈	PORTUGAL	51.5	50.0	52.0	0.417	0.212	0.389	0.417	0.212	0.389	11	10	9
슬로바키아	SLOVAK REPUBLIC	57.5	62.0	61.0	0.931	1.950	1.687	0.931	1.950	1.687	6	1	1
스페인	SPAIN	43.0	45.0	47.0	-0.311	-0.512	-0.332	-0.311	-0.512	-0.332	23	21	20
스웨덴	SWEDEN	64.2	49.0	51.0	1.504	0.067	0.245	1.504	0.067	0.245	1	15	13
스위스	SWITZERLAND	24.9	42.0	46.0	-1.860	-0.947	-0.476	-1.860	-0.947	-0.476	29	25	21
터키	TURKEY	32.6	36.0	31.0	-1.201	-1.816	-2.639	-1.201	-1.816	-2.639	26	29	30
영국	UNITED KINGDOM	44.2	45.0	46.0	-0.208	-0.512	-0.476	-0.208	-0.512	-0.476	19	21	21
미국	UNITED STATES	52.6	54.0	55.0	0.511	0.791	0.821	0.511	0.791	0.821	10	5	5
	평균	47	49	49	0	0	0	0	0	0			
	표준편차	11.68	6.90	6.93	1.00	1.00	1.00	1.00	1.00	1.00			

* t1, t2, t3는 각각 1996, 2000, 2004년 자료임

* 룩셈부르크의 1996, 2004년도 자료는 결측이므로 1998년도 자료를 활용하였음.

* 프랑스의 2000, 2004년도 자료는 결측이므로 1998년도 자료를 활용하였음.

EQO9

국가	Country	Initial Net Replacement Rate			Unemployment Insurance Benefit Duration			Average of Net Replacement Rates			EQO9			Rank		
		t1	t2	t3	t1	t2	t3	t1	t2	t3	t1	t2	t3	t1	t2	t3
호주	AUSTRALIA	-1.438	-1.438	-1.593	-1.138	-1.138	-1.130	-0.067	-0.067	-0.108	-0.881	-0.881	-0.944	24	24	25
오스트리아	AUSTRIA	0.094	0.094	0.057	-0.571	-0.571	-0.567	0.770	0.770	0.815	0.098	0.098	0.101	15	15	14
벨기에	BELGIUM	-0.164	-0.164	-0.161	2.577	2.577	2.560	0.628	0.628	0.734	1.013	1.013	1.044	2	2	2
캐나다	CANADA	0.066	0.066	-0.003	-0.571	-0.571	-0.567	-0.770	-0.770	-0.771	-0.425	-0.425	-0.447	18	18	20
체코	CZECH REPUBLIC	-0.563	-0.563	-0.644	-0.760	-0.760	-0.818	-0.507	-0.507	-0.645	-0.610	-0.610	-0.702	21	21	22
덴마크	DENMARK	0.815	0.815	0.675	1.884	1.884	1.872	1.047	1.047	1.017	1.249	1.249	1.188	1	1	1
핀란드	FINLAND	0.745	0.745	0.660	0.315	0.315	0.308	0.966	0.966	0.966	0.675	0.675	0.645	7	7	9
프랑스	FRANCE	1.207	1.207	1.112	0.751	0.751	0.308	0.924	0.924	0.841	0.961	0.961	0.754	3	3	5
독일	GERMANY	0.528	0.528	0.569	-0.382	-0.382	-0.380	0.928	0.928	0.987	0.358	0.358	0.392	11	11	12
그리스	GREECE	-1.095	-1.095	-0.734	-0.382	-0.382	-0.380	-1.310	-1.310	-0.921	-0.929	-0.929	-0.678	26	26	21
헝가리	HUNGARY	-0.731	-0.731	-1.216	-0.571	-0.571	-0.567	-0.689	-0.689	-0.674	-0.664	-0.664	-0.819	22	22	23
아이슬랜드	ICELAND	-0.906	-0.906	-0.523	2.639	2.639	2.622	0.580	0.580	0.832	0.771	0.771	0.977	4	4	3
아일랜드	IRELAND	-1.480	-1.480	-1.254	-0.193	-0.193	-0.192	0.348	0.348	0.559	-0.442	-0.442	-0.296	19	19	17
이탈리아	ITALY	-0.689	-0.689	-0.757	-0.760	-0.760	-0.755	-2.273	-2.273	-2.278	-1.241	-1.241	-1.263	28	28	28
일본	JAPAN	0.374	0.374	-0.086	-0.515	-0.515	-0.630	-0.614	-0.614	-0.583	-0.251	-0.251	-0.433	16	16	19
한국	KOREA	-0.885	-0.885	-1.420	-0.697	-0.697	-0.692	-1.199	-1.199	-1.319	-0.927	-0.927	-1.144	25	25	27
룩셈부르크	LUXEMBOURG	2.068	2.068	2.234	-0.382	-0.382	-0.380	-0.015	-0.015	0.100	0.557	0.557	0.652	10	10	8
멕시코	MEXICO													#N/A	#N/A	#N/A
네덜란드	NETHERLANDS	0.997	0.997	1.059	-0.005	-0.005	0.371	0.960	0.960	0.571	0.651	0.651	0.667	8	8	7
뉴질랜드	NEW ZEALAND	-0.542	-0.542	-0.613	-1.138	-1.138	-1.130	0.594	0.594	0.644	-0.362	-0.362	-0.367	17	17	18
노르웨이	NORWAY	0.465	0.465	0.464	1.129	1.129	1.121	0.449	0.449	0.114	0.681	0.681	0.566	6	6	11
폴란드	POLAND	-1.144	-1.144	-0.320	-0.005	-0.005	-0.380	-0.428	-0.428	0.190	-0.526	-0.526	-0.170	20	20	15
포르투갈	PORTUGAL	1.515	1.515	1.850	0.373	0.373	0.371	0.320	0.320	0.524	0.736	0.736	0.915	5	5	4
슬로바키아	SLOVAK REPUBLIC	0.248	0.248	-0.644	-0.571	-0.571	-0.630	0.957	0.957	-1.214	0.212	0.212	-0.829	13	13	24
스페인	SPAIN	0.486	0.486	0.419	0.373	0.373	0.183	-0.303	-0.303	0.049	0.186	0.186	0.217	14	14	13
스웨덴	SWEDEN	1.144	1.144	1.157	-0.256	-0.256	0.621	0.175	0.175	0.247	0.354	0.354	0.675	12	12	6
스위스	SWITZERLAND	1.235	1.235	1.300	0.373	0.373	0.371	0.293	0.293	0.232	0.634	0.634	0.634	9	9	10
터키	TURKEY													#N/A	#N/A	#N/A
영국	UNITED KINGDOM	-1.473	-1.473	-0.794	-0.756	-0.756	-0.755	-0.129	-0.129	0.716	-0.786	-0.786	-0.278	23	23	16
미국	UNITED STATES	-0.878	-0.878	-0.794	-0.760	-0.760	-0.755	-1.635	-1.635	-1.626	-1.091	-1.091	-1.059	27	27	26

EQO9-Initial net replacement rate

		DATA			T점수			T역변환			순위		
국가	Country	t1	t2	t3	t1	t2	t3	t1	t2	t3	t1	t2	t3
호주	AUSTRALIA	45.5	45.5	45.0	-1.438	-1.438	-1.593	-1.438	-1.438	-1.593	26	26	28
오스트리아	AUSTRIA	63.8	63.8	63.3	0.094	0.094	0.057	0.094	0.094	0.057	14	14	12
벨기에	BELGIUM	60.7	60.7	60.8	-0.164	-0.164	-0.161	-0.164	-0.164	-0.161	16	16	15
캐나다	CANADA	63.4	63.4	62.6	0.066	0.066	-0.003	0.066	0.066	-0.003	15	15	13
체코	CZECH REPUBLIC	55.9	55.9	55.5	-0.563	-0.563	-0.644	-0.563	-0.563	-0.644	18	18	19
덴마크	DENMARK	72.3	72.3	70.1	0.815	0.815	0.675	0.815	0.815	0.675	7	7	7
핀란드	FINLAND	71.5	71.5	69.9	0.745	0.745	0.660	0.745	0.745	0.660	8	8	8
프랑스	FRANCE	77.0	77.0	74.9	1.207	1.207	1.112	1.207	1.207	1.112	4	4	5
독일	GERMANY	68.9	68.9	68.9	0.528	0.528	0.569	0.528	0.528	0.569	9	9	9
그리스	GREECE	49.6	49.6	54.5	-1.095	-1.095	-0.734	-1.095	-1.095	-0.734	24	24	21
헝가리	HUNGARY	53.9	53.9	49.2	-0.731	-0.731	-1.216	-0.731	-0.731	-1.216	20	20	25
아이슬랜드	ICELAND	51.8	51.8	56.8	-0.906	-0.906	-0.523	-0.906	-0.906	-0.523	23	23	17
아일랜드	IRELAND	45.0	45.0	48.8	-1.480	-1.480	-1.254	-1.480	-1.480	-1.254	28	28	26
이탈리아	ITALY	54.4	54.4	54.3	-0.689	-0.689	-0.757	-0.689	-0.689	-0.757	19	19	22
일본	JAPAN	67.1	67.1	61.7	0.374	0.374	-0.086	0.374	0.374	-0.086	12	12	14
한국	KOREA	52.1	52.1	46.9	-0.885	-0.885	-1.420	-0.885	-0.885	-1.420	22	22	27
룩셈부르크	LUXEMBOURG	87.3	87.3	87.3	2.068	2.068	2.234	2.068	2.068	2.234	1	1	1
멕시코	MEXICO										#N/A	#N/A	#N/A
네덜란드	NETHERLANDS	74.5	74.5	74.3	0.997	0.997	1.059	0.997	0.997	1.059	6	6	6
뉴질랜드	NEW ZEALAND	56.2	56.2	55.8	-0.542	-0.542	-0.613	-0.542	-0.542	-0.613	17	17	18
노르웨이	NORWAY	68.2	68.2	67.8	0.465	0.465	0.464	0.465	0.465	0.464	11	11	10
폴란드	POLAND	49.0	49.0	59.1	-1.144	-1.144	-0.320	-1.144	-1.144	-0.320	25	25	16
포르투갈	PORTUGAL	80.7	80.7	83.1	1.515	1.515	1.850	1.515	1.515	1.850	2	2	2
슬로바키아	SLOVAK REPUBLIC	65.6	65.6	55.5	0.248	0.248	-0.644	0.248	0.248	-0.644	13	13	19
스페인	SPAIN	68.4	68.4	67.3	0.486	0.486	0.419	0.486	0.486	0.419	10	10	11
스웨덴	SWEDEN	76.3	76.3	75.4	1.144	1.144	1.157	1.144	1.144	1.157	5	5	4
스위스	SWITZERLAND	77.3	77.3	77.0	1.235	1.235	1.300	1.235	1.235	1.300	3	3	3
터키	TURKEY										#N/A	#N/A	#N/A
영국	UNITED KINGDOM	45.1	45.1	53.8	-1.473	-1.473	-0.794	-1.473	-1.473	-0.794	27	27	23
미국	UNITED STATES	52.2	52.2	53.8	-0.878	-0.878	-0.794	-0.878	-0.878	-0.794	21	21	23

	평균	63	63	63	0	0	0	0	0	0
	표준편차	11.91	11.91	11.06	1.00	1.00	1.00	1.00	1.00	1.00

* t1의 자료는 결측이므로 2001년도에서 값을 그대로 활용하였음.

* t2, t3는 각각 2001, 2004년 자료임

EQO9-Unemployment insurance benefit duration

국가	Country	DATA t1	DATA t2	DATA t3	T점수 t1	T점수 t2	T점수 t3	T역변환 t1	T역변환 t2	T역변환 t3	순위 t1	순위 t2	순위 t3
호주	AUSTRALIA	0.0	0.0	0.0	-1.138	-1.138	-1.130	-1.138	-1.138	-1.130	27	27	27
오스트리아	AUSTRIA	9.0	9.0	9.0	-0.571	-0.571	-0.567	-0.571	-0.571	-0.567	18	18	17
벨기에	BELGIUM	59.0	59.0	59.0	2.577	2.577	2.560	2.577	2.577	2.560	2	2	2
캐나다	CANADA	9.0	9.0	9.0	-0.571	-0.571	-0.567	-0.571	-0.571	-0.567	18	18	17
체코	CZECH REPUBLIC	6.0	6.0	5.0	-0.760	-0.760	-0.818	-0.760	-0.760	-0.818	24	24	26
덴마크	DENMARK	48.0	48.0	48.0	1.884	1.884	1.872	1.884	1.884	1.872	3	3	3
핀란드	FINLAND	23.1	23.1	23.0	0.315	0.315	0.308	0.315	0.315	0.308	9	9	9
프랑스	FRANCE	30.0	30.0	23.0	0.751	0.751	0.308	0.751	0.751	0.308	5	5	9
독일	GERMANY	12.0	12.0	12.0	-0.382	-0.382	-0.380	-0.382	-0.382	-0.380	14	14	13
그리스	GREECE	12.0	12.0	12.0	-0.382	-0.382	-0.380	-0.382	-0.382	-0.380	14	14	13
헝가리	HUNGARY	9.0	9.0	9.0	-0.571	-0.571	-0.567	-0.571	-0.571	-0.567	18	18	17
아이슬랜드	ICELAND	60.0	60.0	60.0	2.639	2.639	2.622	2.639	2.639	2.622	1	1	1
아일랜드	IRELAND	15.0	15.0	15.0	-0.193	-0.193	-0.192	-0.193	-0.193	-0.192	12	12	12
이탈리아	ITALY	6.0	6.0	6.0	-0.760	-0.760	-0.755	-0.760	-0.760	-0.755	24	24	23
일본	JAPAN	9.9	9.9	8.0	-0.515	-0.515	-0.630	-0.515	-0.515	-0.630	17	17	20
한국	KOREA	7.0	7.0	7.0	-0.697	-0.697	-0.692	-0.697	-0.697	-0.692	22	22	22
룩셈부르크	LUXEMBOURG	12.0	12.0	12.0	-0.382	-0.382	-0.380	-0.382	-0.382	-0.380	14	14	13
멕시코	MEXICO										#N/A	#N/A	#N/A
네덜란드	NETHERLANDS	18.0	18.0	24.0	-0.005	-0.005	0.371	-0.005	-0.005	0.371	10	10	6
뉴질랜드	NEW ZEALAND	0.0	0.0	0.0	-1.138	-1.138	-1.130	-1.138	-1.138	-1.130	27	27	27
노르웨이	NORWAY	36.0	36.0	36.0	1.129	1.129	1.121	1.129	1.129	1.121	4	4	4
폴란드	POLAND	18.0	18.0	12.0	-0.005	-0.005	-0.380	-0.005	-0.005	-0.380	10	10	13
포르투갈	PORTUGAL	24.0	24.0	24.0	0.373	0.373	0.371	0.373	0.373	0.371	6	6	6
슬로바키아	SLOVAK REPUBLIC	9.0	9.0	8.0	-0.571	-0.571	-0.630	-0.571	-0.571	-0.630	18	18	20
스페인	SPAIN	24.0	24.0	21.0	0.373	0.373	0.183	0.373	0.373	0.183	6	6	11
스웨덴	SWEDEN	14.0	14.0	28.0	-0.256	-0.256	0.621	-0.256	-0.256	0.621	13	13	5
스위스	SWITZERLAND	24.0	24.0	24.0	0.373	0.373	0.371	0.373	0.373	0.371	6	6	6
터키	TURKEY										#N/A	#N/A	#N/A
영국	UNITED KINGDOM	6.1	6.1	6.0	-0.756	-0.756	-0.755	-0.756	-0.756	-0.755	23	23	23
미국	UNITED STATES	6.0	6.0	6.0	-0.760	-0.760	-0.755	-0.760	-0.760	-0.755	24	24	23

		t1	t2	t3	t1	t2	t3	t1	t2	t3
	평균	18	18	18	0	0	0	0	0	0
	표준편차	15.88	15.88	15.99	1.00	1.00	1.00	1.00	1.00	1.00

* t2, t3는 각각 2002, 2004년 자료임

* 호주, 벨기에, 뉴질랜드의 t1 자료는 결측이므로 2004년도 자료를 활용하였음.

* 아이슬랜드, 룩셈부르크의 2004년도 자료는 결측이므로 2002년도 자료를 활용하였음.

EQO9-Average of net replacement rates over 60 months of unemployment (Without, With)

Country	Without Social			With social			합산(Without,With)			Rank		
	t1	t2	t3	t1	t2	t3	t1	t2	t3	t1	t2	t3
AUSTRALIA	0.475	0.475	0.385	−0.609	−0.609	−0.600	−0.067	−0.067	−0.108	17	17	19
AUSTRIA	1.022	1.022	0.944	0.517	0.517	0.685	0.770	0.770	0.815	7	7	6
BELGIUM	1.147	1.147	1.155	0.109	0.109	0.313	0.628	0.628	0.734	8	8	7
CANADA	−0.929	−0.929	−0.903	−0.611	−0.611	−0.640	−0.770	−0.770	−0.771	24	24	23
CZECH REPUBLIC	−1.228	−1.228	−1.235	0.213	0.213	−0.054	−0.507	−0.507	−0.645	21	21	21
DENMARK	1.277	1.277	1.141	0.818	0.818	0.894	1.047	1.047	1.017	1	1	1
FINLAND	1.207	1.207	1.148	0.725	0.725	0.784	0.966	0.966	0.966	2	2	3
FRANCE	1.337	1.337	1.125	0.511	0.511	0.558	0.924	0.924	0.841	6	6	4
GERMANY	1.201	1.201	1.152	0.654	0.654	0.821	0.928	0.928	0.987	5	5	2
GREECE	−0.727	−0.727	−0.359	−1.894	−1.894	−1.484	−1.310	−1.310	−0.921	26	26	24
HUNGARY	−0.127	−0.127	−0.133	−1.252	−1.252	−1.215	−0.689	−0.689	−0.674	23	23	22
ICELAND	0.823	0.823	1.052	0.336	0.336	0.612	0.580	0.580	0.832	10	10	5
IRELAND	0.363	0.363	0.524	0.333	0.333	0.593	0.348	0.348	0.559	12	12	11
ITALY	−1.657	−1.657	−1.599	−2.888	−2.888	−2.956	−2.273	−2.273	−2.278	28	28	28
JAPAN	−1.323	−1.323	−1.345	0.096	0.096	0.180	−0.614	−0.614	−0.583	22	22	20
KOREA	−1.603	−1.603	−1.558	−0.794	−0.794	−1.080	−1.199	−1.199	−1.319	25	25	26
LUXEMBOURG	−0.781	−0.781	−0.721	0.751	0.751	0.922	−0.015	−0.015	0.100	16	16	17
MEXICO										#N/A	#N/A	#N/A
NETHERLANDS	1.185	1.185	0.132	0.734	0.734	1.010	0.960	0.960	0.571	3	3	10
NEW ZEALAND	1.114	1.114	1.072	0.074	0.074	0.216	0.594	0.594	0.644	9	9	9
NORWAY	0.509	0.509	−0.025	0.390	0.390	0.252	0.449	0.449	0.114	11	11	16
POLAND	−0.723	−0.723	0.195	−0.133	−0.133	0.186	−0.428	−0.428	0.190	20	20	15
PORTUGAL	0.352	0.352	0.412	0.288	0.288	0.635	0.320	0.320	0.524	13	13	12
SLOVAK REPUBLIC	−0.054	−0.054	−1.417	1.969	1.969	−1.011	0.957	0.957	−1.214	4	4	25
SPAIN	−0.086	−0.086	0.528	−0.520	−0.520	−0.431	−0.303	−0.303	0.049	19	19	18
SWEDEN	−0.341	−0.341	−0.429	0.691	0.691	0.924	0.175	0.175	0.247	15	15	13
SWITZERLAND	−0.440	−0.440	−0.782	1.027	1.027	1.247	0.293	0.293	0.232	14	14	14
TURKEY										#N/A	#N/A	#N/A
UNITED KINGDOM	−0.349	−0.349	1.125	0.090	0.090	0.307	−0.129	−0.129	0.716	18	18	8
UNITED STATES	−1.645	−1.645	−1.583	−1.624	−1.624	−1.670	−1.635	−1.635	−1.626	27	27	27

EQO9-Average of net replacement rates over 60 months of unemployment (Without Social)

	DATA			T점수			T역변환			순위		
Country	t1	t2	t3	t1	t2	t3	t1	t2	t3	t1	t2	t3
AUSTRALIA	50.8	50.8	49.1	0.475	0.475	0.385	0.475	0.475	0.385	11	11	13
AUSTRIA	62.4	62.4	61.4	1.022	1.022	0.944	1.022	1.022	0.944	8	8	9
BELGIUM	65.0	65.0	66.0	1.147	1.147	1.155	1.147	1.147	1.155	6	6	1
CANADA	21.0	21.0	20.8	-0.929	-0.929	-0.903	-0.929	-0.929	-0.903	23	23	22
CZECH REPUBLIC	14.6	14.6	13.5	-1.228	-1.228	-1.235	-1.228	-1.228	-1.235	24	24	23
DENMARK	67.8	67.8	65.7	1.277	1.277	1.141	1.277	1.277	1.141	2	2	4
FINLAND	66.3	66.3	65.9	1.207	1.207	1.148	1.207	1.207	1.148	3	3	3
FRANCE	69.1	69.1	65.3	1.337	1.337	1.125	1.337	1.337	1.125	1	1	6
GERMANY	66.2	66.2	66.0	1.201	1.201	1.152	1.201	1.201	1.152	4	4	2
GREECE	25.3	25.3	32.8	-0.727	-0.727	-0.359	-0.727	-0.727	-0.359	21	21	18
HUNGARY	38.0	38.0	37.7	-0.127	-0.127	-0.133	-0.127	-0.127	-0.133	16	16	17
ICELAND	58.2	58.2	63.8	0.823	0.823	1.052	0.823	0.823	1.052	9	9	8
IRELAND	48.4	48.4	52.2	0.363	0.363	0.524	0.363	0.363	0.524	12	12	11
ITALY	5.5	5.5	5.5	-1.657	-1.657	-1.599	-1.657	-1.657	-1.599	28	28	28
JAPAN	12.6	12.6	11.1	-1.323	-1.323	-1.345	-1.323	-1.323	-1.345	25	25	24
KOREA	6.7	6.7	6.4	-1.603	-1.603	-1.558	-1.603	-1.603	-1.558	26	26	26
LUXEMBOURG	24.1	24.1	24.8	-0.781	-0.781	-0.721	-0.781	-0.781	-0.721	22	22	20
MEXICO										#N/A	#N/A	#N/A
NETHERLANDS	65.8	65.8	43.6	1.185	1.185	0.132	1.185	1.185	0.132	5	5	15
NEW ZEALAND	64.3	64.3	64.2	1.114	1.114	1.072	1.114	1.114	1.072	7	7	7
NORWAY	51.5	51.5	40.1	0.509	0.509	-0.025	0.509	0.509	-0.025	10	10	16
POLAND	25.3	25.3	44.9	-0.723	-0.723	0.195	-0.723	-0.723	0.195	20	20	14
PORTUGAL	48.2	48.2	49.7	0.352	0.352	0.412	0.352	0.352	0.412	13	13	12
SLOVAK REPUBLIC	39.5	39.5	9.5	-0.054	-0.054	-1.417	-0.054	-0.054	-1.417	14	14	25
SPAIN	38.9	38.9	52.2	-0.086	-0.086	0.528	-0.086	-0.086	0.528	15	15	10
SWEDEN	33.5	33.5	31.2	-0.341	-0.341	-0.429	-0.341	-0.341	-0.429	17	17	19
SWITZERLAND	31.3	31.3	23.5	-0.440	-0.440	-0.782	-0.440	-0.440	-0.782	19	19	21
TURKEY										#N/A	#N/A	#N/A
UNITED KINGDOM	33.3	33.3	65.4	-0.349	-0.349	1.125	-0.349	-0.349	1.125	18	18	5
UNITED STATES	5.8	5.8	5.9	-1.645	-1.645	-1.583	-1.645	-1.645	-1.583	27	27	27
평균	41	41	41	0	0	0	0	0	0			
표준편차	21.23	21.23	21.96	1.00	1.00	1.00	1.00	1.00	1.00			

* t2, t3는 각각 2001, 2004년 자료임
* t1의 자료는 결측이므로 2001년도에서 값을 그대로 활용하였음.

EQO9-Average of net replacement rates over 60 months of unemployment (With Social)

		DATA			T점수			T역변환			순위		
국가	Country	t1	t2	t3	t1	t2	t3	t1	t2	t3	t1	t2	t3
호주	AUSTRALIA	50.8	50.8	49.1	-0.609	-0.609	-0.600	-0.609	-0.609	-0.600	22	22	21
오스트리아	AUSTRIA	73.1	73.1	72.9	0.517	0.517	0.685	0.517	0.517	0.685	9	9	8
벨기에	BELGIUM	65.0	65.0	66.0	0.109	0.109	0.313	0.109	0.109	0.313	16	16	13
캐나다	CANADA	50.7	50.7	48.4	-0.611	-0.611	-0.640	-0.611	-0.611	-0.640	23	23	22
체코	CZECH REPUBLIC	67.1	67.1	59.2	0.213	0.213	-0.054	0.213	0.213	-0.054	15	15	19
덴마크	DENMARK	79.1	79.1	76.8	0.818	0.818	0.894	0.818	0.818	0.894	3	3	5
핀란드	FINLAND	77.3	77.3	74.7	0.725	0.725	0.784	0.725	0.725	0.784	6	6	7
프랑스	FRANCE	73.0	73.0	70.5	0.511	0.511	0.558	0.511	0.511	0.558	10	10	12
독일	GERMANY	75.9	75.9	75.4	0.654	0.654	0.821	0.654	0.654	0.821	8	8	6
그리스	GREECE	25.3	25.3	32.8	-1.894	-1.894	-1.484	-1.894	-1.894	-1.484	27	27	26
헝가리	HUNGARY	38.0	38.0	37.7	-1.252	-1.252	-1.215	-1.252	-1.252	-1.215	25	25	25
아이슬랜드	ICELAND	69.5	69.5	71.5	0.336	0.336	0.612	0.336	0.336	0.612	12	12	10
아일랜드	IRELAND	69.5	69.5	71.2	0.333	0.333	0.593	0.333	0.333	0.593	13	13	11
이탈리아	ITALY	5.5	5.5	5.5	-2.888	-2.888	-2.956	-2.888	-2.888	-2.956	28	28	28
일본	JAPAN	64.8	64.8	63.5	0.096	0.096	0.180	0.096	0.096	0.180	17	17	18
한국	KOREA	47.1	47.1	40.2	-0.794	-0.794	-1.080	-0.794	-0.794	-1.080	24	24	24
룩셈부르크	LUXEMBOURG	77.8	77.8	77.3	0.751	0.751	0.922	0.751	0.751	0.922	4	4	4
멕시코	MEXICO										#N/A	#N/A	#N/A
네덜란드	NETHERLANDS	77.4	77.4	78.9	0.734	0.734	1.010	0.734	0.734	1.010	5	5	2
뉴질랜드	NEW ZEALAND	64.3	64.3	64.2	0.074	0.074	0.216	0.074	0.074	0.216	19	19	16
노르웨이	NORWAY	70.6	70.6	64.9	0.390	0.390	0.252	0.390	0.390	0.252	11	11	15
폴란드	POLAND	60.2	60.2	63.7	-0.133	-0.133	0.186	-0.133	-0.133	0.186	20	20	17
포르투갈	PORTUGAL	68.6	68.6	72.0	0.288	0.288	0.635	0.288	0.288	0.635	14	14	9
슬로바키아	SLOVAK REPUBLIC	102.0	102.0	41.5	1.969	1.969	-1.011	1.969	1.969	-1.011	1	1	23
스페인	SPAIN	52.5	52.5	52.2	-0.520	-0.520	-0.431	-0.520	-0.520	-0.431	21	21	20
스웨덴	SWEDEN	76.6	76.6	77.3	0.691	0.691	0.924	0.691	0.691	0.924	7	7	3
스위스	SWITZERLAND	83.3	83.3	83.3	1.027	1.027	1.247	1.027	1.027	1.247	2	2	1
터키	TURKEY										#N/A	#N/A	#N/A
영국	UNITED KINGDOM	64.6	64.6	65.9	0.090	0.090	0.307	0.090	0.090	0.307	18	18	14
미국	UNITED STATES	30.6	30.6	29.3	-1.624	-1.624	-1.670	-1.624	-1.624	-1.670	26	26	27
	평균	63	63	60	0	0	0	0	0	0			
	표준편차	19.86	19.86	18.50	1.00	1.00	1.00	1.00	1.00	1.00			

* t2, t3는 각각 2001, 2004년 자료임
* t1의 자료는 결측이므로 2001년도에서 값을 그대로 활용하였음.

EQO10

국가	Country	출산휴가기간			법적보장여부			출산수당			EQO10			Rank		
		t1	t2	t3	t1	t2	t3	t1	t2	t3	t1	t2	t3	t1	t2	t3
호주	AUSTRALIA	-1.431	-1.431	-1.472	-2.893	-2.893	-3.610	-2.332	-2.332	-2.332	-2.219	-2.219	-2.471	28	28	29
오스트리아	AUSTRIA	-0.118	-0.118	-0.167	0.334	0.334	0.267	0.786	0.786	0.786	0.334	0.334	0.295	7	7	8
벨기에	BELGIUM	-0.200	-0.200	-0.249	0.334	0.334	0.267	0.069	0.069	0.069	0.068	0.068	0.029	18	18	19
캐나다	CANADA	-0.200	-0.200	-0.086	0.334	0.334	0.267	-0.617	-0.617	-0.617	-0.161	-0.161	-0.145	23	23	23
체코	CZECH REPUBLIC	0.868	0.868	0.811	0.334	0.334	0.267	-0.180	-0.180	-0.180	0.340	0.340	0.299	6	6	7
덴마크	DENMARK	1.032	1.032	-0.004	0.334	0.334	0.267	0.786	0.786	0.786	0.717	0.717	0.350	3	3	5
핀란드	FINLAND	0.006	0.006	-0.045	0.334	0.334	0.267	-0.149	-0.149	-0.149	0.063	0.063	0.024	19	19	20
프랑스	FRANCE	-0.118	-0.118	-0.167	0.334	0.334	0.267	0.786	0.786	0.786	0.334	0.334	0.295	7	7	8
독일	GERMANY	-0.282	-0.282	-0.330	0.334	0.334	0.267	0.786	0.786	0.786	0.279	0.279	0.241	14	14	14
그리스	GREECE	-0.118	-0.118	-0.086	0.334	0.334	0.267	-0.773	-0.773	-0.773	-0.186	-0.186	-0.197	24	24	25
헝가리	HUNGARY	0.539	0.539	0.485	0.334	0.334	0.267	0.786	0.786	0.786	0.553	0.553	0.513	5	5	4
아이슬랜드	ICELAND	-0.364	-0.364	-0.412	0.334	0.334	0.267				-0.015	-0.015	-0.072	20	20	22
아일랜드	IRELAND	-0.282	-0.282	-0.004	0.334	0.334	0.267	-0.149	-0.149	-0.149	-0.032	-0.032	0.038	21	21	18
이탈리아	ITALY	0.293	0.293	0.240	0.334	0.334	0.267	0.163	0.163	0.163	0.263	0.263	0.223	15	15	15
일본	JAPAN	-0.282	-0.282	-0.330	0.334	0.334	0.267	-0.461	-0.461	-0.461	-0.136	-0.136	-0.175	22	22	24
한국	KOREA	-0.774	-0.774	-0.820	0.334	0.334	0.267	0.786	0.786	0.786	0.115	0.115	0.078	17	17	17
룩셈부르크	LUXEMBOURG	-0.118	-0.118	-0.167	0.334	0.334	0.267	0.786	0.786	0.786	0.334	0.334	0.295	7	7	8
멕시코	MEXICO	-0.446	-0.446	-0.494	0.334	0.334	0.267	0.786	0.786	0.786	0.225	0.225	0.187	16	16	16
네덜란드	NETHERLANDS	-0.118	-0.118	-0.167	0.334	0.334	0.267	0.786	0.786	0.786	0.334	0.334	0.295	7	7	8
뉴질랜드	NEW ZEALAND	-1.431	-1.431	-1.472	-2.893	-2.893	-3.610	-2.332	-2.332	-2.332	-2.219	-2.219	-2.471	28	28	29
노르웨이	NORWAY	2.839	2.839	2.442	0.334	0.334	0.267	0.786	0.786	0.786	1.319	1.319	1.165	1	1	1
폴란드	POLAND	-0.118	-0.118	-0.167	0.334	0.334	0.267	0.786	0.786	0.786	0.334	0.334	0.295	7	7	8
포르투갈	PORTUGAL	-0.200	-0.200	-0.086	0.334	0.334	0.267	0.786	0.786	0.786	0.307	0.307	0.323	13	13	6
슬로바키아	SLOVAK REPUBLIC	0.868	0.868	0.811	0.334	0.334	0.267	0.474	0.474	0.474	0.559	0.559	0.518	4	4	3
스페인	SPAIN	-0.118	-0.118	-0.167	0.334	0.334	0.267	0.786	0.786	0.786	0.334	0.334	0.295	7	7	8
스웨덴	SWEDEN	2.839	2.839	3.421	0.334	0.334	0.267	-0.367	-0.367	-0.367	0.935	0.935	1.107	2	2	2
스위스	SWITZERLAND	-1.185	-1.185	-1.472	0.334	0.334	0.267				-0.426	-0.426	-0.602	27	27	27
터키	TURKEY							-0.274	-0.274	-0.274	-0.274	-0.274	-0.274	26	26	26
영국	UNITED KINGDOM	0.047	0.047	0.648	0.334	0.334	0.267	-0.960	-0.960	-0.960	-0.193	-0.193	-0.015	25	25	21
미국	UNITED STATES	-1.431	-1.431	-0.494	-2.893	-2.893	0.267	-2.332	-2.332	-2.332	-2.219	-2.219	-0.853	28	28	28

EQO10-출산휴가기간

		DATA			T점수			T역변환			순위		
국가	Country	t1	t2	t3	t1	t2	t3	t1	t2	t3	t1	t2	t3
호주	AUSTRALIA	0	0	0	-1.431	-1.431	-1.472	-1.431	-1.431	-1.472	27	27	27
오스트리아	AUSTRIA	16	16	16	-0.118	-0.118	-0.167	-0.118	-0.118	-0.167	10	10	14
벨기에	BELGIUM	15	15	15	-0.200	-0.200	-0.249	-0.200	-0.200	-0.249	17	17	20
캐나다	CANADA	15	15	17	-0.200	-0.200	-0.086	-0.200	-0.200	-0.086	17	17	11
체코	CZECH REPUBLIC	28	28	28	0.868	0.868	0.811	0.868	0.868	0.811	4	4	3
덴마크	DENMARK	30	30	18	1.032	1.032	-0.004	1.032	1.032	-0.004	3	3	8
핀란드	FINLAND	18	18	17.5	0.006	0.006	-0.045	0.006	0.006	-0.045	9	9	10
프랑스	FRANCE	16	16	16	-0.118	-0.118	-0.167	-0.118	-0.118	-0.167	10	10	14
독일	GERMANY	14	14	14	-0.282	-0.282	-0.330	-0.282	-0.282	-0.330	20	20	21
그리스	GREECE	16	16	17	-0.118	-0.118	-0.086	-0.118	-0.118	-0.086	10	10	11
헝가리	HUNGARY	24	24	24	0.539	0.539	0.485	0.539	0.539	0.485	6	6	6
아이슬랜드	ICELAND	13	13	13	-0.364	-0.364	-0.412	-0.364	-0.364	-0.412	23	23	23
아일랜드	IRELAND	14	14	18	-0.282	-0.282	-0.004	-0.282	-0.282	-0.004	20	20	8
이탈리아	ITALY	21	21	21	0.293	0.293	0.240	0.293	0.293	0.240	7	7	7
일본	JAPAN	14	14	14	-0.282	-0.282	-0.330	-0.282	-0.282	-0.330	20	20	21
한국	KOREA	8	8	8	-0.774	-0.774	-0.820	-0.774	-0.774	-0.820	25	25	26
룩셈부르크	LUXEMBOURG	16	16	16	-0.118	-0.118	-0.167	-0.118	-0.118	-0.167	10	10	14
멕시코	MEXICO	12	12	12	-0.446	-0.446	-0.494	-0.446	-0.446	-0.494	24	24	24
네덜란드	NETHERLANDS	16	16	16	-0.118	-0.118	-0.167	-0.118	-0.118	-0.167	10	10	14
뉴질랜드	NEW ZEALAND	0	0	0	-1.431	-1.431	-1.472	-1.431	-1.431	-1.472	27	27	27
노르웨이	NORWAY	52	52	48	2.839	2.839	2.442	2.839	2.839	2.442	1	1	2
폴란드	POLAND	16	16	16	-0.118	-0.118	-0.167	-0.118	-0.118	-0.167	10	10	14
포르투갈	PORTUGAL	15	15	17	-0.200	-0.200	-0.086	-0.200	-0.200	-0.086	17	17	11
슬로바키아	SLOVAK REPUBLIC	28	28	28	0.868	0.868	0.811	0.868	0.868	0.811	4	4	3
스페인	SPAIN	16	16	16	-0.118	-0.118	-0.167	-0.118	-0.118	-0.167	10	10	14
스웨덴	SWEDEN	52	52	60	2.839	2.839	3.421	2.839	2.839	3.421	1	1	1
스위스	SWITZERLAND	3	3	0	-1.185	-1.185	-1.472	-1.185	-1.185	-1.472	26	26	27
터키	TURKEY										#N/A	#N/A	#N/A
영국	UNITED KINGDOM	18	18	26	0.047	0.047	0.648	0.047	0.047	0.648	8	8	5
미국	UNITED STATES	0	0	12	-1.431	-1.431	-0.494	-1.431	-1.431	-0.494	27	27	24

	평균	17	17	18	0	0	0	0	0	0
	표준편차	12.18	12.18	12.26	1.00	1.00	1.00	1.00	1.00	1.00

* t1, t2, t3는 각각 1993, 1999, 2004년 자료임
* 아이슬랜드의 1993, 1999년도 자료는 결측이므로 2004년도 자료를 활용하였음.
* 아이슬랜드를 제외한 1993년도 자료는 결측이므로 1999년도 자료를 그대로 사용하였음.
* 일본, 멕시코, 뉴질랜드, 슬로바키아의 2004년도 자료는 결측이므로 1999년도 자료를 활용하였음.
* 호주, 캐나다, 체코, 헝가리, 한국, 폴란드, 미국의 2004년도 자료는 결측이므로 2002년도 자료를 활용하였음.

EQO10-출산휴가기간 법적보장여부

		DATA			T점수			T역변환			순위		
국가	Country	t1	t2	t3	t1	t2	t3	t1	t2	t3	t1	t2	t3
호주	AUSTRALIA	0	0	0	-2.893	-2.893	-3.610	-2.893	-2.893	-3.610	27	27	28
오스트리아	AUSTRIA	1	1	1	0.334	0.334	0.267	0.334	0.334	0.267	1	1	1
벨기에	BELGIUM	1	1	1	0.334	0.334	0.267	0.334	0.334	0.267	1	1	1
캐나다	CANADA	1	1	1	0.334	0.334	0.267	0.334	0.334	0.267	1	1	1
체코	CZECH REPUBLIC	1	1	1	0.334	0.334	0.267	0.334	0.334	0.267	1	1	1
덴마크	DENMARK	1	1	1	0.334	0.334	0.267	0.334	0.334	0.267	1	1	1
핀란드	FINLAND	1	1	1	0.334	0.334	0.267	0.334	0.334	0.267	1	1	1
프랑스	FRANCE	1	1	1	0.334	0.334	0.267	0.334	0.334	0.267	1	1	1
독일	GERMANY	1	1	1	0.334	0.334	0.267	0.334	0.334	0.267	1	1	1
그리스	GREECE	1	1	1	0.334	0.334	0.267	0.334	0.334	0.267	1	1	1
헝가리	HUNGARY	1	1	1	0.334	0.334	0.267	0.334	0.334	0.267	1	1	1
아이슬랜드	ICELAND	1	1	1	0.334	0.334	0.267	0.334	0.334	0.267	1	1	1
아일랜드	IRELAND	1	1	1	0.334	0.334	0.267	0.334	0.334	0.267	1	1	1
이탈리아	ITALY	1	1	1	0.334	0.334	0.267	0.334	0.334	0.267	1	1	1
일본	JAPAN	1	1	1	0.334	0.334	0.267	0.334	0.334	0.267	1	1	1
한국	KOREA	1	1	1	0.334	0.334	0.267	0.334	0.334	0.267	1	1	1
룩셈부르크	LUXEMBOURG	1	1	1	0.334	0.334	0.267	0.334	0.334	0.267	1	1	1
멕시코	MEXICO	1	1	1	0.334	0.334	0.267	0.334	0.334	0.267	1	1	1
네덜란드	NETHERLANDS	1	1	1	0.334	0.334	0.267	0.334	0.334	0.267	1	1	1
뉴질랜드	NEW ZEALAND	0	0	0	-2.893	-2.893	-3.610	-2.893	-2.893	-3.610	27	27	28
노르웨이	NORWAY	1	1	1	0.334	0.334	0.267	0.334	0.334	0.267	1	1	1
폴란드	POLAND	1	1	1	0.334	0.334	0.267	0.334	0.334	0.267	1	1	1
포르투갈	PORTUGAL	1	1	1	0.334	0.334	0.267	0.334	0.334	0.267	1	1	1
슬로바키아	SLOVAK REPUBLIC	1	1	1	0.334	0.334	0.267	0.334	0.334	0.267	1	1	1
스페인	SPAIN	1	1	1	0.334	0.334	0.267	0.334	0.334	0.267	1	1	1
스웨덴	SWEDEN	1	1	1	0.334	0.334	0.267	0.334	0.334	0.267	1	1	1
스위스	SWITZERLAND	1	1	1	0.334	0.334	0.267	0.334	0.334	0.267	1	1	1
터키	TURKEY										#N/A	#N/A	#N/A
영국	UNITED KINGDOM	1	1	1	0.334	0.334	0.267	0.334	0.334	0.267	1	1	1
미국	UNITED STATES	0	0	1	-2.893	-2.893	0.267	-2.893	-2.893	0.267	27	27	1

	평균	0.897	0.897	0.931	0	0	0	0	0	0
	표준편차	0.31	0.31	0.26	1.00	1.00	1.00	1.00	1.00	1.00

* t1, t2, t3는 각각 1993, 1999, 2004년 자료임
* 1993년도 자료는 결측이므로 1999년도 자료를 그대로 사용하였음.

EQO10-출산수당

		DATA			T점수			T역변환			순위		
국가	Country	t1	t2	t3	t1	t2	t3	t1	t2	t3	t1	t2	t3
호주	AUSTRALIA	0	0	0	-2.332	-2.332	-2.332	-2.332	-2.332	-2.332	26	26	26
오스트리아	AUSTRIA	100	100	100	0.786	0.786	0.786	0.786	0.786	0.786	1	1	1
벨기에	BELGIUM	77	77	77	0.069	0.069	0.069	0.069	0.069	0.069	16	16	16
캐나다	CANADA	55	55	55	-0.617	-0.617	-0.617	-0.617	-0.617	-0.617	23	23	23
체코	CZECH REPUBLIC	69	69	69	-0.180	-0.180	-0.180	-0.180	-0.180	-0.180	19	19	19
덴마크	DENMARK	100	100	100	0.786	0.786	0.786	0.786	0.786	0.786	1	1	1
핀란드	FINLAND	70	70	70	-0.149	-0.149	-0.149	-0.149	-0.149	-0.149	17	17	17
프랑스	FRANCE	100	100	100	0.786	0.786	0.786	0.786	0.786	0.786	1	1	1
독일	GERMANY	100	100	100	0.786	0.786	0.786	0.786	0.786	0.786	1	1	1
그리스	GREECE	50	50	50	-0.773	-0.773	-0.773	-0.773	-0.773	-0.773	24	24	24
헝가리	HUNGARY	100	100	100	0.786	0.786	0.786	0.786	0.786	0.786	1	1	1
아이슬랜드	ICELAND										#N/A	#N/A	#N/A
아일랜드	IRELAND	70	70	70	-0.149	-0.149	-0.149	-0.149	-0.149	-0.149	17	17	17
이탈리아	ITALY	80	80	80	0.163	0.163	0.163	0.163	0.163	0.163	15	15	15
일본	JAPAN	60	60	60	-0.461	-0.461	-0.461	-0.461	-0.461	-0.461	22	22	22
한국	KOREA	100	100	100	0.786	0.786	0.786	0.786	0.786	0.786	1	1	1
룩셈부르크	LUXEMBOURG	100	100	100	0.786	0.786	0.786	0.786	0.786	0.786	1	1	1
멕시코	MEXICO	100	100	100	0.786	0.786	0.786	0.786	0.786	0.786	1	1	1
네덜란드	NETHERLANDS	100	100	100	0.786	0.786	0.786	0.786	0.786	0.786	1	1	1
뉴질랜드	NEW ZEALAND	0	0	0	-2.332	-2.332	-2.332	-2.332	-2.332	-2.332	26	26	26
노르웨이	NORWAY	100	100	100	0.786	0.786	0.786	0.786	0.786	0.786	1	1	1
폴란드	POLAND	100	100	100	0.786	0.786	0.786	0.786	0.786	0.786	1	1	1
포르투갈	PORTUGAL	100	100	100	0.786	0.786	0.786	0.786	0.786	0.786	1	1	1
슬로바키아	SLOVAK REPUBLIC	90	90	90	0.474	0.474	0.474	0.474	0.474	0.474	14	14	14
스페인	SPAIN	100	100	100	0.786	0.786	0.786	0.786	0.786	0.786	1	1	1
스웨덴	SWEDEN	63	63	63	-0.367	-0.367	-0.367	-0.367	-0.367	-0.367	21	21	21
스위스	SWITZERLAND										#N/A	#N/A	#N/A
터키	TURKEY	66	66	66	-0.274	-0.274	-0.274	-0.274	-0.274	-0.274	20	20	20
영국	UNITED KINGDOM	44	44	44	-0.960	-0.960	-0.960	-0.960	-0.960	-0.960	25	25	25
미국	UNITED STATES	0	0	0	-2.332	-2.332	-2.332	-2.332	-2.332	-2.332	26	26	26
	평균	75	75	75	0	0	0	0	0	0			
	표준편차	32.07	32.07	32.07	1.00	1.00	1.00	1.00	1.00	1.00			

* t3는 2004년 자료임
* t1, t2 자료는 결측이므로 2001년도 자료를 활용하였음.

EQO11

Country	3세이하			3세-의무교육			EQO11			Rank		
	t1	t2	t3	t1	t2	t3	t1	t2	t3	t1	t2	t3
AUSTRALIA	-0.521	-0.521	-0.521	-0.628	-0.628	-0.628	-0.575	-0.575	-0.575	19	19	19
AUSTRIA	-1.089	-1.089	-1.089	-0.240	-0.240	-0.240	-0.665	-0.665	-0.665	20	20	20
BELGIUM	0.254	0.254	0.254	1.166	1.166	1.166	0.710	0.710	0.710	6	6	6
CANADA	1.029	1.029	1.029	-1.113	-1.113	-1.113	-0.042	-0.042	-0.042	11	11	11
CZECH REPUBLIC	-1.244	-1.244	-1.244	0.584	0.584	0.584	-0.330	-0.330	-0.330	18	18	18
DENMARK	2.010	2.010	2.010	0.875	0.875	0.875	1.443	1.443	1.443	1	1	1
FINLAND	-0.159	-0.159	-0.159	-0.337	-0.337	-0.337	-0.248	-0.248	-0.248	14	14	14
FRANCE	0.202	0.202	0.202	1.263	1.263	1.263	0.733	0.733	0.733	5	5	5
GERMANY	-0.779	-0.779	-0.779	0.245	0.245	0.245	-0.267	-0.267	-0.267	16	16	16
GREECE	-1.141	-1.141	-1.141	-1.307	-1.307	-1.307	-1.224	-1.224	-1.224	21	21	21
HUNGARY										#N/A	#N/A	#N/A
ICELAND										#N/A	#N/A	#N/A
IRELAND	0.667	0.667	0.667	-0.822	-0.822	-0.822	-0.078	-0.078	-0.078	12	12	12
ITALY	-0.986	-0.986	-0.986	1.069	1.069	1.069	0.041	0.041	0.041	10	10	10
JAPAN	-0.624	-0.624	-0.624	-1.889	-1.889	-1.889	-1.257	-1.257	-1.257	22	22	22
KOREA	-0.934	-0.934	-0.934	-2.277	-2.277	-2.277	-1.606	-1.606	-1.606	23	23	23
LUXEMBOURG										#N/A	#N/A	#N/A
MEXICO										#N/A	#N/A	#N/A
NETHERLANDS	-0.986	-0.986	-0.986	1.215	1.215	1.215	0.114	0.114	0.114	9	9	9
NEW ZEALAND	1.029	1.029	1.029	0.827	0.827	0.827	0.928	0.928	0.928	3	3	3
NORWAY	0.770	0.770	0.770	0.342	0.342	0.342	0.556	0.556	0.556	8	8	8
POLAND										#N/A	#N/A	#N/A
PORTUGAL	-0.676	-0.676	-0.676	0.099	0.099	0.099	-0.289	-0.289	-0.289	17	17	17
SLOVAK REPUBLIC	1.080	1.080	1.080	0.827	0.827	0.827	0.954	0.954	0.954	2	2	2
SPAIN	-1.038	-1.038	-1.038	0.536	0.536	0.536	-0.251	-0.251	-0.251	15	15	15
SWEDEN	1.184	1.184	1.184	0.342	0.342	0.342	0.763	0.763	0.763	4	4	4
SWITZERLAND										#N/A	#N/A	#N/A
TURKEY										#N/A	#N/A	#N/A
UNITED KINGDOM	0.460	0.460	0.460	-0.628	-0.628	-0.628	-0.084	-0.084	-0.084	13	13	13
UNITED STATES	1.494	1.494	1.494	-0.143	-0.143	-0.143	0.675	0.675	0.675	7	7	7

EQO11-3세이하

		DATA			T점수			T역변환			순위		
국가	Country	t1	t2	t3	t1	t2	t3	t1	t2	t3	t1	t2	t3
호주	AUSTRALIA	15.0	15.0	15.0	-0.521	-0.521	-0.521	-0.521	-0.521	-0.521	13	13	13
오스트리아	AUSTRIA	4.0	4.0	4.0	-1.089	-1.089	-1.089	-1.089	-1.089	-1.089	21	21	21
벨기에	BELGIUM	30.0	30.0	30.0	0.254	0.254	0.254	0.254	0.254	0.254	10	10	10
캐나다	CANADA	45.0	45.0	45.0	1.029	1.029	1.029	1.029	1.029	1.029	5	5	5
체코	CZECH REPUBLIC	1.0	1.0	1.0	-1.244	-1.244	-1.244	-1.244	-1.244	-1.244	23	23	23
덴마크	DENMARK	64.0	64.0	64.0	2.010	2.010	2.010	2.010	2.010	2.010	1	1	1
핀란드	FINLAND	22.0	22.0	22.0	-0.159	-0.159	-0.159	-0.159	-0.159	-0.159	12	12	12
프랑스	FRANCE	29.0	29.0	29.0	0.202	0.202	0.202	0.202	0.202	0.202	11	11	11
독일	GERMANY	10.0	10.0	10.0	-0.779	-0.779	-0.779	-0.779	-0.779	-0.779	16	16	16
그리스	GREECE	3.0	3.0	3.0	-1.141	-1.141	-1.141	-1.141	-1.141	-1.141	22	22	22
헝가리	HUNGARY										#N/A	#N/A	#N/A
아이슬랜드	ICELAND										#N/A	#N/A	#N/A
아일랜드	IRELAND	38.0	38.0	38.0	0.667	0.667	0.667	0.667	0.667	0.667	8	8	8
이탈리아	ITALY	6.0	6.0	6.0	-0.986	-0.986	-0.986	-0.986	-0.986	-0.986	18	18	18
일본	JAPAN	13.0	13.0	13.0	-0.624	-0.624	-0.624	-0.624	-0.624	-0.624	14	14	14
한국	KOREA	7.0	7.0	7.0	-0.934	-0.934	-0.934	-0.934	-0.934	-0.934	17	17	17
룩셈부르크	LUXEMBOURG										#N/A	#N/A	#N/A
멕시코	MEXICO										#N/A	#N/A	#N/A
네덜란드	NETHERLANDS	6.0	6.0	6.0	-0.986	-0.986	-0.986	-0.986	-0.986	-0.986	18	18	18
뉴질랜드	NEW ZEALAND	45.0	45.0	45.0	1.029	1.029	1.029	1.029	1.029	1.029	5	5	5
노르웨이	NORWAY	40.0	40.0	40.0	0.770	0.770	0.770	0.770	0.770	0.770	7	7	7
폴란드	POLAND										#N/A	#N/A	#N/A
포르투갈	PORTUGAL	12.0	12.0	12.0	-0.676	-0.676	-0.676	-0.676	-0.676	-0.676	15	15	15
슬로바키아	SLOVAK REPUBLIC	46.0	46.0	46.0	1.080	1.080	1.080	1.080	1.080	1.080	4	4	4
스페인	SPAIN	5.0	5.0	5.0	-1.038	-1.038	-1.038	-1.038	-1.038	-1.038	20	20	20
스웨덴	SWEDEN	48.0	48.0	48.0	1.184	1.184	1.184	1.184	1.184	1.184	3	3	3
스위스	SWITZERLAND										#N/A	#N/A	#N/A
터키	TURKEY										#N/A	#N/A	#N/A
영국	UNITED KINGDOM	34.0	34.0	34.0	0.460	0.460	0.460	0.460	0.460	0.460	9	9	9
미국	UNITED STATES	54.0	54.0	54.0	1.494	1.494	1.494	1.494	1.494	1.494	2	2	2

	평균	25	25	25	0	0	0	0	0	0
	표준편차	19.36	19.36	19.36	1.00	1.00	1.00	1.00	1.00	1.00

* t2는 2001년 자료임
* t1, t3 자료는 결측이므로 2001년도 자료를 활용하였음.

EQO11-3세-의무교육

		DATA			T점수			T역변환			순위		
국가	Country	t1	t2	t3	t1	t2	t3	t1	t2	t3	t1	t2	t3
호주	AUSTRALIA	60.0	60.0	60.0	-0.628	-0.628	-0.628	-0.628	-0.628	-0.628	17	17	17
오스트리아	AUSTRIA	68.0	68.0	68.0	-0.240	-0.240	-0.240	-0.240	-0.240	-0.240	15	15	15
벨기에	BELGIUM	97.0	97.0	97.0	1.166	1.166	1.166	1.166	1.166	1.166	3	3	3
캐나다	CANADA	50.0	50.0	50.0	-1.113	-1.113	-1.113	-1.113	-1.113	-1.113	20	20	20
체코	CZECH REPUBLIC	85.0	85.0	85.0	0.584	0.584	0.584	0.584	0.584	0.584	8	8	8
덴마크	DENMARK	91.0	91.0	91.0	0.875	0.875	0.875	0.875	0.875	0.875	5	5	5
핀란드	FINLAND	66.0	66.0	66.0	-0.337	-0.337	-0.337	-0.337	-0.337	-0.337	16	16	16
프랑스	FRANCE	99.0	99.0	99.0	1.263	1.263	1.263	1.263	1.263	1.263	1	1	1
독일	GERMANY	78.0	78.0	78.0	0.245	0.245	0.245	0.245	0.245	0.245	12	12	12
그리스	GREECE	46.0	46.0	46.0	-1.307	-1.307	-1.307	-1.307	-1.307	-1.307	21	21	21
헝가리	HUNGARY										#N/A	#N/A	#N/A
아이슬랜드	ICELAND										#N/A	#N/A	#N/A
아일랜드	IRELAND	56.0	56.0	56.0	-0.822	-0.822	-0.822	-0.822	-0.822	-0.822	19	19	19
이탈리아	ITALY	95.0	95.0	95.0	1.069	1.069	1.069	1.069	1.069	1.069	4	4	4
일본	JAPAN	34.0	34.0	34.0	-1.889	-1.889	-1.889	-1.889	-1.889	-1.889	22	22	22
한국	KOREA	26.0	26.0	26.0	-2.277	-2.277	-2.277	-2.277	-2.277	-2.277	23	23	23
룩셈부르크	LUXEMBOURG										#N/A	#N/A	#N/A
멕시코	MEXICO										#N/A	#N/A	#N/A
네덜란드	NETHERLANDS	98.0	98.0	98.0	1.215	1.215	1.215	1.215	1.215	1.215	2	2	2
뉴질랜드	NEW ZEALAND	90.0	90.0	90.0	0.827	0.827	0.827	0.827	0.827	0.827	6	6	6
노르웨이	NORWAY	80.0	80.0	80.0	0.342	0.342	0.342	0.342	0.342	0.342	10	10	10
폴란드	POLAND										#N/A	#N/A	#N/A
포르투갈	PORTUGAL	75.0	75.0	75.0	0.099	0.099	0.099	0.099	0.099	0.099	13	13	13
슬로바키아	SLOVAK REPUBLIC	90.0	90.0	90.0	0.827	0.827	0.827	0.827	0.827	0.827	6	6	6
스페인	SPAIN	84.0	84.0	84.0	0.536	0.536	0.536	0.536	0.536	0.536	9	9	9
스웨덴	SWEDEN	80.0	80.0	80.0	0.342	0.342	0.342	0.342	0.342	0.342	10	10	10
스위스	SWITZERLAND										#N/A	#N/A	#N/A
터키	TURKEY										#N/A	#N/A	#N/A
영국	UNITED KINGDOM	60.0	60.0	60.0	-0.628	-0.628	-0.628	-0.628	-0.628	-0.628	17	17	17
미국	UNITED STATES	70.0	70.0	70.0	-0.143	-0.143	-0.143	-0.143	-0.143	-0.143	14	14	14

	평균	73	73	73	0	0	0	0	0	0
	표준편차	20.62	20.62	20.62	1.00	1.00	1.00	1.00	1.00	1.00

* t2는 2001년 자료임
* t1, t3 자료는 결측이므로 2001년도 자료를 활용하였음.

찾아보기

공저자 약력

- 김동원

  고려대 경영대학 및 노동대학원 교수

- 스즈키 히로마사(鈴木宏昌)

  일본 와세다대(早稲田大) 교수

- 파울라 부스(Paula B. Voos)

  미국 Rutgers, The State University of New Jersey 교수

- 김윤호

  기술교육대학교 연구교수

- 김영두

  가톨릭대학교 경영대학 강사

한국과 OECD 국가의 노사관계 비교평가

2012년 1월 5일 초판인쇄
2012년 1월 10일 초판발행

공저자 김동원 외 4인
발행인 안 종 만
발행처 (주) 박영사
서울특별시 종로구 평동 13-31번지
전화 (733)6771 FAX (736)4818
등록 1959. 3. 11. 제300-1959-1호(倫)

저자와 협의하여 인지를 생략함

www.pybook.co.kr e-mail: pys@pybook.co.kr

정 가 25,000원 ISBN 978-89-6454-199-9